KB202383

교양으로 읽는 일본사상사

국립중앙도서관 출판시도서목록(CIP)

교양으로 읽는 일본사상사 / 가루베 다다시, 가타오카 류 엮음 ; 고희탁, 박홍규, 송완범 옮김.
서울 : 논형, 2010 (논형일본학 ; 23)

원표제: 日本思想史ハンドブック
원저자명: 苅部直, 片岡龍
색인수록, 일본어 원작을 한국어로 번역
ISBN 978-89-90618-50-4(세트) : ₩19000
ISBN 978-89-6357-406-6 94910

일본 사상[日本思想]

153-KDC5
181.12-DDC21 CIP2010001157

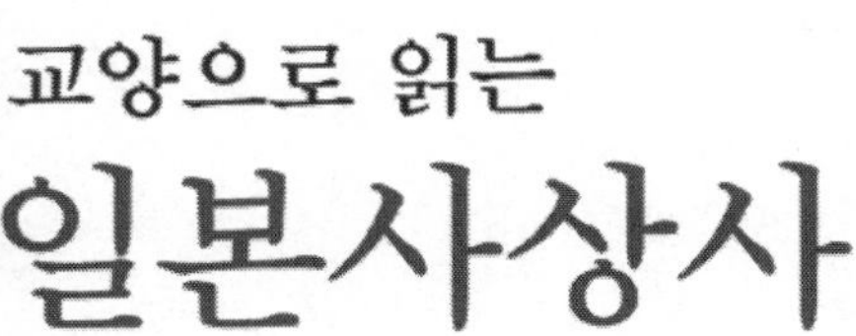

가루베 다다시 · 가타오카 류 엮음
고희탁 · 박홍규 · 송완범 옮김

논형

日本思想史ハンドブック 苅部直·片岡龍 編
by Tadashi KARUBE, Ryu KATAOKA

교양으로 읽는 **일본사상사**

엮은이 가루베 다다시 · 가타오카 류
옮긴이 고희탁 · 박홍규 · 송완범

초판 1쇄 인쇄 2010년 2월 20일
초판 1쇄 발행 2010년 2월 28일
초판 2쇄 발행 2010년 11월 20일

펴낸곳 논형
펴낸이 소재두
편　집 김현경 소재천
표　지 김예나
등록번호 제2003-000019호
등록일자 2003년 3월 5일
주　소 서울시 관악구 성현동 7-77 한립토이프라자 6층
전　화 02-887-3561
팩　스 02-887-6690

ISBN 978-89-6357-406-6 94910
값 19,000원

한국의 독자 여러분께

본서가 한국어로 번역되어 한국 서점에서 일반 독자들을 만날 수 있게 된 것을 진심으로 기쁨과 동시에 영광으로 생각합니다.

1990년대 후반 일련의 일본문화 개방정책 이래 한일 간의 문화 교류나 학술 교류는 한층 더 풍성해졌습니다. 일본에서는 이른바 '한류'를 상징하는 TV드라마만이 아니라 한국의 수준 높은 학술서와 한일 공동작업에 의해 만들어진 교과서 및 연구총서 등도 많이 출간되고 있습니다. 이와 같은 사정은 한국에서도 크게 다르지 않을 것으로 생각합니다.

그런 반면에 문화 교류의 폭이 넓어짐에 따라 그만큼 타 문화에 대한 정형화된 인식도 퍼지기 쉬워졌다는 문제점이 없지는 않습니다. 인터넷에서 교차하는 일부 젊은이들의 타 문화에 대한 중상이나 비방을 접하게 되면 평화로운 심성을 기르기 위한 어른들의 노력이 아직 부족한 것이 아닌가 생각되어 마음이 무거워지기도 합니다.

'문화'란 생각보다 훨씬 단단한 핵심이 되는 정신을 갖고 있습니다. 이 정신은 여린 싹을 무수히 발생시키기도 하고 또 동시에 오래된 세포를 경화시키는 작용도 합니다. 시간을 들여 이 정신을 잘 익혀 맛있는 요리로 바꾸는 일이 바로 '사상사'라는 학문에 주어진 중요한 과제 중의 하나입니다.

'사상사'라는 학문 분야가 한국에서는 어느 정도의 위상을 지니는 것인지는 잘 모릅니다만, '사상사'라는 학문은 19세기 말 서양에서 분야별 전문화의 폐해를 극복하기 위해 탄생하였습니다. 이 시대는 전 세계에 제국주의의 폭풍이 불어 닥치고 있던 때였습니다. 따라서 사상사에 그러한 시대적 제약에 따른 문제점이 없지는 않습니다만, 사상사의 본질은 사회에 건전한 비판정신을 제시하는 데 있습니다. 이 점에서는 한국에서 존경받는 학자의 사회에 대한 진지한 자세와 오버랩되는 바가 있을 것입니다. 이 책의 말미에 수록한 「사상사가의 프로필」을 보시면 일본에서의 '사상사'가 탄생된 경위를 알 수 있을 뿐만 아니라, 예를 들면 마루야마 마사오丸山眞男라는 사상사가가 한국의 유학자와 많이 닮아 있다는 의외의 발견에 놀랄지도 모르겠습니다.

서로 대립되는 사상으로부터 그 안에 내포되어 있는 공통의 윤리구조를 포착하여 거기서 어떤 맥락을 발견해내는 작업도 '사상사'의 중요한 과제 중의 하나일 것입니다. 일본에서는 불교와 유교, 서양사상 등 많은 외래사상이 고유의 감성이나 사고와 섞이면서 병존한다는 역사적 경험을 갖고 있습니다. 이러한 경험을 분석하는 데에는 '사상사'의 방법이 적합합니다. 1장 「일본사상사의 단면」은 그러한 점을 이해하는 데 도움이 되도록 구성하였습니다. 논리의 일관성이나 체계성을 중요시하는 분들에게는 2장에서 5장에 이르는 부분을 권해드립니다. 칼럼은 전체적으로 약간 복잡한 인상을 줄지도 모르겠습니다. 그러한 배경에는 편자의 능력 부족도 없지 않겠지만, 앞에서도 말씀드린 것처럼 일본 사상의 역사적인 특성에서 찾을 수 있을지 모르겠습니다. 약 50여 항목을 골라 시대순으로 배열하고 있지만, 오히려 그것들을 독자 여러분 자신이 카드나 사진처럼 자유롭게 배열하여 자신에게 맞는 '사상사'의 맥락을 찾아내기를 바랍니다.

이렇게 말하면 무책임하게 느껴질지도 모르겠습니다만, 누구라도 자유롭게 참가할 수 있다는 점 또한 '사상사'의 매력 중의 하나입니다. 유감스럽게도 이제까지의 '사상사'는 남성중심적이었습니다. 이 책에서도 아직 이 경향은 완전하게 극복되어 있지 않습니다. 일본과는 다른 역사적 경험을 가지는, 그리고 여성의 권리의식이 급속도로 향상되어 온 한국에서 지난날의 일본과는 다른 시점에서 또 다른 '일본사상사'가 그려진다면 편저자들로서는 더할 나위 없는 기쁨이겠습니다.

번역을 통해 한국에 널리 일본 문화나 사상을 접할 수 있는 환경이 정비되는 것은 균형적 문화교류의 방법으로서도 바람직한 상황일 것입니다. 번역을 매개로 '주체'적으로 '타자'를 재음미하는 작업은 원어를 통해 '타자'에 다가가면서 '주체'를 발견해가는 작업과 함께 상호 이해의 심화에 도달하기 위한 빼놓을 수 없는 조건이기 때문입니다.

그러한 의미에서도 본서의 번역을 위해 수고를 아끼지 않으신 고희탁, 박홍규, 송완범 선생님과 출판을 위해 여러모로 배려를 다해주신 논형출판사에 진심으로 감사의 말씀을 올립니다. 앞으로 우리는 여러분의 후의에 보답하기 위해서도 한국의 독자 여러분과 함께 한층 더 높은 수준의 한일간의 상호 이해를 위해 노력해 나갈 것입니다.

2010년 1월

가루베 다다시 · 가타오카 류

서문

예를 들어 일본인의 품격을 논한 베스트셀러가 니토베 이나조新渡戶稻造의 『무사도武士道』에 근거해 무사의 정신을 찬양하고 있는 것을 접할 때, 혹은 선거의 풍경을 보도하는 TV프로에서 해설자가 "정치란 '마쓰리고토(政事)'이자 일종의 축제다"라고 이야기하는 것을 들을 때, 일본사상사 연구자의 대다수는 한숨을 쉬지 않을 수 없습니다.

니토베의 저서에서 다루는 무사의 세계가 일찍이 일본 사회에 살고 있던 무사들의 실상과 다른 점이 많다는 점은 연구사에서는 이미 상식입니다. '마쓰리고토'의 개념 정의를 둘러싼 모토오리 노리나가本居宣長의 『고사기전古事記傳』의 설명을 알고 있다면, 정치와 축제의 소동이라는 두 가지의 의미를 직접적으로 겹쳐 생각하는 일은 부끄러워서라도 도저히 할 수 없는 것입니다. 과거 일본의 사상 특히 전근대 사상에 대해서는 이러한 종류의 오류나 이해의 부족이 종종 일반적으로 통용되곤 합니다.

물론 전문가가 아니면 일본 사상에 대해서 말해서는 안 된다고 단정지어 버리면 답답할 뿐이고, 오히려 아마추어의 통찰이 새로운 연구의 계기를 제공하는 경우도 있을 것입니다. 연구자가 공유하고 있는 지식과 일반인이 갖는 지식 사이에 거리가 생기는 것은 사상사뿐만이 아니라 어느 학문 분야에서도 어느 정도는 어쩔 수 없는 부분입니다.

그러나 일본사상사의 경우 세상의 높은 관심에 비해 학문세계로부터의 발신이 유달리 부족한 것은 아닐까요. 이제까지 일본인이 역사상 어떻게 사물을 보고 느끼고 생각하고 논해 왔는지에 대한 관심은 일반인, 적어도 책을 읽는 사람들 사이에서는 높을 터인데, 일본사상사 연구가 지금까지 제시해 온 다양한 견해가 일반의 논의에 반영된 적은 별로 없는 것 같습니다.

그렇다면 일반 독자와 사상사 연구의 최전선을 조금이라도 밀착시켜 전근대와 근대의 다양한 사상이 교차하는 풍성한 세계로 많은 사람들을 유도해야 하지 않을까요. 그러한 의도에서 이 책을 만들게 되었습니다. 자신과 세계가 직면하고 있는 다양한 문제에 대해 서양이나 인도의 것이 아닌 일본의 사상을 참조하면서 생각하고 싶은 사람, 과거 일본에 어떠한 사상이 꽃을 피웠는지에 대해 관심 있는 사람, 어린이와 외국인으로부터 일본 문화에 대한 질문을 받았을 때 그 대답이 궁색했던 사람, 이런 사람들에게 읽히기를 바랍니다.

핸드북의 성격상 모든 분야를 망라하는 통사의 형식을 취하지 않았습니다. 1장에서는 오랜 역사를 통관하였고, 2장에서 5장까지는 고대에서 근·현대에 이르는 각각의 시대마다 지금 중요시되고 있는 화제를 열거해, 제일선에서 활약하는 연구자들이 집필하였습니다. 고대와 중세의 항목이 상대적으로 적고, '젠더', '메이지유신', '일본국헌법'이라는 주제를 취급하지 않은 것에 대해 의문을 느끼는 분도 계시겠지만, 그런 논의는 다음 기회로 미루겠습니다.

동시에 대학에서 일본사상사 관련 수업을 듣는 학생과 외국에서 혹은 일본에 와서 일본 문화를 배우는 외국인들이 일본 사상에 대해 폭넓은 지식을 쌓아 그것을 전문적인 연구로 잘 이어갈 수 있게 궁리해 보았습니다. 「심화학습안내」와 「북가이드」는 주로 그러한 사람들을 염두에 두고 집필했습니다.

「북가이드」에서는 연구서와 개설서를 중심으로 일본사상사에 대한 관심을 불러일으키는 데 적합한 것과 전문 연구의 입문서를 골랐습니다. 이 책 속에는 아마도 편자 두 사람의 취미를 노골적으로 드러낸 부분도 있을지 모르겠습니다.

이 책을 접하고 나서 조금 더 폭넓은 지식을 얻고 싶은 사람도 있을 터인데, 그러한 분들께는 사토 히로오佐藤弘夫 외 편『개설 일본사상사概説日本思想史』(ミネルヴァ書房, 번역서로는『일본사상사』, 논형, 2009)와 고야스 노부쿠니子安宣邦 감수『일본사상사 사전日本思想史辭典』(ぺりかん社) 등을 자매편으로 추천하고 싶습니다. 또 일본사상사학회가 매년 발행하고 있는 잡지『일본사상사학日本思想史學』(ぺりかん社)도 참조하면 좋을 것입니다.

모두가 바쁜 와중에도 집필과 간행에 협력해 주신 분들께는 고개 숙여 감사를 전합니다. 이 책을 읽고 나서 일본사상사에 조금 더 관심을 가져준다면 제게는 더할 나위 없는 기쁨입니다.

2008년 2월

가루베 다다시

CONTENTS

4장. 변용과 전환의 19세기 175

5장. 20세기라는 시대 251

1장

일본사상사의 단면

01 일본사상사에서의 '신화'

| 가나자와 히데유키金沢英之

'신화神話' 개념을 하나의 모습으로 정의할 수 없지만, 중요한 기능으로서 사물의 기원 및 내력을 표현하고 현실을 근거지우는 역할을 들 수 있다. 특히 자연과학적인 우주론 및 진화론이 발달하기 이전에 개인적 체험을 넘어선 현상들, 이를테면 세계의 성립과 자신들의 존재가 현재의 모습에 이르게 된 유래에 대해 설명하는 역할을 수행해 온 것이 신화였다. 따라서 신화는 언제나 세계 및 인간사회, 그리고 자기의 아이덴티티 문제와 관련을 갖는다.

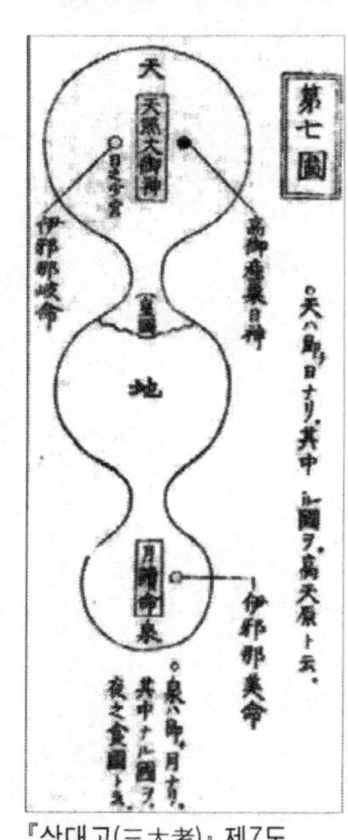

『삼대고(三大考)』 제7도

단지 역사적으로 볼 때 고대의 신화가 원래 모습 그대로 통시적으로 변함없이 받아들여진 것은 아니었다. 근거지워지는 현실 쪽의 역사적 변천에 대응하여 신화 역시 항상 변화를 거듭해가며 다양하게 이야기되어 왔다.

그러나 신화를 현실을 설명하는 '진실된 이야기'로 간주하는 한, 신화는 개개의 텍스트를 넘어 불변하는 하나일 것임이 요구된다. 신화에 내포된 역사성·다양성을 은폐하는 현실의 이러한 시선은 역사를 통해 불변의 민족·국민이라는 환상을 지닌 자기 이미지로 이어진다. 이에 대해 시대에 따라 실제 신화의 모습, 역사와의 관계에 대해 인식하는 것이야말로 주요한 과제일 것이다.

고대에서의 신화

일본에서 신화의 기록은 현존하는 가장 오래된 서적인 『고사기古事記』(712)와 『일본서기日本書紀』(720)의 신대神代권을 효시로 한다. 고대 율령국가의 유래를 이야기하는 역사서로 편찬된 이 두 서적의 신화는 각각 독자적 논리와 세계상世界像을 근거로 하여 고도로 체계화된 것으로(2장 「『고사기』와 『일본서기』의 세계상」 항목 참고) 소박한 민간전승의 차원과는 달리 일관성을 띤 '작품'이라고 할 만하다. 여러 지방의 『풍토기風土記』(713 편찬령)에는 지방적인 신화의 단편이 산견되는데, 이는 『고사기』, 『일본서기』로 정리된 것 이외에도 다양한 신화가 각지에 존재했다는 것을 보여준다. 그렇지만 『고사기』, 『일본서기』가 국가의 역사서로서 설정됨에 따라 이 두 서적의 신화(특히 정통적 역사[正史]로서의 『일본서기』)에 권위가 집중되어, 이후에는 이를 축으로 하여 신화의 변주곡이 전개되어 갔다.

그 변주곡의 가장 빠른 예로서 『고어습유古語拾遺』(807)와 『선대구사본기先代舊事本紀』(9세기 말까지)를 들 수 있다. 전자는 궁정제사의 관장을 둘러싸고 나카토미中臣 씨와 대립한 인베忌部 씨가 진상하였고, 후자에 모노노베物部 씨가 관여한 것으로 추측되는데, 둘 다 『일본서기』를 중심으로 『고사기』를 병용하면서 추출한 문장을 재구성하는 와중에 독자적인 씨족전승을 편입시켜 성립된 것이다.

원래 이질적인 세계상에 의거한 『고사기』와 『일본서기』를 짜깁기하여 새로운 신화를 짜낸 이러한 사례의 배후에는 개개의 텍스트의 저편에 오직

단 하나의 진실된 전언이 존재한다는 확신이 있는 것이다. 그것이 더욱 현저하게 나타나는 것은 헤이안平安시대에 궁중에서 행해진 『일본서기』 강독講讀의 장場에서다.

『일본서기』 강독은 812년부터 965년에 걸쳐 거의 30년에 한 번씩 여섯 번 행해졌다고 확인된다. 『일본서기 사기日本書紀私記』로 불리던 현존 자료 및 그것들을 집성한 『석일본기釋日本紀』(13세기 말)부터는 한문으로 된 『일본서기』에 일본어로 된 해석을 붙이는 것이 강독 작업의 중심이었음을 알 수 있다. 그것은 정사로서 한문이라는 외부의 기록언어에 의해 저술된 『일본서기』를 그 저편에 존재하는 자신들의 언어로 읽어야 할 신화로 회수하는 작업이었던 것이다. 그 무렵에 『고사기』에 보이는 일본 고유어 표현을 보다 본래의 것으로 간주하여 『일본서기』의 해석에 채용해 감에 따라 훈독訓讀이라는 해석을 통한 신화의 변주라고 할 만한 사태가 발생한다. 이를 통해 알 수 있는 것은 문자화에 의해 확립된 신화가 다른 한편으로는 그 문자의 외부성을 이유로 자신의 아이덴티티를 보장할 수 없게 되었다는 모순이다. 그것을 보장하는 것은 언제나 텍스트 이전에 존재했다고 여기는 고유어로 된 신화였다.

중세의 신화

강독의 종언이 상징하는 것처럼 헤이안시대 이후 정치, 경제, 종교 등의 여러 방면에서 고대 사회를 지탱해 왔던 제도가 쇠퇴하고 중세의 새로운 사회가 시작된다. 이런 현실에서의 변화는 필연적으로 그 현실을 설명하는 신화의 변용을 초래한다.

중세의 특징으로서 신화와 관련된 언설 공간의 다양화를 들 수가 있다. 예를 들면 『고금집古今集』의 고유어로 쓰인 서문(仮名序)은 와카和歌의 발생을 신대神代의 스사노오スサノヲ가 이즈모出雲에서 부른 노래에서 찾고 있는데, 이 점을 둘러싸고 중세에 저술된 수많은 『고금집』 서문에 대한 주석註釋에

여러 종류의 신화 언설이 수렴해가게 된다.

특별히 지적할 만한 것은 그 신화 언설이 다른 많은 영역에 걸쳐 공유되고 있었다는 사실이다. 그 한 예로 중세에 이르러 널리 퍼진 국토의 기원을 둘러싼 신화에, 태초에 바다 위로 떠오른 '일본에 불교가 융성할 것이라는 징표(대일[大日]의 인문[印文])' 위에 일본의 국토가 형성되었다는 주장이 담겨 있다. 그 땅에 불교가 유포될 것을 우려한 제육천마왕第六天魔王이 방해하려고 하지만 아마테라스 오미카미天照大神가 불교를 유포하지 않겠다는 서약을 하고 일본의 주인이 되어 겉으로는 불교를 기피하면서도 실제로는 그것을 지키고 있다는 것이다. 『고금집주古今集註』(1297) 등에 보이는 이 신화는 또한 『사석집沙石集』(13세기 말), 『신도집神道集』(14세기 중엽) 등의 불교·신도 관계 서적, 『원형석서元亨釋書』(1322) 등의 역사서, 야시로屋代판 『헤이케 모노가타리平家物語』(13세기 중엽~14세기 초) 등의 이야기문학(物語文學)이라는 폭넓은 영역에서도 찾을 수 있다.

이러한 중세의 신화 언설의 유포를 떠받친 것은 주로 불교사원 및 신사의 네트워크였다고 생각된다. 특히 불교를 매개로 한 새로운 세계상이 중세 신화의 기반이 된 것은 '일본에 불교가 융성할 것이라는 징표(대일의 인문)'설에서도 알 수 있다. 이 신화는 아마테라스의 원래 모습을 대일여래大日如來로 간주하는 료부신도兩部神道적인 인식을 전제로 하고 있다. 자신들이 오랫동안 믿어온 가미神가 동시에 밀교密敎의 본존本尊이라고 여김으로써, 인도로부터 중국을 거쳐 일본에 이르기까지 불법佛法이라는 보편적인 법칙으로 뒤덮인 세계 속에 자신들의 존재가 이어지고 있다고 확신한 것이다. 그것은 고대의 경우와는 다른 중세적인 자기 확신의 모습이었다.

이러한 신화의 변용은 『일본서기』의 정통적 수용 및 주석의 흐름에도 영향을 미치게 된다. 기타바타케 지카후사北畠親房의 『신황정통기神皇正統記』(1339)가 인도·중국·일본 각각의 개벽설開闢說을 열거하여 '동일한 세계 속의' 일로 여기면서 역사 이야기를 시작하는 태도라든지, 이치조 가네요시一條兼良

의 『일본서기찬소日本書紀纂疏』(15세기 중엽)가 유교·불교·신도의 삼교일치설과 『일본서기』의 독법讀法을 연관시켜 가는 점에 그것이 잘 드러나 있다.

근세의 신화

중세에서 근세로의 이행과 함께 신화는 또다시 모습을 바꿔간다. 초기 일본인 크리스천 후칸사이不干齋 하비안의 『묘정문답妙貞問答』(1605)에 그 변화가 있는 그대로 잘 드러나 있다. 그 책에서는 '일본에 불교가 융성할 것이라는 징표(대일의 인문)'설이 땅을 평면으로 전제하는 불교의 세계상과 함께 비판당하고 있는데, 그 비판의 근거가 되는 것은 지구구형설을 비롯한 서양의 자연과학적 지식이었다. 신화와 자연과학이라는 세계를 설명하기 위한 신구新舊 언설이 최초로 대결하는 것을 여기서 볼 수가 있다. 이러한 서양의 자연과학적 세계상은 중국·청대의 유예游藝 『천경혹문天經或問』의 일본판(1730) 등을 계기로 18세기에는 널리 알려지게 되었다.

출판의 발달은 근세에 있어서 중요한 의의를 지니는 것이었다. 1599년 『일본서기』 신대권의 인쇄·출판 이래 17세기를 통해 각종의 주석서 및 『고사기』가 잇따라 출판되어 폭넓은 계층에 직접 『고사기』, 『일본서기』의 신화가 구석구석까지 퍼지는 상황이 전개된다. 이것이 중세적인 신화에 대한 문헌학적 비판을 가능하게 하여 모토오리 노리나가本居宣長에 이르러 국학國學이 융성해지는 배경이 된다.

1790년 노리나가의 주저인 『고사기전古事記傳』의 간행이 개시된다. 그 책은 사상 가장 방대한 『고사기』 전권에 대한 최초의 주석서였는데, 그것의 출현은 그때까지 천여 년에 걸쳐 『일본서기』 중시해 온 역사를 바꾸는 사건이었다. 노리나가는 『고사기』가 한문으로 기록되지 않은 서적이라는 점을 중시하여, 오랜 옛날에는 '말=일=마음'이었다는 테제에 의거해 『고사기』를 통해 드러나는 일본 고유어(和語) 속에서 고대의 마음과 진실을 찾고자 하였다. 그것은 '말'이라는 보편적인 요소를 통해 고대 율령국가의 신화를 자기 자신을 포함한 민족의 신화로서 재생시키고자 하는 시도였다.

그때의 『고사기』 신화는 자연과학적 지식에 의해 변용된 근세의 세계상도 설명할 수 있어야 한다. 『고사기전』이 내포하는 방향성은 모토오리 노리나가의 문인인 핫토리 나카쓰네服部中庸의 『삼대고三大考』에 이르러 현재화된다. 거기서는 태양·지구·달이라는 현실의 천체의 생성을 『고사기』 신화에 의거하여 설명하려 하고 있는데, 그것의 옳고 그름을 둘러싸고 노리나가의 사후 문인 및 히라타 아쓰타네平田篤胤 등에 의해 막부 말기까지 이어지는 논쟁이 전개되었다.

근대의 신화

근대는 신화가 더 이상 세계 그 자체의 성립을 설명하는 '진실된 이야기'일 수 없는 시대라고 말할 수 있을 것이다. 그러나 근대 국민국가에 있어서 신화는 '국민'의 아이덴티티를 체현하는 것으로서 새로운 중요성을 띠고 부상하게 된다.

『고사기』 신화에 직접적으로 '국민 고유의 사상'의 반영을 찾고자 하는 메이지明治기의 소박한 국민신화관(井上哲次郎, 「日本文學の過去及び将来」, 1895)에 대해, 『고사기』와 『일본서기』에 대한 철저한 문헌 비판을 통해 그것이 천황에 의한 국가통치의 정통성을 주장하기 위해 만들어진 정치적 작품이라는 점을 명확히 한 것이 『신대사의 새로운 연구神代史の新しい研究』(1913)를 비롯한 쓰다 소키치津田左右吉의 일련의 연구였다. 그러나 다른 한편으로 쓰다는 국민사상의 연원을 문헌으로 재구성하기 이전에 상정되는 '원신화原神話'라는 것에서 찾고자 한다. 후에 와쓰지 데쓰로和辻哲郎 및 마루야마 마사오丸山眞男 등에게도 계승되는 이러한 방향성은 『일본서기』 강독 및 노리나가가 문자로 된 신화의 저편에 자신들의 말로 전해졌을 신화를 찾고자 했던 태도와 궤를 같이하는 것이었다.

전후 쓰다의 방법론은 발견된 '원신화'를 타민족의 신화와 비교하여 민족의 기원을 탐구하는 비교민족학적 연구 및 제사 · 의례와의 연관으로부터 그 문화적 기층을 탐구하는 민속학적 연구 등으로 발전시켰다. 그러한 흐름은 한편으로는 『국체의 본의國體の本義』(1937) 등에 보이는 전전의 국가에 의한 신화의 이용에 대항하여 신화를 '일본인'의 것으로 민주화하는 작업이었다고 말할 수 있지만, 그 반면에 천황을 중심으로 한 고대 율령국가의 신화를 '일본인인 우리들'의 신화로 대체하고 있다는 점에서 『고사기』와 『일본서기』의 성립 이래 계속된 규제 속에 여전히 구속되어 있다고 할 수 있다. 거기서 자유롭기 위해서는 역사를 통한 다양한 신화의 현실을 정면에서 마주봄으로써 얻어지는 비평적인 시각이 절대적으로 필요하다.

참고문헌
神野志隆光 編, 『古事記日本書紀必携』, 學燈社, 1999
金沢英之, 『宣長と「三大考」』, 笠間書院, 2005

02 일본인에게 불교는 무엇이었는가

ㅣ 요시무라 히토시吉村均

도다이지의 노사나 불상

불교는 천 수백 년 전에 전해진 이래 일본 문화에 커다란 영향을 미쳐 왔다. 건축·조각·회화·공예는 물론 정원·노能와 같은 고전 예능, 다도(茶ノ湯) 및 꽃꽂이 등 불교를 빼놓고서는 일본의 전통문화를 말할 수가 없다. 일본 전국에는 현재 약 7만 8000개의 사찰이 있고 교토京都 및 나라奈良, 닛코日光의 사찰과 신사는 세계유산으로 지정되어 관광객을 불러 모으고 있다.

그러나 그것들은 유산 및 과거의 영광을 나타내는 것이기는 하지만 현재도 불교가 성황인지를 묻는다면 솔직히 말해 회의적이다. 티베트 불교의 지도자인 달라이 라마 14세가 일본을 방문하였을 때 나라의 도다이지東大寺 참배 후 승려의 수를 묻고는 30여 명이라는 대답에 놀랐다고 한다. 망명지인 인도 및 네팔에 재건된 티베트 불교의 본산급인 사찰이라면 승려의 수는 1000명을 넘어 달라이 라마 법왕法王이 집행하는 칼라차크라Kala cakra 대관정大灌頂 법식에는 출가하지 않은 사람 및 외국인을 포함하여 10만여 명이 모인다. 사람 수가 그대로 질을 나타내는 것은 아니지만 광대한 도다이지의 가람에서 배우고 수행하는 승려가 30명이라는 것에 허전해지는 것은 어쩔 수 없다. 사원을 경제적으로 지탱해 온 단가檀家제도도 지방의 과소過疎화 및 핵

가족화로 급속하게 쇠퇴해 왔으며 일본 불교의 장래를 우려하는 목소리를 여기저기서 듣게 된다.

근대 일본 불교의 문제점

현재 일본 불교의 최대 문제점은 습속으로서의 의례와 사상을 완전히 분리해 버린 데 있을 것이다. '윤회는 인도의 미신이고 불교 본래의 것이 아니다', '대승불교의 경전은 후대에 성립한 것으로 석가모니의 가르침이 아니다' 라고 생각하는 승려가 적지 않지만, 그러한 사고는 그들이 집행하는 의례와는 모순된다. 예를 들면 초칠재初七齋나 사십구재四十九齋와 같이 죽은 이의 명복을 비는 의례는 사람이 죽어서 7주 내에 전생轉生한다는 사고를 전제로 한다. 무엇으로 전생하는가는 생전의 행실로 결정된다. 자기 자신이 직접 불경을 읽을 수 없는 죽은 사람을 대신해 승려에게 독경을 의뢰하고 유산에서 그 비용을 충당하는 것으로 사자의 명복을 빌어 좋은 전생을 기대하는 의례를 행하는 것이 이러한 의례의 본뜻이다. 정토진종淨土眞宗은 아미타불의 제십팔원第十八願에 의한 극락왕생을 말하는 종파인데, 그 아미타의 본원本願에 대해 석가모니가 설한 『대무량수경大無量壽經』이 석가모니의 가르침이 아니라면 신앙 그 자체가 근거를 잃게 될 것이다.

일본 불교의 교단은 메이지유신기의 신불분리령神佛分離令과 폐불훼석廢佛毁釋으로 커다란 타격을 받아 사회의 근대화, 서양화가 진행되는 가운데 살아남기 위해 내용을 크게 바꿔 왔다. 승려가 배우는 학료學寮의 대다수는 대학으로 모습을 바꾸었고 가르치는 내용도 서양적인 문헌학에 의거한 것들이었다.

그 가운데에서도 근대 불교학의 방향성을 확립한 존재로 와쓰지 데쓰로和辻哲郎가 수행한 역할을 지적하는 소리가 높다. 젊은 날 나라의 사찰을 돌아다니며 그곳 불상의 아름다움을 열정적으로 전하는 『고사순례古寺巡禮』는 지금도 읽히고 있으며, 불교 서적을 사상서로 읽는 방식도 와쓰지로부터 비롯되었다. 와쓰지는 「사문 도겐沙門道元」(『日本精神史研究』 수록)에서 전통적 교단의 행태를 격렬히 비판하면서 『정법안장正法眼藏』을 사상서로 읽을 것을 선언하였다. 그의 관심은 더욱이 인도 불교로 거슬러 올라가 대저인 『원시불교의 실천철학原始佛教の實踐哲學』을 저술한다. 그 연구 과정을 보여 주는 교토제국대학에서의 강의록(『佛教倫理思想史』)의 서문(메모)에서 와쓰지는 근세의 배불론排佛論에 대해 불교 측이 반론조차 하지 못한 채 있는 것을 지적하면서, (서양에서 기독교 신학으로부터 철학이 생겨난 것처럼) '교회'로부터 불교 사상 해방의 필요성을 호소하고 서양의 문헌학의 성과를 받아들여 불교를 실천철학으로서 논하고 있다.

오늘날 일본에서 불교라고 하면 죽은 사람에 대한 공양供養 등의 의례 외에 관광사업이거나 아니면 『정법안장』, 『탄이초歎異抄』 및 평이한 말로 번역된 이와나미岩波문고의 남방불교(스리랑카, 미얀마, 타이 등)의 불전佛典(번역자인 나카무라 하지메[中村元]는 와쓰지의 제자)의 독서라고 간주될 정도로 와쓰지 없이는 오늘날의 일본 불교가 없었다고 해도 과언이 아니다.

와쓰지는 전통적인 의례에 대해서는 '불교철학'적이지 않은 미신으로 여겨 그것을 배제해 버리고 있지만(메모, 「佛教と日本文化」 전집 별권 2), 그러한 학문의 성과를 '교회'가 받아들임으로써 전술한 것과 같은 혼란이 생기고 있다.

일본 불교의 전개와 특징

헤이안平安시대 초기에 편찬된 일본에서 가장 오래된 불교설화집 『일본령이기日本靈異記』를 보면, 이미 죽은 사람 및 가미神에 대한 마쓰리祭り에 승려가 관여하고 있고 죽은 사람 및 가미 자신이 종래의 마쓰리에 만족하지 못한 채 독경讀經 등의 불교적인 제사를 바라고 있다고 주장하는, 완전히 똑같은 논리로 설명하고 있음을 알 수가 있다(하권 16, 동 24). 가미는 왜 재앙을 내리며 또 어떻게 하면 그것을 진정시킬 수 있는가, 죽은 자는 지금 어떠한 경우에 처해 있고 또 무엇을 필요로 하는가 등 불교는 사람들이 쉽게 알 수 없는 것을 분명히 알게 하는 지知로서 일본에 수용된 것이었다.

『일본서기日本書紀』에는 불교 전래가 552년의 일로 기록되어 있지만(역사적 사실이 아니라 서기 편찬시에 창작된 기사), 이때는 (상법오백년설[像法五百年說]에 의거한) 말법末法이 도래한 해를 가리킨다. 석가모니가 인도의 성지인 부다가야에서 깨달음을 얻은 때의 범천권청梵天勸請의 에피소드가 보여주는 것처럼 석가모니가 획득한 지知는 사람들이 쉽게 이해할 수 없는, 그 앎을 터득한 사람의 인도 없이는 깨닫기 어려운 것이었다. 그런 불교를 멀리 인도를 벗어나 직접적 교류가 없는 일본에서 배운다는 것은 감질나고 안타까운(隔靴搔癢) 마음을 불러일으키는 것이었으리라. '속산변토粟散邊土' 즉, 중심인 인도로부터 곡식의 알갱이처럼 좁고 멀리 떨어져 있는 변경의 작은 섬인 일본이라는 사고는 이미 『일본령이기日本靈異記』에 나타난다.

그래서 일본에서는 단계적으로 불교를 배우고 실천해 가는 방식이 아니라 한 번에 부처의 앎에 도달하는 방법이 모색되었다. 불교의 분류에서 (점오[漸悟]에 대해) 돈오頓悟로 분류되는 밀교密敎 및 선禪, 그리고 타력염불他力念佛 등이 성행한 것은 그 때문이다. 이른바 가마쿠라鎌倉 신불교는 민중불교라고도 하는데 그 내용을 생각해보면 누구라도 이해하고 실천할 수 있는 것이 아니다. 실제로 도겐道元 및 신란親鸞의 생존 중에 그를 따른 집단은 극히 소규모였다.

문제는 그러한 뛰어난 이해를 보인 고승이 종종 이단으로서 배척되었다는 점이다. 그것은 일본 불교의 또 하나의 특질인 비구승의 계율이 기능하지 않았던 점과 밀접한 연관이 있다. 불교에 있어서 정식 승려가 되기 위해서는 출가자 집단(승가)으로부터 참가의 허가와 집단의 규율인 비구계比丘戒를 받을 필요가 있다. 일본에 정식화된 비구 계율을 전하기 위해 감진鑑眞이 거듭되는 고난을 넘어 일본에 온 사실은 교과서에도 실려 있는데, 그 비구계에 있어서 가장 무거운 계율 위반에 대해서는 승가로부터의 추방이 규정되어 있고 여기에는 여자를 범한 행위도 포함된다. 처자를 거느린 비구라는 것은 규정상 있을 수 없는 일인 것이다. 이렇게 된 데에는 사이초最澄에 의한 대승보살승의 주장(대승의 승려는 자신만의 깨달음을 위한 소승의 계율이 아니라 대승계에 의해 승려가 되어야 한다. 사이초의 사후 황실에 의해 인가되었다) 등 여러 요인이 있지만 본래 이러한 규정은 사회와의 관계를 끊고 불교 집단을 자립적인 집단으로 만들기 위해 빼놓을 수 없는 것으로, 이러한 비구의 계율이 기능하지 않았다는 것은 불교 집단이 사회로부터 자립하지 못했음을 의미한다. 구카이空海나 사이초와 같이 밀교의 힘에 의한 국가 및 천황의 수호를 어필하여 역으로 국가의 보호를 받은 예도 있지만, 호넨法然 및 신란, 그리고 니치렌日蓮이 유배되고 도겐과 잇펜一遍이 자유로운 활동을 제한받은 것처럼 다수파 이외의 사람을 세속의 힘을 빌려 배제하는 관행이 일본 불교의 기반을 취약하게 만들었음은 부정하기 어렵다.

근세에서의 지知의 전환과 배불론

일본인의 앎知에 있어서 근세에 커다란 전환이 있었다는 것은 사토 마사히데佐藤正英에 의해 지적되고 있다(『日本倫理思想史』). 그때까지의 앎이 종교적 성격을 띠면서 의례와도 불가분의 관계에 있었다면, 일본 주자학에서는 텍스트를 읽고 해석하는 방법을 통해 실제적인 앎이 획득된다고 여겨 (사토가 말하는) 원향세계原鄕世界의 그림자가 비치지 않게 되었던 것이다. 그 앎의 양상을 『고사기古事記』와 같은 일본 고전으로 향하게 한 것이 국학國學이었고 이들 유학자 및 국학자에 의해 배불론이 전개되었다. 그런 의미에서 와쓰지 데쓰로가 배불론을 딛고 선 자신의 불교 연구를 기독교 신학으로부터의 철학의 성립에 비유한 것은 적절한 자기평가였지만, 그것은 이질적인 앎에 대한 재해석이었고 결과적으로는 불교적 지知의 특질은 잃어버리게 하는 것이었다. 와쓰지는 용수龍樹(나가르주나[Nāgārjuna], 남인도의 불교가)를 제법諸法을 근거 짓는 것으로서 공空을 설한 사상가로 위치 짓고 있는데(『佛敎倫理思想史』), 그렇게 공을 이해하는 것이 와쓰지 윤리학의 요체가 되었다. 그러나 실제로 용수는 개념에 의해 세계를 파악하는 마음의 메커니즘 그 자체에서 고통의 원인을 보고, 개념을 통해 세계를 파악하려고 하는 개념 그 자체의 기능을 무효화한다는 석가모니의 지知의 독특함을 깨닫고, 그때까지의 부파部派불교가 그 독특함을 파악하고 있지 못하다는 점을 날카롭게 비판한 종교가였다(『六十頌如理論』 등). 불교 이해에 있어서 종래의 설과는 크게 달랐던 도겐 및 신란이 자신의 가르침을 용수와 연결한 것은 우연이 아니었다.

맺으면서

이러한 흐름 속에 앞머리에서 서술한 상황이 생겨났지만, 세간에 널리 알려지지 않았고 학자가 주목하지 않았을 뿐이지 깊은 이해를 터득한 불교도가 없다고는 한정할 수 없다. 특별히 뛰어나다고 여겨지지 않던 사람이 죽음을 앞두고 극락왕생의 상서로운 기적을 드러낸 예는 시대와 지역을 불문하고 존재한다. 마지막으로 일본 불교의 가능성을 보여주는 사례를 몇 가지 소개하고 싶다.

천태종天台宗의 하가미 쇼초葉上照澄는 그의 저서 『원심願心』(法藏館)에서 당시 세계의 심각한 문제였던 중동전쟁의 조정 역할을 수행한 것과 시나이반도에서 종교를 넘어선 공동 기도를 수행한 것 등을 기록하고 있다. 그것은 임제종臨濟宗의 아사히나 소겐朝比奈宗源의 권유에 의한 것이었다고 하는데, 아사히나는 정토진종淨土眞宗의 무라타 조쇼村田靜照와의 교류를 통해 견성見性의 체험과 진종에 있어서의 타력他力의 믿음의 획득이 동일한 성질의 것임을 말하고 있다(『覺悟はよいか』). 그 무라타의 스승이 막말기부터 메이지기에 걸쳐 잘 알려진 고승으로 호넨의 환생이라고 칭송받던 시치리 고준七里恒順이었다. 스즈키 다이세쓰鈴木大拙가 주목하여 '독실한 신앙심을 가진 염불수행자妙好人'로서 전 세계에 소개한 아사하라 사이치淺原才市는 이 시치리에게 오랫동안 훈도를 받은 인물이었다. '묘호인妙好人'이라는 것은 아미타불의 서원誓願 작용에 의해 불타의 앎을 획득한 존재다. 아미타불의 도움으로 암에 걸렸다고 기뻐하며 죽음을 맞이한 스즈키 아키코鈴木章子의 수기 『암 선고 후에癌先知のあとで』(探究社)는 NHK 교육방송에 소개되어 반향을 일으켰는데 그것을 읽으면 앎에 의한 고통으로부터의 해방이라는 석가모니 이래의 불교의 특질을 지금도 잃어버리지 않았음을 알 수 있다.

참고문헌

佐藤正英, 『日本倫理思想史』, 東京大學出版會, 2003

西村道一, 『日本人の知』, ぺりかん社, 2001

賴住光子 · 吉村均 · 新免光比呂 · 保坂俊司, 『人間の文化と神秘主義』, 北樹出版, 2005

03 '신神'과 '불佛'의 중층성?

| 사토 히로오佐藤弘夫

'일본적' 전통으로서의 신 · 불의 공존

지금 일본에 있는 주요한 종교에 대해 질문을 받게 되면 대다수 사람들은 틀림없이 신도神道와 불교佛敎를 들 것이다. 우리는 누구나 신도와 불교가 다른 종교임을 알고 있다. 가미神가 일본 '고유'의 존재인 것에 비해 불교는 대륙으로부터 이입된 '외래' 종교다. 가미는 신사에 있고 부처는 사찰에 있다. 양자의 역할도 대조적이다. 불교가 통상 사후의 운명을 관장하고 있다면 가내家內 안전 및 입신출세라는 현세의 이익은 오로지 신도가 담당한다.

하치만 와카미야(若宮) 신상
(릿쿄구안[栗棘庵])

이러한 상식을 전제로 하여 유래를 달리하는 복수의 종교가 역할을 분담하면서 서로 사이좋게 공존하는 점에 착목하여 기독교 사회 및 이슬람 사회와는 다른 일본적인 정신 풍토의 독자성을 발견하고자 하는 시도가 여러 차례 전개되었다. 신도와 불교의 공존이라는 사실은 일본 문화론의 단골 재료 중 하나였다.

연구자들 사이에서의 좀 더 전문적인 논의의 장에서는 신도와 불교의 관계에 대한 중요한 테마로 클로즈업되는 것이 '신불습합神佛習合'이다. 대륙으로부터 불교가 전래될 당시 이미 일본열도에는 토착한 여러 가미들에 대한 제사 체제가 존재하였다. 도래한 불교가 열도의 신도와 만났을 때 양자는 어떠한 모습으로 만났으며 각각의 관념 및 의례에 어떠한 변화가 생겨났는가. 신도와 불교의 교섭은 개별적 학문 영역의 문제에 머물지 않고 일본인의 이문화 수용을 생각할 때 좋은 예로서 여러 각도에서 고찰이 진행되었다.

그러나 신도와 불교를 둘러싼 이러한 논의는 일단 모두 백지로 돌려야 한다. 왜냐하면 현대 일본인의 상식이 된 신도와 불교의 구분도 시대를 거슬러 올라가면 전혀 통용되지 않기 때문이다.

신 · 불 구분의 유동성

예를 들면 중세라는 시대를 생각해보자. 당시 사람들도 각각의 바람을 마음속에 품고 여러 가미들이 있는 곳을 방문하였다. 그 기원의 내용은 오늘날과 같이 현세의 이익과 관련된 문제가 중심이었다. 그런데 그 가운데 여러 차례 사후의 극락왕생을 기원하였다고 하는 이야기가 보인다. 유명한 도다이지東大寺의 승려 모양을 한 하치만신상八幡神像(가이케이[快慶] 작 · 국보)도 그 제작 목적은 정토왕생淨土往生이었다. 사후의 구원을 바라는 중세인은 신사에 참배하고 신상을 세운 것이다.

그렇다고는 해도 일찍이 일본열도에서 어떻게 가미가 사람들을 정토로 인도하는 기능을 맡게 된 것일까.

인간을 뛰어넘는 가미 및 부처 · 보살 등이 사는 세계를 이계異界라고 부른다면 우리 현대인들은 이계에 사는 사람을 구분할 때 '가미'와 '부처' 사이에 가장 굵은 선을 긋고 있다. 그러나 중세에는 달랐다. 나는 중세 일본에는 크게 두 범주의 신불佛神이 있었다고 생각한다. 하나는 이 현실과 차원을 달리하는 별도의 세계가 있어서 우리가 용이하게 그 모습을 보거나 존재를 느끼거나 할 수 없는 '저 세상의 부처'다. 이들은 중생의 궁극적인 구제를 관장한다고 믿고 있었다. 극락정토의 아미타불은 그 대표적 존재다.

또 다른 하나는 '저 세상의 부처'의 화신으로서 이 현실세계(사바세계)에 출현하여 상벌의 힘을 행사하여 사람들과 '저 세상의 부처'와의 다리 역할을 하는 존재='이 세상의 신불'이다. '이 세상의 신불' 중에는 일본의 여러 가미들을 비롯하여 '생신불生身佛'이라고 불리는 형태의 불상 및 성인聖人·조사祖師까지 포함되어 있었다. 가미가 정토왕생의 중개역을 한다는 발상은 여기서 비롯된 것이었다.

물론 중세에도 신·불이라는 구분 방식은 있었다. 그러나 그 구분이 의미하는 바가 현대와는 근본적으로 다르다. 중세인들에게 협의의 신·불을 구분하는 것 이상으로 '저 세상의 부처'와 '이 세상의 신불' 사이에 그어진 선이 무엇보다도 근원적이고 중요한 분류의 지표로 생각되었던 것이다.

유학생을 도와주는 '일본의 부처'

전근대 사회에 있어서 현대적인 신·불의 구별이 통용되지 않는 예를 또 하나 들어보자. 헤이안시대 후반 이후 특정한 유형을 가진 설화가 거듭 반복적으로 전승된다. 그것은 중국으로 건너간 일본 유학생이 현지에서 곤란을 겪게 될 경우 '일본의 신불'에게 도움을 청하면 그 도움에 의해 궁지를 벗어날 수 있었다는 유형이다. 기비노 마키비吉備眞備 및 자쿠쇼寂照(오에 사다모토[大江定基])와 관련된 에피소드는 특히 유명하다.

여기서 주목할 것은 그러한 설화에서는 역경을 벗어나기 위한 기원의 대상으로서 스미요시住吉 대명신大明神·하세長谷의 대불大佛 등 '이 세상의 신불'이 병기되고 있고 양자의 기능과 역할에 어떠한 차별이 있는 것처럼 보이지 않는다는 점이다. 가미와 부처를 이질적인 존재로서 준별하려는 의식은 거기서는 읽어낼 수가 없다.

또 하나 놀라운 것은 가미와 함께 언급된 부처의 변모 양상이다. 지금까지 종종 불교는 기독교·이슬람교와 함께 '보편적'인 성격을 지닌 종교로 규정되었다. 불교의 신앙에는 지연·혈연 등의 이 세상의 속성은 어떠한 본질적인 요소가 아니라는 점에 유래한 것이다. 그런데 그러한 설화에 등장하는 부처들은 '일본인'이라는 이유만으로 유학생을 특별히 여기는 존재로 그려지고 있다. 이런 부처는 '보편 종교'의 범주에서는 파악할 수 없다는 점은 명백하다. 가미뿐만 아니라 부처 또한 본래의 특질에서 변용되고 있는 것이다.

신·불 구분에서 배제되는 여러 가미들

전근대의 종교 세계를 볼 때 신·불 구분의 유동성과 함께 또 하나 유의해야 할 점이 있다. 이계異界를 구성하는 초월자(가미)가 협의의 가미와 부처만으로 한정되지 않았다는 점이다.

『일본서기日本書紀』 비다쓰敏達 천황 10년(581) 윤 2월 기사다. 에미시蝦夷의 동향이 불온하다는 것을 들은 천황은 그 수장을 불러서 미와산三輪山을 향해 공손히 따를 것을 맹세하게 하였다. 게다가 만약 맹약을 어기는 경우에는 '천지의 수많은 여러 가미 및 천황의 혼령'에 의해 그 자손이 끊기는 일이 발생해도 불만이 없다고 말하게 하는 것이다.

『속일본기續日本紀』 진고케이운神護景雲 3년(769) 5월 29일 천황의 조서에서는 아가타이누카이노 아네메縣犬養姉女 등에 의한 반역이 발각된 것은 "노사나여래盧舍那如來, 최승왕경最勝王經, 관세음보살觀世音菩薩, 호법선신護法善神의 범천梵王·제석帝釋·사대천왕四大天王의 불가사의한 위력을 지닌 가미의 힘, 거론하기조차 황송한 일이지만 천지개벽 이래 천하를 다스려온 천황의 혼령, 천지의 가미들이 도와주시는 힘"에 의한 것이라고 기록되어 있다.

여기에는 여러 가지 신불이 등장하지만 '천지의 가미'와 '노사나여래'(도다이지의 대불)는 우선 우리가 상상하는 '가미'와 '부처'에 대응하는 존재라고 말할 수 있을 것이다. 그러나 솔직히 말해서 '최승왕경', '범천', '제석', '사대천왕'을 무조건 '부처' 그룹에 넣는 것에는 위화감이 든다. '천황의 혼령'은 과연 '가미'인 것일까. 이들 이외에도 고대 일본에서는 큰 바위·초치검草薙劍·뱀·쇼토쿠 태자聖德太子의 머리카락·역신疫神·혼령 등 '가미'나 '부처' 그 무엇으로도 판별하기 어려운 존재가 모두 범상치 않은 영혼의 위력을 갖춘 성스러운 존재=가미로 여겨졌다. 신·불 이분법으로 이해하기 곤란한 존재는 중세에 들어서면 더욱더 그 종류와 수가 늘어 간다.

신·불이라는 이분법을 주어진 전제로 하여 양자의 습합과 이반離反의 거리를 측정하려고 한 종래의 신불습합 연구는 이러한 문제에 대해 얼마나 정도 주의를 기울여 왔을까. 거기서는 협의의 '가미'와 '부처'가 각 시대의 종교 세계 전체에서 점하는 객관적 위치 및 신·불 각각이 지니는 기능과 변모 과정에 대한 심화된 고찰은 결여된 채 양자의 관계의 변화에만 관심이 집중되었던 것은 아닐까.

신·불 각각의 관념이 시대와 함께 대폭적인 변용을 이루어왔다. 신·불이라는 구분 자체가 현재와 같은 모습으로는 통용되지 않는 시대도 있었다. 더욱이 전근대 사회에서는 (현대도 그렇지만) 신·불이라는 그룹 분류에서 누락된 다채로운 가미가 존재하고 있었다.

'신불습합'이라는 함정

사상사를 그려내기 위한 단계로서 신·불의 중층성 및 신불습합에 착목하게 된 배경에는 사상 세계의 구성요소를 신도·불교·유교·음양도陰陽道·기독교·국학 등의 부분으로 나눈 뒤에 그것을 긁어모으기만 하면 어느 한 시대의 사상상思想像을 재현할 수 있다는 발상이 전제되고 있었다.

이러한 입장에 대해 우리는 불교가 전래되기 이전의 가미, 고대의 가미, 중세의 가미가 각각 전혀 별개의 것임을 재인식할 필요가 있다. 그것을 모두 '가미'나 '신도'라는 개념으로 표현한 데서 오해가 생긴 것이다. 그것은 불교와 유교에서도 마찬가지다. 보다 더 중요한 것은 신도·불교·유학 등이 뒤섞여 구성되는 시대의 사상상은 단순히 그 총합(總和)에 그치지 않는다는 것이다. 다양한 사상적 요소의 혼합으로 총체적인 사상상이 형성되는 것이 아니라 여러 요소가 화학반응을 일으켜 전혀 다른 것으로 변질되고 있다. 따라서 마치 기존의 부품을 조립하여 완성품을 만들듯이 근현대에 그 개념이 만들어진 신도·불교·유교라는 여러 요소를 재조합하는 것만으로는 결코 전근대의 사상 세계의 역동적인 양상과 생생한 전체상을 재현할 수 없다.

종종 논의되어 온 일본 문화론·일본 사상론으로서의 신·불 관계론에서는 일본열도 종교 세계의 주인공이자 초역사적인 실체로서 협의의 '가미'와 '부처'를 상정하지만 그 자체가 픽션이었다. 역사를 넘어 실재하는 보편적 존재로서의 가미도 부처도 존재하지 않는다. '가미'와 '부처'의 개념도 양자의 구분도 시대에 따라 흔들린다. '가미'와 '부처'로 일본 종교를 대표하게 하는 것은 현대인의 발상이고, 그것을 과거에 소급시켜서는 그 어떤 것도 발견할 수 없다.

우리가 해야 할 것은 그러한 한계를 자각한 위에 한발 앞으로 나아가는 것이다. 그것은 협의의 '가미'와 '부처'를 사상사·문화사 위에서 객관적으로 위치지우기 위한 좌표축의 탐구다. 다양한 가미가 혼재하는 종교 세계를 전면적으로 파악하는 시점과 그에 대해 일본을 넘는 보다 넓은 맥락 속에서 해석해 나가려고 하는 새로운 방법의 모색이다.

참고문헌

佐藤弘夫,『アマテラスの變貌』, 法藏館, 2000
佐藤弘夫,『起請文の精神史』, 講談社選書メチエ, 2006

04 '서물書物'이라는 이름의 미디어

| 다카하시 아키노리高橋章則

조선의 '서원'과 '장판각': 텍스트의 신격화

한국의 각지에는 유교 교육과 제사의 장을 겸비한 '서원書院'이라는 건물이 있다. 그 서원 건축의 백미라고 불리는 것이 경상북도 안동시에 있는 '병산서원屛山書院'이다.

『당시선화본』 속편 1권, 「송이판관지윤주행영(送李判官之潤州行營)」

'병산서원'은 문관文官으로서 도요토미 히데요시豊神秀吉의 조선 침략에 저항한 유성룡이 유씨 일족의 유교 교육기관인 풍악豊岳서당을 중앙으로 옮겨 지은 '강당', 후에 유성룡을 따르는 제자들이 그의 위패를 모시기 위해 건립한 '사당', 나아가서 문하생이 거주하는 '학료' 등으로 구성되어 있다. 그 정면에는 하천 너머로 병산의 절경을 볼 수 있는 집회소集會所를 겸한 누각형의 대문이 있다.

조선시대의 '서원' 가운데 빼놓을 수 없는 것은 유성룡의 스승이자 일본과 조선의 주자학 비교 연구의 초점인 대사상가 이퇴계李退溪의 '도산서원陶山書院'이다. 이 서원은 이퇴계가 1561년 61세에 세운 '도산서당'에서 비롯되어 퇴계의 사후 4년째에 그의 학문과 덕망을 추모하는 문인과 많은 유학자들이 협력하여 '상덕사尙德祠'라는 사당을 세우고, 더 나아가서 '전교당典教堂'(대강당), '농운정사隴雲精舍'(기숙사) 등의 여러 시설을 확충하여 커다란 교육시설로 발전시킨 것이다.

'동광명보東光明寶'와 '서광명보西光明寶'는 서고書庫로 여기에는 현재 1271 종류, 4917권의 고서古書가 보관되어 있다.

흥미를 끄는 것은 '시사단試士壇'이다. 1792년 '정조대왕'은 퇴계의 위업을 칭송할 목적으로 '도산서원'에서 '지방별과地方別科'라는 특별시험을 행하였다. 그때 7228명이 응시하여 11명이 선발되었다고 한다. '시사단'은 그것을 기념하여 세워진 것이다. '서원'이 국가의 인재 등용에 직접 관여한 사례다.

조선에는 이러한 많은 '서원'이 유교사상을 재생산하는 특별한 공간으로서 독특한 사상 공간을 형성하고 있었던 것이다.

그 '서원' 안에서 특히 주목되는 것이 사당의 옆에 세워진 사상가 저작의 '판목板木'을 넣어둔 '장판각藏板閣'이다.

조사 및 정리가 잘 이루어진 도산서원의 경우에는 퇴계의 문집, 유묵遺墨, 언행록, 병서屛書, 도산십이곡陶山十二曲 등 총계 2790장의 '판목'이 보관되어 있다고 한다.

이 도산서원의 '판목'을 포함하여 한국 국내에 산재해 있는 '판목'은 현재 보존과 연구를 위해 안동시에 있는 '국학진흥원'의 장판각藏板閣으로 이관되어 있다. 그 수가 10만 장. 여러 차례에 걸친 전쟁에도 보존되어 온 '판목'이 조선 유교의 '성지聖地'인 안동에 모아져 연구의 진전을 기다리고 있는 것이다.

조선통신사의 개탄: 일본에 있어서의 미디어의 발전

'판목'이 사당 옆에 있다는 것은 '판목'의 이용법이라 할 수 있는 '출판' 양상을 상징적으로 보여준다. 조선에서 출판은 기본적으로 저자인 사상가와 그 문하생의 손에 맡겨져 있었다. '판목'은 제사를 위한 공간과 가까운 곳에 있어 '신격화'되었고, 사상 정보를 전달하는 미디어로서의 기능은 사상가와 그 주변에 의해 독점되고 있었다.

이와 대조를 보이는 것이 일본 근세의 '판목'이다. 일본에서는 '판목' 소유권의 일부를 사상가가 갖거나 출판의 총량을 파악하는 일은 있어도, '판목' 전부를 사상가가 지니는 것은 드문 일이었다. 그 대부분이 서점(출판사)의 관리하에 있었다. 출판에 끼어든 상업자본이 '서물'을 유포시킨 것이다. 따라서 '판목'은 '통속화'되어 미디어로서의 기능은 학자 밖의 세계로 열려 간 것이다.

이러한 일본에서의 미디어 보급에 놀란 이는 다름 아닌 조선에서 온 외교사절이었다. 1719년(교호[享保] 4) 조선통신사의 '제술관製述官'(서기관)으로 일본을 방문한 신유한申維翰(1681~?)은 그의 일기 『해유록海游錄』에서, 오사카大坂의 활기찬 모습을 관찰하는 가운데, "서림書林 및 서점이 있어 간판을 내걸고 이름 붙이기를 류시켄柳枝軒, 교쿠주도玉樹堂 등등. 고금古今 백가百家의 문적文籍을 갖추고 또한 그것을 복각復刻하여 판매하고 판매수입을 화폐로 바꾸어 축적한다. 중국의 서적, 우리 나라 제현諸賢의 선집도 없는 것이 없다"고 기록하고 있다. 일본에서 모든 방면의 서적 유통과 서점이 '서물'에 의해 이윤을 얻고 있다는 점에 놀라고 있는 것이다. 조선에서의 '판목' 및 '서물'의 신격화 및 독점 상태에 비추어 보면 놀라는 것도 무리는 아니었을 것이다.

그런데 신유한이 언급한 '류시켄'은 교토의 롯카쿠도리六角通 고코마치御幸町 니시이루西入에 있는 서점으로 이바라키야茨城屋 오가와 다자에몬小川多左衛門의 점포명이다. 이 점포는 초대 주인이 경서經書 및 선종禪宗 관계 서적을 염가로 판매한 것이 성공하여, 이대二代 때에는 "교토에서 큰 서점으로 칭해진 곳은 이바라키와 후게쓰風月다. 이바라키서점에는 미토번水戶藩 및 가이바라貝原의 저서와 장판藏板이 많았는데 이것들을 잘 활용할 궁리를 하였다. 집안 역시 부자가 되었다"(『楓軒偶記』 제1권)고 한 것처럼, 가이바라 에키켄貝原益軒의 교훈서 및 실용서, 기행 등의 '장판=출판권 보유 서적'을 많이 획득하고 있었을 뿐만 아니라 미토번의 '장판서' 간행을 독점하였다. 다시 말하면 '류시켄'은 에키켄 및 미토번 판각板刻의 '판목'을 확보하여 출판하는 것으로 규모를 확장하여 교토의 대표적인 서적상이 된 것이다.

한편 '교쿠주도玉樹堂'는 교토 니시호리카와도리西堀川通 붓코지佛光寺 구다루마치下ル町의 '중국 전문 서점 기치자에몬吉左衛門'으로 『당시고취唐詩鼓吹』(1689) 및 『명시대관明詩大觀』(1720) 등의 한시漢詩 관련 서적 및 이토 진사이伊藤仁齋·그 아들인 도가이東涯의 시문집 및 『중용발휘中庸發揮』, 『맹자고의孟子古義』 등의 주석서 등을 출판한 서점이다. 이 서점도 이토 진사이의 고기도古義堂라는 특정 사상가와 깊은 관계를 유지하면서 기반을 다져간 상업자본인 것이다.

출판사의 선택: 미디어 지배

특정 사상가 집단과 출판사가 연결된 '서물'을 유행시킨 대표적인 예가 소라이徂徠학파와 '스잔보嵩山房'의 제휴에 의한 『당시선唐詩選』이다. 1724년(교호 9) 핫토리 난카쿠服部南郭 교정본의 간행 이래 50종에 이르는 '판본'이 제작됐다. 『당시선』의 붐은 '40여 년간 판본을 제작한 서적 가운데 성황이었던 것은 『당시선』을 넘는 것이 없다'(南川維遷, 『閑散餘錄』, 1770)고 평해질 정도다.

소라이학파는 '문文은 진한秦漢, 시詩는 전성기의 당唐'을 모토로 하여, 모델로 간주된 시 및 문장에 흡사한 작품을 만듦으로써 언어 지식을 체득하는 학문 방법을 채용하였다. 그러한 '모방'의 자세는 독창성을 중시하는 입장으로부터는 어쨌든 부정적으로 논의되지만, 학문의 지반 확대라는 관점에서 보면 획기적인 운동이었다. 이 계몽적인 운동을 지탱한 것은 에도江戶 최대의 서적 도매상인 '스하라야須原屋'의 계열 기업으로 다자이 슌다이太宰春台의 편저編著를 출판하기도 한 '스잔보嵩山房'였다.

『당시선』이 출판된 1720년대(교호기)는 동업조합(가부나카마[株仲間])의 공인을 비롯한 출판 질서의 형성기에 해당된다. 그때까지 느슨했던 출판권에 대한 자각 및 규제가 드높아진 시대였던 것이다. 그리고 1720년대 이후 '중판重版'(해적판) 및 '유판類版'(관련서)의 출판은 엄하게 통제되기 시작하였다.

그러한 시대의 흐름을 타고 『당시선』의 출판권을 가진 '스잔보'의 고바야시 신베小林新兵衛는 '유판'을 독점적으로 출판하고 '중판'의 횡행에 감시의 눈을 번뜩이면서 경영을 공고히 해 간다. 결국 소라이학파가 전개한 문학 및 학문의 보급운동에 대한 전담을 경영 전략으로 삼은 것이다.

예를 들면 1727년(교호 12)에 간행된 오규 소라이荻生徂徠의 학문의 요체가 기록된 『소라이 선생 학칙徂徠先生學則』을 보면, 그 말미에 '에도 스잔보 재목江都嵩山房梓目'이라는 출판목록이 있다. 거기에는 '당시선·삼가시화三家詩話·시전詩筌·명의소사明醫小史·왕도내편王道內篇'이라는 소라이학 관련 필독서명이 쓰여 있다. 바로 소라이학파의 학문적 외연이 한 서점의 영업목록으로 대체되고 있는 것이다. 사상과 미디어의 제휴 관계는 이러한 모습으로 나타나고 있었다.

스잔보에서 발간된 『당시선』 관련 서적 가운데 히트작이 『당시선 국자해唐詩選國字解』다. 이것은 핫토리 난카쿠의 강의를 중보하면서 필사한 것으로 독해의 편리성을 제공하기 위해 국자國字, 즉 가나假名로 해설한 것이다. 이 책에는 난해한 부분도 적지 않지만, 가나를 이용함으로써 강의자이자 저자인 난카쿠와 독자의 거리가 가까워졌다. 이로써 『당시선』은 '통속화'의 길을 걷기 시작한 것이다.

미디어에 스승을 구하는 시대의 도래

『당시선』의 '통속화'는 무엇보다도 학문의 지반 확대를 의미하였고 그것은 미디어가 독자를 재생산하는 단계에 이르렀음을 의미하는 것이었다. 넓은 의미에서의 '배움'이라는 행위의 보급을 고찰하는 데 빠뜨릴 수 없는 것이

『경전여사經典餘師』라는 이름을 달고서 혼자서도 학습獨習이 가능하다는 것을 선전한 일련의 서적들이다.

이런 서적들로는 1786년(덴메이[天明] 6)의 『경전여사 사서지부經典餘師四書之部』로부터 1843년(덴포[天保] 14)의 『경전여사 근사록經典餘師近思錄』에 이르는 10종이 있었고 같은 형식의 유사 서적을 합하면 무수히 많은 자학자습自學自習의 서적이 출판되었다. 『경전여사』는 1790년대(간세이[寬政]기) 이후의 베스트셀러 중 하나였다.

『경전여사』의 형식은 본문의 상단에 훈독문訓讀文을, 본문 뒤에는 히라가나平假名가 섞인 주석을 붙인 것이었다. 이 형식의 의의에 대해, 『경전여사 사서지부』 초판 광고에는 "스승으로부터 학문을 배울 여유가 없는 사람 혹은 스승이 부족한 시골에 사는 사람에게도 짧은 시간 안에 곧바로 배운 사람이 되게 하는 귀중한 보물과도 같은 서적이다"라고 적혀 있다. 학문의 '시간'과 '공간'을 확대하는 것에 그 서적의 안목이 있었고 『경전여사』라는 텍스트가 학문의 '스승'을 제공한다는 것이다. 말할 것도 없이 언제 어디서나 공부할 수 있다는 것은 판매 전략상 최강의 선전 문구였고 이를 통해 광범위한 유포를 이끌어낸 것이었다.

이렇게 해서 근세 후기에 이르면 미디어는 의식적으로 학문 분야에 발을 들여놓아 학문 보급의 지역 간 격차를 극복하는 데 큰 역할을 수행하게 된다.

『당시선』도 이 조류에 편승한 것이다. 고바야시 신베는 1790년(간세이 2)에 초학자初學者 대상의 양식을 채용한 『당시선 화훈唐詩選和訓』을 출판하여 자습독학自習獨學을 선전하였다. 또한 같은 해에 출판된 『당시선 화본唐詩選畵本』은 삽화가 그려진 당시선 해설서였다. 1780년대(덴메이기)에 이 책은 다른 출판사가 다카이 란잔高井蘭山의 훈독 및 해석, 고마쓰바라 스이케이小松原翠渓의 그림을 넣고 간행하였지만 스잔보嵩山房가 그에 앞서 판권을 획득하여 보급시켰다. 참고로 『당시선 화본』은 7편 35책으로 되어 있고 5편에는 가쓰시카 호쿠사이葛飾北齋의 삽화가 삽입되어 있다.

그리고 1874년(메이지[明治] 7) 스잔보는 직접 『당시선 여사唐詩選餘師』라는 책을 간행한다. 그 서문에서 스잔보의 주인은 '이 책도 역시 관례에 따라 국자國字 즉, 가나를 활용하여 산간벽촌의 어린아이들이 배우기 쉽고 편리하게 만들었다'고 한다.

『당시선』 '판본板本'의 크기는 제각각이고 습자習字의 글씨본 및 그림카드 등 다양하지만, 『당시선 장고唐詩選掌故』와 같이 휴대하기 편한 '소형본'도 많았다. 외국 문학인 『당시선』을 익히기 위해서는 한 순간도 빠짐없이 손이 닿는 가까이에 두는 것이 바람직하다고 여겼기 때문이다.

이러한 미디어의 '일상화'를 촉진한 것은 실은 다양한 '판본'을 소유한 상업자본이었다. 그러한 미디어상의 개발을 통해 『당시선』과 같은 외국 문학이 에도시대 사람들에게 친숙한 것으로 되어 갔던 것이다. 한·일 간의 차이는 '판본' 소재의 미디어가 기능하는 범위의 차이도 시사하는 것이다.

참고문헌

日野龍夫, 『徂徠學派』, 筑摩書房, 1975
鈴木俊幸, 『江戸の讀書熱』, 平凡社, 2007

05 교육과 정치, 교육에 의한 정치

| 나카다 요시카즈中田喜万

교육의 성립

쇼헤이자카 학문소
(현 유시마성당[湯島聖堂])

교육이 기능 및 지식의 전달 전반을 의미하는 것이라면 그것은 언제나 생활의 여러 측면에서 행해져 왔으며, 또 추상적인 부분에 대한 이해는 사찰 및 신사가 담당해 왔을 것이다. 특별히 교육에 대한 언급이 의미를 갖는 것은 적어도 첫째, 교육을 위한 고유한 장면, 둘째, 종교 세력으로부터 자유로운 이해 양식, 이 두 가지가 성립할 때다. 일본사상사에서 대체로 에도시대는 이 두 가지가 성립한 시대였다. 그 이전의 사상사가 종교사와 분리해서 다룰 수 없다는 점과 비교하면 대조적이다.

우선 정보 자원이 종교로부터 해방된다. 중세 이래의 사원의 장서藏書 및 출판, 즉 오산판五山版(5대 사찰에 의한 출판)에 의하지 않고도 중국배로 건너온(명대 후기 상업의 융성에 기반한) 상당량의 수입 한적漢籍이 있었고 그것을 받아 화각본和刻本이 민간에서 출판되었으며, 필사본도 성행한다.

또한 교육의 장이 변화한다. 중세의 그만한 집안의 자제들은 사원에서 승려로부터 교육을 받기도 했다('오봇짱', 즉 도련님이라는 단어의 유래). 사원의 그러한 기능이 근세에 없어지지는 않았지만 상인 및 농민 등의 경우 실제의 사원을 대신하여 절이 아닌 데라코야寺子屋에서 배우는 것이 일반적이었다. 원래 데라코야의 학습 내용은 대체로 아동을 대상으로 한 읽기 · 쓰기 · 주산이다. 교과서로 『정훈왕래庭訓往來』를 비롯하여 『상매왕래商賣往來』, 『백성왕래百姓往來』 등의 다양한 왕래물往來物(왕복 서간 등의 편지 형식으로 작성된 초등교육용 교과서)이 사용되었다. 이렇게 해서 1746년(엔쿄[延享] 3) 오사카大坂 다케모토좌竹本座 초연初演의 닌교조루리人形淨瑠璃 '스가와라菅原 전수수습감傳授手習鑑'(후에는 가부키[歌舞伎]에서도)에서 간菅 승상丞相(스가와라노 미치자네[菅原道眞])이 전수하는 비결(奧義)은 웬일인지 습자習字로, 또한 간 승상의 자식을 구하기 위해 마쓰오松王가 자신의 자식을 희생하는 명장면의 배경은 웬일인지 '데라코야'가 된다. 역시 에도시대에 일반적으로 보급된 서체書體는 공문서에서 채용된 오이에류御家流(쇼렌인류[靑蓮院流])의 초서草書였다. 구어口語의 다양성에도 불구하고 속문俗文이 전국에서 통용되었다.

교사의 입장도 점차 변화한다. 유학에 관해 말하면 선승禪僧도 아니고 하카세가博士家(기요하라가[淸原家] 등)도 아닌 유학자라는 존재가 등장한다. 사원 및 하카세가와 동떨어진 곳에서 교사가 등장함으로써, 학문의 계승이 비의적秘儀的(비밀스런 의식)으로 관리되던 것에서 보다 공개적이고 유동적인 방법으로 이루어지게 된 것이다. 제각각 다른 학파의 교사에게 배우는 일도 그리 드문 일은 아니었다.

도쿠가와德川정부('공의[公儀]')에서 유학자에 대한 대우의 변화는 명료하였다. 원래 오산五山의 선승을 대신해 한문으로 공문서를 작성하는 일에 종사하던 하야시 라잔林羅山은 승려에 준하는 대우를 받았다(법명은 도슌[道春], 삭발하고 있었다). 도쿠가와 쓰나요시德川綱吉의 시대가 되면 라잔의 손자인 하야시 노부아쓰林信篤(鳳岡)에게 환속과 함께 다이가쿠노 가미大學頭의 관명官名을 붙이는 것이 허용된다. 이것은 결코 도쿠가와 체제가 유학에 의거하거나, 유학자의 지위가 향상되는 것을 의미하는 것은 아니지만, 문화가 사원 및 신사로부터 자유로워진 사회의 변화를 상징하는 것이라 할 수 있다.

사회문화사의 커다란 흐름 속에서 생각해보면 와카和歌의 고금전수古今傳授로 대표되는 것처럼 중세 문화의 계승이 소수의 사람들 사이에서 특권적으로 행해졌지만(단지 민중을 대상으로 한 설법은 미뤄둔다), 근세에는 보다 자유롭게 다수의 공중公衆을 대상으로 전달된다. 학문도 그 한 예였던 것이다.

그 가운데에서도 에도시대 초기 교토의 문화인文化人인 마쓰나가 데이토쿠松永貞德는 문화사의 결절점에 위치하는 인물로서 흥미롭다. 데이토쿠는 열렬한 니치렌종日蓮宗 신자(형은 불수불시[不受不施]파의 승려라고 한다)로 하야시 라잔과의 논쟁을 『유불문답儒佛問答』에 기록하고 있다. 그렇다고 해서 그 신앙이 결코 왕성한 문화 활동을 제약하는 것은 아니었다. 데이토쿠의 부친은 렌가시連歌師인 에이슈永種였고 그 자신도 사토무라 조하里村紹巴에게 렌가를 배우고 마침내는 하이카이俳諧를 보급시킨 인물인데, 그 외에도 여러 스승에게 배운 바 있다. 와카 등을 규조 다네미치九條稙通 및 호소카와 유사이細川幽齋에게 배워 상류계급의 문화와 접촉하기도 했으며, 또한 젊은 시절에는 도요토미 히데요시豊臣秀吉의 문서 작성을 담당한 적이 있는 등 이른바 복합문화인으로서 한때 교토 문화의 중심에 있었다(『다이온기[戴恩記]』라는 회상록이 있다). 오산의 선승과 교류하였으며 텐타이天台불교 및 요시다신도吉田神道의 비설秘說도 가르침을 받았다고 한다. 유학에도 능통하여 후지와라 세이카藤原惺窩, 하야시 라잔과도 아는 사이로 더욱이 자식인 마쓰나가 세키고松永尺五는 유학을 공부하여 그 문하로부터 기노시타 준안木下順庵 등을 배출한다. 특정 분야를 넘어 다양한 비설秘說적인 요소가 거기로 흘러들어가 공개되어 다시 흘러나온 것이다.

딱딱한 유학을 특별히 자발적으로 학습했다는 것에는 의문이 생긴다. 실제로 극소수의 특이한 인물을 제외하면 오로지 성인聖人의 도道에 뜻을 두었다기보다는 한시문漢詩文 읽기를 취미의 일환으로 배운 듯하다. 진사이仁齋

및 소라이徂徠는 독창적인 사상가이기 이전에 뛰어난 한문 교사였다. 그러한 고급스러운 취미(『논어』 술이편에 의하면 '유예[遊藝]')는 상류계급 혹은 상류계급에 접근하고자 하는 사람들에게 있어서의 교양과도 같은 것이었다. 무가武家에 있어서는 무술 및 학문의 교사가 '예자藝者' 속에 포함되었다.

근세 문화를 보다 자유스러웠던 것으로 파악하는 것은 아직 유보를 필요로 한다. 이에모토家元제도가 있기 때문이다. 이것은 이에모토가 문하의 제자들의 교수영업 면허를 쥐락펴락할 수 있는 제도로, 특히 다도茶道 및 꽃꽂이(立花)와 같이 평가기준이 명료하지 않은 분야에서 발달하였다. 그러나 겉보기에 비해 이에모토가 통솔력을 가지지 못했다는 점(문하의 제자들의 협력이 없으면 유파를 경영할 수 없다), 유파의 분파도 많았던 점(이에모토의 남발)을 감안하면 이에모토제도는 겨우 교육산업의 상호 부조단체 정도의 불안정한 규제력을 가진 것에 지나지 않았던 것 아닐까. 그렇기에 부가가치를 높이려고 유력자와의 유대를 필요로 했던 것이다.

무가사회의 변용

무가정권의 문화정책은 사원 및 신사 통제(와 보호)를 기본으로 하고 있었고 그 이외의 문화진흥책은 주군의 변덕스러운 호학好學에 의지하고 있었다. 명료한 변화는 18세기 후반부터 각 다이묘가大名家에서 학문소學問所(이른바 번교[藩校])의 신설 및 확충이 진전되는 것에서 알 수 있다.

그 배경으로는 무사(도시에 거주하는)를 둘러싼 도시 문화 수준의 향상이 전술한 것과 같은 양상으로 전개된 것을 들 수 있다. 그러나 그렇다고 해서 어떠한 이유로 학문소가 설치되었는가는 일률적이지 않다. 도시 문화의 발달에 따라 참근교대參勤交代로 중앙과 원격지와의 이중생활을 강요당하고 있었던 각 다이묘가에 있어서, 영지에서의 수준 저하를 보충하기 위한 거점이 필요했다는 점이 하나의 이유일 것이다. 반대로 에도에 상주하였던 미토水戶 도쿠가와가에서는 영지에 고도칸弘道館을 설치하는 것이 매우 늦을 수밖에 없었다.

문화의 발달은 소비생활을 자극하여 상품작물의 수요를 증가시킨 면도 있다(예를 들면 종이 등). 다른 한편 1730년대(겐분[元文]기)의 화폐개주貨幣改鑄(오오카 다다스케[大岡忠相]의 제안)에 의한 인플레이션으로 물가가 급등하는 가운데 연공 수입에 의존하는 각 다이묘가의 재정은 곤란을 겪었다. 쌀을 증산하여도 이미 공급 과잉으로 인해 수입 증가로 이어지지 않아(쌀값은 내리고 그 외의 다른 물품은 오르는 현상), 쌀을 대신해 수입이 될 만한 상품작물을 장려하여 전매하는 등의 정책이 도입되기 시작한다. 따라서 단순히 무사의 전통을 유지할 뿐만 아니라 복잡한 행정사무를 처리할 수 있는 인재를 양성·선발하지 않을 수 없었다. 이러한 점도 학문소가 설립된 이유 중 하나로 들 수 있을 것이다.

여기서 왜 전문적인 상업실무가 아니라 일반 교양적인 학문이 학습되었는가에 관해서는 겔너Ernest Gellner의 논의가 참고가 된다. 그에 의하면 산업사회에서는 첫째로, 직접적인 노동보다도 의미의 조작(사무직)에 중점을 두게 되고, 둘째로 상황 변화에 대응(전근·전직)하기 위해 다양한 일들에 활용 가능한 기초적인 훈련을 쌓지 않으면 안 된다. 근세 중기의 무사는 이러한 문제에 선구적으로 직면하게 되었다고 생각된다. 그때의 일반 교양이 우연히도 유학이었던 것이다.

이러한 목적으로 무사가 학문하는 것이라 한다면 근세 일본 유학의 독창적 성과에도 불구하고 세계 표준이었던 정주학程朱學을 '정학正學'으로 채용하여 배우게 하는 것이 무난한 일이었다. 소라이학적인 수양의 이상이라는 측면에서 보면 학교제도에 친숙하지 않았던 부분도 있다. 간세이寬政의 개혁(1787~1793)으로 '정학'이 확인되어 쇼헤이자카昌平坂 학문소가 정비되자 그것이 이후의 각 다이묘가 학문소의 모범이 되기도 한다.

그러면 학문소는 어떠한 귀결을 가져왔는가. 호학자好學者의 '유예'로부터 학생의 '공부'(『中庸』)로 학문이 변질되어 간 점도 쉽게 상상할 수 있다. 사상

·운동으로서의 의의는 제도화한 시점에서 끝났을지도 모른다. 그러나 한문 훈독訓讀의 연습에 의해 무사들 사이에 독자로서의 공중公衆이 확대되면 그들의 학문의 질은 그렇다 치더라도 자신들이 속하는 질서와 관련하여 '신군神君'(도쇼다이곤겐[東照大權現]은 약사여래[藥師如來]의 일시적인 모습이라고 간주된다)으로는 만족하지 못하고 다른 설명을 구하게 되는 것은 필연적이다. 18세기 말 간세이의 개혁에 착수한 마쓰다이라 사다노부松平定信가 교토 조정으로부터 대정위임론을 채용한다든지, 19세기 중반 도쿠가와 나리아키德川齊昭의 미토·고도칸에서 존황양이론이 성행한다든지 한 것은 체제의 정통성 논의와 학문소 존재와의 깊은 관계를 시사하는 것이다. 학문소가 무사의 자제들을 교육한다는 당초의 목적에 머물지 않고 무가질서 전체를 관념적으로는 뒤흔들어 가게 된 것이다.

교육에 의한 정치

학문소가 정비되어 무사(특히 중간층)가 집단적으로 공부하게 되는 과정은 학문을 새로운 신분의 표시로 삼아 사대부처럼 되려고 하는 것과는 차원이 다르다. 태평스러운 세상이라고 해서 무사가 학자가 될 필요는 없다. 여러 문제를 안고 있었다고 하더라도 무가질서는 자명한 것이었고, 그 질서와 유학의 사이에는 정합적일 수 없는 점이 많았다. 무사다움은 점점 더 관념적인 무예武藝에 의거하게 된다.

그렇다고 해도 불완전하기는 하지만 학문소가 있는데다 학문을 논하게 된 현실은 새로운 의미를 띠기 시작한다. '학교'를 발흥시켜 '인륜을 바로 세워'(『孟子』, 「藤文公上」), 좋은 정치를 실현했다는 고대 중국의 성인이 다스린 이상적인 세상에 공명하여, 국가제도 구상의 하나의 핵심으로서 '학교의 정政'(朱熹[朱子], 『大學章句序』)에 대한 기대가 높아진다. 실제로 새로운 행정을 담당할 인재는 주로 학문소로부터 배출되게 된다. 쇼헤이자카 학문소에는 도쿠가와가 직속 가신의 자제만이 아니라 여러 다이묘가의 수재들도 모여들었다.

이윽고 서양에 관한 지식이 증가함에 따라 그 서양에서도 '학교'를 충실히 하고 있다는 사실에 주의가 쏠린다. 요코이 쇼난橫井小楠은 서양에서 성인이 실현했던 세상과 같은 모습을 발견한다. '학교의 정'에 대한 확신은 더 굳어만 갔다. 단지 거기에서 교육 내용의 세계적 표준을 중국이 아니라 서양으로 바꾸기만 하면 양학이 되는 것은 당연하다. 1855년(안세이[安政] 2)에는 유학자인 고가 긴이치로古賀謹一郎를 대표로 한 양학소洋學所가 설치된다(후에 반쇼시라베쇼[蕃書調所], 가이세이쇼[開成所]).

메이지 신정부가 당초부터 '학교'정책에 열심이었던 것에는 서양 견문이라는 경험과 함께 위와 같은 배경이 있었다. 서양식 교육제도의 뿌리에는 유학적 관념이 남겨져 있었기 때문에 교육칙어敎育勅語와 같은 것을 발포하게 되는 것이다. 단지 입헌국가(내면의 자유에 간섭하지 않는다)와 모순이 있어서는 안 되기 때문에 예를 들면 '경천敬天'이라는 개념을 포함한 나카무라 마사나오中村正直의 초안이 파기되는 등 일부러 사상적 내용을 빈약하게 해서 만들어졌다(이노우에 고와시[井上毅]). 그럼에도 일단 만들어진 그 권위적 문서는 해석을 동반하면서 이후의 사상사에 커다란 영향을 미치게 된다.

참고문헌

辻本雅史ほか, 『教育の社會文化史』, 放送大學教育振興會, 2004

アーネスト・ゲルナー, 加藤節 監譯, 『民族とナショナリズム』, 岩波書店, 2000(原書 1983)

梅溪昇, 『教育勅語成立史』, 青史出版, 2000(初版 1963)

06 서양에서 본 '일본'

| 마키노 요코牧野陽子

'서양'이라는 시점

'서양에서 본 일본'이라는 테마는 두 방향에서 파악할 수 있을 것이다. 우선 서양 사람들이 어떻게 '일본'을 파악하였는가라는 문제와 그러한 서양의 시선을 일본 측이 어떻게 받아들였는가, 일본사상사 전개에 '서양'의 시점이 어떻게 작용하였는가라는 문제다.

체임벌린(위)
라프카디오 헌(가운데)
야나기 무네요시(아래)

서양 사람들이 일본에 본격적으로 관심을 가진 것은 막말幕末부터 메이지明治기 개국 전후다. 유럽에서는 만국박람회 전시를 계기로 일본의 미술공예품이 자포니즘Japonism의 유행을 낳았다. 그리고 외교관, 고용 외국인, 무역상, 선교사, 교육자를 비롯한 많은 여행자들이 일본을 방문하여 때로는 차갑게 때로는 공감하는 시선으로 '일본'을 고찰하여 열심히 그 인상을 기록하였다.

그들의 일본론에 보이는 관찰과 견해는 두 가지 점에서 흥미롭다. 하나는 서양이라는 이질적인 시점에서 본 일본이라는 나라, 민족과 문화의 여러 양상이 파악되고 있다는 것이다. 의외의 각도에서

조명되어 일본인이 느끼지 못하는 점들이 타자에 의해 지적되고 발견된다. 두 번째는 이러한 외국인의 일본론에는 그들 자신의 가치관이 드러나 있다는 점이다. 거기에 그들이 속한 19세기 서구 근대만의 특유한 사고 방법 및 판단 기준, 미적 감각 및 윤리관이 투명하게 드러난다.

일본이라는 이문화異文化에 관해 말하는 그들의 언설은 일종의 거울과도 같이 일본의 모습을 비출 뿐만 아니라, 그 거울을 비추는 그들 자신, 즉 서양의 눈이라는 집합적인 시선도 드러낸다.

체임벌린의 신도소멸론

도쿄대학에서 국어학과 언어학의 교편을 잡고 일본에서 38년간 많은 문하생을 키운 바질 홀 체임벌린Basil Hall Chamberlain(1850~1935)은 "당신이 믿는 종교는 무엇인가, 불교인가 신도인가 라고 물으면 대부분의 일본인은 딱한 표정을 짓는다"고 기록하고 있다(『日本事物誌』 제3판). 백과사전 형식의 『일본사물지』는 고대 문학뿐만 아니라 아이누 및 류큐琉球 연구도 했던 그의 일본 연구 집대성인데, 놀랄 정도로 서양 문화·기독교 절대주의가 일관되게 나타나 있다는 점도 특징적이다. 특히 이 책은 일본의 문학·미술·음악·건축 모두가 '유럽과 비교하여' 작고 깊이가 없다고 폄훼한 것으로 잘 알려져 있다.

그리고 「신도」라는 항목에서는 "신도는 종종 종교로서 언급되고 있지만 그다지 종교라고 이름붙일 만한 자격이 없다. 신도에는 체계화된 교의教義도 없고 신성한 경전도 도덕규약도 없다", "너무도 공허하고 빈약한 것으로 사람들의 마음에 호소할 수 없다"고 단정한다. 「이세伊勢」라는 항목에서는 "일본의 역사와 종교를 배우는 사람에게 이세는 자석처럼 마음을 끄는 단어다. 그러나 일반 관광객이 일부러 이 신도의 궁전을 방문해서 얻을 수 있는 것이 있는지는 크게 의문이 든다. 신도는 완고하게 엄격한 건축적 단순성을 고집하고 있다. …… 껍질을 벗긴 노송나무나 새로 이은 지붕, 조각도 없고 그림도 없으며 신상神像도 없다. 있는 것이라고는 터무니없이 긴 세월뿐이다"라고 기술하고 있다(한편 "불교의 형이상학은 심원하고 의식은 지극히 화려하며 도덕체계는 보통과는 달리 고도한 것"이고 사원은 신사와 달리 "고도로 장식되어 있으며 종교적인 재물이 충만해 있다"고 한다). 즉, 체임벌린의 사고에서는 종교에 긴요한 것은 체계적 교의와 훌륭한 서물書物과 엄격한 규약의 존재이며, 그것이 없으면 종교라고 간주하지 않는다. 종교적 건축물은 장엄해야만 하고 그 속에는 조각 및 그림, 신상이 있어야만 한다는 것이다. 체임벌린은 급기야 신도는 소멸할 것이라고 결론짓는다.

라프카디오 헌: 신도에 대한 공감

많은 서양인들이 기독교를 기준으로 '종교'에 있어야만 하는 것이 없다는 이유로 신도를 낮게 평가하는 가운데, 완전히 반대 방향에서 일본인의 종교적 감수성을 이해하려고 한 사람이 라프카디오 헌Patrick Lafcadio Hearn(1850~1904, 일본명은 고이즈미 야쿠모[小泉八雲])이다.

헌이 일본에 와서 요코하마横浜 인근의 신사불각神社佛閣을 방문한 때에 주목한 것은 일본 종교의 대범함이었다. "내가 무엇보다도 강렬한 인상을 받은 것은 사람들의 신앙심이 정말로 즐거운 듯한 모습이었다. 어둠, 엄숙함 및 자기억제라는 것은 그들에게서 전혀 볼 수 없었다. …… 사람들은 그들의 종교를 가볍고 밝게 받아들이고 있었다. 커다란 헌금통에 돈을 던져 넣어 박수를 치고 짧은 기도의 말을 읊고서는 그들은 곧바로 방향을 바꾸어 신전의 계단 입구에서 웃는 얼굴로 서로 말을 주고받으면서 작은 연통에서 연기를 내뿜게 했다. …… 자신들이 만들어낸 신들, 그것을 지나치게 두려워하지 않는 그들이야말로 실로 행복한 사람들이다"('지장[地藏]'). 그리고 어느 사찰의 묘지에서는 영국인 이름이 새겨진 묘비석에 거칠게 깎인 십자가가 조각되어 있는 것을 보고 '얼마나 고마운 관대함(寬容)인가'라고 감탄한다.

마쓰에松江 체재기 「신들이 사는 나라의 수도」의 모두冒頭에서는 새벽에 절구 찧는 그윽한 소리가 들리고 다음으로 절의 종소리, 지장당地藏堂의 북소리, 사람들이 아침 해를 경배하는 박수소리가 울려 퍼지면서 하루가 시작된다고 기록하고 있다. 헌은 메이지 일본의 사람들이 살아가는 모습 속에 신도와 불교가 서로 어울려 혼연일체가 된 모습을 공감의 눈을 통해 서정적으로 묘사하고 있는데, 그는 그러한 종교적 감수성을 근저에서 떠받치고 있는 것이 신도라고 생각했다. 그리고 이즈모오야시로出雲大社 방문기 속에 이렇게 기록하고 있다. "현실의 신도는 책 속에 있는 것이 아니다. 의식 및 계율 속에 있는 것도 아니다. 어디까지나 국민의 마음속에서 숨 쉬고 있는 것이다. …… 고풍스런 미신, 소박한 신화, 불가사의한 주술—이러한 지표에 드러난 과실의 한참 아래에서 민족적 혼의 생명의 뿌리는 생생하게 맥박치고 있다. …… 신도가 무엇인지 알고 싶은 사람은 이 지하에 숨겨진 혼의 깊숙한 곳으로 헤쳐 들어오지 않으면 안 된다"(『杵築: 日本最古の神社』).

헌은 체임벌린의 신도 비판을 그대로 역전시켜 신도에 교의 및 계율, 경전 등이 '없다'는 것이야말로 의미가 있다고 주장하였다. 그것은 당시 서양의 신도관에 대한 반론이자 서양적인 종교의 정의定義에 대한 안티테제의 제시이기도 하였다.

'서양'이라는 시점에서 본 일본

이러한 서양의 시선을 일본은 어떻게 받아들였던 것일까. 서양 근대세계에 편입된 메이지 이후의 일본은 '서양'이라는 절대적이고 보편적인 시각에 짓눌려 왔다. 일본은 서양의 세계관 속에서 어떻게 자리 잡고 있을까. 일본의 전근대는 의미를 가질 수 있을까. 그것은 근대를 낳은 서양에 속하지 않는 비서양적인 것에 대한 불안으로 이어져 서양이 되지 못한 일본이란 무엇인가라는 아이덴티티의 의문과도 통한다. 그러한 것들은 근대에 있어서 비서구

문화권의 하나의 숙명이기도 하였다.

그러한 불안 해소법의 첫 번째 반응은 서양의 사상을 도입하여 서양과 동일화하려고 하는 것이었다. 예를 들면 기독교로 개종한 사람들도 있었다. 그 반동으로서 이른바 '일본회귀'라는 전통 재발견의 움직임도 일어났다.

야나기 무네요시: 조선에서의 '라프카디오 헌'

민예民藝운동의 창시자인 야나기 무네요시柳宗悅(1889~1962)의 사상은 서양이라는 시점에 일단 서고 나서, 다시 새로이 거기서 탈각을 지향하는 과정에서 형성되어 갔다.

야나기는 원래 '시라카바파白樺派'에 속하여 르누아르 및 고흐 등 서양 근대의 미술 및 문예사상을 소개하고 있었다. 라프카디오 헌의 책들도 애독하고 있었다. 그런데 1919년(다이쇼[大正] 8)에 일본의 식민지화정책에 항의하며 독립을 주장하는 3·1운동이 일어나자 그 수년 전부터 조선의 예술, 특히 조선시대의 도자기에 마음을 빼앗기고 있던 야나기는 조선옹호론을 차례차례로 발표하였고 또한 조선민족미술관 설립에 진력했다. 그리고 야나기는 1926년에 『잡기의 아름다움雜器の美』을 발표하여 민예운동을 전개한다.

야나기의 조선시대 미술론과 민예론은 그때까지와는 다른 종류의 아름다움을 발견하는 작업이었다. 종래에는 고려청자의 귀족적인 작풍이 칭송되는 한편 조선백자는 조악하고 단순한 잡기雜器로밖에 취급되지 않았다. 그러나 야나기는 백자에서 무한한 깊이가 담긴 흰색과 쓸쓸한 선線의 아름다움이라는 새로운 미美적 이미지를 제시하였다. 민예론의 '민예'에는 서구 근대가 생각하는 '미술'과는 이질적인 아름다움이 있다고 주장하였다. '미술'에서는 개인의 역량과 독창성이 요구되고 예술가의 걸작이 요청되는 데 반해, '민예'는 이름도 없는 직인職人이 제작한 무명無銘의 실용품을 가리키는 것으로 대중을 위해 다량으로 제작되기 때문에 값도 싸다. 야나기는 '무명'·'실용'

·'대중'·'대량생산'·'값싼 것'이라는, 서양 근대의 예술관에서는 마이너스 요인으로 간주되는 것에서 오히려 역설적으로 의의를 발견해낸 것이다.

서양 예술에 심취하면서 어딘지 모르게 일체화할 수 없는 괴리감을 느끼고 있던 야나기에게 조선시대의 미와 민예의 아름다움을 발견한 것은 미의 영역에서 서양이라는 시점으로부터의 해방을 의미하는 것이었는데, 흥미로운 것은 「조선인을 생각한다朝鮮人を想ふ」의 모두冒頭에서 라프카디오 헌에 대해 언급한 구절이다. "한 나라의 사람이 다른 나라의 사람을 이해하는 가장 깊은 길은 종교 및 예술적인 내면의 이해"이고 그 가장 좋은 예가 헌이라고 말한다. 그리고 "조선에 살며 조선에 대해 말하는 사람들 가운데 아직 헌과 같은 모습은 한 사람도 없다". 결국 자신이 '조선의 헌'이 되고자 선언하고 있는 것이다.

야나기는 이문화異文化 이해의 이상으로 헌을 치켜세웠다. 그리고 헌이 서양 문화를 절대시하는 일 없이 신도를 이해한 것처럼 야나기도 시대의 추세에 휩쓸림 없이 조선 문화의 자율성을 옹호하는 자가 되었다. 또한 조선 체험의 결과 서양·일본·아시아라는 세 점을 시야에 넣음으로써 서양과 일본과의 이원적 관계 속에서는 발견할 수 없었던 '민예'라는 새로운 사상을 낳았다.

그러나 다른 한편에서는 야나기가 자신을 헌에 비유하는, 결국은 '서양 → 일본'의 관계를 '일본 → 조선'에 투영하고 있다는 점도 사실이다. 그리고 헌의 신도 이해가 당시의 서양의 종교관에 대한 안티테제였던 것처럼 야나기도 근대 예술관의 대극에 있는 것으로서 조선 미술 및 민예를 발견하였다고 할 수 있는 것이다.

근대 이후의 일본인은 서양과 대치하는 가운데 '일본'을 파악하였고 아시아와의 관계에 있어서도 서양을 흉내내는 입장에 서서 서양의 기준으로 비교하려고 하였다. 문제는 그 시점의 내재화다. 서양이라는 시점의 내재화가 어떻게 작용했는지, 거기서 무엇이 생겨났는지, 혹은 어떻게 자각하였고 극복하려고 하였는지가 근대 이후의 일본 사상의 전개를 해명할 하나의 중요한 단면일 것이다.

참고문헌

佐伯彰一・芳賀徹 編,『外國人による日本論の名著』, 中公新書, 1987

平川祐弘·鶴田欣也 編,『内なる壁: 外國人の日本人像·日本人の外國人像』, TBSブリタニカ, 1990

遠田勝,「小泉八雲: 神道發見の旅」, 平川祐弘 編,『小泉八雲: 回想と研究』, 講談社學術文庫, 1992

07 내셔널리즘의 내력

| 가루베 다다시苅部直

다카무라 고타로(위)
조지 오웰(아래)

'대동아전쟁'이 일본제국의 패배로 끝난 후, 다카무라 고타로高村光太郎는 연작시 「암우소전暗愚小傳」(1947년 초출, 후에 시집 『전형[典型]』에 재수록)에서 일찍이 영미에 대한 선전포고의 조칙詔勅을 라디오에서 듣는 순간 끓어오르던 느낌을 이렇게 회상했다. "천황이 위험하다. 그저 이 한 마디가 나의 모든 것을 결정하였다. 어린 시절의 할아버지가 아버지가 어머니가 거기에 있었다. 어릴 적 집의 운무雲霧가 방안에 가득 들어찼다. 내 귀는 조상들의 목소리로 가득 찼고 '폐하가, 폐하가'라며 헐떡이는 의식은 희미해졌다. 내 몸을 버릴 수밖에, 지금은 달리 방법이 없다. 폐하를 지키자. 시詩를 버리고 시詩를 쓰자. 기록을 남기자. 동포의 황폐를 가능하면 막아내자. 나는 그날 밤 목성이 크게 빛나는 고마고메다이駒込台에서 그저 진지하게 그렇게 골똘히 생각하고 있었다."

물론 이 시구는 전시 중에 많은 전쟁시를 발표한 것에 대한 비난의 목소리를 한 몸에 받고 있던 와중에 지어진 것이다. 자기를 변호하려는 의식이 회상의 순수함을 훼손하고 있다고 비판하는 것은 쉬운 일이다. 그러나 그 점에 대한 평가는 차치하고 이 시가 근대의 일본 '국민'—다카무라가 '동포'라고 부르는 사람들—속에 널리 퍼진 내셔널리즘의 특성을 잘 보여주고 있다고 할 수 있을 것이다.

내셔널리즘을 둘러싼 일반 이론은 오래된 것으로는 에르네스트 르낭으로부터 근년의 어니스트 겔너, 베네딕트 앤더슨, 앤서니 스미스에 이르기까지, 18·19세기의 서구 각국에 성립한 내셔널리즘을 전형으로 삼아 논의를 전개한다는 점에서 대체로 공통적이다. 일본의 내셔널리즘을 둘러싼 논의가 종종 구미와의 비교를 중심으로 되고 있는 이유다.

실제로 예를 들면 2차 세계대전이 발발하여 1년이 지난 후에 영국에서 조지 오웰이 발표한 에세이 「오른쪽이든 왼쪽이든 나의 조국右であれ左であれ, わが祖國」(1940)에서 독일과의 전쟁을 지지하자고 결심한 것은 다음과 같은 의식이 자신의 마음속에 일관되었기 때문이라고 하고 있다. "나는 마음속으로는 애국자여서 우리 편을 방해한다든지 배신하는 일은 없을 것이고 전쟁을 지지할 것이다. 가능하면 나도 싸움에 나설 것이다"(이시야마 유키모토[石山幸基] 역). 국민의 일원으로서 국가가 위기에 봉착했을 때 '동포'와 함께 몸을 바쳐 국가를 지키려고 하는 절박한 감정, 세계대전에서 서로 적국에 속했던 오웰과 다카무라의 발언은 국민국가 간의 전쟁이 각각의 내셔널리즘의 충돌로 전개되었다는 점을 잘 보여주고 있다.

만들어진 전통

이러한 내셔널리즘은 기껏해야 19세기가 되어서야 주권국가의 요청에 맞춰 만들어진 것으로 다카무라가 '조상의 목소리'와 자신을 동일화하여 오랜 옛날부터 '국민'이란 친밀한 공동체가 존속해 온 것처럼 말하는 것은 환상 또는 기만에 지나지 않는다. 그렇게 단정적으로 말하는 것도 물론 가능하다. 앞에서 언급한 겔너 및 앤더슨의 저작이 그러한 시점에서 내셔널리즘의 일반 이론을 구축하고 있다.

일본의 내셔널리즘이 19세기의 새로운 창작물이라는 지적은 이미 쇼와昭和 초기부터 있었다. 국민들 사이에 면면히 이어진 '근왕勤王'사상의 확산이 메이지유신의 원동력이 되었다고 설명하는 논의에 대해, 요시노 사쿠조吉野作造는 수필 「메이지유신의 해석明治維新の解釋」(1927, 『吉野作造選集』 제11권, 岩波書店 수록)에서 엄격한 비판을 가하고 있다. 메이지 20년(1888)경까지는 사쓰마薩摩·조슈長州의 번벌藩閥을 싫어해 '메이지 신정부'가 시책을 하는 족족이 비판하는 인물이 많았다. '모든 사람들이 황실을 바라보면서 일본 국민으로서 공통된 감정을 가지게 된' 상태에 이르기까지는 자유민권운동의 침체화와 청일전쟁을 기다리지 않으면 안 되었던 것이다.

요즘의 일본사 연구에서는 근대의 국민국가의 창출 과정에 관한 실증분석이 한창이다. 그 의의를 경시할 생각은 없지만 특별히 겔너 및 앤더슨을 빌려 오지 않아도 이미 요시노가 똑같은 시점을 제시하고 있었다는 점은 염두에 두면 좋을 것이다. 메이지 20년대의 군대제도 및 철도·우편, 나아가 매스미디어의 발달이 일본 전국에 걸친 네이션이라는 일체감을 배양해 갔다는 점에 관해서도 가토 히데토시加藤秀俊의 『문화와 커뮤니케이션文化とコミュニケーション』(思索社, 1972)이라는 선구적 연구가 있다.

사상사의 시점에서 본 내셔널리즘

그러나 내셔널리즘이 널리 정착해 가는 과정을 역사학의 수법으로 분석하여 '국민'의 유대가 만들어져 간 모습을 밝히는 것으로 내셔널리즘을 둘러싼 사상적인 문제가 모두 정리되는 것은 아니다. 다카무라는 앞서 언급한 「암우소전暗愚小傳」 속에서 젊은 날에는 러일전쟁의 승패보다도 아름다운 조각을 만드는 일에 열중하였다고 회상하고 있고, 오웰도 역시 다른 한편에서는 평화를 추구하는 사회주의자로서 자신의 내셔널리즘적인 감정이 학교에서 받은 군사교련교육의 결과가 몸에 밴 것임을 인정하고 있다.

문제는 그러한 그들까지 '우익이든 좌익이든 나의 조국'이라는 무조건적인 충성으로 휘몰아가는 감정의 강렬함일 것이다. 그 폭발력에 다카무라도 오웰도 놀라고 있다. 사상사의 고찰 대상으로 내셔널리즘을 파악하기 위해서는 그러한 격렬한 감정이 어디서부터 생겨나고 어떠한 특징을 갖는지 한발 더 들어가서 생각하지 않으면 안 된다.

원래 일본은 메이지기에 주권국가가 제도로서 확립되기 이전부터 지방의 분열을 뛰어넘는 '일본국'이라는 공간으로서의 일체성 의식이 널리 퍼져 있었다는 점은 중요하다. 14세기경부터 서민의 세계에도 열도 전체를 하나의 '일본국'으로 파악하는 의식이 침투했다는 점을, 무라이 쇼스케村井章介가 『아시아 속의 중세 일본アジアのなかの中世日本』(校倉書房, 1988)에서 밝히고 있다. 근대에 존재했던 것과 같은 강한 동포 감정은 아직 보이지 않는다고 해도 열도를 둘러싼 경계 안에 사는 사람들을 '일본' 사람으로서 뭉뚱그려 그 밖의 사람과 구별하는 의식은 이미 이 시기에 싹트고 있었던 것이다.

이러한 영역으로서의 '일본'에 대한 일체성 의식이 퍼진 뒤에 센고쿠戰國 시대가 되면 와키타 하루코脇田晴子가 『천황과 중세 문화天皇と中世文化』(吉川弘文館, 2003)에서 설명한 것처럼 동란 속에서 교토의 귀족 문화가 지방 서민에 이르기까지 보급된 것에 동반하여 백성들이 '왕손王孫'이라고 자칭한 예에서 볼 수 있듯이 천황의 권위가 서민층에까지 퍼져 간다. 일찍이 와쓰지 데쓰로和辻哲郎는 일본 전체에 걸친 '국민적 단결의 자각'이 '황조신皇祖神 및 그 전통의 신성한 권위'로서 개념화된 것은 기기記紀신화 이래의 일본 사상의 전통이라고 논하였다(『尊皇思想とその傳統』, 1943). 문자文字 문화 및 신도의례에는 그러한 생각이 고대 이래로 분명히 보인다. 그러나 그것이 귀족·무가에서부터 서민층에 이르기까지 널리 보급된 것은 센고쿠시대부터라고 보는 것이 좋다.

근세에서 근대로

그러나 천황의 존재가 관위官位의 사용 및 『다이헤이기太平記』의 강석講釋을 통해 서민들에게 의식되기 시작되었다고 해서 그것이 그대로 사람들에게 '존황심尊皇心'을 싹트게 했다고 말할 수는 없다. 말기에 이르러 그 권위가 흔들리기 전까지 도쿠가와德川시대를 통해 지배기구, 즉 '공의公儀'의 정점에 있는 사람으로 여겨진 것은 에도江戶성에 있는 '구보公方'(쇼군)였다.

얄궂게도 그 지배하에서 200년 이상에 걸쳐 '태평泰平'이 지속된 것은 왕조교체가 거듭된 중국의 역사와는 달리 일본에서 황실이 하나의 혈족에 의해 면면히 이어진 것에 대해 주목하게 했고, 더욱이 그것에 대한 자부의 심정을 점차 퍼뜨린다. 와타나베 히로시渡辺浩의 『동아시아의 왕권과 사상東アジアの王權と思想』(東京大學出版會, 1997) 및 마에다 쓰토무前田勉의 『병학과 주자학 · 난학 · 국학兵學と朱子學 · 蘭學 · 國學』(平凡社, 2006)이 지적하는 것처럼 '황국皇國'에 관한 자기찬미와 국학 사상이 설파하는 천황과 만민과의 결합 의식이 어느 정도 널리 공유되어 간다. 그 결과 메이지 신정부가 교토 '긴리禁裡'의 안쪽 깊숙한 곳에서 천황을 끌어내 그를 국가의 정점에 두고 전면에 세울 때도 사람들은 강한 위화감을 갖지 않았던 것이다.

근대 내셔널리즘과 전후

메이지시대부터 '대동아전쟁'기에 걸친 내셔널리즘에 관해서 여기서는 다카무라의 '천황이 위험하다'의 말을 제시하는 것만으로 그치고 그에 대한 설명을 반복하지 않겠다. 단지 '천황이 위험하다', '폐하를 지키자'라는 어구에서 보이듯이, 스스로 천황의 존재에 대해 마음을 쓰고 몸을 바쳐 국가를 지탱하지 않으면 모든 질서가 무너진다고 하는 근대의 일본인이 품고 있던 통절한 위기의식에 대해서는 주목해두자.

도쿠가와시대의 '황국'관이 소박한 자기찬미—'황국'이라는 단어는 자칭自稱이자 미칭美稱으로밖에 사용되지 않는다—로 넘쳐 났다면 근대의 내셔널리즘은 제국주의국가 간의 생존 경쟁 가운데 소小제국이 어떻게든 살아남으려 한 비통한 절규의 분위기를 항상 띠고 있다.

'대동아전쟁'에서의 패배와 '대일본제국'의 붕괴에 의해 전후는 내셔널리즘 부재의 시대로 변했다고 종종 말해진다. 그러나 그 속에서도 내셔널리즘을 새로운 모습으로 재생하려는 시도가 없었던 것은 아니다.

국제정치학자인 사카모토 요시카즈坂本義和는 논고 「혁신 내셔널리즘 시론革新ナショナリズム試論」(1960, 『坂本義和集』 제3권, 岩波書店 수록)에서, 강화講和 논쟁기의 평화문제담화회로부터 1960년의 미일안보조약개정 반대운동에 이르는 평화운동의 계보 속에 인터내셔널에 타당한 이념을 결집핵으로 하는 독특한 내셔널리즘의 형성을 발견해냈다. 그러한 운동은 천황의 존재를 대신하여 평화 및 민주주의라는 상징을 내세워 '민족적 사명감'의 재건을 지향하는 것이었다. 왜냐하면 히로시마廣島·나가사키長崎에 대한 원자폭탄 투하와 국내 체제의 민주화라는 두 가지 경험이 '민족'의 특수한 동일성과 보편적인 이념과의 접점이 되기 때문이었다. 그러한 감정이 새로운 '혁신 내셔널리즘'으로 성장할 것을 사카모토는 기대하고 있었던 것이다.

일본의 내셔널리즘이 앞으로 어떠한 모습으로든 살아남는다면 그것은 도대체 무엇을 가지고 '국민'과의 결합의 상징으로 내세울까. 사상사에 관한 질문은 바로 지금의 문제를 생각하는 것으로 이어진다.

참고문헌

新田一郎, 『中世に國家はあったか』(日本史リブレット19), 山川出版社, 2004

『丸山眞男講義錄』 第2册, 東京大學出版會, 1999

사상사의 견지에서 본 '영화' | 가와다 미노루川田稔

영화는 기본적으로 서정적인 표현 수단이다. 상영 시간이 길어도 4시간 정도가 한계인만큼 그 정도로는 서사적인 묘사가 곤란하기 때문이다. 따라서 굳이 사상사적인 표현법을 쓴다면 사회의 구체적인 모습보다도 삶의 의미의 문제가 그 주요한 동기가 된다. 그런 의미에서 영화의 특성은 시대를 뛰어넘는 지점에 존재한다.

일본을 대표하는 영화 작가인 미조구치 겐지(溝口健二) 및 오즈 야스지로(小津安二郎), 구로사와 아키라(黑澤明) 등의 뛰어난 작품은 필름의 질이 조악하다는 점을 제외하면 지금 보더라도 전혀 오래된 얘기라는 느낌을 갖게 하지 않는다. 이것은 그 동기의 초시대성에 있다.

"오하루의 일생(西鶴一代女)", "우게쓰 이야기(雨月物語)" 등 미조구치의 기본 테마는 남녀 관계지만, 주위도 상대도 그리고 자기 자신까지도 죽음으로 내모는 처참한 것으로 묘사되고 있다. "만춘(晩春)", "도쿄 이야기(東京物語)", "초여름(麥秋)" 등 오즈가 그리는 것은 잘 알려진 것처럼 가족이다. 아마도 그것이 굳이 가족이 아니더라도, 가장 익숙하여 마음이 편안해지는 세계조차도, 일종의 운명성을 띠면서 붕괴해 가는 것이다. 구로사와의 대단함은 "칠인(七人)의 사무라이(侍)", "천국과 지옥"으로 대표되는 액션 서스펜스에 잘 나타나 있는데 그 속에서도 무대는 어떤 의미에서 세계에 대해 닫혀 있으며 정(情)에 호소하는 것을 주안으로 하고 있다.

이 영화들은 모두 자기와 가까운 세계 혹은 닫힌 세계에서 이야기가 전개되어 간다.

구미의 뛰어난 작품에도 똑같은 경향의 작품이 다수 있지만 그것들과는 또 다른 성질의 것도 존재한다. 나치즘시대의 돌격대 숙청 등을 배경으로 한 루키노 비스콘티의 "지옥에 떨어진 용사들" 및 1차 세계대전기의 아랍 및 러시아혁명을 배경으로 한 데이빗 린(David Lean)의 "아라비아의 로렌스", "닥터 지바고" 등 세계사적인 사건 속에서 이야기를 전개해 가는 작품들이 바로 그것이다.

이러한 시점을 가진 높은 수준의 영화는 유감이지만 지금까지의 일본에는 존재하지 않는다. 일본 영화는 일본인의 문화적 유산 가운데 세계에 자랑할 수 있는 훌륭한 유산의 하나라고 할 수 있으며, 위에서 언급한 작품들에 대한 세계적 평가는 앞으로도 크게 변하지 않을 것이라고 생각하지만, 그럼에도 시점의 문제는 여전히 남는다. 이것은 우열에 관계된 것이 아니라 장르의 문제다.

이와 관련하여 야나기타 구니오(柳田國男)는 신화 분석에서 삶의 의미를 가족 및 지역 등 가까운 세계와의 관계에서 설정하려고 하는 일본인의 사고의 특성을 그려내고 있다. 아마도 삶의 의미를 세계 전체의 존재 의미와의 관계에서 추구하려고 하는 기독교적인 사고와의 대비를 염두에 두고 있었는지도 모른다. 흥미로운 부분이다.

관심이 있는 사람은 여기에 언급한 작품 및 야나기타 구니오의 저작을 꼭 보았으면 한다.

2장

고대와 중세

01 『고사기』와 『일본서기』의 세계상

| 가나자와 히데유키金沢英之

텍스트와 세계상

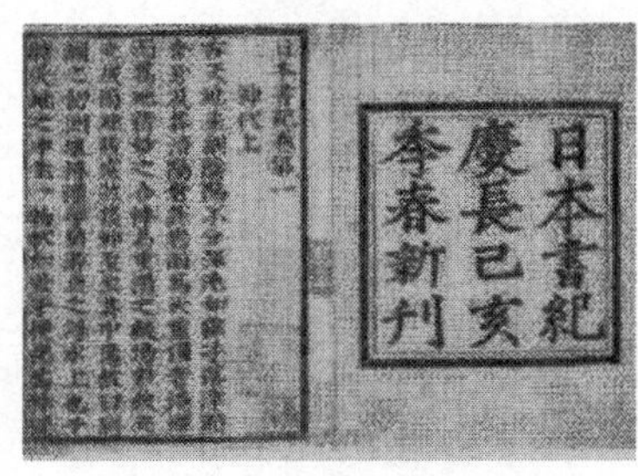
『일본서기』 게이초칙(慶長勅)판본

『고사기古事記』(712), 『일본서기日本書紀』(720)는 모두 8세기 초에 편찬되었다. '임진壬申의 난'(672) 이후 덴무天武계 왕조에 의해 추진된 율령국가 형성을 향한 도정은 아스카 기요미하라령飛鳥淨御原令(681년 경), 다이호율령大寶律令(701), 요로율령養老律令(718년 경)으로 이어지는 율령의 정비, 혹은 후지와라경藤原京(694), 헤이조경平城京(710)이라는 일찍이 없던 대규모의 수도 건설로 나타난다. 『고사기』, 『일본서기』가 편찬된 시기는 바로 이러한 고대 율령국가의 완성기에 해당한다. 천황을 중심으로 성립한 세계가 어떠한 내력을 거쳐 현재의 모습에 이르게 되었는지에 대해, 그 근원부터 서술하는 텍스트가 바로 『고사기』, 『일본서기』다.

따라서 이 두 책은 처음부터 세계상의 문제와 불가분의 관계다. 이 두 책 모두 세계의 시작으로 거슬러 올라가는 신대神代의 이야기를 처음에 설정한 것도 필연적 요청이다. 단, 그 세계상은 각자 독자적이다. 세계상은 어디까지나 개별적 텍스트로서의 『고사기』 혹은 『일본서기』 차원에 존재하는 것이고, 그 때문에 또한 텍스트가 어떻게 쓰였는가 하는 기록의 문제와도 관계 있다. 한문으로서의 격格에서 벗어나 일본어로 표현하는 것을 지향한 『고사기』와 올바른 격식의 한문을 지향하는 『일본서기』의 세계상이 개별적으로 취급되어야 할 이유는 거기에 있다.

『고사기』의 세계상

『고사기』 상·중·하 세 권은 신대神代로부터 초대 진무神武 천황을 거쳐 제33대 스이코推古 천황에 이르는 시대를 다룬다. 즉, 세계의 시작으로부터 편찬 시점의 일세기 정도 앞에 이르기까지 과거의 총체를 현재를 지탱하는 기반='옛 일(古事)'로서 이야기하는 것이다.

그중 상권을 차지하는 것이 신대의 이야기다. 여기서는 지상에서의 아시하라노 나카쓰쿠니葦原中國라고 불리는 세계의 성립이 주제다.

이야기를 지탱하는 세계상은 "천지가 처음으로 열리기 시작할 때, 다카마노하라에 생겨난 가미神의 이름은……"이라는 서두의 첫 문장에 단적으로 드러난다. 세계의 시작에서 하늘은 이미 다카마노하라高天原라는 이름을 갖고 있으며, 그 성립의 경위는 기술되지 않은 채 이미 주어진 세계로서 존재한다. 한편, 땅은 이름 없이 떠다닐 뿐인 미완성의 세계로 제시된다. 그리고 다카마노하라에 생겨난 아메노 미나카누시天之御中主神·다카미무스비高御産巢日神 이하의 천신天神들에 의해 지상의 아시하라노 나카쓰쿠니葦原中國가 형성되고 다카마노하라의 주신主神인 아마테라스의 자손이 아시하라노 나카쓰쿠니의 지배자로 강림하는 것이 상권 신화 부분의 기축이다.

솜씨 좋게 구성된 여러 에피소드가 이 축을 지탱한다. 천신 제7대의 끝에 성립한 이자나기伊邪那岐·이자나미伊邪那美의 두 가미는 지상세계의 형성이라는 천신들의 명을 받아 하늘로부터 내려와 부부가 되어 국토를 낳는다. 도중 불의 신을 낳은 이자나미가 화상으로 죽자 이자나기는 이를 쫓아 저승인 요미노쿠니黄泉國로 갔다 돌아오고, 거기서 묻은 더러움을 떨어뜨리는 '세례행위=미소기'로부터 아마테라스天照 · 스사노오須佐之男 등을 낳지만, 스사노오의 난폭한 행동을 우려한 아마테라스는 하늘의 바위굴로 숨어 버려 세상에 어둠을 불러온다. 여기서는 아마테라스의 부재가 다카마노하라뿐만 아니라 아시하라노 나카쓰쿠니도 암흑의 혼란 상태에 빠진 점이 서술되어 지상에까지 미치는 아마테라스의 힘이 강조된다. 이리하여 아마테라스의 손자 호노니니기番能邇邇藝가 아마테라스와 다카미무스비의 명을 받아 아시하라노 나카쓰쿠니의 통치자로서 강림할 때까지의 이야기 전체를 통해 천황의 지상 지배의 정통성이 세계의 시작에까지 거슬러 올라가 다카마노하라의 우위성에 근거를 둠으로써 보장되고 있는 것이다.

이 다카마노하라와 아시하라노 나카쓰쿠니의 관계가 『고사기』 세계상을 관통하는 씨줄이라고 한다면, 날줄에 해당하는 것은 아시하라노 나카쓰쿠니를 둘러싼 지상세계와의 관계다. 『고사기』에는 아시하라노 나카쓰쿠니 이외에 요미노쿠니 · 네노카타스쿠니根之堅洲國 · 도코요노쿠니常世國 · 해신국海神國 등의 다른 차원의 세계가 등장한다. 죽음에 대한 더러움과 두려움으로 색칠된 요미노쿠니, 오호아나무치オホアナムチ 및 호호데미ホホデミ 등 아시하라노 나카쓰쿠니의 왕이어야 할 존재에 힘을 부여하는 전형적 판타지 차원의 세계인 네노카타스쿠니와 해신국 등 각각의 세계에 내포된 성격은 다르지만, 아시하라노 나카쓰쿠니와의 관계에서만 서술될 뿐 그 어디에서도 기원과 성립은 설명되지 않는다는 점에서 같다. 주제는 어디까지나 아시하라노 나카쓰쿠니의 성립과 조상에 의한 천황의 지배권 확립에 있으며, 이들 각 세계와 아시하라노 나카쓰쿠니와의 분리 · 차이가 묘사되는 것으로 지상에서의 아시하라노 나카쓰쿠니의 윤곽이 확정되어 간다. 요미노쿠니로부터 아시하라노 나카쓰쿠니로 귀환한 이자나기가 그 경계인 '요모쓰 히라사카黄泉平坂'를 '센비키千引き의 바위'로 막은 시점에서 처음으로 아시하라노 나카쓰쿠

니의 호칭이 사용되는 것은 그 전형적인 예라고 할 수 있다. 주변으로서의 죽음의 세계인 요미노쿠니와의 분리를 통하여 중심으로서의 삶의 세계인 아시하라노 나카쓰쿠니가 정립되고 있는 것이다. 그리고 상권의 마지막에서는 해신국과의 경계인 '해판海坂'이 똑같이 막혀서 아시하라노 나카쓰쿠니는 자연의 영역으로서 봉쇄된다.

이후 이 확정된 영역은 '천하天下'라고 불리게 되고 이어지는 인대人代의 이야기에서는 그 정치적 완성이 서술된다. 중권은 초대 진무神武 천황의 야마토大和 제패와 즉위로 시작되고, 스진崇神 천황에 의한 신기神祇제사 체제의 정비, 야마토타케루노 미코토倭建命에 의한 변경 지역의 평정, 진구神功 황후에 의한 신라·백제 복속에 이르는 정치적 지배의 확대와 완성이 서술된다. 하권에서는 이렇게 자연의 영역으로서도 정치적 판도로서도 완성된 천하가 어떻게 천황의 혈통 내부의 싸움을 거쳐 계승되었는지를 다루고 있다.

그것은 완결된 영역으로서의 천하 내부의 이야기로 그 밖의 세계는 『고사기』의 이야기 속에 등장하지는 않는다. 그것은 현실적으로 고대 일본의 외부로서 존재한 중국 왕조가 『고사기』의 세계에서는 나타나지 않는 것(오吳나라는 두 번 보이지만 현실적으로 어딘가라고 특정할 수 없는 '외국'이라는 의미에 머문다)에 단적으로 나타난다. 신라·백제는 등장하지만 그것은 본래 '천하'의 판도에 포함되어야 할 내부로서 존재하고 있다. 이것과 안팎을 이루어 『고사기』에는 '일본'이라는 호칭이 보이지 않으며 자국을 일관되게 '야마토(倭)'라고 부른다. 중국으로부터의 시선을 전제로 한 '일본'이라는 호칭(자신들의 눈으로 보면 자국이 '동쪽의 나라'일 수는 없다)은 『고사기』에는 필요하지 않았던 것이다. 거기에 서술되는 것은 단서를 달 필요도 없는 자국의 '옛 일'인 것이 전제되어 있다. 그 때문에 『고사기』는 '옛 일의 기록'이었던 것이다.

이것은 『고사기』가 한자만을 사용하면서도 한문으로 읽히는 것을 전제로 하지 않는 문장으로 기록된 성격과 대응한다. 국외에서 읽힐 것이 상정되지 않은 채 자신에게 곧바로 향해진 시선이 『고사기』의 기록 및 내용, 세계상을 동시에 성립시킨 것이다.

『일본서기』의 세계상

이에 대해 『일본서기』는 '일본'을 책 제목으로 붙이고 있으며 한문이라는 동아시아 세계의 공통어를 사용하여 기록되어 있다. 이러한 기록과 세계상의 관련은 『일본서기』 신대神代에 있어서도 현저하게 드러난다(한편, 『일본서기』 신대는 본문과 이전[異傳]의 부분적인 여러 기록들로 이루어지는데, 텍스트를 관통하는 세계상은 본문에서 살펴볼 수 있다).

『일본서기』 제1권 본문은 "옛날 천지가 아직 갈라지지 않고 음양이 나뉘지 않았을 때, …… 그중에서 밝게 빛나는 것은 길게 공기 중에 퍼져 하늘이 되었고, 무겁고 탁한 것은 아래에 쌓여 땅이 되었다"라는 일절로 시작한다. 여기서 천지는 혼탁한 하나의 상태에서 분화된 대등한 세계로 시작하고 그 사이에서 가미神가 태어난다. 『고사기』의 기축이었던 천天의 세계의 우위성은 거기에는 보이지 않고 다카미무스비 등 특권적인 천신天神의 탄생에 대한 서술도 없다. 그 빈자리를 차지하는 것이 음양론적인 세계 생성의 틀이다. 앞에 인용된 본문의 표현은 거의 한문서적으로부터의 인용을 짜깁기한 것이라는 점이 지적되지만 그러한 한문서적의 표현과 음양론적인 틀은 불가분적인 것이다.

그 이하의 신대神代의 이야기 또한 이 틀을 이어받아 전개된다. 이자나기·이자나미 두 가미는 『일본서기』에서 양신·음신이라고 불리며 스스로의 의사로 지상의 국토를 낳기 시작하고, 이자나미는 죽지 않고 최후까지 음양 두 가미와 함께 국토를 완성한다. 이러한 음양론을 배경으로 한 세계의 자율적 전개가 『일본서기』의 신화적 세계상의 기축이다. 거기서는 하늘의 바위굴 장면에서 보이는 지상에 미치는 아마테라스의 주권성은 나타나지 않으며 호노니니기의 강림에도 아마테라스는 관여하지 않는다. 그를 대신해 강림을 주도하는 것은 여기서 처음으로 등장하는 가미로 초월적인 천신이 아닌 다카미무스비다. 호노니니기 외에도 하늘로부터 내려온 가미의 혈통(니기하야비)은 존재하고 그 싸움에서 승리하여 진무神武 천황이 즉위한다. 이처럼 호노니니기의 강림과 진무 천황의 즉위도 선험적인 정통성을 전제로 한 것이 아니라, 일회적인 역사 과정의 결과로서 묘사되어 이후 천황들의 기사로 이어지는 것이다.

제3권 이하의 역대 천황기 중 가장 양이 많은 것은 제28권, 제29권을 차지하는 덴무天武 천황대고, 이어지는 제30권 지토持統 천황대로 『일본서기』는 끝이 난다. 『고사기』가 스이코推古 천황까지를 '옛 일'이라고 하는 닫힌 세계의 이야기로 설명하는 것에 대하여, 『일본서기』의 사정권은 율령국가의 기반이 된 현재라는 현실의 개시 시점까지 미치고 있다. 거기서는 또한 신라·백제·고구려 등의 한반도 여러 나라 및 중국 왕조와의 교류가 스이코조를 기점으로 빈번히 기록된다. 이처럼 외부 또한 포함하는 것으로서 『일본서기』의 세계상은 존재한다.

다원적인 세계상

이상과 같이 『고사기』와 『일본서기』는 그 성립의 계기와 구성의 수준에서 보면 공통점이 많은 책이지만, 그 세계상에는 근본적인 차이가 존재한다. 그 차이는 한편으로는 한문의 격에 맞춰 성립한 『일본서기』, 다른 한편에는 한자를 빌려 독자적인 표현을 궁리한 『고사기』라는 8세기 초 일본의 다양한 기록물의 현실을 반영한 개별적 텍스트의 존재와도 밀접한 관련이 있다. 각각의 텍스트는 각각의 세계상을 가지고 성립하고 있었고 그러한 복수의 세계상은 하나로 환원되는 일없이 다원적으로 병립하고 있다.

그러나 그 이후의 독해의 역사라는 측면에서 보면 각각 다른 세계상을 가진 『고사기』와 『일본서기』를 그 저편에 있었을 하나의 신화로 환원해 가는 노력이 반복되었다(이 책의 1장 「일본사상사에서의 신화」 항목 참조). 그 단서는 헤이안조까지 거슬러 올라가지만 현재에도 예를 들면 '일본 신화'라고 하는 『고사기』와 『일본서기』 등 개별 텍스트의 차원을 넘는 개념이 회자되는 것처럼, '하나의 신화'관은 시대에 따라 모습을 바꾸어가면서 우리의 시선을 계속 규제해 가는 틀로 작용하고 있다.

참고문헌

神野志隆光, 『古事記と日本書紀』, 講談社現代新書, 1999

神野志隆光, 『複數の古代』, 講談社現代新書, 2007

02 율령귀족의 사상

| 사토 세키코佐藤勢紀子

'거짓말도 하나의 방편方便'이라는 속담이 있다. 이 속담을 접한 중국 출신의 유학생이 의아한 표정을 내비쳤기 때문에, '방편'에 대한 해설이 필요하다고 생각했다. '방편'은 불교 용어로 본래 부처나 보살이 중생을 구제하기 위해 임시로 사용하는 수단이라는 의미다. 율령귀족에게 널리 신봉되고 있던 『법화경法華經』에는 그 이전의 가르침은 모두 '방편'이었고, 『법화경』에 표현된 일승一乘사상이야말로 진실된 가르침이라고 한다.

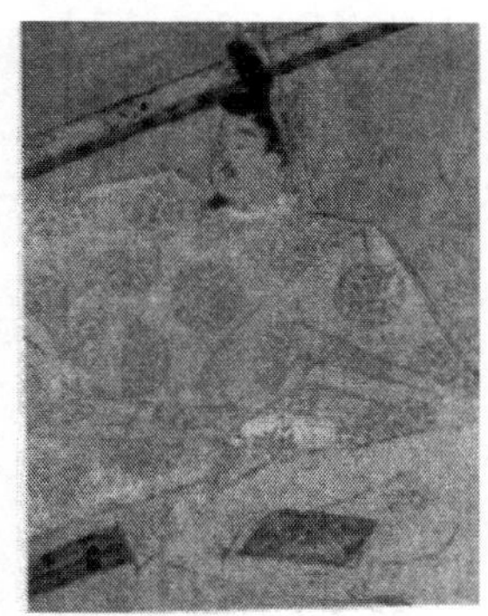

후지와라 미치나가
(무라사키 시키부 일기[紫式部日記] 에고토바[繪詞])

그런데 이 '방편'이야말로 율령귀족의 사고의 일면을 표상하는 키워드가 아닐까. 여기서는 율령귀족의 사상을 그 불교적 요소에 착목하여 파악하고자 한다.

일본 율령정치의 특징

고대 일본의 위정자들은 율령제를 시작으로 당唐의 여러 제도를 섭취하여 당을 모방한 법제의 정비와 사회제도의 구축을 목표로 하였지만 그 가운데 끝내 도입되지 않았던 것이 있다. 그것은 관리등용시스템으로서의 과거제도다. 그 이유는 당시 씨족제도가 너무 강했기 때문이기도 한데, 그 결과 율령정치를 담당하는 관료의 자리는 거의 세습적으로 씨족에 의한 정무政務의 분장分掌이 일찍부터 진행되었다.

또한 모계제 사회를 배경으로 천황의 어머니(國母)의 친족이 정치의 실권을 장악하는 섭관정치의 구조가 점차 정착되어, 천황의 '후견'역을 둘러싸고 씨족끼리, 가문끼리의 치열한 싸움이 반복되었다. 주지하는 바와 같이 최후에 승리를 거둔 것은 후지와라藤原 북가北家였는데, 11세기 초 그 씨족의 장자長子 후지와라 미치나가藤原道長가 '이 세상은 내 세상, 보름달이 지는 일 없는 것과 같다'라는 노래를 읊어 도열한 공경에게 합창하게 할 정도였다.

고대 일본의 율령정치와 당의 율령정치가 지니는 각각 다른 특성은 그 담당자인 율령귀족의 사상에도 영향을 미치고 있다. 관리의 직무가 세습되고 집안의 가격家格에 따라 계층도 정착하여 신분이 고정되어 감에 따라 4, 5위 이하의 중·하류 귀족 사이에서는 능력이나 노력 이전에 출신에 의해 그 신세가 정해지는 것에 대한 불만이 생겨나고 있었다. 그들은 그 부조리를 어떤 형태로든 합리화하고 또한 그러한 폐색적閉塞的인 상황에서 벗어날 길을 찾고자 했다.

한편, 항쟁에서 승리한 아주 소수의 상류 귀족도 그들이 배척한 라이벌들의 원령怨靈의 저주로 계속 고통을 받고 있었다. 또한 천황의 '후견'의 입장을 유지하기 위해서는 딸을 천황의 주위에 머무르게 해 황자를 낳게 할 필요가 있었다. 태어나는 아이의 성별이라는 우연에 일족의 명운이 걸려 있었다. 그들은 원령을 다스리고 처음부터 끝까지 천황의 외척이 되기 위한 특별한 방책을 필요로 하고 있었다.

율령귀족과 불교 사상

이들 귀족의 요구에 응한 것은 불교의 숙업관宿業觀과 대승불교 속에서도 비교적 새롭게 등장한 정토교淨土教 및 밀교密教 사상이었다. 『겐지 모노가타리源氏物語』에는 '숙세宿世'라는 표현이 120차례나 보이는데, 전세의 얽힌 인연과 그 결과라고 하는 의미로 사용되고 있다. 당시의 설화나 한문일기에도 '숙인宿因', '숙연宿緣' 등의 표현이 많이 보인다. 이 숙업관은 특히 중류 이하 귀족의 '현재' 의식을 규정하고 그들의 불우를 설명하는 역할을 하였다. 더 나아가 현세의 영달보다는 내세의 구제에 희망을 걸고, 아미타불이 주재하는 극락정토에의 왕생을 희구하게 하였다. 귀족들 사이에서 정토사상이 확산되는 계기가 바로 여기에서 생겨난 것이다.

한편, 지속적으로 발생하는 원령의 저주를 두려워하는 '황후 후보자'들과 황자의 탄생을 간절히 바라는 상류 귀족이 의지했던 것은 구카이空海와 사이초最澄 문하에 의해 수입된 밀교였다. 염불이 후생선처後生善處의 행위였던 것에 대하여, 밀교의 수법은 현세 이익을 가져오는 것으로 생각되었다. 10세기 이후에 건립된 후지와라씨의 우지데라氏寺는 대부분 대일여래大日如來를 본존으로 했고 오대명왕五大明王을 안치하는 오대당五大堂도 왕성하게 조영되었다.

이리하여 앞서 언급한 『법화경』의 독송에 더하여 염불행, 그리고 상류 귀족에 있어서는 밀교의 행법이 더해진 잡수雜修가 통례가 되었다. 나아가 관음觀音·지장地藏·미륵彌勒·신기神祇·음양도陰陽道 등의 신앙의 존재를 생각하면 율령귀족의 신앙 형태는 실로 복잡한 양상을 띠고 있다.

그런데 밀교의 중심 경전인 『대일경大日經』에도 '방편'은 중요한 개념으로 제시되고 있다. 「입진언문주심품入眞言門住心品」의 '보리심위인菩提心爲因, 비위근본悲爲根本, 방편위구경方便爲究竟'이라는 경문은 '삼구三句의 법문法門'이라고 불리면서 이 경전의 교의의 중핵을 이루고 있다. 『겐지 모노가타리』

가게로蜻蛉권에서 사랑하는 여성을 차례차례 잃은 가오루薫가 부처의 방편에 생각이 미친다는 서술은 이 경문에 입각한 것이다. 또 호타루螢권의 모노가타리론에서는 모노가타리의 창작이라는 행위 자체가 불교에서 말하는 '방편'이고, 세상의 진실상을 묘사하기 위한 수단이라고 서술하고 있다.

당의 율령제도를 도입하면서 당시의 일본의 시대 · 장소 · 계기에 응한 '격格'과 '식式'을 만들고 때로는 이를 환골탈태하여 사회적 상황에 따른 법제, 정치 시스템을 만들어낸 율령귀족의 영위도 불교의 언어를 빌리자면 '방편'에 빗댈 수 있는 것은 아니었을까.

한편 현대 중국어에서는 '방편'에서 '수단'이라는 의미는 사라지고, '편리'나 '적절한 시기', 나아가서는 '용변'의 뜻으로 사용된다고 한다. 유학생이 의아한 얼굴을 한 것도 이해가 가는 일이다.

참고문헌

速水宥, 『平安貴族社会と仏教』, 吉川弘文館, 1975

大津透, 『日本の歴史06 道長と宮廷社会』, 講談社, 2001

03 '신불교'와 '구불교'

| 사토 히로오佐藤弘夫

신불교에서 현밀불교로

센다이시 미야기노구에 있는 도코지(東光寺)의 판비

일본의 중세 사상이라고 할 때 우리는 무엇을 상상하게 될까. 대부분의 사람들이 우선 떠올리는 이미지는 불교임에 틀림없다. 중세에 불교가 가지고 있던 사회적 · 문화적 · 사상적 영향의 심대함은 새삼 재론할 필요도 없다. 말법末法사상과 수미산須彌山을 중심으로 하는 세계관은 중세인이 스스로의 생활공간을 보다 큰 세계 속에 위치 지울 때의 시간적 · 공간적 좌표축으로서의 역할을 담당하고 있었다. 그중에서도 중세 불교를 대표한다고 생각된 것이 이른바 신新불교의 사상이었다.

그렇다면 호넨法然(1133~1212) · 신란親鸞(1173~1262) · 도겐道元(1200~1253) · 니치렌日蓮(1222~1282)이라는 '신불교' 창시자의 사상으로부터 최대공약수적인 공통 요소를 추출하는 일이 중세적인 세계관 및 가치관을 명확히 하는 일로 이어지지는 않을까. 이에나가 사부로家永三郎와 이노우에 미쓰사다井上光貞 등 전후 제1기의 연구자들은 이러한 문제의식을 가지고 가마쿠라 불교 연구의 길을 열어 나갔다. 그 결과 '전수專修'(하나의 행위만으로 구원을 얻는다), '이행易行'(누구나 실천 가능한 쉬운 행위), '악인구제惡人救濟', '여인구제女人救濟'라는 여러 요소가 중세 불교의 특색을 이루는 지표로 제시되었던 것이다.

그러한 신불교 중심의 연구사를 일변시킨 것이 1975년에 구로다 도시오黑田俊雄에 의해 제창된 '현밀顯密체제론'이었다. 구로다가 거기서 우선 강조한 것은 사회적 세력·종교적 권위·사상적 영향력 그 어떤 면에서도 중세에서 구불교=현밀불교가 보유하고 있던 압도적인 힘이다. 구로다는 '현밀주의'를 기조로 하는 여러 종파가 국가권력과 유착한 형태로 종교의 존재 양상을 굳혀 간 체제를 '현밀 체제'라고 명명하고 이 체제야말로 중세 불교계의 '정통'이었으며 지배적 지위를 점하고 있었다고 한다. 12세기 말부터 시작하는 일련의 불교개혁운동, 이른바 신불교의 발흥은 지배적 위치에 있는 이 '현밀'불교에 대한 개혁, 혹은 이단의 운동으로서 위치지우고 있는 것이다.

'현밀체제론'의 제기에 의해 '신불교'가 아니라 남도북령南都北嶺의 구불교=현밀불교야말로 중세 불교의 주류라는 인식이 연구자들 사이에서 공유되기에 이르렀다. 이제 신불교만을 보고 있는 것만으로는 중세 불교상을 그리는 일은 불가능할 뿐만 아니라 중세 불교의 전체상을 파악하는 일은 불가능하다고 생각되기에 이른 것이다.

사원사寺院史의 성행

구로다의 '현밀체제론'은 불교사 연구의 주요한 연구대상을 이른바 신불교에서 전통불교(현밀불교)로 전환시켜 종파사·교단사를 넘어 중세의 종교세계를 더 전체적으로 파악하려고 하는 연구의 흐름을 형성하는 데 결정적인 역할을 담당하였다. 구로다 이후, 그때까지 고대 불교의 흔적으로 간주되어 거의 일고의 가치도 없는 것으로 여겨지던 중세 구불교사원의 실태가 새롭게 조명되어 중세 문화의 요람으로서 그 의의가 명백해져 갔다.

그러나 그 후 사상 연구라고 하는 점에서 보면 중세 불교에 대한 연구는 점차로 막다른 길에 이르게 된다. 그 이유는 구로다가 본래 사회구성사·국가사를 중심으로 하는 일본사 전문가이고, 현밀체제론도 '권문체제론'이라고 하는 중세국가에 관한 학설을 바탕으로 제시되었다는 점이 크게 작용했다.

현밀체제론 이후 중세의 구불교를 둘러싼 연구는 활황을 보였고 많은 연구가 제시되었다. 그렇기는 하지만, 그 대부분은 사원의 장원 지배나 재정 기반, 사찰 내 조직 등 사찰의 생태에 관한 것이었고, 다이라 마사유키平雅行 등 극히 소수의 뛰어난 연구를 제외하고는 내용적으로나 문제의식의 차원에 있어서도 신불교를 대상으로 하는 그때까지의 사상사적 연구와 서로 맞물리는 일은 거의 없었다.

다른 한편, 현밀체제론의 출현에 의해 더 이상 종래의 신불교 - 구불교 패러다임에 의지할 수 없게 된 사상사나 불교학의 연구자는 자신의 연구를 보다 넓은 문맥context 속에 위치시켜 연구사의 전환을 시도하는 큰 뜻으로 나아가지 못하고 오로지 개별적인 사상 연구와 교재 분석에 침잠해 갔다. 물론 기존의 그랜드 이론 그 자체를 비판하고 뛰어넘으려는 의욕적인 연구가 전혀 없었던 것은 아니다. 그렇지만 사견에 의하면, 그것들은 신불교 - 구불교 패러다임, 혹은 현밀체제론을 전제로 하여 거기서 제시된 불교 세계 내부의 선 긋기를 바꾸려고 하는 것에 지나지 않고, 중세 불교 그 자체를 근본적으로 재검토하기 위한 문제제기는 아니었다.

이리하여 현밀체제론 이후 중세 불교 연구의 세계에서는 사원사寺院史 연구의 성행과 사상사적 연구의 공동화라고 해야 할 상황이 도래하게 되었다. 이미 서술한 것처럼 사상사와 불교학 관점에서의 개별적 대상에 대한 연구는 아직도 왕성하고 그 하나하나를 보면 뛰어난 연구도 종종 보인다. 그러나 중세 불교 전체를 시야에 넣고 틀 그 자체를 근저로부터 재검토하고자 하는 에너지를 현재의 학계에서는 느낄 수가 없다. 중세 불교 연구의 세계는 지금 완전히 꽉 막힌 상태에 있는 것처럼 보인다.

시점 전환의 필요성

그럼 어떻게 이 폐색적 상황을 타파하고 보다 풍부한 중세 불교상을 구축해 가면 좋을 것인가.

하나의 방향성은 지금까지 희박하였던 근린 분야와의 적극적인 교류와 그것에 의한 시점과 방법의 연마다. 근년, 미술사나 건축사의 분야에서 중세 불교에 관한 참신한 연구가 제시되고 있다. 불교학·문자 등의 세계에서도 주목해야 할 성과가 연이어 발표되고 있다. 그러한 성과로부터 배우면서 혹은 그들의 학문 분야와 제휴하면서 공통의 테마와 필드를 추구하는 일이 새로운 연구를 생산하는 단서가 되지는 않을까.

예를 들면 특정 분야를 대상으로 한 기존의 학문 분야를 넘는 다각적·집중적인 시도다. '일본 삼경三景'의 하나인 마쓰시마松島는 마쓰오 바쇼松尾芭蕉도 방문한 경승지로 알려져 있다. 에도시대 초기에 다테 마사무네伊達政宗에 의해 즈이간지瑞巖寺가 건립되기 이전의 마쓰시마는 판비板碑가 나란히 선 납골이 행해지는 묘지였다.

왜 마쓰시마가 성지로 인식되고 종교시설을 건립하게 된 것일까. 마쓰시마 전체를 하나의 묘지로 볼 경우, 어떠한 구조를 파악해낼 수 있을까. 거기에 즈이간지가 건립됨으로 인해 마쓰시마의 종교 공간은 중세적인 것에서부터 근세적인 것으로 어떻게 변모해간 것일까. 마쓰시마는 주변의 성지와 어떠한 관계가 있었던 것일까.

이러한 물음에 답하려 할 때, 종래의 학문 분야를 고집하는 일은 무의미하다. 문헌사료·금석문·회화자료·고고학자료라는 구분은 별 의미를 갖지 못한다. 모든 유형의 자료를 활용하고 지적 기법을 충분히 활용하여 연구자가 기존의 학문 분야의 벽을 뛰어 넘어 이 물음에 매달릴 필요가 있다.

사찰 및 신사의 건물—이를 둘러싼 가람伽藍—성지 전체라는, 어느 시대의 성스런 공간의 중층적 구조를 명확히 재현하고 그것들을 서로 연결해 가는 작업에 의해 어느 정도의 범위를 가진 지역의 종교 세계, 나아가서는 일본열도 전체의 종교 구조에 접근할 수 있는 길이 보이지는 않을까. 또한 그 구조의 변모를 추적하는 작업에 의해 추상적인 교리가 아니라 지역 현장의 시점에서 이 열도의 종교 세계에 생겨난 변동의 실체를 명백히 할 수 있을 것이다. 그리고 그것은 신불교 - 구불교, 가미 - 부처라고 하는 기존의 개념과 설명원리를 사용하지 않는 성과인 만큼 이 열도를 뛰어넘어 세계 각지와의 비교를 가능하게 할 것임에 틀림없다.

새로운 텍스트학의 성립

다른 하나는 이제까지 활용되지 않았던 자료의 발굴이다. 근년에 들어 주로 문학자의 손에 의해 종래 알려지지 않은 사찰 및 신사의 경전들이 속속 소개되고 있다. 이 자료들에 입각한 새로운 텍스트학도 그 모습을 나타내고 있다. 이에 더하여 이제까지 종교 사상의 연구를 위해 사용되지 않았던 형태의 자료 활용에도 적극적으로 매달릴 필요가 있다.

내가 지금 주목하는 자료는 판비板碑다. 일본 동부에는 현재 5만이 넘는 판비가 남아 있다. 이 대량의 판비는 13세기 중엽부터 150년 동안의 시기에 집중적으로 제작되었다. 판비를 건립한 주요한 목적은 '왕생극락往生極樂'에 있었다. 중세의 동부 일본인은 극락왕생을 원하여 판비를 건립한 것이다.

이것은 매우 중요한 의미를 가진다. 중세의 정토신앙이라고 할 경우, 우리가 먼저 떠올리는 것은 입으로 명호名號를 읊는 행위에 의해 누구라도 왕생이 가능하다는 호넨, 신란의 전수염불專修念佛이 아닐까. 특히 13세기 중반 이후는 그 신앙이 사회에 정착해 가는 시대로 생각해 왔다. 마을마다 염불 소리가 넘쳐나는 이미지는 우리가 생각하는 가마쿠라 후기의 사회였던 것이다.

그러나 대량의 판비의 존재는 이러한 이미지를 밑바닥에서부터 뒤집어 없을지도 모른다. 적어도 동부 일본에서 가마쿠라 후기의 정토신앙의 주류는 칭명염불稱名念佛이 아니라 판비의 제작과 건립이었다. 사람들은 입으로만 염불을 읊는 것보다 판비를 세우는 것이 확실한 왕생정토의 실천으로 생각하고 있었다. 판비가 대량으로 잔존한다는 사실 그 자체가 교과서적인 중세 불교의 이미지를 일변시킬 박력을 가지는 것이다. 이만큼 중요한 자료를 빠뜨린 채로 과연 우리는 중세 불교를 논할 수 있는 것일까.

그렇다고 하더라도 중세인은 왜 판비의 건립에 정토왕생의 열쇠를 찾으려고 한 것일까. 그것은 호넨류의 칭명염불과 어떻게 관계된 것일까. 판비에는 종종 납골의 흔적이 엿보이는데, 그것은 무엇을 의미하는 것일까. 기존의 학문 분야를 전제로 하는 한 마찬가지로 이러한 의문에 답할 수가 없다. 거꾸로 의문을 풀려고 하는 혁신적이고 야심적인 시도야말로 중세와 혼돈스런 종교 세계를 보다 더 실태에 입각하여 독해해 가는 길이 숨겨져 있는 것처럼 생각된다.

참고문헌
井上光貞, 『日本浄土教成立史の研究』, 山川出版社, 1956
黒田俊雄, 『日本中世の國家と仏教』, 岩波書店, 1975
千々和到, 『板碑とその時代』, 平凡社選書, 1988

04 '중세 신화'의 세계

| 하라 가쓰아키原克昭

'중세 신화'란

중세의 가미
(신체도기[神體圖記])

일본 신화라고 하면 우선 『고사기古事記』, 『일본서기日本書紀』 신대권神代卷 등 이른바 '기기記紀신화'로 대표되는 수많은 가미神들이 등장하는 고대 신화가 연상될 것이다. 하지만 이러한 신화의 이미지는 일찍이 '기기'에 그려진 신화 세계를 근대적 합리주의 이래 고대 신화로 만들어 정착시킨 근대의 산물이다. 나아가 사상사적으로 볼 때, 고대로부터 중세·근세 그리고 근현대에 이르기까지 연면히 '기기신화'가 정통화되어 지속되어 온 것도 아니다. 오히려 신화는 각 시대의 사조를 교묘히 투영시키면서 존재해 왔던 것이다.

특히 인세이院政기에서 가마쿠라鎌倉·무로마치室町기로 이어지는 중세는 신화의 변형과 새로운 전개가 넘쳐흐르던 시대였다. '기기'의 신화 서술에서 벗어나 여러 갈래로 나누어진 해석이 병존하는 과정에서 신화의 동기에 개편이 가해지고 가미들의 의장意匠까지도 변모해 간다. 더욱이 그러한 변화는 일련의 중세 신도 문헌을 비롯하여 '기기'에 대한 주석문헌·사사연기寺社緣起·본지 모노가타리本地物語·가학서歌學書·창도문예唱導文藝·설화 등 다양한 장면에서도 보인다. 이 중세라고 하는 시대에 집중적으로 나타난 신화를 기조로 하는 언설군을 총체적으로 포착하고자 하는 개념으로서 '중세 신화' 혹은 '중세 일본기日本紀'의 세계가 있다.

이하에서는 우선 중세 신화의 입구로 '기기신화'가 변용된 측면과 '기기신화'로부터 일탈하여 새롭게 전개되어 가는 측면, 즉 이러한 양 측면에서 '중세 신화'의 양상을 살펴본 후에 '중세 신화'에 접근하기 위해 필요한 시점을 제시하고자 한다.

변모하는 가미들: 신화의 변용

스사노오의 폭거에 대해 완강하게 저항하고 황손皇孫 니니기노 미코토에게 천양무궁天壤無窮의 신칙神勅을 부여하는 아마테라스 오미카미天照大神. '기기'에 그려진 단려端麗하고 늠름한 아마테라스의 이미지는 매우 인상적이다. 그러나 이러한 아마테라스의 모습은 근세에 도상화圖像化를 거쳐 국가신도에 통합된 이른바 근현대의 여신상의 한 전형에 지나지 않는다. 흰 옷에 늘어뜨린 머리 모습의 여신상이 정착함으로써 아마테라스 자신의 특질은 오히려 주변화되어 버렸다. 오랜 역사의 과정에서 아마테라스를 시작으로 하는 가미들은 다채로운 모습으로 계속 변모해 왔다. 특히 '중세 신화'의 가미들에게서 그 변모 양상은 매우 현저하게 나타난다.

예를 들면 '아마테라스=여신女神'이라는 이해는 현대에서는 상식의 범주에 들지 모른다. 확실히 '기기신화'에서는 스사노오에게 '누나'라고 불리고 있고, '머리를 따 좌우로 늘어뜨리고 치마를 묶어 바지처럼 한' 아마테라스의 모습은 마치 여신이 남장한 모양이다. 이 서술이 근현대의 아마테라스 이미지에 시사를 준 것이었는데, 중세에도 일률적으로 여신으로 인식되지는 않았다. 오히려 남신, 게다가 의관속대衣冠束帶한 모습으로 형상화된 아마테라스가 눈에 띈다. 각지에 전하는 '30번 가미에神繪'나 밀교의례를 모방한 신도

관정神道灌頂의 의례시 내걸리는 아마테라스상의 대다수는 의관속대한 근엄한 모습으로 그려진다.

천태좌주天台座主인 지엔慈圓은 『비서별毘逝別』(1209년 성립)에 다음과 같이 꿈을 기록해 놓았다. 그 내용인즉 이세대신궁伊勢大神宮(아마테라스를 모시는 신궁)은 여신을 본체로 한다고 하지만, 매년 신궁에서 보내오는 신복神服은 남자 옷이다. 그래서 「일본기본문日本記本文」을 뒤져 살펴본 바 아마테라스는 남신男神으로도 나타난다는 것을 알았다. 거기서 지엔은 "한 부처의 몸은 남자도 아니고 여자도 아니다. 그저 어느 양쪽도 아닌 몸"이라는 인식에 이르렀다고 한다. 또한 『겐페이 성쇠기源平盛衰記』에는 미나모토노 마사요리源雅頼에게 봉사하는 사무라이의 꿈에 의관속대를 갖춘 귀인의 모습을 한 아마테라스가 등장하는 이야기를 싣고 있다. 게다가 중세의 신도서 『일휘기본기日諱記本紀』에는 남녀 두 성질을 지닌 아마테라스를 '오늘날의 남녀 양성의 시작', 즉 양성의 기원이라고 적고 있다. '중세 신화' 속의 아마테라스는 여신이라고도 남신이라고도 혹은 남녀의 영역을 모두 갖춘 가미로도 변모할 수 있었던 것이다(佐藤弘夫, 『アマテラスの變貌』, 法蔵館, 2000).

그리고 이러한 '아마테라스는 남신인가 여신인가'에 대한 인식의 차이는 여러 책에서 다뤄진 '일녀삼남一女三男'설로 이어진다. 이자나기 · 이자나미 두 가미에 의한 삼귀자三貴子와 히루코蛭子(장애아)의 출생이라는 '기기신화'의 이야깃거리가 '중세 신화'에서는 오로지 '일녀삼남'설로 침투해 있었기 때문이다. 굳이 신화 서술로 환원하면 '일녀=일신日神(아마테라스)', '삼남=월신月神 · 스사노오 · 히루코'가 될 것이다. 그러나 '중세 신화'에서 반드시 '아마테라스=여신설'로 한정되지 않았다고 한다면, '일녀삼남'설 또한 부동의 것은 아니었다. "일녀란 바로 히루코를 가리킨다"(『神道集』)는 '일녀=히루코'설을 시작으로 '일녀=월신'설, 스사노오 이외의 삼신을 여신으로 보는 설, 여러 신을 출생 순서로부터 '장남은 스사노오, 차남은 아마테라스'라는 설까지 파생한다. '아마테라스=남신 혹은 여신'설과 '일녀삼남'설이 서로 연동하여 새로운 이설異說의 생성을 재촉하며 여러 설의 병존을 초래한다. '중세 신화'에 상징적인 언설이 형성되는 단면을 엿볼 수 있다.

'기원'에 대한 탐구 지향: '신화'의 새로운 탄생

다카마노하라高天原로부터 내려와 국토를 만든 이자나기·이자나미. '기기신화' 속에 현창顯彰된 두 가미의 존재는 예를 들면 전후 고도성장기 최대급의 성장을 '이자나기 경기景氣'라고 칭하는 데에서도 알 수 있는 것처럼 유사 이래를 강조하는 표현으로 현대에도 역시 유효하다. '중세 신화'에서 두 가미의 국토창성신國土創成神으로의 신격은 특히 불교설의 창성신과의 습합習合을 환기시킨다.

『통해참예기通海參詣記』(1286년경 성립)에는 "제육천마왕第六天魔王이란 이사나천伊舍那天을 가리킨다. 이사나는 이자나기를 말한다. 읽는 음이 똑같다"라는 신궁 사관祠官의 발언을 기록하고 있다. 불교에서 말하는 색계제사선色界第四禪·마혜수라천摩醯首羅天의 다른 호칭인 이사나천伊舍那天과의 동체설이다. 그러나 이 습합의 근거는 단순한 '음이 같다'는 것에 그치지 않는다. 이사나천을 도호쿠東北의 지배자로 보는 밀교설과 천축天竺에서 본 일본 국토의 위치(동북 끝)라는 지리적 환경이 겹쳐진다. 나아가 이사나천과의 습합설은 중세의 신도서에 계승되는 한편, 신명神名의 유래를 범어梵語에 구하는 설로 전개되어 간다(『神皇正統記』 등). 그것이 인도·중국·일본에 걸치는 중세 특유의 삼국사관, 혹은 범어·한어·일본어의 삼국 언어관을 통해 새로운 '기원' 신화로서 공유되어 가는 것이다.

불교설과의 습합은 중세 특유의 사고 중 하나지만 그중에서도 '중세 신화'를 상징하는 설로 제육천마왕第六天魔王과 아마테라스의 명약담冥約譚이 있다(『사석집沙石集』과 그 외 여러 책에 채록). 이자나기·이자나미 두 가미가 창으로 휘젓는 신화 서술이 '중세 신화'에서는 '대일大日의 인문印文'의 상징을 둘러싼 아마테라스와 제육천마왕의 명약담으로 대체된다. 그 개요는 일본의 통치와 불법佛法의 유포를 방해하려는 제육천마왕에 대해, 아마테라스는 불법을 기피하겠다는 허위의 맹세를 한다. 이세伊勢에서의 불법 기피는 명약冥約에 의한 방편이고, 그때 징표로 수여된 '대일의 인문'이야말로 삼종신기三種神器의 하나인 '신새神璽'에 다름 아니라고 한다. 제육천마왕에 대해서는 이자나기와 오나무치 등 '기기'의 가미들과의 습합설도 있다. 이리하여 아마테라스와 제육천마왕에 의한 명약담은 일본 국주國主로서의 아마테라스에 의한 통치권의 '기원'을 이야기하는 '국권 위양 신화'로 새롭게 태어나게 된다.

이러한 '중세 신화'의 기저에는 '기원'에 대한 탐구 지향이 움직이고 있다. 신화가 연상·환기되어 신화의 변용과 신생을 촉진시킨 이유다. 그 위에 여러 설이 존재할 수 있었던 것은 이설異說 형성이 각 유파나 여러 가학家學의 독자성을 과시하는 언설(이른바 공공연한 비설[秘說])로 기능한 시대적 배경도 관련되어 있다. 결국 '중세'라고 하는 시대에 각각의 장 및 환경 아래에서 지향된 '기원'을 이야기하는 신화로서 '중세 신화'는 존재했다. 중세 신화의 세계에서 다채로운 이설의 생성과 유포·병존이 가능했던 것도 그 때문이다.

'중세 신화'를 열어젖히기 위해: 연구의 시점

'중세 신화'에 보이는 신화의 변용과 새로운 전개의 다양한 모습은 대부분의 경우 대담할 정도의 신격의 치환과 밀교적 해석, 나아가서는 신화의 동기에 따라 대폭적인 개편이 이루어진 것이다. 그 때문에 '기기신화'를 정통으로 여기는 입장에서 볼 경우, '중세 신화'의 세계는 황당무계하다는 낙인 아래 일축될 가능성도 내포하고 있다. 실제로 중세 말기에는 앞에서 든 '일녀삼남'설에 대해, "조심스럽게 생각하건대 이것은 이상하다. 일녀는 아마테라스를 가리킨다"(袋中良定, 『神道集略抄』)라는 의문을 제출해, '기기신화'와 '중세 신화'

사이의 관계가 뒤바뀔 조짐이 보이기도 한다. 그리고 근세 신도가에 의한 '세상을 속이고 사람을 속였다'(平田篤胤, 『俗神道大意』)는 료부兩部신도 비판으로 전개되기도 하였다. 더욱이 '고대 신화'가 성립된 근대 이후의 실증주의적 합리주의에 입각한 학설사의 추세 속에서 '중세 신화'에 대한 부정적 편견은 여전히 뿌리 깊게 남아 있다.

물론 상기 · 환기 · 연상이라는 상상력으로 전개된 '중세 신화'의 세계에서 일괄적으로 실증성을 구한다면 파탄을 초래할 것은 필지의 사실이다. 그렇다고 해서 '중세 신화'가 지속적으로 향수되어 온 역사까지도 불문에 부칠 것은 아니다. '중세 신화'의 세계를 열어젖힐 사상사적인 재평가를 위해서는 비유적 발상과 실증학과의 아슬아슬한 경계에 '중세 신화'의 사상적 자장을 두고, 그 비합리성에 감추어진 '중세 논리'의 발견 · 이해가 최대의 과제가 될 것이다.

원래 신화란 일률적으로 '고대'적인 것으로 귀납되어야 할 것은 아니다. 오히려 과거를 '무시간無時間'의 기원으로 파악함으로써 신화는 각각의 시대 환경 및 사상적 요청하에 거듭 갱신되고 새롭게 창출되어 가는 것이다. 말하자면 중세에서 '기기'는 닫힌 비서秘書였고, 현재 우리가 손에 넣을 수 있는 '기기'와 동질의 것은 아니었다. 따라서 '중세 신화'에 접근하는 데 필요한 시점은 실증적 합리성 및 논리성과는 별도의 차원에서 '중세 신화'의 내실과 마주하여, 있는 그대로의 중세의 신화상을 해독해 가는 것이다. 중세라는 시대에 변용과 신생을 반복해 온 '중세 신화'의 세계는 틀림없이 중세의 시대 사조와 그 정신세계를 투영한 절호의 사상사적 산물이기 때문이다.

참고문헌

山本ひろ子, 『中世神話』, 岩波新書, 1998
斎藤英喜, 『読み替えられた日本神話』, 講談社現代新書, 2006

05 『신황정통기』의 사상 세계

ㅣ닛타 이치로新田一郎

정통으로서의 리理

기타바타케 지카후사
(기쿠치 요사이[菊池容齋] 작)

기타바타케 지카후사北畠親房(1293~1354)의 『신황정통기神皇正統記』는 종종 지엔慈圓의 『우관초愚管抄』와 함께 중세를 대표하는 '역사서'로 칭해진다. '도리道理'를 서술의 축에 둔 『우관초』와, '정리正理'를 설파하는 것을 목적으로 한 『신황정통기』는 일견 비슷하게 보이지만, 실은 그 '리理'의 작용에 대한 인식을 둘러싸고 미묘하게 다른 입장을 보인다. 또한 『우관초』가 중세에는 규조가九條家 주변 사람들에게만 읽힌 것과는 대조적으로, 『신황정통기』는 성립 후 곧바로 여러 곳에서 필사되어 황통皇統 역사의 표준적 서술로 널리 사람들에게 읽히고 있다. 이러한 점은 『신황정통기』가 후세에 미친 영향을 생각할 때 중요한 의미를 가질지 모른다.

『신황정통기』에서 지카후사는 전통의 황위가 어떻게 전해져 왔는가, 그리고 전해져야 할 것인가를 기록하고 있다. 황위는 부자혈통에 의한 승계를 올바른 이치로 하지만, 실제로는 방계 · 타류에 의한 승계 사례가 적지 않다. 그런 사실을 염두에 두면서도 역시 정통적 계승을 나타내는 기본선을 긋기 위해, 지카후사는 실제의 황위 계승과는 별도로 가상적인 직계 라인을 긋고 방계 계승의 사례를 황위가 방계로 옮겨갔다고 보는 것이 아니라, 일단 정통적 계통을 떠났던 황위가 '올바른 곳으로 돌아간다'는 정리正理의 발현으로서 설명하려고 한다.

정통의 경로는 그 계통에 속하는 대대의 천황이 각각 덕을 드러내고 황위를 자손에게 물려준 것을 통해 발현된다. 어느 계통에 후계자가 끊어져 정통의 흐름이 막히면, 다른 계통으로부터 옹립된 천황에게 정통을 공급하는 새로운 경로가 소급적으로 모색된다. 예를 들면 닌토쿠仁德 천황의 혈통이 부레쓰武烈 천황을 끝으로 끊어지자, 게이타이繼體 천황의 황위 계승을 매개로 닌토쿠의 부친인 오진應神 천황으로부터 그 자식인 하야부사와케隼總別, 나아가 수대를 거쳐 게이타이로 이어지는 경로가 새로 설정되었다. 그 후 모든 천황은 게이타이를 통해 아마테라스 오미카미 이래의 정통으로 이어지게 되었기 때문에, 이 경로야말로 정통을 전하는 것으로 실은 닌토쿠의 혈통은 정통으로부터의 일탈이었으며, 게이타이의 계승으로 이 일탈을 바로잡았다고 인식된다. 또한 그 이치는 보통 사람들의 사려로는 쉽게 알 수 없는 천명天命의 발현이며, 애초의 '아마테라스 오미카미의 본뜻'은 그렇게 발현되었다고 하는 것이다.

그러나 역으로 지카후사가 목도한 현실은 다이카쿠지토大覺寺統가 아니라 북조北朝 지묘인토持明院統가 황위를 차지하고 있는 상황이었다. 그가 말하는 '정리'로부터 어긋나 있다. 지카후사에게 역사는 황위가 거듭 올바른 계통으로 돌아가 정통을 찾아가는 과정인데, 말세에는 신의神意의 직접적 발현에 따른 무위無爲가 아니라 특별히 자각된 인위人爲에 의해 실현되지 않으면 안 되는 것이었다. 그 때문에 북조에 점령된 황위를 정통으로 되돌리기 위해서는 '정리'의 소재가 사람들에게 설파되어야만 했던 것이다.

현세화된 역사

가미들의 시대는 그렇다 치더라도, 말세의 역사에 대해서는 단순히 우발적인 이행도, 사람으로서는 알 수 없는 신의에 의한 것도 아니라 인위의 산물로서 서술된다. 그 때문에 현재의 흐름에 저항해서라도 올바른 이치(正理)를 지켜야 할 책무가 사람들에게 부여되는 것이다.

물론 이러한 관점은 지카후사의 독창이 아니다. 왕권 찬탈簒奪이 없었던 역사에 대한 과신을 경계하고 덕을 쌓아두는 것(積德)의 중요성을 강조하는 하나조노인花園院『계태자서誡太子書』, 그 외『매송론梅松論』등으로 대표되는 이른바 '응보사관應報史觀'도 인위에 의한 역사 변화의 능동성을 인정한 다음 그 전제가 되는 섭리攝理에 대한 인식을 설파한다. 정리는 인위를 매개로 하여 비로소 발현된다고 하는 긴장 관계에 대한 인식은 지카후사의 시대에 정치의 세속화에 대한 전제조건으로서 만들어져갔다. 그것은 예를 들면『우관초』가 역사를 도리道理의 자기발현적인 과정으로 묘사하여, 인간의 영위와 그것을 도리가 작용되는 객체로서 간주하는 인식과의 사이에 미묘한 차이를 만들어내어 중세 후기로부터 근세로 향하는 사람들의 사유를 특징짓게 된다.

『신황정통기』는 성립 직후부터 여러 곳에서 필사되어 유포되었지만, 반드시 지카후사의 의도에 따른 것만은 아니었다. 지카후사가 보여주는 정리 구도는 북조를 정통으로 하는 입장에서도 거의 그대로 이용 가능하다. 지묘인토 측의 입장에서 고다이고後醍醐 천황 자손의 적격성을 부정하고 고겐光嚴 천황을 정통의 군주로 하여, 새롭게 진무神武로부터 고겐에 이르는 정통을 설정하는 것은 아주 간단하다. 방계인가 정통인가의 구별은 후세에 그것을 문제 삼아 그 계통을 거꾸로 뒤집은 형태로 재인식될 수 있기 때문이다.

예를 들면 오즈키 하레토미小槻晴富『속 신황정통기續神皇正統記』는 고다이고 천황이 쫓겨난 후에 인세이院政를 편 고겐인光嚴院을 '치천재홍治天再興의 군주'라고 칭송하고 지묘인토로 황위가 돌아온 것을 정리의 귀결이라고 하여, 그 이하 북조 지묘인토 계열의 역대 천황을 서술하고 있다. 이것은 지카후사의 서술에 대한 안티테제로서가 아니라 오히려 순접順接의 성격을 띠는 속집續集으로 기획된 것이었다. 『신황정통기』의 여러 필사본에도 '제96대 고겐인' 이후를 그에 이어 기록한 것이 많다. 역대 천황의 사적, 계보와 황위계승의 차례를 서술하는 황실에 대한 기록으로서의 『신황정통기』는 지카후사에 의하여 완결된 작품이 아니었다. 그 후의 역사적 전개는 다른 사람들에게 맡겨져 있던 것이다.

참고문헌

永原慶二 編, 『慈円・北畠親房』(日本の名著9), 中公バックス, 1983

河内祥輔, 『中世の天皇観』(日本史リブレット22), 山川出版社, 2003

06 중세에서의 '공공권'

| 히가시지마 마코토東島誠

공공권이란 무엇인가

위르겐 하버마스

'공공권Öffentlichkeit, public sphere'이라는 단어가 20세기 말에 널리 회자된 것은, 1989년의 동구혁명이라는 세계사적 경험을 통해 '근대적 자유' 및 '시민사회'라는 카테고리에 대한 관심이 재차 높아졌기 때문이다. 이 해에 위르겐 하버마스Jurgen Habermas의 1962년 저작 『공공권의 구조변동Strukturwandel der Offentlichkeit』(일본어 역으로는 『公共性の構造転換』, 한국어 역으로는 『공론장의 구조변동』, 나남, 2001)의 영어판이 미국에서 출판되고, 그 다음해 1990년 동구혁명을 염두에 둔 새로운 서문이 덧붙여진 것 등이 이에 대한 논의를 새롭게 달구는 계기가 되었다.

공공권公共圈이란 무엇인가. 단적으로 말하면 고대 그리스의 폴리스와 서구 근대의 시민사회('부르주아 사회')에 발흥했다고 하는 만인에게 열린 언설공간을 말한다. 이 가운데 후자의 형성사를 약술하면, 근대국가가 탄생하면서 거기서부터 시민사회의 영역이 분리되어, 그때까지 공적 영역과 명확히 구분할 수 없었던 사적 영역이 이제는 국가의 개입을 허용하지 않는 사적인 자율권 영역으로 탄생한다. 이리하여 정신적·경제적 자유를 획득한 개인은 처음에는 극장이나 커피하우스 등 문화 시장에 나타나고, 나중에는 신문이나 연설회 등 언설의 시장에 참가함으로써 국가의 '공公'과는 다른 '시민적 공공권'을 만들어 갔으며, 이렇게 축적된 정치적 에너지는 결국 시민혁명을 일으키게 된다. 그렇지만 18세기에 탄생한 시민적 공공권은 국가와 사회가 재유착함에 따라 이미 19세기에는 변질되기 시작한다. 이것이 이른바 '공공권의 구조 변동'을 말하는 것이며, 짧은 기간 빛났던 이 시민적 공공권을 20세기 후반의 시민사회에서 옹호해 가는 일이야말로 하버마스의 이론적 과제였던 것이다.

그런데 이 '공공권' 논의가 '일본 중세사'의 문맥에 도입될 때, 특히 주의하지 않으면 안 되는 것은, 민중운동이 결국 공공권과 같은 열린 영역을 개척할 수 없었다고 하는 부정성에 대해서다. 확실히 윗사람들에 의해 공공성公共性이 독점되어 온 일본의 역사 속에서 상위 계층의 대극에 존재하는 민중세계의 성숙에 대해 예로부터 관심이 집중되었다. 그러나 중세사 연구자가 주목해 온 '소손惣村' 등의 자치조직은 무라우케村請에 의하여 영주로부터 자치를 얻는 한편, 촌민들에게는 영주를 대신하는 새로운 권력기구로서 등장한 것에 지나지 않는다. 무라村의 반토番頭는 가난한 촌민의 연공을 부담해주는 대신 촌민의 토지를 집적하여 지주화하였고, 더욱이 촌민에 대해 과세행위까지 하여 그 세금을 사물화 하기에 이른다. 소손이든 초町든 중세의 자치조직은 상위의 영주 권력에게는 실로 지배의 말단기구로 만들기에 적합한, 이른바 막스 베버가 말하는 권력에 대한 봉사 의무를 지닌 강제 단체에 머물러 있었다. 이러한 민중세계가 기존의 사회를 해체하기는커녕 신분제를 강화하는 시스템으로 작동하여, 개인을 해방시키고 시민혁명을 산출하는 것과 같은 강인한 사회변혁에 대한 지향을 가질 수 없었던 것은 당연한 귀결이었다.

강호의 사상

이러한 경향에 대해, 1990년대에 출발한 중세에서의 공공권 논의는 자치조직을 둘러싼 기존의 논의와 결별하여, 개별적 결사, 혹은 마루야마 마사오丸山眞男가 말하는 결사 형성적인 사회의 가능태를 탐구하는 방향으로 궤도를 수정하지 않을 수 없었다. 고대사 연구에서 이시모다 쇼石母田正의 '교키行基'론을 계승하는 형태로 전개된 '권진勸進'을 둘러싼 논의가 중시한 것은 사회의 인터페이스가 어떻게 다시 조직화되어 가는가였다. 도시의 공공업무를 담당하는 NGO로서 기능한 '권진'의 중세 말기에서의 변질과 그 공동체로부터의 배제 후 미디어 편제에 새로운 변화가 있었는가. '권진'이 창출한 포럼을 '권진'이 폐기된 이후에 재조직화해 간 매개자 역할은 누가 담당하였는가. 그 구조 변동을 풀어헤침으로써 서물書物을 매개로 하는 자발적 결사의 근세적 전개가 설명 가능하게 되었다.

게다가 앞서 언급한 강인한 사회변혁에의 지향을 탐구한다는 관점에서는 사회질서의 전도顚倒 가능성을 내포하고 있었던 세 번의 시기, 즉 남북조시대·센고쿠시대·메이지유신 전후에 공통적으로 부상한 '강호江湖'라는 개념에 초점을 맞추기에 이르렀다. 메이지시대의 '강호'란 자유민권가의 대명사로 불리거나 기존의 공동체를 자유롭게 뛰어넘어 타자와 교통하고 때로는 신념의 대립을 넘어 함께 공동투쟁할 수 있는 언설공간, 즉 '공공권'을 가리키는 것이었다. 이 단어가 최초로 등장한 것은 실은 중세의 남북조시대였고, 기존의 가치관에 매달리는 무라村사회의 사람들로부터는 멸시당했던 신흥도시민에 의한 신분초월적인 집회장을 의미하는 것이었다. 그 시대는 바로 이러한 새로운 문화의 꽃을 피운 시대였다. 이리하여 시대의 변혁기에 거듭 등장하는 '강호'의 사상. 이 개념이 사어死語로 변해 버린 현재, 과연 참된 변혁은 존재할 수 있을 것인가.

참고문헌

花田達朗, 『メディアと公共圏のポリティクス』, 東京大學出版會, 1999

東島誠, 『公共圏の歴史的創造: 江湖の思想』, 東京大學出版會, 2000

07 선禪이 일본에 남긴 것

| 이부키 아쓰시伊吹敦

도겐

선종은 북위北魏시대에 보리달마菩提達磨라는 인도인이 중국에 와서 제자 혜가慧可에게 깨달음을 전한 것에서 시작되었다고 한다. 그러나 달마가 혜가에게 전했다고 하는 『이입사행론二入四行論』은 명백히 남북조시대의 불교 사상을 기초로 한 것으로 인도인인 달마가 설법할 수 있는 것은 아니었다. 혜가는 스스로의 사상을 달마에게 가탁하여 불교로서의 인증을 얻으려고 했던 것이다. 요컨대 인도 전래를 강조하지 않고서는 혜가의 사상은 당시 불교의 상식으로부터 동떨어진 것이었다.

그러면 달마=혜가에서 시작되는 선禪 사상의 핵심은 어디에 있는 것일까. 그것은 한마디로 말하면 불교를 종교로서 재생시키고자 했던 운동이었다고 할 수 있다. 당시는 도시를 중심으로 강단講壇불교가 번창하고 있었다. 그것은 경전의 주석註釋을 통해 부처의 가르침을 이해하려고 하는 입장에 선 것이었다. 그런데 실제로는 그러한 교리학은 현실의 불안 및 고통을 극복하는 데 어떠한 도움도 될 수 없었다. 거기에는 무언가 방법상의 문제가 있는 것 아닌가, 원래 깨달음은 말로 정착시킬 수 있는 것인가. 그러한 근본적인 비판을 통해 그들은 종래의 방법을 역전시켰다. 즉 부처와 똑같이 좌선을 중심으로 하는 수행에 의해 우선 깨달음을 실현하는 것이야말로 무엇보다도 중요하다고 생각했던 것이다.

따라서 당초부터 선 사상에는 수행에 의해 부처와 같이 깨달음에 이를 수 있다거나 혹은 이르지 않고는 안 된다고 하는 신념이 내포되어 있다. 이 사상은 동산법문東山法門 → 북종北宗 → 하택종荷澤宗 → 우두종牛頭宗 → 마조선馬祖禪으로 선종이 발전하는 과정에서 첨예화하여, 드디어 '평상심, 이것이 도(道平常心是道)'라는, 일상생활이 그대로 깨달음이기 때문에 단순히 그것을 철저히 하면 좋다는 사상에까지 이르렀다. 그리고 그 사상을 표현하기 위해 '선어록禪語錄'이라는 새로운 표현 수단을 만들어냈던 것이다.

이러한 경위를 거쳐 성립된 선 사상에는 원래 반체제적 유전자가 심어져 있었다. 그리고 그것이 전면에 모습을 드러내는 한, 일본 사회에는 받아들여질 수 없었을 것이다. 나라시대에 북종이, 헤이안시대에 우두종과 마조선이 전해졌어도 결국 정착할 수 없었던 것은 당연하다. 그런데 그 후 선은 큰 변모를 이루게 되었다. 당말오대唐末五代의 혼란기를 거쳐 송대宋代가 되자, 새롭게 성립된 관료제 국가체제에 순응하고 적극적으로 국가권력에 접근하는 것을 통해 스스로의 권위를 확립해 갔던 것이다. 남송南宋시대에 총림叢林은 더 이상 현세를 등진 세계가 아니라 완전히 현세의 일부로 되어 있었다. 선승들은 삼교일치三教一致 사상에 근거하여 유학을 배우고 시문과 서화라는 사대부의 교양을 쌓는 데 열심이었던 것이다.

사실을 말하자면 가마쿠라시대 이후 많은 일본인이 선에 기대했던 것은 송대의 선이 지닌 이와 같은 측면이었다. 특히 무로마치시대 막부의 요인들은 선승이 가져오는 문물을 사회적 지위의 상징으로 받아들였고 또한 문장에 탁월한 선승을 외교관으로 중용하였다. 한편 다른 선승들도 동료들과 어울려 열심히 시문을 지었으며, 또한 불전佛典과 외전外典 연구에도 진력하였다.

물론 수행을 통해 깨달음의 획득을 목표로 하는 선의 본래 의의를 이해하여 정진을 계속한 선승도 확실히 존재하였다. 그러한 실천을 『정법안장正法眼藏』이라는 걸작에 기록한 도겐道元(1200~1253)이 대표적이다. 『정법안장』에서 송대의 선에 대해 비판하는 것은 그가 선 사상의 본질을 정확히 이해한 증거라고 해도 좋다. 그러나 그의 사상이 반드시 사회에 받아들여진 것은 아니었다. 게다가 교단의 확대를 목표로 하던 그의 제자들은 밀교密敎와 민간신앙의 습합習合을 추진하거나 밀참선密參禪화하는 등 종조宗祖 도겐의 유지遺志를 계승하지는 않았다.

무로마치부터 센고쿠시대에 걸쳐 총림을 풍미한 밀참선에서는 '깨달음'을 열린 형태로 표현하고 있는 선문답의 해석을 비전秘傳으로서 전수하려고 하였다. 거기에는 밀교 및 예도藝道의 영향이 있겠지만, 선 사상의 본질이 얼마나 일본인에게는 이해하기 어려웠던가를 보여주는 예다. 그러나 에도시대가 되면 명대明代 선의 자극을 받아 그 경향을 타파하고 선의 본래의 의의를 회복하려고 하는 움직임이 현재화하여, 조동종曹洞宗에서는 종조 도겐의 가르침으로 되돌아가려고 하는 종문복고宗門復古운동, 임제종臨濟宗에서는 '공안公案'을 활용하여 제자를 깨달음으로 인도하려고 하는 백은선白隱禪이 성립된다. 여기에 이르러 비로소 종교로서의 선의 의의가 널리 이해되기 시작하였던 것이다.

에도시대에 선종의 부흥이 없었다면 근대에서의 선에 대한 관심은 없었을 것이다. 와쓰지 데쓰로和辻哲朗에 의한 도겐 사상에 대한 재평가는 종문복고를, 스즈키 다이세쓰鈴木大拙에 의한 선 사상의 소개나 니시다 기타로西田機多郎의 철학은 백은선을 전제로 하는 것이었기 때문이다.

선 사상은 근대 이후에도 높이 평가되어 새로운 사상을 낳는 원동력이 되기도 하였다. 그러나 다른 한편 전쟁 중에는 전체주의를 그대로 긍정하여 그것을 깨달음의 보편성과 연관시켜 칭송하는 황도선皇道禪 같은 사상도 낳았다. 이러한 사상은 선의 본질과 어떻게 관계되는 것일까. 반체제적 유전자를 가진 선이 왜 그렇게 간단하게 체제에 순응해 버린 것일까. 이러한 문제를 검증하는 일 없이 선의 장래를 말하는 것은 무의미할 것이다.

참고문헌

末木文美士 編·解說, 『禪と思想』(叢書 禪と日本文化 8), ペリカン社, 1997

08 '구보'의 등장과 변전

| 닛타 이치로新田一郎

'구보'의 등장

「우에스기본(上杉本) 낙중낙외도병풍(洛中洛外圖屛風)」의 좌상부에 보이는 '구보 사마[公方樣]'(=무로마치도노[室町殿])라는 표기. 아래 그림은 부분 확대한 것. (16세기 중엽, 가노 에이토쿠[狩野永德] 작)

'구보公方'라는 말은 가마쿠라 중기인 13세기 중반경부터 사료에 보이는데, 그 말뜻은 시기에 따라 다르다. 무로마치시대 이후 무가武家의 수장인 '쇼군將軍' 내지 그에 준하는 인물을 가리켜 '구보'라고 부르는 사례가 증가하여, 근세에 이르면 이 호칭은 오로지 '쇼군'을 지칭하는 말로 쓰이게 된다.

이에 비해, 가마쿠라시대의 사료에 보이는 '구보'는 '공가무가公家武家'라고 호환적으로 사용된 예를 비롯해 장원영주를 가리킨다고 생각되는 용례, 슈고守護나 지토地頭를 가리킨다고 추정되는 용례 등이 있을 정도로 약간 애매하거나 다의적이다. 가마쿠라 후기에 특징적인 것은 토지 매권賣券에 부착된 담보문언擔保文言에 많이 등장한다는 점이고, 거기서의 '구보'는 질서 문란자를 처단하고 각종 문제에 대한 판단 및 결정을 내리는 역할의 담당자로 상정되어, '무언가 있으면 구보에게 소송하여 처리를 바란다'는 것이 예정되어 있었다.

여기서 '구보'에 기대되는 역할은 토지매매라고 하는 당사자 간의 계약적인 관계에 대해 그 외부에서 장래의 일까지 관여하는 것이었다. 이러한 용법은 무로마치시대로 이어졌고, 담보문언의 정형화로 귀결되지만, 그러한 역할을 맡은 구체적인 담당자에 대해서는 명확하지 않은 사례가 결코 적지 않고, 그중에는 '당시의 구보'에 의한 처리가 예정된 경우도 보인다. 즉, 상황에 따라 누군가가 그러한 역할을 담당할 것인지 상정하는 것은 가능했음을 엿볼 수 있지만, 구체적으로 누가 혹은 어떠한 지위에 있는 사람이 그 담당자가 되는지는 제도적으로 고정되어 있지 않았다.

이렇듯 '구보'는 어떤 추상적인 역할 관계의 상징적인 표현으로 등장하였다. 사인私人과 사인 간의 관계가 그 자체로 완결된 것이 아니라, 그 외부에서 간섭하고 규율하는 존재가 있다는 것을 전제로 하여 형성된다고 하는 것이 결코 자명한 것은 아니었다.

율령 프로그램

거슬러 올라가 고대 율령국가는 '왕토왕민王土王民'이라는 말로 상징되는 것처럼 성내城內의 토지 및 인민은 균등하게 왕의 지배에 복속해야 한다는 이념을 내걸었다. 원래 '사私'의 상대어이기도 한 '공公'이라는 말이 일본에서는 종종 '관官'과 호환적으로 사용된 것이 상징하는 것처럼, '관' 조직은 일본에서 '공'을 독점하여 관할지역에 균등하게 그 작용을 미칠 수 있는 존재로서 자기를 표현하고 있다. 이러한 국면에서 사용되는 '구보'의 이념적인 원형이 율령 프로그램에 유래한다고 상정하는 것은 충분히 가능한 것이다.

다른 한편 율령은 관의 작용을 직접적인 파악 대상으로 하고 있어서, 관의 작용과 그 객체로서의 민과의 관계는 그 관심 영역에 속하기는 하지만, 일반적으로 민과 민의 관계에 대한 관심은 희박하다. 이 점은 율령국가의 후계자인 중세의 공가公家정권과 무가정권에서도 기본적으로 일치한다. 실제로 고대부터 중세 전기에 걸쳐 민과 민의 관계에 대한 문제는 종종 '잡무雜務'라고 칭해져 왔고, 관의 관심이 미치지 않는 영역의 문제로 당사자를 포함한 구체적인 사회관계 속에 인식되고 처리되었다.

그렇다고는 해도 민간에는 그러한 관계를 질서지우는 자원에 대한 수요가 존재하였다. 그러한 수요는 부분적으로는 민과 민의 관계를 관의 작용과 대비시킴으로써 관의 명령대상으로 삼거나 부분적으로는 유력자에게 개별적인 비호를 구함으로써 충족되었다고 생각된다.

중세 공가사회에 있어서 가례家禮 관계와 무사사회의 주종 관계, 또한 장원공령莊園公領제에서 '직무'상의 지배권을 둘러싼 관계 등은 그러한 후견後見 - 피후견 관계를 나타내는 다양한 모습으로 기술하는 것이 가능하다. 이러한 여러 관계에서의 규율 혹은 비호庇護는 각각의 후견 - 피후견 관계에 따라 일방적으로 작동하고, 그것을 요구하는 영위가 '소송訴訟'으로서 구성된다. 중세사회에는 그러한 일방적인 작용을 전제로 하여 개별적으로 설정된 관계가 광범위하게 존재했던 것이다.

이러한 구조 안에서 타자와의 분쟁에 대한 해결책을 구하려고 한다면, 자신의 후원자에게 조력을 구하는 한편, 상대방에 대한 규율의 작용을 끌어낼 필요가 있는데, 그러기 위한 회로는 상대방이 속한 후원 관계에 매우 강하게 의존하였던 만큼 누구에게나 당연하게 열려 있는 것은 아니었다. 문맥을 달리하는 당사자 간의 분쟁에 대해 일반적인 해법은 존재하지 않았으며 때로는 정합적으로 풀 수 없는 문제가 발생하기도 한다.

'덕정'의 귀결

이러한 상황에서 '덕정德政'이 중요한 의미를 가지게 된다. 가마쿠라 후기에 공가·무가의 연계에 의해 행해진 '덕정'은 공가·무가·여러 권문權門하에 구성된 질서가 각각 정확히 작동하는 지점을 찾기 위해 여러 문맥의 질서정연한 구획을 꾀하는 시도였다. 그것은 사실로서 존립하고 있었던 각각의 후견 - 피후견의 문맥에 대해 그 외부로부터 존립의 조건을 설정하고 다른 문맥 간의 통약通約 가능성을 담보하려고 하는 시도였다고 해도 좋다.

흥미롭게도 '덕정'의 시그널은 공가·무가의 의도를 넘어 개개의 후견 - 피후견이라는 문맥에 연결되지 않는 광범한 사람들에 의해서도 받아들여지고 이용되기에 이른다. 예를 들면 가마쿠라막부의 '에이닌永仁덕정령'(1297)은 막부의 승인 없이 자신들의 영지 지배권을 이전한 것에 대해 그것을 파기하고 원래의 지배자에게 돌려줄 것을 요구한 것이다. 이는 막부의 통제하에 있어야 할 가신들의 영지 지배권에 대해 한정적으로 규정한 것이지만, 실제로는 그 한정 조건을 무시하여 '매각한 영지를 다시 되돌린다'는 근거로 널리 언급되거나 작동하기에 이르렀다.

막부가 내린 명령이 '덕정'이라 일컬어지고, 그것도 개개의 문맥에 고착됨이 없이 그 외부로부터 공급되는 규율, 이른바 열린 접근회로로 이용되었다. 이 회로를 경유함으로써 타자와의 관계가 올바르게 정립될 것으로 기대되고 있었다. 그러한 기대는 특정 상대만이 아니라 다수의 불특정 관계에서도 성립한다. 사람들이 그렇게 요청하고 있었던 것이다. 그 담당자를 기호화한 표현이 '구보'다. '구보'는 불특정한 사람들에 의해 수신될 수 있는 신호의 발신자로서 인식되고, '구보'를 경유한 신호는 지역적 질서에 대해 올바른 관계 정립의 자원을 공급하기도 하지만, 반대로 교란 요인으로 작용할 가능성도 있다. '공가무가公家武家' 혹은 '구보'에 의한 '덕정'이 개개의 거래 관계에 개입할 가능성이 의식되어, '비록 덕정이 반포되어도 원상복귀를 요구하지 않는다'고 하는 특약문언特約文言이 첨부되기도 하는 것은 그 때문이다. 그러한 일이 지역사회의 질서와 때로는 긴장 관계를 동반하면서 '구보'에 대한 의존적 성격을 반복적으로 강화해가게 되는 것이다.

그것은 '덕정'만의 이야기는 아니다. 예를 들면 중세 후기의 기내畿內의 인접한 영국領國에서 발생하는 촌락 간의 분쟁은 촌락끼리의 연계를 동반한 실력 행사나 근린 유력자에 의한 중개 등 이른바 수평적인 관계에서 처리되는 것이 일상적인 현상이었다. 그러나 여기에 한번 '구보의 법'이 도입되자마자 그것은 상황을 크게 변화시켰다. '구보'로부터 비롯된 신호는 주변 마을들이 태도를 결정하는 데 결정적인 의미를 갖게 되어, '구보'로부터 '죄과罪科'가 인정되면 다른 마을들로부터 협조를 기대할 수 없게 되는 등의 효과를 낳게 된 것이다.

'화폐'로서의 '구보'

그러나 이러한 국면에서도 반드시 '구보'는 스스로 사태에 적극적으로 개입하려고 했던 것은 아니다. '구보'의 역할은 사람들 사이의 사회관계에서 생겨나는 요청에 의해 발현한다. 사람들은 '구보'의 존재를 전제로 하여 '구보'와의 관련을 의식하면서 상호 관계를 구축하게 되었고, 이는 사회적 통념으로 받아들여졌다. 이로써 '구보'의 역할은 '구보'를 둘러싸고 구축되는 사회관계 속에서 부각되어 '실체화'되고, 그에 따라 이제는 사람들 사이에서 상호 관계의 가능성을 일정하게 제약하는 조건으로 작용하게 된다. 이 점은 화폐의 작동 형식과 유사한 측면이다. 굳이 말하자면 '구보'는 상호 관계를 질서지우는 가늠자로서 사회관계의 거래에 이용되는 '화폐'였던 것이다.

복잡한 거래 관계의 그물망 속에서 '화폐'가 적출되는 과정은 결코 우연이 아니다. 원래 후견 - 피후견 관계는 양방향적이지 않고 일정한 방향성을 가지고 형성된다. 지위에 우열의 차이가 있고 기대되는 작용에 이른바 '가격차'가 존재하기 때문에 우위자에 의한 후견이 요청되는 것이다. 그러한 가격차는 세계가 원래 양방향적인 것이 아니라 어느 일정한 방향성을 가지고 구성된다고 하는 세계상의 인식에서 비롯된 것으로서, 그러한 세계상이 사람들 사이에 '화폐'를 유통시키게 하는 '신용'의 자원을 제공한다.

이러한 선입관을 동반하는 조건하에서 '구보'의 등장은 원형으로서의 율령제적인 구조가 형태를 바꾸어 재발견되는 과정으로서 현상한다. 사람들에 의해 발견된 '구보'는 그 광범한 통용성으로 인해 더욱 광범한 사람들에게 이용되고, '구보' 또한 그들을 포섭하여 비대화해간다. 이렇게 형성되는 역할 관계의 평탄하지 않은 배치는 이 세계에 어떤 종류의 권력을 적출하게 한다. 중세 후기의 사료에는 '구보'로 이어지는 '연줄'을 찾기 위해 분주히 뛰어다니는 사람들의 모습이 종종 그려져 있다. 타자와의 관계에 대한 규율의 자원을 구함에 있어서 '구보'에 대한 접근회로가 종종 커다란 가치를 가지기 때문에, '구보'를 중심으로 구성된 계통적 구조의 상층에 위치하는 영주의 역할이 중요한 의미를 띠게 된다. 거기에 촌락에서의 영주의 효용의 일단이 보여진다.

이러한 조건하에서는 '구보'를 기준점으로 하여 측정되는 위치 관계 그 자체가 중요한 사회적 재산인 것이었는데, 이 부분은 의례질서라는 문제 영역과도 관련된다. 누가 중심에서 '구보'의 역할을 담당하고 그 주위에서 사람들 각자는 어떠한 위치를 차지하는지, 또 그러한 위치 관계는 어떻게 표시되는지가 '정치'의 하나의 주제가 되는 셈이다.

중세 후기의 정치사는 '구보'라는 단어에 의해 상징되는 구조가 일본 사회에 침투하여 고착화하는 과정으로서 이해된다. 이 과정에서 '구보'의 구체적인 표현 형식 및 역할 배치를 둘러싼 각종의 투쟁이 전개되고, 그 귀결로서 추상적인 구조와 구체적인 정치 체제가 떼려야 뗄 수 없게 된 근세의 정치질서로 성립하게 된 것이다. '구보'가 오로지 '쇼군'의 칭호로 사용되어 정착하는 것은 구체적인 정치구조가 명백해지는 하나의 표현이라고 말할 수 있을 것이다.

참고문헌
古澤直人,『鎌倉幕府と中世國家』, 校倉書房, 1991
新田一郎,『日本中世の社會と法』, 東京大學出版會, 1995

중세의 예능 | 요시무라 히토시吉村均

역사적, 실증적 연구가 있기는 하지만, 유교·국학·불교 등과 비교해 사상사적 관점에서 예능에 대한 연구는 왕성하다고 하기 어렵다. 여기서는 예능에 대한 연구의 방향성과 가능성에 대해 소개하고자 한다.

우선은 신불습합에 대해 차별의 관점에서 살펴보자. 예능사 연구의 선구자이기도 한 민속학자 오리구치 시노부(折口信夫)는 예능의 본질을 '모도키'=금래의 가미(神)에 대한 정령(精靈)의 저항 및 복종으로 파악하고 있다(『古代研究』 외). 중세에 예능(현재보다 더 넓은 의미로 사용되어 전문적인 기예 전반을 가리킨다)이 대사찰 및 신사에 속하는 좌(座)에 의해 담당되고 있었던 것처럼, 예능은 지방적인 가미(불교에서 말하는 실신[實神])과 그에 결합되는 사람들을 영주이기도 한 대사찰 및 신사(부처와 불보살의 화신으로 간주되는 '묘진[明神]', '곤겐[權現]' 등으로 불리는 가미=권신[權神]을 제사지낸다)가 지배·통제하는 일과 밀접하게 관련되어 있다. 이 문제에 관한 연구는 많다. 그러나 오리구치가 자신의 '모도키'라는 개념에 저항과 지배의 다의적인 의미를 부여한 것처럼, 일방적으로 상층이 하층을 억압한다는 것과 같은 단순한 것이 아니다. 문화인류학에서는 국가와 의례의 관계에 대한 연구가 왕성한데, 그 성과를 도입한 중세예능에 대한 연구가 기대된다. 그것은 근세의 일본 유교가 중국 유교가 본래 가지고 있던 예(禮)를 결락시킨 문제를 역으로 조명하는 작업도 될 것이다.

사상가를 중심으로 한 종래의 일본사상사 연구에서는 가마쿠라시대 및 에도시대와 같은 '큰 인물'이 없는 무로마치시대에 대해서는 아무래도 주목을 덜 하게 되지만, 근년에 마쓰오카 신페이(松岡心平)가 송나라 선승이 일본의 사찰을 방문해서는 중국어로 대화하고 있었다는 점을 지적하면서, 그러한 교류와의 관련에서 관계성의 문예라고 할 수 있는 렌가(連歌)나 관객과의 관계 속에서 예(藝)가 성립하는 것으로 보는 제아미(世阿彌)의 예능론을 파악한 것은 흥미롭다(『日本の中世7 中世文化の美と力』, 中央公論新社). 한국·티베트 등 아시아의 예능에 크나큰 영향을 준 중국의 난희(儺戲, 마귀를 쫓아내는 난[儺]으로부터 산출된 예능. 추난[追儺]이 일본에도 도입돼 민간의 연중행사가 된 것이 세쓰분[節分]의 마메마키=콩 뿌리기)와의 구체적인 영향 관계에 대해서도 연구가 진행되고 있다.

지역의 가미들과의 관련, 중국과의 교류라고 하는 이 두 가지는 중세에서 '일본국(日本國)' 의식의 형성과 밀접하게 관련된다. 예능은 '노리토(祝言)', 즉 나라의 안태(安泰)에 대한 찬미를 큰 임무로 삼지만, 근년에 진행되고 있는 '일본국' 의식을 둘러싼 연구(山本ひろ子, 『中世神話』, 岩波新書; 黑田日出男, 『龍が棲む日本』, 岩波新書 등)의 성과를 반영하거나 혹은 그 문제와의 관련 속에서 예능을 생각해 가는 것이 중요하다고 생각된다. 아베 야스로(阿部泰郎)의 『욕탕의 황후(湯屋の皇后)』(名古屋大學出版會) 등 문예 연구라는 시각에서의 사상 및 예능에 대한 논술·언급도 시사하는 바가 크다. 예능 연구에 대한 진전은 중세 사상 전체의 재인식과도 관련된다.

3장

센고쿠에서 '태평' 세상으로

01 센고쿠 다이묘와 센고쿠 무사의 사상

요시하라 유이치吉原裕一

센고쿠 다이묘의 '기량'

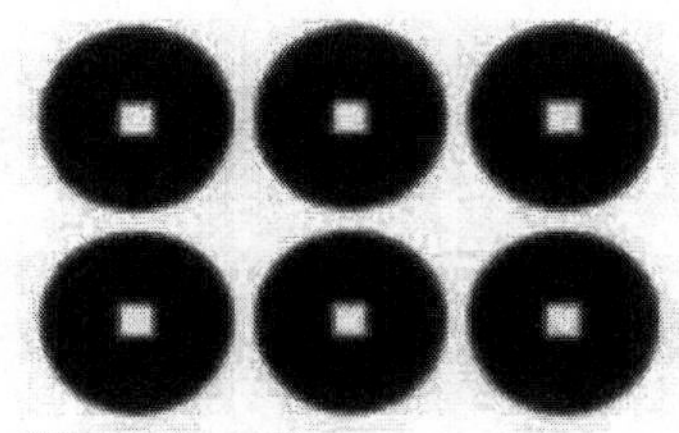

사나다가(眞田家)의 가문(家紋) '육문전(六文錢)'

센고쿠戰國 다이묘大名로서 가이甲斐·시나노信濃·스루가駿河를 지배했던 다케다 신겐武田信玄(1521~1573)의 효명驍名(뛰어난 무인)의 명성은 현대에 사는 우리들에게도 잘 알려져 있다. 그렇지만 그가 거주하던 고후甲府 쓰쓰지가사키躑躅ヶ崎의 사적을 둘러본 사람이라면 예상외로 간소한 주거시설에 놀란다. 천수각天守閣은커녕 해자를 하나만 둔 집터에 지나지 않기 때문이다. 그런데 그 이유는 '사람은 성城, 사람은 돌담, 사람은 해자. 인정은 우리 편이요, 원수는 적이다'라는 신겐이 읊은 유명한 노래에서 짐작할 수가 있다. 또한 이 노래만큼 센고쿠 다이묘의 특징을 잘 나타낸 말도 없다고 할 수 있다.

사회사의 관점에서 보면 센고쿠 다이묘란 영국領國 전체에 대한 일원적 지배를 달성한 독립 세력이다. 센고쿠 다이묘는 중세 이래 어느 한 곳의 토지를 둘러싸고 여러 세력이 뒤엉켜 있던 상태를 불식시켰다. 그들은 조정朝廷 및 막부로부터 임명을 받아서가 아니라 자신의 '기량器量' 이른바 실력만으로 지배를 실현한 것이었다. 이렇게 철저한 통치 형태는 물론 획기적인 것이었다. 종래의 권위나 질서에 구애받지 않고 그것을 부분적으로 혹은 크게 뛰어넘은 그들의 존재 양상이 '하극상下剋上'으로 불린 것은 잘 알려진 사실이다.

그런데 '하극상'이 문자 그대로의 뜻이라면 이것을 달성한 센고쿠 다이묘 자신도 또한 동일한 논리로 부하에 의해 타도될 가능성이 있다. 그러나 결론적으로 말하면 그들의 '하극상'이라는 것은 질서 그 자체를 부정하는 것이 아니라 종래의 그것을 대신할 새로운 질서를 구축하는 것이었다. 즉 안으로는 자신의 부하, 밖으로는 다른 세력으로부터의 공격을 잘 막아낸 사람만이 센고쿠 다이묘로 세상에 나설 수 있었던 것이다. 성패는 단지 당사자의 '기량' 하나에 달려 있었다. 그렇다면 센고쿠 다이묘로서의 '기량'이라는 것은 무엇을 말하는가. 그 점에 대해 사상사의 입장에서 검토해 보고자 한다.

센고쿠 다이묘로 살아남기 위해 불가결한 요건은 우선 타자를 이기는(지지 않는) 것이다. 그러려면 그에 상응한 실력이 없어서는 안 된다. 실력은 발휘되어야만 의미가 있다. 그러나 실제로 발동하기 전에 타자에 대한 억지력으로 작용하는 경우도 있는데, 그 또한 실력이라 할 수 있다. 아직 발동하지 않은 것도 포함해서 그가 지닌 힘이 발동되면 어느 정도가 될 것이라고 타자에게 인식되고 있으면, 그것이 그의 실력인 것이다. 따라서 실력이란 본질적으로 타자에 대한 표현이고, 그러한 실력과 불가분인 그의 존재 자체가 표현된 것이야말로 그의 '기량'인 것이다.

'주군'다운 조건

센고쿠 다이묘가 가진 '기량'의 이상형 중 하나는 '예상을 뛰어넘는 대장大將'(『甲陽軍鑑』)이다. 사가佐賀번의 시조인 나베시마 나오시게鍋島直茂(1538~1618)는 전투에서 집안 전체가 상하를 가리지 않고 일치단결하여 적진을 무너뜨리는 것이야말로 중요하다고 역설한다(『葉隠』). 대장의 명령 아래 전군이 한 몸이 되어 적진으로 나아갈 때 그 힘은 최대한으로 발휘된다. 시마즈島津 가문 중흥의 명군인 시마즈 다다나가島津忠良(호는 일신재[日新齋], 1492~1568)도, "마음이야말로 전투하는 몸의 생명이다. 뭉치면 살고 흩어지면 죽는다"는 취지의 노래를 가훈으로 남긴 점은 매우 흥미롭다. 비록 이치에 맞는 진언進言이라고 하더라도 전투의 장에서 대장의 명령에 반하는 주장을 하는 부하가 나오게 되면 내부는 분열에 가까운 상태에 빠지기 쉽다. 적을 앞에 두고서 분열하게 되면 그것으로서 이미 패배는 예정된 것이다. 그 때문에 나베시마가의 전법은 일자상전一子相傳(한 사람에게만 전수함)의 비밀로 간주되었다. 적에게 내부를 간파당하지 않도록 하는 것은 상식이었는데, 훌륭한 대장은 그 전에 자기 부하의 '예상을 뛰어넘어야' 했다.

똑같은 문제를 이번에는 부하인 센고쿠 무사의 측면에서 조명해보자. 무사에게 가장 중요한 것은 적에게도 자기편에게도 자기가 '뒤처지지 않는' 모습이다. 전투에서는 자신의 무용武勇이 모든 것을 말한다. '뒤처지지 않는' 모습을 실현하는 것은 자신의 무용을 유감없이 표현하는 것과 다르지 않다. 그런 의미에서 무사는 근본적으로 타자와 대치하는 모습으로서만 서로의 존재를 이해하게 되는 것이다. 대장이든 부하든 간에 이러한 무사라는 점이 전제되지만, 그러나 부하가 대장의 명령에 따르는 이유는 개인적인 무용의 우열을 비교한 결과에 따른 것은 아니다.

부하는 대장과 대치하여 그의 '기량'을 끊임없이 확인하려고 한다. 그때 대장이 부하가 예상하는 범위 내의 행동밖에 취하지 못한다면 그 대장은 부하의 '수중'으로 떨어지게 된다. 즉, 행동의 내용이 좋고 싫음을 떠나서 그저 다음에 어떤 행동을 취할까가 예측 가능한, 부하의 입장에서 책략을 꾸미는 것이 가능한 대장이라면 당연히 '하극상'의 대상이 될 수 있다.

훌륭한 대장은 항상 남의 의표를 찌른다. 타자와 대치해 승부를 가릴 때, '뒤처지지 않는다'는 것은 그 점을 의미한다. 부하의 입장에서 항상 자기의 생각을 뛰어넘는 지점에 대장이 존재한다는 것을 인정할 때 그들은 대장에게 경외와 공포를 느끼게 될 것이다. 그것은 그들이 대장을 자신의 '주군主君'이라고 자각하게 된 것을 의미한다. 그 '기량'을 부하가 파악하는 것은 불가능하고 따라서 그는 '주군'을 '불가사의'(『葉隱』)한 도리를 체현하는 존재로 느끼고 받아들이게 된다. 자기를 거의 모든 면에서 뛰어넘는 존재인 '주군'에 대해 당연히 부하는 똑같은 장에서 승부를 꿈꾸지 않는다.

단적으로 말하면 주종 관계가 성립하기 위해 필요한 조건은 이상과 같은 '주군'이라는 사상이 어떤 대장과 어떤 부하 간에 공유되는 것이다. 그렇지만 주종 관계의 본질은 '하극상'을 막기 위한 단순한 신분적 질서에 머무르는 것은 아니다. 그러한 일상성을 넘어 주군과 부하가 상호 간에 맺는 심정 윤리라고도 할 수 있다.

혈연 공동체로부터 지연 공동체로

『헤이케 모노가타리平家物語』의 종반에서 단노우라壇ノ浦전투가 개시될 즈음 다이라노 도모모리平知盛는 "비할 데 없는 명장, 용사라고 해도 운이 따르지 않으면 이길 수 없다. 그렇다고 하더라도 명예야말로 아깝게 여겨야 한다"고 자기편의 분투를 촉구하고 있다. 이렇게 중세의 무사는 자신의 '이름'을 중히 여겼는데, 그것은 이 시대의 전투가 '이름' 있는 기마騎馬무사에 의한 개인적 활약을 중심으로 하고 있었던 데에도 그 이유가 있다. 중세의 무사는 우선 일족一族을 중심으로 하여 그에 따르는 무리들을 합친 전투 집단을 형성하고 있었다. 주요한 무력은 기마무사의 기동력과 활에 의한 강한 파괴력에 기반해 있었고, 일반 병사는 전력으로서는 그다지 대단한 존재가 아니었다.

그러나 시대가 변해감에 따라 전투의 형태가 개인전에서 집단전으로 바뀌어 일반 병사인 아시가루足輕 등의 중요성이 증대되었다. 센고쿠시대에 무력의 중심으로서 편성된 것은 지방 무사 및 농민으로 이루어진 아시가루

집단이다. 그들은 토착민이었던 만큼 한층 더 지역의 안정과 경제적 향상을 바라고 있었다. 따라서 원래 타산적으로 움직이는 존재였고 기회주의 및 배신 행위가 횡행했던 것은 어찌 보면 자연스런 모습이었다.

전투 집단을 형성하는 원리가 '혈연 공동체'에서 '지연 공동체'로 변질하는 가운데 무사층 그 자체의 도의적 퇴폐가 심해진 것은 사실이다. 주종 관계에 있어서 포상을 노려 봉공奉公하는 경제적 계기가 상당히 포함되어 있었던 현실을 인정하지 않을 수 없을 것이다. 그렇지만 그러한 센고쿠시대의 풍조 속에서도 존경을 받고 있었던 무사는 소수이기는 하지만 확실히 존재했다. 그들은 자신의 삶의 규범적인 모습을 자각한 무사였고 그 삶의 모습은 후의 무사에게도 규범이 되었다. 우리가 무사의 사상을 생각할 때 토대로 삼아야 하는 것은 그들의 훌륭한 모습이 그렇지 않은 많은 무사들에게 있어서도 본래의 규범적인 이상으로 받아들여졌다고 하는 사실이다. 그 동일한 토대를 공유함으로써만이 현대의 우리에게 명확히 이질적 윤리인 무사의 사상을 이해할 길이 열린다고 생각한다.

'주종의 약속'이라는 사상

마지막으로 센고쿠시대의 일화를 전하는 『상산기담常山紀談』 속의 주종 관계의 한 사례를 들어 고찰해보자.

아라키 아키노카미荒木安藝守는 관령管領인 호소카와 다카쿠니細川高國(1484~1531) 아래에서 100명 정도의 병사가 소속된 부대의 대장이었는데, 언제나 병사를 극진히 아꼈다. 어느 날 아라키의 친척과 그의 휘하에 있는 일반 병사가 같이 급성장염에 걸렸는데, 아라키는 휘하 부하들의 요양을 우선하였다. 원망하는 친척에게 아라키는, 하위 신분자는 사람들로부터 도움받기 어렵다는 대답과 함께 다음과 같은 말을 덧붙였다. 보통 때는 친하게 지내지만, 전투가 벌어지면 일족이라고 해도 진영이 다르기 때문에 서로의 생사도 알 길이 없다. 그 대신 휘하의 병사는 자기 자신과 "전장에서 생사를 같이 하는 존재이기 때문에" 병사 쪽이 더 중요하다. 단 한 사람이라도 무사하지 않으면 걱정이 되어 안절부절못한다고 했다. 이 말을 들은 병사들은 "은혜가 골수에 사무친다"고 했다고 한다.

후에 자기편이 패전과 함께 무너져 갈 때 아라키는 다카쿠니를 도망치게 하기 위해 혼자 전장에 남을 각오를 한다. 너희들은 어떻게 할 것인가, 무리하게 남으라고 하지 않겠다고 말하는 아라키에 대해, 휘하의 병사들은 그럴 수 없다, 평소 우리의 마음을 모르고 있었던 것처럼 보인다고 대답하면서 전혀 도망치는 모습을 보이지 않았다. 아라키는 "또 없겠느냐, 진실로 주종의 약속(契)은 이 세상의 일만은 아닐 것이다"라고 웃으면서 그 부하들과 함께 분전 끝에 한 사람도 남지 않고 전사했다.

무사가 무사로서 존재하는 것은 우선 이 세상에서 일족과 처자를 먹여 살리기 위해서다. 그 때문에 주종 관계도 역시 그러한 경제활동을 보호해주는 믿음직한 주군에 대한 기대로 맺어지는 측면이 확실히 존재한다. 그런 의미에서 일정한 봉공에 대해 주군이 일정한 은상恩賞을 제공하는 것은 부하에게 예상되는 당연한 것에 지나지 않는다.

그러나 아라키는 자기들이 주종 관계를 맺는 원리를 생사를 같이 하는 '운명공동체'라고 자각하고 있다. 이것은 일체성에 있어서 혈연조차 뛰어넘는 의리義理인 것이다. 이 자각에 의거해 아라키는 부하에게 '정情'을 베푼다. 부하에게 있어서 주군의 '정'은 통상의 봉공에 대한 보답으로서는 기대할 수 없는 것이다. 예상의 범위를 넘는 '정'이 베풀어지고 게다가 부하는 그것을 '은혜'라고 자각할 때 일상성을 넘는 유일무이한 '주군'이 된다. 부하가 '주군'의 '정'에 응답하기 위해서는 타산적인 일상의 봉공이 아니라 어디까지나 '주군'과 일체라고 여기는 심정을 가질 수밖에 없다. 주군과 부하의 일체성에 있어서 현세의 모든 가치는 물론, 생사조차도 뛰어넘는 '주종의 약속'이라는 것은 센고쿠 무사가 도달할 수 있었던 지고의 사상적 자각이라고 할 수 있을 것이다.

참고문헌
相良亨,『武士道』(相良亨著作集3), ぺりかん社, 1993
菅野覺明,『武士道の逆襲』, 講談社現代新書, 2004

02 '천도'에서 도쿠가와 권력의 장엄장치로

| 소네하라 사토시曽根原理

천도 사상과 인격신

닛코 도쇼궁 요메이문(陽明門) 바로 위에는 왕자의 별인 북극성의 주위를 뭇별(衆星)이 돈다.

오닌應仁의 난(1467~1477)을 계기로 일본에서는 낡은 질서가 붕괴되고 새로운 질서가 모색되었다. '하극상'이라고 불리는 풍조에 의해 사회적인 기반을 잃은 상층 계급 사람들에게 그것은 고대 중국의 '전국시대'의 재출현으로 인식되었다. 하지만 민중의 입장에서 보면 중세 사회의 각종 제약으로부터 자립이 가능해진 시대라고 파악할 수도 있을 것이다. 어쨌든 사회적 혼란 속에서 안정된 인간관계가 위협 당하게 되었다는 점은 부정할 수 없다.

센고쿠시대의 주역이 된 무사 및 잇키一揆 세력의 사람들에게 불안정한 사회는 계급 향상의 절호의 기회인 반면, 몰락의 위기도 동반하고 있었다. 그러한 상황 속에서 사람들은 이전보다 한층 더 초월적인 힘을 구하였다. 신불神佛 및 주술의 힘(呪力), 그리고 특히 이 시대에 특징적인 신앙 대상은 '천天' 및 '천도天道'였다.

고대 중국 이래의 전통적인 개념인 천天은 인격을 갖고서 인간의 운명을 결정하는 주재자다. 센고쿠시대의 무장들은 "천天이 부여하는 것을 잡지 못하면 벌을 받는다. …… 운運은 천도의 뜻에 좌우된다"(「大內義隆記」), "비록 기도하지 않는다 하더라도 정직 등의 덕을 마음에 갖추고 있으면 가미神가 지켜준다. 기도했다고 해도 마음이 비뚤어져 있으면 천도로부터 버림받는다"(「早雲寺殿二十一箇條」)는 등 자신의 운명을 좌우하는 존재로서 천(천도)을 생각하고 있었다. 이것을 '천도天道 사상'이라고 한다.

천도 사상은 크게 두 가지 유형이 있다. 하나는 사람 행위의 선악에 따라 운명이 좌우된다는 입장이다. 또 하나는 천도는 사람의 선악에 관계없이 우연적으로 행과 불행을 초래한다는 입장이다. 사람들은 초기에 후자의 신비적 측면을 의식하여 좋은 결과에 대해서는 천의 도움이라고 감사하고 나쁜 결과에 대해서도 운명으로 받아들였다. 점점 시간이 흐름에 따라 그러한 측면이 남기는 하지만 천도를 더 윤리적인 것으로 생각하고 도덕적 행위에 의해 원하는 결과를 얻으려는 경향('선인선과[善因善果]')이 강해져 갔다.

천도 사상의 원형은 공가公家정권의 '왕토왕민王土王民' 사상(일본 전체가 천황이 지배하는 땅)에 대항하여 조큐承久의 난(1221) 이후 무가정권 속에서 배양된 천天의 사상(인정을 베푸는 자에 대해 천명이 내려 정당한 지배가 허용된다)에 있다고 말해진다. 또한 동시대적 특징으로서 중국의 『선서善書』(명대에서 청대에 걸쳐 작성된 민간의 도덕서)의 영향을 지적하고 있다. 『태상감응편太上感應篇』 및 『명심보감明心寶鑑』 등이 동아시아 세계에서 유행한 제교일치설諸敎一致說(유교·불교·도교 등의 가르침은 일치한다고 말하는 사조)의 영향하에서 작성되어 인간의 선악행위에는 반드시 천(혹은 가미)이 화禍나 복福으로 응답한다고 주장하고 있었다. 이 인격신의 개념은 천도 사상과 공통되지만 송대 이후의 중국에서 형성된 비인격적인 천(주자학 등)과는 명확히 다르다.

사람에게 응보應報하는 인격신이라는 점에서는 센고쿠시대부터 근세 초기에 걸쳐 유행한 기독교도 친화성을 갖는다. 실제 초기의 전파에서는 기독교의 신을 설명하는 데에 '천天' 혹은 '천도天道'란 단어가 사용되었다(오해를 피하기 위해 후에는 원어인 '제우스'의 사용이 정착된다). 그로 인해 근세 초기에 천도 사상을 포함한 제 사상의 이데올로기 연합을 상정하는 설도 제출되고 있다.

정치권력자의 신격화로

오다 노부나가織田信長 및 도요토미 히데요시豊臣秀吉 등 천하를 쥔 사람들은 전통적인 권위를 극복하기 위해 천도 사상을 적극적으로 활용하였다. 아시카가足利 쇼군 및 사원·신사의 세력 등의 저항에 대해 스스로의 행위가 천도에 따른 도덕적인 것이라는 주장으로 대항한 것이다. 그렇게 천도 사상은 천하의 패권자들에게 지배의 정통성을 제공하는 역할을 하였는데, 그 자체로 특정 정권의 영속과 세습을 보증하는 것은 아니었다. 노부나가가 부하의 반란으로 목숨을 잃었을 때에는 곧바로 천도에 따르지 않았기 때문에 멸망했다는 이야기가 유포되었다.

천도는 최후까지 신비한 측면을 남기고 있어 새로운 질서를 수립하는데 유효성을 가지지만 그것을 고정화하는 데는 어울리지 않았다. 그 때문에 천도를 대신할 새로운 인격신이 요구되었다. 정치권력자의 신격화가 시작된 필연성은 바로 거기에 있었다. 히데요시는 사후 '호코쿠 다이묘진豊國大明神'으로 받들어져 일본 각지에서 모시도록 하였는데, 그를 제사지내는 신사(豊國社)는 도요토미가의 멸망과 함께 대부분이 파괴되었다. 도쿠가와 이에야스의 화신인 '도쇼 다이곤겐東照大權現'이 그러한 사태를 피할 수 있었던 것은 단순히 도쿠가와 이에야스의 자손이 일본을 계속 지배할 수 있었기 때문임에 지나지 않을지 모른다. 그러나 시조의 신격화를 달성함에 따라 도쿠가와 정권은 종교성을 획득하였다. 사원 세력의 전매특허였던 중생 구제를 권력이 담당한다고 선언함으로써 더욱 교묘하고 치밀하게 지배했다는 관점도 무시할 수 없다.

도쿠가와 쇼군의 지배하에 형성된 근세 사회는 신분과 격식에 의해 질서

지워지고 있었다. 새로운 질서의 기준을 정하기 위해서는 성스러운 존재(그리고 차별되는 존재)가 필요하다. 그렇게 생각한다면 도쇼궁東照宮은 도쿠가와 정권 그 자체의 권위에 의해 민중지배를 달성하기 위해서 없어서는 안 될 위치를 점하고 있었다고 할 수 있다.

참고문헌

石毛忠, 「戰國・安土桃山時代の思想」, 石田一良 編, 『思想史 II』(體系日本史叢書 23), 山川出版社, 1976

曾根原理, 『神君家康の誕生: 東照宮と權現樣』, 吉川弘文館, 2008

03 도쿠가와시대의 '긴리'와 '구보'

| 소네하라 사토시曾根原理

'천황과 쇼군', '긴리와 구보'

『일본』의 '황제' 그림
(시볼트[Siebold] 작)

일본사 교과서의 근세(또는 에도시대)가 기록된 부분을 펼쳐보자. 아마도 "1603년에 도쿠가와 이에야스德川家康가 쇼군將軍이 되어 에도막부를 설치해 일본 내 무사들을 지배했다", "막부는 천황 및 조정, 사원 및 신사의 종교 세력에 대해, 각각 법령(法度)을 내어 지배하였다"라는 기술이 보일 것이다. 도쿠가와 일족이 쇼군이 되어 일본을 지배하였다는 부분까지는 좋다고 하더라도 실은 '막부' 및 '천황·조정'이라는 표현에 대해서는 주의해야 한다.

무사의 정부를 '막부幕府'라고 하는 것은 전혀 근거 없는 말은 아니지만 약간 특수한 맥락을 알아야 하는 개념이다. 근세의 사람들이 막부라고 부를 때는 '천황에게 인정받았다'는 의미가 강조되었다. 마찬가지로 일본을 대표하는 정부를 의미하는 '조정'도 근세에는 주로 무사의 정부를 가리켜 사용되었다. 그런데 근세 후기에 존왕양이尊王攘夷운동의 중심이 된 사람들이 특정한 의도를 가지고 교토의 '조정'과 에도의 '막부'라는 호칭을 빈번히 사용함으로써 메이지 이후에 그 호칭이 정착한 것이다. 그러나 주권재민主權在民의 이념 아래 전전의 '천황 중심의 나라'를 부정한 현대 일본에서 '막부'나 '조정'이라고 표기할 필요성이 있는가라는 의문이 제기되고 있다.

근세의 사람들은 일반적으로 에도 정부를 '공의公儀', 장군을 '구보公方', '구보사마'라고 불렀다. 한편 교토의 공가公家집단은 '긴리禁裡', '긴추禁中'다. '천황'이라는 표현도 덴포天保 12년(1481) 이후의 복고적 표현에 지나지 않으며, 생전에는 '긴리 사마', '덴시天子 사마', 사후는 '○○인(院)'이 중세 이후의 천황에 대한 일반적인 호칭이었다.

'천황과 쇼군'이 아니라 '긴리와 구보'로 호칭을 바꿈으로써 근대 이후의 틀에서 해방되어 새로이 발견되는 것은 없을까. 실제로 1980년대 이후 세속적 관계만이 아니라 사상적·문화적 상황도 포함하여 근세 사회를 파악하려는 연구가 진행되는 가운데 긴리와 구보의 관계를 재조명하려는 시도가 이루어지고 있다.

'막부'의 종교적 권위는 강했다

에도시대에 일본에 온 캠펠, 시볼트, 페리 등의 구미인들은 근세 일본에는 종교적 황제(긴리)와 세속적 황제(쇼군)이라는 두 사람의 황제가 있다고 여겼다. 실제는 근세 일본에서 왕(국왕)이라고 하면 긴리를 가리키고 있었던 듯하다. 그러나 긴리=권위(종교적), 구보=권력(세속적)이라는 도식 자체는 여전히 영향력을 갖고 있다. '막부 권력은 세속적으로는 강대했지만 종교적 권위라는 점에서 천황을 넘을 수 없었고 결국 근세 후기에 막부의 권력이 쇠퇴하게 되자 천황의 권위가 부상해갔다'라는 유형의 기술이 종종 눈에 띨 정도다.

이에 대해 근년의 연구는 이 도식에 의문을 제기하고 있다. 양자의 상하관계와 관련하여 예를 들면 관위 수여 및 원호(年號) 제정에 이르기까지 주도권은 공의公儀에 있었다는 점이 명확해지고 있다. 또한 유홍금지(권력자의 사거[死去]에 따라 가무음곡 등을 금지하여 근신을 강제했다)의 일수가 구보·오고쇼大御所(쇼군의 부인)의 경우 대개 50일 정도로, 3일에서 1주일 정도인 긴리의 몇 배나 되었다. 쇼군을 임명하는 의례조차 긴리가 구보에게 칭호를 헌정하는 것이 실태에 가깝다고 말해진다. 그렇게 각종 국가의례 등에서 구보는 긴리와 동등 이상의 대우를 받았다는 것이다.

도쿠가와 공의는 세속적 존재였다고 규정하는 것에 대해서도, 예를 들면 천재지변에 대한 대응이라는 측면에서 이론異論을 제시하고 있다. 인세이기 이후 일식·월식일 때는 긴리의 거처(御所)를 짚으로 싸는 일이 행해지고 있었다. 섭관攝關 및 상황에게조차 그런 사례가 보이지 않는다는 점에서 '왕'의 표식으로서 중시되는 이러한 행위가 실은 중세의 쇼군 거처(御所)에서도 행해졌다는 바가 지적되고 있다. 거기서 중세의 일본에는 (적어도) 두 사람의 왕이 있었다고도 논해진다. 그런데 근세에도 긴리의 거처는 싸여 있었지만 구보에 관해서도 5대 쇼군 쓰나요시綱吉 때에는 일식을 피한 예가 확인 가능하다. 쓰나요시는 개력改曆의 단행 및 천문天文에 대한 강한 관심 등 세속세계에 그치지 않는 의식이 존재했음이 지적되고 있다(단 그것이 도쿠가와 쇼군 전체로 일반화할 수 있는가 없는가에 대해서는 여전히 검토가 필요하다).

원래 근세국가는 신앙심을 통해 주체성을 확립한 민중(잇키[一揆] 세력)과 대항하는 가운데 형성되었다고 생각되고 있고 지배 체제를 구축하기 위해서는 종교적인 요소를 빼놓을 수 없었다. 사람들의 현세 이익 및 사후의 평안 등과 같은 종교적 바람을 채우기 위해서는 사원 세력을 지배하는 것만으로는 충분하지 않다. 더욱 강력한 지배를 위해서는 한발 더 나아가 권력자 자체가 종교적 구제의 주체가 되는 것이 요구된다. 도쿠가와 공의는 쇼군가의 시조인 이에야스家康를 신격화하여 그 신성함을 장엄하게 하는 시설(도쇼궁)을 창립하였다. 더욱이 쓰나요시시대에 걸쳐 공의의 주변에서 이에야스에 관한 신화가 창작되었다는 것도 확인된다.

'천황'에 의해 쇼군에 임명되지 않았다고 하더라도 도쿠가와씨는 자립적인 권위를 갖고 있었다는 논의가 진행되는 가운데 종래의 '조막朝幕'(조정과 막부) 관계론에 대해서는 재검토가 요구된다.

참고문헌

渡辺浩,『東アジアの王權と思想』, 東京大學出版會, 1997

大津透 編,『王權を考える』, 山川出版社, 2006

04 근세 무사의 사상

| 요시하라 유이치吉原裕一

도道의 자각에 의거한 '사도士道'

나베시마가(鍋島家)의 가문(家紋), '요쓰메유이(四ツ目結)'

원래 무사에게 싸움은 제일의 임무다. 중세 이래 무사들은 싸움이 끊이지 않는 일상 속에서 이기는 것만을 추구해 왔고 그 결과 무사란 이러해야 한다는 독특한 사상을 배출하였다.

그런데 겐나元和 언무偃武라는 말이 상징하는 것처럼 근세는 전투가 모습을 감춘 시대다. 그것은 무사의 내면에 커다란 영향을 미치지 않을 수 없었다. 전투로 살아가기 위한 사상과 태평스런 일상과의 괴리에 직면한 무사들 중에서 어떤 사람은 새로운 일상에 순응해야만 할 사상을 발견하였고 또한 어떤 사람은 종래의 사상을 더욱 심화시키는 길을 선택했다. 이 두 가지 방향을 사상적으로 첨예화한 것으로, 전자가 『야마가 어류山鹿語類』, 『무도초심집武道初心集』으로 대표되는 유교적인 '사도士道'를 낳았고, 후자가 『하가쿠레葉隱』로 대표되는 근세 '무사도' 사상을 형성하였다고 한다.

우선 대체적으로 정리하면 '사도'란 무사가 배양해 온 전통적인 관습을 유교 특히 주자학의 논리로 새롭게 설명하려 한 시도였다. 센고쿠시대에 무사는 싸워 이기는 것으로 자신이 지배하는 영지를 확대해 왔지만 더 이상 싸움이 없는 이상 지금의 상태를 보전하는 것을 지향할 수밖에 없다. '사도'는 무사의 위정자다운 면을 중심에 두고 농공상農工商 삼민三民을 이끌어 올바른 인륜의 길의 실현을 자신의 직분으로서 자각할 것을 역설하였다(『山鹿語類』). 또한 전투자로서의 면은 『무도초심집武道初心集』의 유명한 머리말, "무사이고자 하는 자는 정월 초하루 아침에 떡국의 떡을 반가워하는 마음으로 젓가락을 집는 것보다 그해 마지막 날 저녁에 이르기까지 매일 밤낮으로 죽음을 항상 마음속에 담아두는 것을 본뜻의 제일 중요한 부분으로 삼는다"는 말에 잘 드러나 있다. 언제 다가올지 모르는 죽음을 생각하며 현재의 삶을 등한시하지 않도록 긴장감을 가지고 살고자 하였다.

그러나 '사도'는 어디까지나 이상적 인격자로 살아갈 것을 역설한 사상이었고 죽음이 상정되어 있다 하더라도 그 역시 파고들면 관념상의 것에 지나지 않았다. 야마가 소코山鹿素行 등에 의해 '사도'가 확립되었을 때 그것은 유교를 통해 무사의 길에 대해 논하는 사상이었다. 하지만 무사가 일찍이 항상 마음속에 품고 있었던 죽음에 대한 실감이 희박해져 감에 따라 점차 그것이 무사라는 주체를 필요로 하지 않는 유교 도덕으로 떨어지고 만 것은 어쩔 수 없다. 그렇다고는 해도 이러한 온건한 사상이 근세 무사의 주류가 되어 도의道義에 살려고 하는 무사상武士像을 낳은 것은 사실이다.

죽음의 각오에 의거한 '무사도'

수많은 전투에서 주군과 부하가 생사를 같이하며 일체가 되어 싸웠던 경험을 통해 '주종의 약속'이라는 정의적情誼的인 관계가 생겨났다는 것은 이미 언급하였다(3장 「센고쿠 다이묘와 센고쿠 무사의 사상」 항목 참조). 이것은 '자기 자신'과 '주군' 간의 양자 관계에서만 성립하는 완전히 사적인 사상적 자각이다. 근세에 들어서 주군과 그를 따르는 무사가 싸울 현실이 없어져도 역시 이 특수한 관계 속에서 살고자 하는 무사에게 '주종의 약속'은 이념이 없던 만큼 한층 더 그 정의적 성격의 측면이 증폭되지 않을 수 없다. "이 주종의 약속 이외에는 어떤 것도 필요 없다. 아직 멀었다고 하여 석가·공자·아마테라스 오미카미 天照大神가 나타나서 권하여도 조금도 흔들릴 게 없다. 지옥에 떨어진다고 해도, 신벌神罰을 받는다고 해도, 이 사람은 주인을 향해 뜻을 세우는 일 말고는 다른 건 필요 없다"고까지 천명하여 '연심(戀)'으로도 비유되는 '주종의 약속'은 『하가쿠레葉隱』에서 사상의 중추를 이룬다.

"창을 찌르는 일도 공의(공적 임무)를 수행하는 일도 똑같은 일이다"라고 하는 것처럼 일찍이 전장에서 무사의 마음가짐을 그대로 일상의 봉공奉公에 가져오고자 하는 『하가쿠레』에 있어서는 죽음은 관념이 아니라 스스로 뛰어들어 가는 현실인 것이다. 죽음을 앞에 두고 위축되는 것은 내 몸을 생각하기 때문이다. 그것은 동시에 주군과 일체가 되고 있는 이상적인 모습과도 모순되는 것이다. 따라서 『하가쿠레』는 "내 몸을 주군에 바쳐 재빨리 목숨을 끊고 유령이 되어 절실하게 하루 종일 주군 생각으로 다 바친다"는 봉공을 역설한다. 즉, 실제 죽음을 앞에 두고 미리 의식상에서 죽는 것이다. "봉공인의 마지막 도달점은 수인囚人·할복에 이르는 것이라고 평소에 각오해야만 한다"는 부분의 '각오'는 장래에 대한 마음의 준비가 아니라 지금 이미 자기가 죽은 사람으로서 봉공하고 있다는 것에 대한 자각이다.

정리해보면 '사도'는 주종 관계를 유교적인 인륜의 도道로 간주함으로써 일상에서 일반화를 실현하였다고 할 수 있다. 한편 '무사도'는 '주종의 약속'이라는 사적인 정의情誼의 추구 속에 죽음에 대한 각오를 그 바탕에 둠으로써 '사私'를 배제하고 생사를 초월한 주종 관계를 실현하고 있다. 전혀 다른 방법에 의거하면서도 양자가 보편적 윤리의 구축에 모두 성공하고 있다는 점은 주목해야만 할 일본 근세의 사상적 성과일 것이다.

참고문헌

奈良本辰也·駒敏郎 譯, 『葉隱 I 』, 中央公論新社, 2006

05 주자학과 양명학

| 이토 다카유키伊東貴之

송대라는 전환기: 신유교의 탄생

산동성 곡부(曲阜)의 공자묘

중국에서는 일반적으로 10~11세기에 걸친 북송시대를 하나의 획기劃期로서 간주하여 역사적으로 볼 때 정치·사회의 양태에서 사상 문화에 이르기까지 현저한 전환점이 각인되어 있다고 한다. 이러한 커다란 역사의 전환기를 맞아 정치사회 지도층의 새로운 담당자층으로서 역사에 등장한 것은 귀족과 같은 타고난 특권을 가지는 계층이 아니라 자기의 의욕과 능력에만 의지하는 신흥세력으로서의 과거제도에 의거한 관료층, 이른바 사대부(독서인[讀書人])라고 불리는 사람들이었다. 후에 신유교新儒教라고 총칭되는 사상·학술 사상의 근원적인 전환은 그들 관료·사대부층의 생기발랄한 기운을 반영한 것이었다.

북송시대의 주요한 사조로서는 제도론적인 왕안석王安石 등의 '신학新學', 소식蘇軾(호는 동파[東坡])을 중심으로 하는 문인주의적인 '촉학蜀學', 그리고 북송오자北宋五子로 칭해지는 사람들, 즉 주돈이周敦頤(호는 염계[濂溪]), 장재張載(호는 횡거[橫渠]), 소옹邵雍(호는 강절[康節]), 나아가서는 이정자二程子라고 불리는 정호程顥(호는 명도[明道]), 정이程頤(호는 이천[伊川]) 등의 '도학道學' 등이 서로 경합하면서 정립하고 있었다. 그 속에서도 도학계통의 사상가에게 있어서 현저한 특색으로서 우주와 세계의 생성과 운동, 나아가 그 구조에 관한 법칙적이고 정합적整合的인 해석을 발견하여 제시하려는 강한 지향이 있었다. 또한 불교 및 도교, 노장老莊 계통 사상과의 자극 및 갈등 속에서 그것들의 부정적인 초극을 의도하여 유교적인 색채를 띤 강렬한 경세의식經世意識을 지니고 있었다는 점도 특징적이다. 그 경우 '천인합일天人合一' 사상을 매개로 인간의 도덕성을 천天, 혹은 천지의 이법理法과의 관계에서 근거를 부여함과 동시에 그 배경으로서 이른바 '만물일체관萬物一體觀'이 그들에게 공통적인 이해 및 감각으로 존재하고 있었다.

그리고 이러한 북송 이래의 넓은 의미의 송학, 특히 도학을 종합·집대성하여 유교 사상 공전절후의 장대함과 동시에 정치精緻함을 극한 이론적·사변적 체계를 구축한 이가 남송(12세기)의 사상가였던 주희(주자)다. 또한 주희는 자신의 사상·학문의 체계를 구성하는 데에 있어서 주로 이정자의 이론적 틀을 발전적으로 계승하였을 뿐만 아니라 구양수歐陽脩, 사마광司馬光 등의 경서經書에 대한 문헌비판적 연구 및 춘추학春秋學에 의거한 명분론 등 선행하는 학술상의 신조류를 적극적으로 섭취해 경학과 사학의 쇄신도 꾀하고 있다. 이후 그 철학·사상 및 학술의 체계는 이른바 근세 중국의 사상계 및 정치사회를 이념과 현실이라는 양면에서 주도하였을 뿐만 아니라 널리 조선과 일본, 나아가서는 베트남 등 전근대의 동아시아 전역에 퍼져 공통의 학문적·인식론적인 틀 및 세계관, 윤리 등을 제공하는 '보편' 사상으로서 깊고도 결정적인 영향력을 행사하였다. 또한 그의 학문체계인 주자학은 그 성격 및 내력으로부터 이학理學, 성리학性理學, 의리학義理學, 정주학程朱學, 낙민학洛閩學의 학 등으로 불리고 구미에서는 통상 신유교Neo-Confucianism라고 불린다. 송학宋學, 도학이라는 호칭도 주자학이 그것들을 통일한 것이라는 점에서 때로는 동의어로 사용되기도 한다.

장대한 세계관학世界觀學의 체계

주자학은 그 포괄적인 체계성으로 인해 그것이 커버하는 사상·학문의 영역이 매우 넓으며, 존재론(우주론·자연관), 인간론(윤리학), 역사학, 정치학, 문학, 고전문헌학(경학) 등 대체로 인간의 영위에 관련된 전 영역에 걸쳐 있는 확고한 체계를 구비하고 있다. 그리고 우주(자연)·인간(도덕)·사회(정치)를 통일적으로 이해·파악하여 그것들을 관통하는 완결적인 세계관을 제시할 수 있다는 점에서 비할 데 없는 설득력이 있었다.

우선 그 이론체계의 초석이 되는 존재론은 '리理'와 '기氣'라는 두 개의 근본원리에 의해 해석·설명되며, '리기론' 혹은 '리기이원론理氣二元論'이라고도 불린다. 다시 말하면 여러 존재의 모습을 만드는 '기'가 세계의 실질을 구성하는 한편, 그 운동을 근거 짓는 '리'는 '기'에 의해 구성된 삼라만상에 내재하는 질서 혹은 원리적인 법칙성으로 천지자연, 즉 이 세계에 의미와 가치를 부여하는 것이다. 주희는 이 두 개의 기축 개념에 의해 자연계, 현상세계의 이합집산, 순환과 운동을 통일적으로 해석해 정합적인 세계상을 제시하는 데 성공했다. 또한 만물은 개별적인 '기'에 의해 각각이 한정됨과 동시에, 그 특수성이 하나의 '리'에 의해 일관된다고 하는 '리일분수理一分殊'적 사고는 그의 세계구조의 일관성에 대한 흔들림 없는 확신을 단적으로 보여준다.

주희의 인간론, 윤리학은 그 존재론의 기초 위에 구축된다. 그 경우 인간에 비추어 말하자면 '리'는 단순한 객관적인 자연법칙일 뿐만 아니라 인간의 선천적·본연적인 질서 감각에 의거한 윤리적 당위법칙이기도 하다. 그에 의하면 천天으로부터 부여된 인간의 '성性'은 본래 '리'에 다름없는데(성즉리[性卽理]), 종종 그 순수하고 지극한 선善인 인간의 본성에서 일탈하여 불선不善(악[惡])으로 기울어지는 경우가 있다. 주희는 이러한 사태를 이상태理想態로서의 '본연本然의 성'과 기질의 영향을 받는 현실태現實態로서의 '기질氣質의 성'을 구별함으로써 양자의 상극·갈등에 대해 설명했다. 즉, '기'를 받고 태어나는 데에는 사람에 따라 각각 편차가 있고 이것이 각자의 자질의 차이라는 차별상이 생기는 이유라고 했다. 따라서 '기질의 성'을 극복하고 그 도야, 조탁을 통해 인간의 본래적인 선성善性인 '본연의 성'으로 돌아가야 한다고 하면서 현실에는 퇴락한 인간이라도 이러한 영위에 의해 선을 지향하는 것이 가능하다고 강조했다. 그렇지만 부단하게 '인욕人慾'을 초극하여 '천리天理'로 돌아가야 한다는 수양론을 주장하는 등 후세에는 엄격주의rigorism라는 비판을 받기도 했다.

학문·수양론으로는 개별·구체적 사물이나 현상에 즉하여 '리'를 추구하는 객관적인 '궁리窮理' 혹은 '격물치지格物致知'와 주체적·내성적內省的인 수양법인 '거경居敬'을 수레의 두 바퀴로 삼아 병행적으로 실천할 것을 주장했다. 그 배경에는 '물物'의 '리'와 심心의 '리'가 실제로는 통하고 있다는 확신을 전제로 한다. 주희는 또한 '리'를 파악하기 위한 첩경, 이른바 특권적인 '격물', '궁리'의 대상으로서 구체적으로는 경서의 독서를 들고 있는데, 이것은 '마음'의 도야라는 주관적으로 흐르기 쉬운 영역의 문제에 대해 그에 상응하는 객관성을 부여함과 동시에 전통적인 경학의 의의를 재확인하는 것을 의미하는 것이었다. 나아가서는 『사서집주四書集注』로 정리된 주희에 의한 경서 해석이 후에 과거의 표준으로 채용되기에 이르러, 주자학은 사상계뿐만 아니라 정치사회에도 압도적이고 심대한 영향력을 발휘해 간 것이다.

심心의 파악·추구에서 양명학으로

그 후 원·명·청의 3대, 600여 년이라는 오랜 기간에 걸쳐 주자학은 문자 그대로 국가 이념, 혹은 정통 교학, 체제 이데올로기로서 군림했다. 그 배경에는 왕조 체제 측의 동기부여뿐만 아니라 민간의 사대부·지식층에 의한 광범한 수용이라는 분명한 사실이 존재했다는 점도 간과해서는 안 된다. 사람은 누구라도 학문·수양을 통해 '성인聖人'이 될 수 있다는 열린 이념은 사회의 중핵 및 향촌의 지도층을 담당하는 그들에 대해 주체적인 자각 및 경세의식을 크게 촉진했다. 그렇지만 동시에 주자학이 과거科擧의 표준으로서 실로 왕조의 공인 학문이 되어 본래의 의도와는 모순되게 입신영달, 공리功利를 위한 학문으로 전화하게 된 측면은 부정할 수 없다. 이러한 점이야말로 독실한 주자학도를 고뇌하게 하였고 다른 한편에서는 통속화한 주자학이 어떤 의미에서는 형해화해 갈 소지도 있었지만 그러한 애로점이 동시에 그 후의 학설사적인 전개의 직접적 원인이 되기도 하였다.

일찍이 주희의 생전부터 그의 논적이기도 했던 육구연陸九淵(호는 상산[象山])에 의해 지식의 편중이란 측면이 비판되었고 두 사람은 '주륙논쟁朱陸論爭'이라고 불리는 응수를 거듭하고 있었다. 그때 육구연은 오히려 '성性', '정情'을 포괄하는 '마음'의 전일태全一態를 '리理'로 파악하고 있다(심즉리[心卽理]). 그의 사상의 방향성은 이윽고 명대 중엽 왕수인王守仁(호는 양명[陽明])에게 계승되어 양명학을 성립하기에 이른다. 양명학을 왕학王學 혹은 양자를 합쳐서 육왕학陸王學, 심학心學 등으로 호칭하는 경우도 있다. 단적으로 마음의 존재 양상을 중시한 양명학에서는 주자학을 마음 바깥의 '정리定理'를 구하는 것으로 비판하였을 뿐만 아니라 각인이 직면한 현실에 있어서의 실천을 중시하여 '지행합일知行合一'을 강조하고, 나아가서는 인간의 본래적인 선성善性의 발현을 구하여 '치량지致良知'설을 제창하였다.

하지만 양명학도 주자학과 근본적으로 다른 가치관을 전제한 것은 아니었으며 주자학적인 윤리의 사회 기저층에 대한 확산과 침투, 이른바 유학의 한층 진전된 민중화에 동반하여 어떤 의미에서는 그 미봉적 역할을 맡아 등장한 일면이 있다. 원래 양자의 역사적 위상의 차이로부터 양명학에서는 '격물'을 '리'에 이르는 것이 아니라 물物의 존재 양상을 올바르게 하는 것으로 생각한다든지, 『대학大學』의 삼강령三綱領에서 '신민新民'을 '친민親民'으로 해석하는 등의 본질적인 차이가 있었다. 특히 외재적인 기성의 권위 및 가치관에 의거하는 것을 배제하는 '무선무악설無善無惡說', 또한 '양지良知'의 현성태現成態로서 현실의 인간 속에 그 본래성이 충분히 발휘되고 있다고 주장하는, 이른바 '만가성인滿街聖人'설 등은 전통적인 입장으로부터는 역시 많은 논쟁 및 비판을 야기했다. 특히 후의 양명좌파陽明左派 및 이지李贄(호는 탁오[卓吾]) 등에 이르는 계보는 때로는 '명교名教'적인 질서 그 자체를 교란하는 것으로 받아들여졌다. 그러나 주자학과 양명학은 똑같이 사회질서의 안녕을 어떻게 꾀해 나갈 것인가라는 문제의식에서는 합치하고 있으며 명말 청초의 동림파東林派와 같이 오히려 주자학적인 가치관으로 돌아갈 것을 표방하는 사람들의 경우에도 양명학과의 상극 및 절차탁마 속에서 그 사상을 심화시켜 나간 흔적이 농후하다.

예교 사회의 이념과 실제

주자학·양명학은 특히 사회의 재편·유동의 시기 등에 종족을 근간으로 하는 향촌질서의 재구축 및 공동체 윤리·민간 윤리의 확립, 민중 교화 등에 적응하는 사상으로서 지역사회에 수용된 측면이 있다. 원래 주희 자신도 사창법社倉法에 의한 구황 및 향약의 제정에 힘을 기울였을 뿐만 아니라 그가 정했다고 알려진 『문공가례文公家禮』는 관혼상제 및 일상 윤리 등 널리 사대부의 구체적인 생활실천을 규정하는 지침이 되었다. 주자학에서 양명학에 이르는 이러한 사상사의 흐름, 달리 말하면 유교의 민중화 노선은 또한 하드웨어면에서는 오히려 넓은 의미의 '예교禮教'화 흐름을 촉진하고 있었다는 지적도 있다. 그것은 향약의 실천 등을 통해 왕조 권력뿐만 아니라 향신층을 중심으로 한 재지의 명망가 및 유력자·리더들에 의한 자주적인 운동으로서도 추진되었다.

어쨌든 보다 일상화하고 광범한 모습의 주자학 및 양명학은 전통 중국의 기층사회를 규율하는 공동체 윤리 및 공공적인 규범의식의 형성에 기여하면서 그 후의 중국 사회의 존재 양상에 공적과 죄과 모두에 다대한 영향과 흔적을 남겼다.

참고문헌
島田虔次, 『朱子學と陽明學』, 岩波新書, 1967
溝口雄三・伊東貴之・村田雄二郎, 『中國という視座』(これからの世界史 4), 平凡社, 1995
小島毅, 『朱子學と陽明學』, 放送大學教育振興會, 2004

06 야마자키 안사이학파의 세계

| 시미즈 노리오清水則夫

야마자키 안사이

현대 일본에서 유학의 학파가 존재한다고는 상상하기 어렵다. 그러나 야마자키 안사이山崎闇齋(1616~1682)학파는 비록 빈약하기는 하지만 지금도 여전히 계승자를 산출하고 있다. 이러한 오래된 역사만으로도 경탄할 만한 일이지만 규모면에서도 한때는 문하생이 6000명이라고 전해질 정도로 융성했다. 단지 후술하는 것처럼 학파는 결코 일치된 모습이 아니었고 오히려 극심하게 대립하기까지 했다. 그것이 정점을 이루었던 것은 17세기 말부터 18세기 초, 연호로 말하면 겐로쿠元禄 후기부터 교호享保에 걸친 시기였다. 이때 문제가 된 것은 한마디로 말하면 '일본'에 대해서였다. 물론 이것은 학파의 개조인 안사이의 사상에 연원한 것이었다.

'묘케이'

야마자키 안사이는 주자학과 신도神道 양면에 있어서 탁월한 업적을 남겼다. 주자학에 있어서는 주희 사후에 축적된 방대한 주자학 문헌을 버리고 주희 그 자체에 접근할 것을 표방하여 일본의 주자학 연구의 수준을 비약적으로 향상시켰다. 신도에서는 중세 이래 여러 가문에 전해진 신도설을 집대성하여 하나로 정리하는 구상을 가지고 있었다. 그러나 가장 중요한 것은 그가 독자적인 형태로 주자학과 신도의 일치를 주장한 것이다.

신유일치론神儒一致論 자체는 드문 일이 아니어서 중세의 신도설에도 그런 요소가 있었고 근세에도 하야시 라잔林羅山 및 요시카와 고레타리吉川惟足 등에게서 보인다. 그러나 안사이는 그 일치를 '묘케이妙契'라고 부르면서 다른 일치론과 자신의 사상을 구별했다. '묘케이'는 일체의 인위人爲 및 작위作爲를 배제한 영묘靈妙한 일치로 간주되어 '우주유일리宇宙唯一理'라는 신념이 그것을 배후에서 지탱하고 있었다. 이것을 일본의 사상사에서 종종 보이는 습합習合과 동일시해서는 안 된다. 신도 방면에서 안사이에게 입문할 적에는 신도에 '이국의 도異國之道'를 습합시키지 않는다는 맹세를 할 것이 요구되었다.

만년의 안사이는 신도에 경사되었다고 한다. 이것은 문하의 제자들 간의 대립 및 사토 나오카타佐藤直方(1650~1719)의 파문 등과 같은 각종 문제와도 복잡하게 얽혀 있어 후에 학파 내부에서 주자학파와 신도파가 대립하게 된 것도 여기서 기인한다. 또한 안사이는 공자를 대장으로 맹자를 부대장으로 한 군대가 일본을 공격해 왔을 때 이들과 싸워 물리치는 것이야말로 공맹孔孟의 도道라고 말한 것은 잘 알려져 있다. 그러나 안사이가 주자학을 포기한 적은 한 번도 없었다. 양자는 어디까지나 병행 관계에 있었던 것이다. '우주유일리宇宙唯一理'란 신도에 주자학과 동등한 가치를 부여함과 동시에 일본에서 주자학을 배우는 의미도 보장하는 논리라는 점을 간과해서는 안 된다.

역학曆學의 대가이자 신도가였던 시부카와 하루미渋川春海(1639~1715)는 안사이에게 『맹자孟子』는 유해한 것이 아니냐고 질문하고 있는데 안사이는 그것에 대해 부정도 긍정도 하지 않고 그저 침묵하였다고 한다. 중국에서도 『맹자』는 주군을 가벼이 여기는 점이 있다고 비판된다. 일본 황통皇統의 연속에 중요한 의미를 두는 신도파로부터 보자면 그러한 비판이 한층 더 격렬하다. 그러나 안사이는 이 말에 대해 침묵할 수밖에 없었다. 유학의 틀을 버릴 수가 없었던 것이다. 이것을 안사이의 모순이라고 비판하는 것은 쉽지만 오히려 여기에서 읽어내야 할 것은 안사이의 사상이 가지고 있었던 절묘한 균형이다.

안사이의 사상은 이러한 토대 위에서 성립하고 있었다. 그러나 안사이의 사후 제자들은 스승의 사상을 각기 해석하여 서로 대립을 심화시켜 간다. 그것은 안사이의 균형이 깨지는 과정이기도 한데, 그 대립조차도 안사이의 가르침이 초래한 것이었다.

학파에서의 논쟁

안사이 사후, 제자들은 주자학파·신도파·신유겸수파神儒兼修派로 분열한다. 학문에 있어서 타협 및 비실천적인 논의만큼 안사이가 싫어한 것은 없었다. 그것들은 '속학俗學'이라고 경멸당하였고 그들이 받드는 '도학道學'과는 구별되었다. 이 기백이 넘치는 정신이 제자들에게도 계승된 결과 안사이의 사상 그 자체를 무너뜨렸을 뿐만 아니라 제자들 각각의 사상적 입장도 첨예화시켰던 것이다.

겐로쿠로부터 교호에 걸쳐 각 학파에서는 신도와 유학, 일본과 중국을 둘러싸고 격렬한 논쟁이 전개되었다. 신도를 일체 인정하지 않고 중국·이적夷狄은 지형적으로 고정되어 있다고 주장하는 사람, 유학은 신도를 보조하는 것에 지나지 않으며 만세일계의 일본은 주군에 대한 시해가 빈발하여 청조淸朝에 정복당한 중국보다도 뛰어나다고 주장하는 사람, 안사이와는 다른 신유일치를 구상하여 일본을 이적으로 간주하는 사고는 부정하지만 그와 동시에 신도가의 일본 편들기를 거부하는 사람, 각각 한편으로는 안사이를 비판하거나 다른 한편에서는 안사이를 계승하면서 '일본'이라는 문제와 격투하고 있다. 그 속에서 이른바 대의명분론과 같은 안사이학파의 저명한 주장은 심화되어 갔다. 그러나 그들을 논쟁 속으로 몰고 간 것은 역시 안사이가 주입한 실천에 대한 강력한 지향과 학문에 대한 기백이다. 야마자키 안사이학파의 세계는 그러한 세계였다.

참고문헌

『山崎闇齋學派』(日本思想大系31), 岩波書店, 1980

小林建三, 『垂加神道の研究』, 至文堂, 1940

07 유학과 신도의 관계

| 야자키 히로유키矢崎浩之

하야시 라잔

근세 신도神道의 역사를 서술할 때, 우선 중세 이전의 신불습합神佛習合 사조에 비판을 가한 에도시대 유학자들의 언동에 대해 언급하고, 그 다음으로 이것들을 이적夷狄의 풍습이라고 부정한 국학國學자들의 대두 및 전개를 설명하는 것이 일반적이다. 그리고 전자는 '유가신도儒家神道'로 총칭되어 야마자키 안사이山崎闇齋(1616~1682)의 스이카신도垂加神道를 절정으로 하여 그 이외의 신유일치론神儒一致論자들을 그 전후에 배치하는 양상이었다. 물론 실태는 어찌 됐든 간에 평면적, 단선적이지는 않다. 원래 '유가신도'라는 용어 자체가 중세 신도와 국학과의 사이를 메우기 위해 상당히 편의적으로 사용되어 온 감이 없지 않다. 따라서 그 정의조차 충분히 검토되지 않았다. 이것은 유학이 근세의 시대사조이고 유학과 신도의 일치를 논하는 경향은 바로 근세 신도의 특성으로 논하는 데 적합하였기 때문일 것이다.

경학파와 요시다신도

중세 신도 연구의 대가인 구보타 오사무久保田收는 자신의 저서 『중세 신도의 연구中世神道の硏究』(神道史學會, 1959)에서 "근세 초두의 신도계는 우선 요시다

신도吉田神道를 발판으로 하여 발족하게 된다"는 말로 끝맺는다. 요시다 가문이 남긴 신도 서적들은 유학자가 신도를 설하는 데 있어서 기본적인 정보원이 되었다. 그들은 『일본서기日本書紀』 신대권神代券 및 『나카토미노 하라에中臣祓』의 주석서류, 또한 『신도대의神道大意』, 『유일신도 명법요집唯一神道名法要集』 등도 읽고서 스스로 구성한 신도관神道觀을 발신해갔다. 이 선구적 사례가 경학파京學派였다. 근세 초두의 교토에 있었던 후지와라 세이카藤原惺窩(1561~1619)를 중심으로 전개된 주자학자 집단을 말한다. 그런데 그들의 활동은 주자학에 머물지 않고 이른바 하나의 문화권이라고 할 만한 위용을 자랑하고 있었다. 특히 세이카가 요시다 가문의 친척이라는 경위도 겹쳐 그 주변에서는 요시다 신도의 지식이 공유되고 게다가 그것들이 객관적이고도 비판적으로 논해졌다. 그의 제자 하야시 라잔林羅山이 '리토신치신도理當心地神道'를 주창하여 후에 유가신도의 선구자로 칭해지게 된 배경에는 요시다신도의 권위에도 구애받지 않는다는 합리적 정신의 태동이 있었다는 점을 생각할 필요가 있을 것이다.

라잔과 안사이

하야시 라잔林羅山(1583~1657)은 신불습합의 역사를 비정상적인 것으로 비판하여 '책을 읽고 리理를 안다'는 구절을 활용해 문헌 실증에 의한 습합 이전의 상태, 즉 신도의 옛 모습에 접근하려고 하였다. 그리고 이 옛 모습이 유학에 모순하지 않는다고 확신하여 왕도신도王道神道를 신도의 참모습이라고 논하였다. 야마자키 안사이도 당초에는 라잔의 왕도신도에 찬동의 뜻을 보인 적도 있었지만 그가 최종적으로 다다른 신유神儒의 '묘케이妙契'라는 경지는 주자학의 수양론에 대한 탐구에서 생겨난 것이었다. 경敬과 '쓰쓰시미愼み'의 일치라는 만년의 발언은 수양의 느낌을 신앙적인 실감으로 메우려 한 시도였다. 라잔이 논하는 바에도 주자학적인 수양론에 의한 신인神人 일체감에 대해 언급한 부분이 없지는 않지만 안사이의 논의만큼 철저한 것은 아니었다.

또한 라잔이 신도를 공도公道라고 하여 비전秘傳에 의지한 권위에 대해서 혐오감마저 품고 있었던 데 반해, 안사이는 비전으로밖에 전할 수 없는 진리眞理가 있다고 하여 일정한 의의를 인정하고 있었던 것도 대조적이다. 이 두 사람의 사고방식을 비교하는 것만으로도 유가신도의 성격을 단순히 정의하기가 어렵다는 것을 알 수 있다.

안사이 사후 그 학파는 주자학파, 신도파, 그리고 신유겸수파神儒兼修派로 대별된다. 주자학파는 주자학 일존一尊의 입장에서 스승의 논의의 참뜻을 읽어내려고 하였다. 이에 대해서는 사토 나오카타佐藤直方(1650~1719)가 저명하다. 신도파는 스이카신도를 안사이학파=기문파崎門派의 교학으로 위치지으려고 하였다. 오기마치 긴미치正親町公通(1653~1733) 및 이즈모지 노부나오出雲路信直(1650~1703) 등의 귀족 및 신직神職에 지지자를 얻고 있었다. 그리고 겸수파는 신유神儒의 우월이 아니라 그 겸수를 주장한 사람들을 말하는데, 대표격이 와카바야시 교사이若林强齋(1679~1732)다. 물론 이들 세 파가 어느 쪽도 강고한 파벌의식을 공유하고 있었다는 것은 아니다. 같은 학파이면서도 이렇게 사상적으로 다채로울 수 있었다는 점을 이 학파의 특색으로 보아도 좋을 것이다. 안사이가 자신의 생각을 확립하기 전에 생을 마감해 제자들에게 그것을 명확히 전달할 수 없었다는 점도 그 하나의 요인이었을 것이다. 교사이에게는 주자학 텍스트 『대학장구大學章句』의 서문을 강의한 『대학서강의大學序講義』라는 책이 있다. 『대학』 서문 모두의 "자천강생민自天降生民……"이라는 일절에 보이는, 천天을 "아메노 미나카누시노 미코토天御中主尊에 관한 일이다"라고 하여, 이른바 기기記紀신화의 원초신原初神으로 해석하고, 이어서 이 가미神가 인간에게 인의예지仁義禮智의 성性을 부여했다고 설명한다. 그는 이 천리天理를 살아 있는 인간의 마음에 내재한 가미의 활동으로 이해하였던 것이다. 이 리관理觀은 문인인 야마구치 슌스이山口春水가 전하고 있다. "리理란 것은 살아 있는 것으로 후끈후끈 따뜻하고 비릿한 것이다. 이 점을 잘 알지 못하면리의 면모를 알지 못하는 사람이다"(『雜話續錄』)라는 말에서도 짐작할 수 있다. 그는 스승의 설을 총괄적으로 받아들인 얼마 되지 않는 사람이었다고 할 수 있다.

소라이학파의 신도 이해

위에서 언급한 라잔과 안사이의 신유일치론은 주자학의 보편성에 대한 일종의 신뢰감에 의해 지탱되고 있다는 측면이 있었다. 거기서 그들은 주자학에 대한 배움을 통해 일본의 특수성도 자각할 수 있었다. 오규 소라이荻生徂徠와 그의 문인들도 그와 똑같은 의식을 공유하고 있었다. 소라이는 일본의 신도를 '하상夏商의 고도古道' 및 '당우삼대唐虞三代의 고도'라고 하였는데, 신도라는 것은 중국에서 소멸해 버린 고도 그 자체라고 주장하였다. 문인 다자이 슌다이太宰春臺(1680~1747)는 『변도서辨道書』에서, "무릇 오늘날의 사람들이 신도를 일본의 도道라고 생각하고 유불도儒佛道를 열거하여 모두 하나의 도라고 생각하는 것은 크게 잘못된 생각입니다"라고 기술하고, 성인은 "서민은 우매한 사람들이라 만사에 의심이 많은 까닭에 귀신을 빌려 교도敎導하지 않으면 그 마음이 한결같지 않다"고 하고는 일부러 '성인의 신도'라고 칭한 것이라고 단정한다. 결국 일본은 원래 도덕도 예의도 없는 비문명 상태였고, 성인이 유학을 일본인들도 이해하기 쉽도록 임시로 신도라고 이름 붙였다는 것이다. 『변도서』가 출판되자마자 가모노 마부치賀茂眞淵(1697~1769) 및 모토오리 노리나가本居宣長(1730~1801) 등의 국학자들에 의한 반박서가 출간되는 등 근대에 이르기까지 여러 가지의 논의를 불러일으켰다. 이것을 '국유國儒 논쟁'이라고 부른다.

신관과 유학, 고증주의

'유가신도'가 세상을 석권하게 되자 신관神官들 중에도 배불排佛이라는 공통의 목적을 위해 신유神儒의 보완성을 주장한다든지 주자학의 용어 및 이론을 적극적으로 활용하는 사람들이 나타났다. 예를 들면 막부 신도방神道方의 요시카와 고레타리吉川惟足(1616~1694)는 주자학을 활용하여 신도적인 사생관死生觀 및 신인감응神人感應의 깊은 뜻을 전하려고 하였다. 또한 이세伊勢신궁의 외궁外宮 사관祠官 데구치 노부요시出口延佳는 유학을 신도의 보조날개라고 주장하여 유학에 대한 공부를 부정하지 않았다. 더욱이 나고야名古屋 도쇼궁東照宮의 신관神官 요시미 유키카즈吉見幸和(1673~1761)는 주자의 『문공가례文公家禮』를 참조로 하여 자기 집안에서 사용할 신도식神道式 장례의례를 시범적으로 만들었다. 노부요시는 하야시林 가문과 직접 교류하였고 또한 고레타리惟足도 라잔 신도와의 관계가 지적되고 있으며 게다가 유키카즈도 스이카신도와 기몬崎門 주자학을 익힌 인물이었다. 그들을 유가신도로 분류해야 하는지 아닌지에 대해 반드시 결론이 났다고 할 수는 없지만 유학과 신도의 관계가 당시 신관들의 관심사였다는 점은 확실하다.

신도 연구의 장에 문헌 고증을 적극적으로 도입한 사람은 아마도 앞서 언급한 유학자 라잔이라고 생각된다. 그는 『본조신사고本朝神社考』를 저술해 신불습합의 잘못에 대해 문헌상의 실증을 통해 그 역사적 허위성을 밝혀내려고 하였다. 17세기 말부터 18세기 전반에 걸쳐 이 고증주의는 일거에 확산되어 이른바 당시의 신도 연구자에게 공유되었다. 예를 들면 이세신궁의 신관으로 부친인 노부요시의 훈도를 받은 노부쓰네延經가 『신명장고증神名帳考證』을 저술한다거나 또 『변복초辨卜抄』를 써내 부친과 마찬가지로 고기실록古記實錄 등에 비추어 요시다신도의 허위성을 규탄하였다.

거의 동시기에 아라이 하쿠세키新井白石(1657~1725)도 『고사통古史通』을 저술해 역시 고증주의의 입장에서 신화 해석에 뛰어들어 신대神代의 기술은 '경서經書'가 아니라 '사서史書'로 읽어야 한다고 하였다. 그리고 '역사는 실제에 의거해 사실을 기록'하여 '세상에 감위鑑威를 보여주는' 것이라고 생각했다. 거기서 '신도불측神道不測'의 유형에 해당하는 비합리적인 기술은 모두 제외하였고 그 반대로 '의리義理의 장점에 의해 실제가 명확히' 된 것은 역사적인 사실이라고 주장하였다. 그는 신대를 사람의 세상, 가미神를 인간이라고 해석하여 어디까지나 이지理知적인 이해를 우선시 하였다. 거기서 그는 가요 및 지명地名에 주목하여 그것들은 고언古言을 오늘날에 전하고 있는 것이라고 하여 다카마노하라高天原=히타치노쿠니설常陸國說과 같은 논의를 전개하였다.

요시미 유키카즈는 스스로 '국사관첩國史官牒'이라고 부르는 정사正史 및 공문서의 기술에 비추어 신도고사神道故事의 옳고 그름을 밝혀야 한다고 주장하였다. 이세신도의 성전聖典이 위서僞書임을 지적하여 그 공적은 모토오리 노리나가에게도 일정한 평가를 얻고 있다. 게다가 그의 비판의 칼날은 제사이의신주법도諸社禰宜神主法度를 발포한 이후 사실상 전국의 신직神職을 지배하에 두었던 요시다 가문, 그리고 스스로 받들고 있었던 스이카신도에까지 가차 없이 향해졌다.

유키카즈와 같이 신도를 이해한 사람으로는 아마노 사다카게天野信景(1663~1733) 및 다다 요시토시多田義俊(1698~1750) 등이 있다. 그들은 신도계의 추세가 스이카垂加파에서 국학자로 이행하는 가운데 이른바 라잔이 개척한 문헌실증주의라는 수법의 정확도를 높여 갔다고 말할 수 있을 것이다.

에도 전기부터 유학자들이 논의를 거듭해 간 문제로 황위皇位의 정통성을 둘러싼 삼종신기三種神器의 의의라는 문제가 있다. 특히 미토水戶학파 내에서는 논의가 활발하여 구리야마 센보栗山潛鋒(1671~1706)는 기물의 소지를 중시하였고 미야케 간란三宅觀瀾(1674~1718)은 덕德의 수득修得이 중요하다고 하였으며 아사카 단파쿠安積澹泊(1656~1737)는 덕과 기물은 일체되어야 의미를 지닌다고 생각하였다. 18세기 중엽에 셋쓰攝津 지방의 히라노향학平野鄕學 간스이도含翠堂의 교수였던 아지로 히로미치足代弘道(1701~1760)는 이세伊勢 야마다山田에서 태어나 젊은 시절에 교토 고기도古義堂의 이토 도가이伊藤東涯에게도 배운 적이 있었지만 후에 신도 연구에 눈을 떠 신유겸수에 힘을 기울였다. 그는 스스로 배운 고학古學의 방법을 활용하여 삼종신기 및 황위 전승의 의의에 대해 현재의 인의人意로 판단하는 자세 그 자체를 비판하고 신대의 고의古義 그대로 이해해야 한다고 주장했다.

국학 재정의의 가능성

종래 국학자로 간주되어 온 가다노 아즈마마로荷田春滿(1669~1736) 및 오쿠니 다카마사大國隆正(1792~1871) 등을 유가신도로 분류해야 한다는 견해도 있다. 아즈마마로의 신기도덕설神祇道德說 및 다카마사의 고전古傳 이해 등에 유학 습득의 경험 및 주자학과의 사상적 연계를 적극적으로 평가하는 입장이다. 아즈마마로의 신전神典 해석에는 유학을 통해 이른바 보편성 및 합리성이 획득되었다고 선학에 의해 지적된다. 또한 다카마사는 이시미石見 쓰와노津和野의 번사藩士 출신으로 쇼헤이자카 학문소에서 고가 세이리古賀精里에게 배워 학문소의 숙사장宿舍長에 뽑힐 정도였다. 이러한 견해는 아직 충분히 검토되지는 않았지만 종래의 국학의 정의 그 자체에 대한 재검토로도 이어지는 테마이기도 하다.

참고문헌

田尻祐一郎, 「儒學の日本化: 闇齋學派の論爭から」, 『日本の近世13 儒學・國學・洋學』, 中央公論社, 1993

矢崎浩之, 「'儒家神道'研究の成果と課題, そして展望」, 『近世儒學研究の方法と課題 附・儒家神道研究文獻目錄』, 汲古書院, 2006

08 아라이 하쿠세키와 도쿠가와의 정치

| 나카타 요시카즈中田喜萬

현실과 사상의 긴장 관계

아라이 하쿠세키

아라이 하쿠세키新井白石(1657~1725)는 학문으로 등용된 무사다. 주군인 도쿠가와 이에노부德川家宣가 장군가를 상속했기 때문에 그 이에노부와 이에쓰구家繼 2대에 걸쳐—그렇다고 해도 두 사람 다 급서했기 때문에 약 7년간이라는 단기간에 그쳤지만—정책 입안에 깊이 관여하였다. 이른바 쇼토쿠正德의 치治(1709~1716)다.

학자가 정권을 보조한 예로서는 의례 및 외교문서(漢文)의 작성 등으로 공헌한 하야시가林家가 있었고, 또한 19세기가 되면 그 외에 쇼헤이자카 학문소 소속의 유학자들도 종종 정책 입안에 관계하게 된다(마카베 진[眞壁仁]). 그러나 하쿠세키의 경우, 정책의 거의 모든 사항에 대해 자문했을 뿐만 아니라 개개의 정책에 대한 대응에 그치지 않고 도쿠가와 체제의 성립을 이론적으로 설명하려고 한 사례로서 특히 주목할 만한 경우다.

그렇기는 하지만 일개의 사상으로 파악하려고 해도 그의 유학은 특별히 다른 학설을 제기하고 있지 않는 만큼 그 독자적인 특색은 찾아보기 어렵다. "나의 주군을 요순堯舜과 같은 제왕이 되게 하고 백성들을 요순시대의 백성들처럼 되게 하기를 생각하고 바란다"(白石, 「進呈之案」)라는 것은 유학으로서 당연한 것이다(『孟子』「萬章上」). 그럼에도 하쿠세키의 활동이 매우 독특하게 여겨지는 것은 도쿠가와 체제의 현실과 유학의 전제가 크게 괴리되고 있던 가운데 많은 사상가들이 체제와의 타협을 시도하고 있었던 데 비해, 그 체제 중심에서 하쿠세키 혼자 근본적인 개혁을 시도하여 현실과 사상과의 긴장 관계를 불러일으켰기 때문이다. 이 점에서 하쿠세키의 도전은 에도사상사를 연구하는 데 있어서 빼놓을 수 없는 사례다. 새로운 설(新說)을 주창하는 것만이 사상인 것은 아니다.

하쿠세키의 유학적 발상과 정책

체제의 성립을 재검토하려면, 이론을 정책에 반영시키는 것만이 아니라 거기에 이르게 된 경위, 역사의 차원으로 거슬러 올라가 이론이 유효하다는 것을 보여주지 않으면 안 된다. 여기서 유효하다는 것은 체제를 정당화할 뿐만 아니라 때로는 체제의 현상을 비판하는 근거가 되기도 한다는 것을 의미한다. 하쿠세키에게 있어서 그 활동은 한편으로는 하야시 가문에 대해, 다른 한편으로는 미토水戸 가문의 역사서 편찬사업에 대항하는 것이었다. 그들과 비교해 볼 때 사료의 음미만이 아니라 일관된 논리에 의한 사실史實 평가가 하쿠세키의 사론史論의 특징이다.

『독사여론讀史余論』에서는 공가公家에서 무가武家로, 그리고 도쿠가와의 세상에 이르는 정권의 변천을 천명론天命論에 의거하여 해석하고 있다. 『고사통古史通』에서는 기기신화의 내용을 사실事實의 전승이 와전되었기 때문에 황당무계하게 들리는 것이라고 생각하여 얼마 되지 않는 실마리에 의거하여 신화가 아닌 고대사를 복원하려고 하였다. 그것을 포함해 여러 사물의 유래와 내력을 알기 위해 널리 어원語源 및 일본에 한정되지 않는 범위의 지지地誌에 대한 관심도 갖고 있었다.

에도의 사상 가운데에서도 특히 논리적인 하쿠세키의 문장에는 단순히 논리적이기만 하지 않은 유학적 발상이 현저하다. 그 한 예로는 민중을 가엾게 여기는 '인仁'의 실현에 대한 지향이 있다. 형벌의 완화가 그 전형이다. 도쿠가와 가문의 '무위武威'·'위광威光'에 의한 통치와 근본적으로 다른 정책이다. 또 하나는 옛 예악禮樂을 일으키는 것이다. 일견하면 무가정치에는 불필요하고 헛된 비용을 들이는 일과 같은 '예악'을 굳이 도입하는 일에 매달린다.

반드시 중국풍으로 하려고 했던 것은 아니다. 무가의 예식禮式에 중세 이래의 유서가 있다는 점을 하쿠세키는 적극적으로 인정한다. 그렇다 하더라도 역시 하쿠세키의 입장에서 보면 옛 '예악'이라고 말하기 어려운 부분이 적지 않았다. 특히 조선통신사에 대한 응접의례에 있어서는 대외적인 국가의 체면('國體')이 걸려 있는 만큼 개정의 필요를 느끼고 있었다. 하쿠세키가 착수한 것은 향응 방식의 변경, 에도성江戶城 외곽의 시바구치고몬芝口御門의 설치 등 여러 가지였는데, 그중에서도 국서에 '국왕國王'이라는 칭호를 사용한 것은 국내적 쟁점이 되었다. 하쿠세키는 '일본국 대군日本國大君'이 한어漢語로서 적절하지 않다고 생각했던 것인데, 다른 한편에서는 '국왕'이라고 칭하게 되면 '긴추禁中'의 존재를 업신여기고 무시하는 꼴이 된다. 이론異論에 대한 하쿠세키 나름의 설명으로서 '천자'와 '국왕'이 공존할 수 있다는 점이 역사를 통해 논해졌다(한편, 쇼토쿠[正德]기 조선통신사에 있어서 실무상 최대의 실패는 상대방과 사전 절충이 부족해 일본 측의 국서에 관례상 피해야 할 조선 측의 휘[諱]를 그대로 기록해 버린 것이다. 후일 그 국서를 바꾸게 되었다).

하쿠세키의 개혁이 요시무네吉宗 정권에서 대부분 뒤바뀌게 된 것은 측근정치의 숙명일 것이다. 오히려 단기간이기는 하지만 하쿠세키가 정권 중추에서 활약할 수 있었다는 점이야말로 호기심이 왕성했던 '윗분(上樣)'에게 등용되었다는 우연의 산물이라고 할 수 있다. 그러나 대국적으로 보면 18세기 초두라는 시기였기 때문에 가능했던 것으로 그 이전에도 그 이후에도 똑같은 기회를 얻는 것은 곤란한 일이었다. 만일 한 세대 전이었다면 학문으로 입신立身

하려고는 생각하지 않았을 것이고 완전무장한 채로 봉공奉公하려고 했을 것이다. 만일 한 세대 후였다면 통치기구가 완성되어 체제 전체를 연출하기보다는 한정된 분야에서 정책 실무가로서 활약했을 것이다. 하쿠세키의 삶의 방식은 그의 세대에 특유한 무가봉공武家奉公의 한 가지 방법이었다. 동세대의 오규 소라이와의 비교가 흥미를 끈다.

참고문헌

宮崎道生, 『新井白石』(人物叢書), 吉川弘文館, 1989

ケイト・ナカイ, 『新井白石の政治戰略』, 東京大學出版會, 2001

眞壁仁, 『德川後期の學問と政治: 昌平坂學問所儒者と幕末外交變容』, 名古屋大學出版會, 2007

09 나카에 도주와 이토 진사이의 사상

| 가타오카 류片岡龍

개성적 사상의 탄생

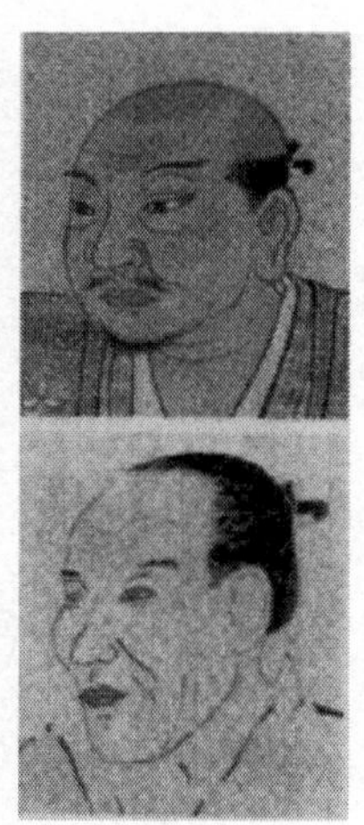
나카에 도주(위)
이토 진사이(아래)

17·18세기는 어느 정도 체계화된 개인의 사상 형성이 가능했던 예외적 시대였다. 나카에 도주中江藤樹(1608~1648)·이토 진사이伊藤仁齋(1627~1705)·오규 소라이荻生徂徠(1666~1728) 등의 사상이 각각 '도주학藤樹學'·'진사이학仁齋學'·'소라이학徂徠學'으로 불리는 이유다.

오늘날 우리는 '나쓰메 소세키夏目漱石의 사상'이라는 말을 쓰기도 하지만 그렇다고 해도 그것을 '소세키학漱石學'이라고 부르지는 않는다. 그것은 도주 및 진사이, 소라이의 경우 체계가 갖춰진 자기 자신의 사상 성립에 대한 자각 혹은 예감을 갖고 있었고 또한 당시에 있어서도 일반적으로 그렇게 비춰졌던 것에 비해, 소세키의 경우는 그러한 자각도 주위의 관심도 없었기 때문이다. 일반적으로 '누구누구의 사상'이라고 하는 경우, 그것은 현재의 사람들의 문제관심으로부터 재구성된 것인 경우가 많다. 그런 의미에서 이 3인의 시대에는 본인의 사상 형성의 자각과 그것을 받아들이는 기반이 있었다는 것은 사상사적으로는 대단히 흥미진진한 사실이다.

그런데 도주는 '양명학파', 진사이·소라이는 '고학파古學派'라고 분류되는 것이 일반적이다. 이것은 메이지에 이르러 이노우에 데쓰지로井上哲次郎가 『일본 양명학파의 철학日本陽明學派之哲學』, 『일본 주자학파의 철학日本朱子學派之哲學』, 『일본 고학파의 철학日本古學派之哲學』이라는 3부작을 저술한 데서 비롯된다. 이 소세키 문하의 학생들로부터 '이노테쓰'라고 바보 취급을 당했던 독일유학파 도쿄대학 교수가 어떠한 관심에서 이 저작을 세상에 내놓았는지에 대해 간단히 정리해보면, 이노우에는 일본의 '고학파' 속에서 서양의 근대 철학의 흐름에 상당하는 것을 찾아내려고 하였다. 그 덕에 도주는 중요한 사상적 계승 관계도 없는 오시오 주사이大鹽中齋 및 막말의 양명학자들의 라인과 연결되어 진사이 및 소라이와의 관계는 끊어지고 말았다.

그러나 원래 이노우에가 고학파를 서양의 근대 철학자들과 동열에 놓을 수 있다고 직관적으로 생각한 것도 처음에 언급한 것처럼 진사이 및 소라이에게는 어느 정도 체계화한 개인의 사상 같은 것이 보였기 때문일 것이다. 그렇지만 그 점에서는 도주도 진사이나 소라이와 다르지 않다. 단지 그들은 자신의 개성적 사상을 주로 양명학·고대 유학 등의 언어로 설명하였다. 이노우에는 그 외견에 이끌린 것이었다(한편 이러한 문제점이 있기는 하지만 이 3부작은 지금까지도 에도유학을 연구할 때 본격적인 입문서로서의 가치가 있다).

나카에 도주가 구축한 내면의 왕국

우치무라 간조內村鑑三는 "도주의 내면에는 자기 자신을 절대군주로 하는 일대왕국一大王國이 있었다"(『代表的日本人』)고 기술하였다. 왕양명王陽明의 '양지良知를 이르게 한다'는 사상을 도주는 '양지에 이른다'고 읽는다.

양명의 생각이 본래 완전한 존재인 '양지'를 현실을 향해 충분히 발휘하게 하여 현실의 비뚤어짐을 올바르게 하려고 했던 것에 비해, 도주의 경우는 외계外界의 시끄럽고 번잡한 일들과 관계하면서 초조해지기 쉬운 정신을 내측內側으로 방향을 틀어 청정淸淨한 자신의 내면에 집중하려고 한다. 따라서 그것은 또한 '자반自反'이라고도 불린다. 양명·도주의 방향이 정반대인 것을 확인할 수 있을 것이다.

이 '양지'를 도주는 만물의 근원적 존재로 파악한다. 그 생성의 움직임에서는 '효孝', 그 주재자主宰者적 측면에서는 '황상제皇上帝'·'대을신大乙神', 그 활동 범위에 착목하면 '태허太虛', 만인에 내재한다는 점에서는 '양지'·'명덕明德'·'성誠'·'독獨'이라고 하지만 모두 동일한 것의 다른 표현이다.

그런데 도주는 일찍이 '대을신'의 영상靈像을 모신 적이 있다. 그렇다고 한다면 이것은 자기 내면의 왕국에 대해 제사를 지낸 것이 된다. 동시대의 주자학자인 야마자키 안사이가 자신의 '마음'을 상자에 담아 제사지낸 일이 떠올라 흥미진진하다.

그런데 도주는 이 내면의 왕국을 '신리神理'가 지배하는 세계라고 한다. '천리天理의 유행流行'에 의해 이 세계를 파악하려고 한 것은 주자학이었는데, 도주는 그 '천리'를 사람의 길흉화복 및 신비·기괴의 세계에까지 관철시키려고 한다. 그에 따라 효행에 천天이 감동하여 세 발 달린 까마귀가 출현했다고 하는 영험담靈驗譚 및 불효를 저지른 며느리가 목부터 머리까지 개로 변해 버렸다는 사례의 얘기들은 도주에게 단순한 우화寓話가 아니라 진실로 받아들여졌다. 즉, '천리'가 사람의 합리적 이해의 범위를 넘어 관철되고 있다는 점에서 '신리'로 표현된 것이었다. 그러나 역시 그것은 '리理'라는 점에서는 변함이 없고 이 내면의 왕국을 도주는 '성인聖人'을 정점으로 한 질서잡힌 체계로서 상정하고 있었다는 점을 간과해서는 안 된다.

도주의 사상이 종교적·내성적 성격을 강하게 띠고 있었다고 해서 자기를 완전히 외계外界로부터 차단해 내면세계에 몰입하려 했다고 보는 것은 성급한 생각이다. "생각해보면 힘들고 걱정이 많은 세상을 배워 편안하게 즐기려면"이라는 그의 와카和歌가 보여주는 것처럼 도주에게 '의아意我'라고 불리는 자기 집착의 마음을 극복하고 내면세계의 안락을 얻는다는 것은 '배움(學)'이라는 오랜 과정을 거쳐야 비로소 가능한 것이었다. 게다가 그 학문이라는 것은 어떤 고상한 것이 아니라 사람에게 겸손하고 자기 자신을 잘 통제하여 주위·환경과 조화한다는 지극히 일상적인 도덕 실천이었다.

이토 진사이가 내다본 원만한 세계

진사이도 도주와 마찬가지로 일상적인 도덕실천의 중요성을 강조하였다. 진사이의 주장의 요점을 한마디로 요약하면 '인간관계를 중요하게 영위한다'(효제충신[孝悌忠信])는 것이다.

도주 및 진사이의 사상의 독창성 및 매력은 그 결론에 있지 않다. 그것은 원래 그들이 진지하게 대결하고자 했던 주자학에서조차 그렇다. 당시의 유학자는 모두 진지하게 '성인聖人'·'군자君子'를 지향하였다. 그 신념을 공유할 수 없는 현대의 우리는 그들의 결론이 평범하다고 비웃을 수는 없다. 주자도 도주도 진사이도 지향하는 목표는 똑같고 단지 거기에 이르는 방법의 우열을 경쟁했던 것이다.

도주가 주자학적 사유를 철저히 해 가는 것으로(명말 유학의 종교적 분위기도 참고하면서) 독자적 사상을 내어놓은 데 비해, 진사이는 마찬가지로 주자학을 깊이 배우면서도 어느 시점부터 그것에 반기를 들어 '반反주자학'이라는 형태로 자기의 사상을 구축해 갔다.

'성性'·'도道'·'교敎'라는 것은 주자학이 중시한 사서四書의 하나인 『중용中庸』 모두에 나오는 중요 개념인데, 진사이는 이것을 '학문의 강령'이라고 부르고 성인의 온갖 가르침 모두가 여기에 총괄된다고 한다. 그리고 여기에 '도' ＞ '교' ＞ '성'이라는 우열을 매긴 뒤에 '성'을 '타고난 천성'이라고 해석하여 개인의 '타고난 천성'을 '가르침(敎)'에 의해 무한히 확충시켜 나갈 때만이 인의예지仁義禮智라는 개개의 인간 내면으로부터 분리된 '도'에 도달할 수가 있다고 한다. 여기서 주자학에 있어서의 인의예지의 '본성本性'으로 복귀한다는 방향이 극적으로 역전되고 있다는 점을 알 수 있다.

그런데 약간 신경 쓰이는 것은 이러한 지적 자극에 넘치는 진사이 사색의 매력이 주자학의 충분한 이해 없이는 완전히 전해지기 어렵다는 점이다. 주자학에서는 '리理'에 의해 이 세계를 파악하려고 하지만, 진사이는 가능한 '리' 등의 지적 매개를 거치지 않고 이 세계 그대로의 모습을 보려고 한다. 그렇게 해서 드러나는 세계는 사람들이 인간관계를 중심으로 매일의 일상생활을 상식에 따라 원만하게 영위하는 광경이다. 거기에는 생生밖에 없다. 사死는 어디까지나 생의 종료에 지나지 않는다. 또한 천지天地의 시작도 끝도 없다. 왜냐하면 생·사·시始·종終을 대립시키는 것과 같은 이원론二元論적 이해는 지적 매개에 의해 야기된 환영幻影에 지나지 않기 때문이다. 그러나 그러한 그의 일원적 세계를 진사이는 자기 자신의 언어로 엮어내지는 않았다. 우리는 그의 주자학 비판을 통해 그가 본 광경을 마치 음화陰畵처럼 상상할 수밖에 없다.

그런데 '교敎'는 또한 '학學'이라고도 불린다. 따라서 진사이에게 학문이란 역시 도주와 마찬가지로 일상적 도덕을 지속적으로 실천하는 것이다('확충[擴充]'). 그리고 그러한 학문을 즐겨한 대표적인 인물이 공자孔子였다.

진사이는 공자의 언행을 기록한 『논어論語』를 "최상지극우주제일最上至極宇宙第一"의 서적이라고 부른다. 또한 『맹자孟子』는 『논어』의 '날개'라고 간주된다. 진사이는 『논어』와 『맹자』를 반복숙독反復熟讀하여 두 책 사이를 관통하는 '공맹孔孟의 혈맥血脈'을 파악할 필요성을 강조한다. 그 혈맥이 바로 '고의古義'고 그것은 『논어고의論語古義』와 『맹자고의孟子古義』로 결실을 맺는다. 이것이 진사이학이 '고의학古義學'으로도 불리는 이유다.

그런데 후에 오규 소라이가 '논쟁'적 서적이라고 한 『맹자』를 어째서 진사이가 이렇게까지 평가한 것인지는 잘 모르겠다. 사견私見으로는 『맹자』가

이단異端 비판의 서적이기 때문으로도 보인다. 진사이에게 일상도덕의 실천이라는 주장은, 항상 그 일상의 삶(生)과 괴리되어 백골白骨의 환영幻影 세계에 안주하려고 하는 지적 태도에 대한 비판과 동전의 양면을 이루고 있다. 그러한 이단으로의 타락은 주자학 이전에도 불교·도가, 나아가서는 인류 역사의 시작 이래 언제나 존재하고 있다. 사서 가운데 『대학』 및 『중용』 후반부가 비판되는 것도 이러한 관점에서다.

이 점에서 같은 '고학파'로 분류되는 소라이가 고대를 절대시하는 것과는 다르다. 진사이가 주자학에 대해 자기의 사상체계를 구축해간 것처럼 소라이는 이 지점에서 진사이학의 붕괴를 꾀하면서 자신의 사상적 체계화를 지향해간다.

사상의 체계화를 가능하게 하는 것

마지막으로 그러면 어떻게 해서 도주와 진사이 시대의 유학에는 어느 정도 체계가 선 개성적 사상의 확립이 가능했던 것일까. 그것은 분명 근세 동아시아에 있어서 지극히 체계적인 구조를 지닌 사상이었던 주자학의 반작용이다. 그들은 모두 진지하게 그 주자학으로부터 탈각하여 스스로가 납득할 수 있는 사상을 세우기를 원했다. 그 과정에서 그들의 사상은 개성적인 동시에 보편적 체계화를 지향한 것이기도 하였다. 이것을 일종의 보편적 깨달음의 현상으로 볼 수도 있다.

이러한 의미에서 그들은 '탈주자학파'다. 이 '탈주자학'의 흐름은 뒤에 모토오리 노리나가 등의 '탈유학'의 움직임으로 이어진다. 그러나 너무나도 난해하여 '괴물학怪物學'이라고 평해졌던 미나가와 기엔皆川淇園의 개물학開物學 및 안도 쇼에키安藤昌益·미우라 바이엔三浦梅園 등의 사상을 보면 주자학이라는 거대한 적을 잃어버린 독창적인 사상체계는 적어도 동아시아 한문권에서 보편성을 서서히 상실해 간 것처럼 보인다. 그들의 사상이 새롭게 각광을 받게 된 것은 서양이라는 다른 종류의 보편성이 동아시아 문화권에 무거운 그림자를 드리우는 암운의 근대를 기다리지 않으면 안 된다.

참고문헌
伊東多三郎 編, 『中江藤樹・熊沢蕃山』(日本の名著 11), 中央公論社, 1976
石田一良, 『伊藤仁齋』(人物叢書), 吉川弘文館, 1960

10 분수령으로서의 오규 소라이

| 가타오카 류片岡龍

오규 소라이

오규 소라이荻生徂徠(1666~1728)는 에도사상사의 분수령이라고 종종 일컬어진다. 어떤 의미에서의 분수령이었을까.

마루야마 마사오丸山眞男는 소라이에게서 사유 양식의 변혁('자연'에서 '작위'로 - '이다'에서 '하다'로)이라는 근대의 맹아를 발견하였다. 사유의 결과가 아니라 사유의 방식에 착목하는 것은, 사고방법의 변혁이야말로 근대 사상의 단서라고 생각했기 때문일 것이다. 예를 들면 18세기 프랑스 계몽사상은 그 이전의 'God'를 정점으로 하는 세계의 구성물에 특별히 변화를 가한 것은 아니었다. 단지 'God'를 A로부터 시작하는 백과사전의 G항목에 새로 배열한 것뿐이었다. 변혁의 내용은 둘째 치고, 소라이의 시대를 경계로 무언가 사고양식의 변화가 있었다는 점이 확실한 만큼 분수령으로서의 의의를 부여하는 것은 지금도 여전히 매력적이다.

물론 근년에 이르러 '근대' 비판은 왕성하지만 설혹 이른바 근대주의론자처럼 근대에서 밝은 것, 이상적인 것을 찾는 것은 더 이상 불가능해졌다고는 해도 분수령의 존재 그 자체는 부정할 방법은 없다. 이 분수령을 넘어선 흐름의 방향을 재검토하는 작업은 아직 시작 단계에 지나지 않는다. 이는 '국가주의'의 조형祖型으로서 후기 미토학水戶學과의 연속면(비토 마사히데[尾藤正英]), '호국護國의 귀신'적 언설의 기점이라든지(고야스 노부쿠니[子安宣邦]), '국체國體'의 하나의 기원으로서 음모적 발상의 원류(와타나베 히로시[渡辺浩])라는 파악이 현재의 주류다.

이렇게 소개하면 소라이학이 악惡의 근원처럼 보여 연구 의욕을 크게 깎아내리는 것 같은데, 실제로 소라이를 주제로 한 연구는 근년 특히 감소하고 있다. 이것은 근대에 이상적인 것을 찾는 것은 물론 '근대'를 비판하려고 하는 정열조차 공유하기 어려운 시대에 이미 돌입했기 때문일지 모른다. 악의 근원이든 근대의 맹아든 간에 "하지만 그런 것은 나하고 관계없어!"(고지마 요시오[小島よしお])라는 그런 괴로운 입장에 우리는 서 있는 것이다.

그러나 사상사라는 학문은 결코 모든 것을 시대에 환원해 버리는 것이 아니다. "계절에 따라 사멸死滅하는 사람들로부터는 멀리 떨어진", "맑은 빛의 발견에 마음을 쏟는 몸"이다. 우리가 빠진 구멍으로부터 분수령의 고개를 응시하여 그 위에 떠오는 구름 및 풀숲에 숨은 작은 동물, 몇 갈래로 나뉘어 흐르는 작은 시냇물, 바위 그늘에 내달리는 폭포, 그런 것들을 모두 응시하여 보는 사람이 보여지는 사물과 동일해질 때까지 시력視力을 연마하는 것, 그것만이 이 구멍으로부터 몸을 일으켜 세우기 위한 길이라고 생각하는 점에 바로 방법으로서의 사상사의 정수가 있다.

역사주의를 넘어서

"학문은 역사로 귀결됩니다"(『徂徠先生答問書』), 이것이 분수령으로부터 바로 우리에게까지 도도하게 흐르는 대하大河다. 이러한 사고에서 그때까지의 유학자들 각각이 지향해야 할 이상이었던 '성인聖人'은 요堯·순舜·우禹·탕湯·문文·무武라는 고대 중국의 건국의 왕('선왕[先王]')이라는 역사적 존재로 간주되었고, 보편성의 대명사였던 '도道'는 '선왕'이 만전을 기해 인간세계를 다스리기 위해 만든 '예악형정禮樂刑政'이라는 구체적인 문물로 간주되었다. 그리고 이 문물은 이미 소멸되어 없어졌고 그 파편만이 남겨진 시대에 우리가 살고 있다고 소라이는 생각했다.

여기에 매우 위험한 독소가 숨겨져 있다는 것은 누구라도 직관적으로 느낄 수 있을 것이다. 여기서부터 역사상대주의의 함정에 이르기까지의 거리는 불과 한 발짝 정도에 지나지 않기 때문이다. 서양에서도 '역사'라는 개념이 낭만주의 이후 맹위를 떨쳤다는 사실은 굳이 다시 지적할 필요조차 없는 것이다.

그러나 역사주의적 사고는 실은 소라이와 동시대에 널리 공유되고 있었던 것이다. 소라이는 이토 진사이에게서 그것을 찾고 있으나, 이것은 어떻게 보면 시비를 거는 것과 같은 일이다. 그러나 소라이와 동년대의 진사이의 아들인 이토 도가이伊藤東涯(1670~1736)에게는 『고금학변古今學變』으로 대표되는 것과 같은 확실한 역사주의적 경향이 보인다. 소라이 자신은 중국 명대明代의 고문사학古文辭學이 '문文은 진한秦漢, 시詩는 성당盛唐'이라고 문학의 전형이 되는 시대를 상정했던 것을 흉내내어, 예악禮樂이 소멸하기 이전의 시대를 전형으로 하여 역사상대주의로부터 도약을 시도하고 있다.

고학파古學派만이 아니라 아라이 하쿠세키新井白石(1657~1725)의 『독사여론讀史餘論』, 『고사통古史通』, 주자학적 역사관에 의거한 하야시가의 『본조통감本朝通鑑』(1670년 완성), 그 편찬시기가 에도에서부터 메이지를 거의 뒤덮는 미토의 『대일본사大日本史』(1657~1906) 등, 그리고 그것들이 서양 전래의 역사관과 결합하고 서로 얽혀 일본에서도 '역사'는 크게 맹위를 떨쳐 간다. 사상사라는 학문도 그 흐름에서 비롯된 것이지만 동시에 그것에 저항하는 것이기도 하다.

도학선생에서 문학청년으로

한편 이러한 본류에 등을 돌렸다기보다는 실제 수적으로는 이쪽이 다수였을 텐데도 소라이 출현 이후 여전히 자기 자신의 '마음'을 연마해 올바르게 살아갈 길을 지향하는 사람들도 있었다. 특히 교토를 중심으로 하는 문화권에는 에도를 중심으로 세력을 확장해 가고 있던 소라이학도 그다지 잘 침투하기 어려웠던 모양이다. 중세 후기 이래의 문화적 전통과 소라이학의 충돌이라는 문제는 앞으로도 깊이 탐구되어야 할 연구과제다.

소라이는 이러한 학자를 '부유腐儒'라고 불렀다. "차라리 제자백가곡예諸子百家曲藝의 사士가 되는 것이 낫지 도학선생이 되는 것은 원하지 않는다"(『學則』), 이러한 말을 내뱉은 유학자는 지금까지 한 사람도 없었다. 그러나 이 야유가 당시의 문학청년들을 매료시켰다. 소라이학은 미친 듯이 일세를 풍미하였고 그로인해 세상은 일변했다고까지 말해진 것이다.

이처럼 싸움은 우선 문학의 장에서 일어났다. 오산五山 이래의 한문학의 교양을 배양해 온 『삼체시三體詩』 및 『고문진보古文眞寶』는 『당시선唐詩選』 및 명대 고문사파古文辭派의 시문집으로 대체되었다. 소라이학파는 보통 다자이 슌다이太宰春臺(1680~1747)의 경학파經學派와 핫토리 난카쿠服部南郭(1683~1759)의 시문파詩文派로 분열되었다고 하지만 실제로 일세를 풍미한 것은 시문파 쪽이었다. 그러나 그것은 곧바로 또 새로운 세대의 문학 조류로 교체되었다. 이렇게 해서 18세기 이후의 일본 문단의 성쇠는 새로 전래된 문학 이론으로 무장한 청년들이 노인들의 낡은 문학을 구축해 가는 구도를 반복하게 된다.

쓰다 소키치津田左右吉가 일본인 본래의 사고방식, 느낌을 찾아내기 위해서는 유학 서적 및 불교 서적, 신도 서적과 같은 사상 전문 분야가 아니라 문학에 착목하지 않으면 안 된다고 했던 것처럼(『文學に現われたる我が國民思想の研究』), 에도시대의 유학의 역사도 한시문을 중심으로 한 문단의 성쇠盛衰의 역사와 떼어 놓을 수가 없다. 종래의 사상사는 새롭게 문단에 등장해 온 이론들을 연결하여 이른바 산봉우리들의 흐름의 역사를 묘사해 왔는데, 근년에 이르러서는 역사로부터 사라진 것에 대한 시선도 중시하게 되었다. 아마도

일본의 참된 사상적 격투는 이 구축驅逐되어 침잠해 간 것 속에서 숙성되고 있다고 생각한다. 그러나 아직 우리는 그것을 찾아낼 유효한 방법을 발견하지 못하고 있다.

'천명'과 '마음'

소라이가 '성인'을 지향하는 학자들을 비웃은 것은 그들이 '천명天命'을 알지 못하기 때문이었다. 역사를 되돌아보면 '성인'은 고대 중국에밖에 출현하지 않았다. 공자조차 때를 타고나지 못해 새로운 문물제도를 제작하는 것을 단념하고 붕괴·산일散逸되어 있던 과거 문물의 단편을 주워 서물書物로 정리하여 후세에 전하는, 학자로서의 '천명'을 50세에 알게 되었던 것이다. 쌀은 쌀, 콩은 콩으로밖에 성장하지 않고 기질을 변화시켜 '성인'이 되려고 하는 것은 '천명'에 대한 경외를 알지 못하는 도학자의 오만이다.

그러나 당시의 문학청년들은 이것을 문학의 도덕으로부터의 해방 선언으로만 받아들였다. 이 선언을 방패로 삼은 문인들의 방종한 생활은 후에 간세이寬政 이학異學의 금지령(1790)을 불러일으키게 된다.

한편 '천명'에 대한 경외의 마음이라는 일종의 종교적 감정은 잊혀 갔다. 확실히 소라이는 '마음'을 직접 대상으로 하는 학문을 비판했다. 단지 이 일종의 종교적 감정이란 바로 '마음'의 문제였고 그저 유학자였던 그들은 문물을 제작하고 인류의 '도道'를 연 성인(선왕)의 천명, 위정자로서 선왕의 '도'를 받들어 백성을 편안히 할 군자의 천명, 학자로서 '도'를 후세에 전할 학자의 천명이라는 형태로밖에 '마음'을 말할 수 없었다.

'마음'은 '명命'이라는 형태로 '천天'에서 내려오는 것으로 하나의 인간을 뛰어넘는 커다란 존재다. 따라서 이 '마음'에 직접 도달하는 것은 인간에게는 불가능한 일이다. 어째서 초목이 꽃피고 열매 맺으며 물이 흐르고 산이 우뚝 솟으며 새가 날고 짐승이 뛰어다니며 사람이 행하고 말하게 되는지조차 그

까닭을 알 수 없는 것이다(『徂徠先生答問書』). 우리에게는 그저 '천天'으로부터 내려진 '명命'에 따라 활동한 결과물, 즉 선왕이 만든 예악형정, 군자가 그것을 받들어 실천한 정치적 사업, 학자가 그것들을 기록한 문자라는 '물物'밖에 남겨져 있지 않다. 이것이 소라이가 학문은 역사로 귀결된다고 한 이유다. 그리고 이 '물'을 지적으로 이해하는 것이 아니라 익힘을 통해 우리 몸에 체득해 갈 때 비로소 우리는 '천'의 '마음'을 접할 수 있게 되는 것이다.

동아시아 문화의 일방통행을 넘어서

이러한 소라이의 '역사' 및 '천명'에 대한 이해가 일견 화려하게 보이는 문학상의 표면적인 각축 아래 교토를 중심으로 전개된 중세 후기 이래의 문화적 전통과 어떻게 충돌하고 혹은 서로 얽혀 전개해 갔는가는 매우 흥미로운 문제다. 그리고 그것이 또한 중국의 사상사 및 문학사와 어떠한 관계를 갖고 있는가도 역시 중요한 과제다. 소라이는 40대까지 주자학자로서 살다가 명대明代의 고문사파의 문학 이론에 접하게 되어 독자적 사상을 구축하였다. 그는 일본에 있어서의 고문사古文辭의 문운文運이 동아시아를 석권하게 될 것을 기대하였다. 혹은 만일 그것이 실현되었다고 한다면 소라이는 일본에 '천명'이 내려졌다고 믿었을지도 모른다. 그러나 그 꿈은 깨지고 그는 공자와 마찬가지로 50세에 '도'를 후세에 전하는 사명을 깨달았다. 결국 동아시아에서 문화의 교통은 언제나 일방통행이었고 중국으로부터 유입된 문화는 일본이라는 토양에서 독특한 발달을 이루지만 그것이 밖으로 발전해 나가는 일은 없었다. 소라이의 꿈이 이후의 일본에서 어떻게 전개해 가는지, 여기에도 분수령에서 흘러 떨어지는 한 줄기의 수맥이 어렴풋이 보인다.

참고문헌

丸山眞男, 『日本政治思想史硏究』(新裝版), 東京大學出版會, 1983

內藤湖南, 『近世文學史論』(『內藤湖南』, 日本の名著41, 中央公論社, 1971所收)

11 도쿠가와시대의 역사 사상

| 다카하시 아키노리高橋章則

'역사'와 대면하는 입장

라이 산요

사람은 여러 가지로 행동하고 끊임없이 '일'을 만들어낸다. 그 연속해서 이어지는 '일'들을 망라해 기록해 두려고 한 사람은 중국의 황제였다. 후일 '역사서술'(역사서)을 전제로 자신이 행한 바나 언동 등을 복수의 서기관(좌사[左史]·우사[右史])에게 기록하게 하였던 것이다. 그러나 결국 '일' 전반을 기술하지는 못하고 기준을 정해 선택적으로 기술하기에 이른다. '역사' 재구성의 소재인 '사료'는 '일'의 전부가 아니다. 가치판단 아래에서의 선택적 기술인 것이다.

그러한 '사료'를 구사하여 서술하는 역사서에도 역시 선택 및 재구성을 동반하지 않을 수 없다. 기준이 없는 나열로는 체계가 서지 않기 때문에 연월일이라는 시간 순서에 따라 편성하거나(편년체[編年體]), '사람'을 유형화하여 주제화하는 것이다(기전체[紀傳體]). 나아가서는 '일' 그 자체의 의의를 일정한 규칙에 의거하여 질서지우는 서술도 생겨난다(기사본말체[紀事本末體]). 공식 역사서인 '정사正史'는 대개 이렇게 해서 성립한다.

'정사'가 진용을 갖추어 '사료'의 작성·검토에서 역사서술에 이르는 것과는 대조적으로 개인의 독자적 입장에서 '역사'에 대치하는 것이 '야사野史'·

'야승野乘'이라고 불리는 역사서류다. 그것들은 독자를 의식하면서 매력적으로 '역사'를 '이야기'하는데, '사료'의 구속력이 약하여 약간 신빙성이 작은 서술도 포함한다.

한편 서술자의 입장과는 반대로, 그 역사서를 수용하여 '역사'를 요해了解하는 형태로서 '역사'와 대면하는 스타일이 있다는 것을 인정하지 않으면 안 된다. 많은 사람들은 '역사'를 검증하는 수단을 갖고 있지 못하므로 서술자에 의해 제시된 '역사'에 의지하지 않을 수 없다. 단지 그 경우의 요해가 서술자의 의도대로 형성된다고는 보장할 수 없다.

'역사'와 대면하는 방법은 참으로 다양하다.

역사 사상을 역사상의 '일'의 상호 관계를 원리적으로 생각하는 것, 혹은 '일'의 전개 속에 어떠한 원리 및 이념을 찾아내려고 하는 사유라 생각한다면, '사료'의 작성에서 역사서 작성에 이르는 여러 단계, 나아가서는 '역사서'를 향수하는 독자의 내부에도 역사 사상이 존재하는 것이 된다.

'사료'와의 대치

'스케助씨 가쿠格씨'가 '고인쿄御隱居'(은퇴한 전 주군)를 보좌하여 여러 나라를 만유하면서 '사건'에 조우한다. 최후에는 도쿠가와의 '고이코御威光'로 해결을 시도하여 막말의 강담講談『미토 고몬 만유기水戶黃門漫遊記』 등을 한층 더 통속화한 TV 시대극 "미토 고몬水戶黃門"의 줄거리는 미토번의 『대일본사大日本史』 편찬에 필요한 '사료' 확보의 동정이 노공老公의 '여로(旅)'로 형상화된 것이라고 해도 과언이 아니다. 그렇게 말하는 것은 '스케씨 가쿠씨'의 모델이 된 삿사 무네아쓰佐々宗淳(삿사 스케자부로[佐々介三郎])와 아사카 단파쿠安積澹泊(아사카 가쿠베[安積覺兵衛])가 미토번의 역사관歷史館인 '쇼코칸彰考館'의 총재를 역임한 인물로 그들은 사실史實을 지탱해 줄 '사료' 탐방 여행을 하고 있었기 때문이다.

'사료' 열람에는 어려움이 동반된다. 실제로 교토의 공가公家로부터의 '사료' 제공 등은 생각만큼 진척되지 않았다. 그러한 곤란이 노공의 여로를 둘러싼 '소동騷動'의 간접적 원인인 것이다.

그런데 『대일본사』는 막부가 편찬한 『본조통감本朝通鑑』과 함께 에도시대 전반의 역사서를 대표하는데, '정사'를 지향하는 『본조통감』이 '편년체'로 서술된 것에 대항해 『대일본사』는 '기전체'를 채용하였다. 그리고 '진구 황후神功皇后'를 천황의 본기本紀가 아니라 후비전后妃傳에 넣고 '오토모 황자大友皇子'의 즉위를 인정해 본기에 넣고 '남조南朝'를 정통으로 하는 본기를 세웠다.

그 '삼대특필三大特筆'에 대표되는 사항에 대한 정통성을 판단하여 필기하는 기본 자세는 서문에 "사史는 사事를 기록하기 때문이다. 사事에 의거해 직서直書하면 권징勸懲은 저절로 드러난다"고 기술한 것처럼 객관적으로 역사를 서술하면 역사의 '이법理法'은 자연스럽게 이해된다는 도덕적인 확신이 뒷받침되고 있었던 것이다.

그러나 아무리 도덕적이고 '직서直書'하였다고 해도 그것을 지탱하는 '사료'가 갖추어지지 않으면 허구에 가깝다. 『대일본사』는 역사를 논단하는 '논찬論贊'의 문장을 남길지 여부를 비롯하여 편찬되어 갔다. 그러한 혼미가 발생한 것은 '사료'와 '이법'과의 불일치라는 딜레마가 있었기 때문이다.

『본조통감』이 지향한 것이 바로 그 딜레마로부터의 해방이다. 역사를 윤리적으로 파악하는 것을 피해 서술면에서의 통일을 주안으로 삼은 것이다. '통감'이라는 이름은 중국 북송北宋 사마광司馬光의 『자치통감資治通鑑』을 모방한 것을 의미하고 '사료'를 널리 찾아 수록하였을 뿐 아니라 고증을 엄밀히 하였음을 과시하는 것이었다. 그러나 에도 전기, 고증의 기법은 아직 발달하지 못하였고 주기注記를 비롯한 '사료'의 취급에도 난점이 있었다.

그것이 해소된 때가 에도 후기로, 동시대 중국의 '고증학考證學'의 영향 아래 발전한 일본의 역사학은 『도쿠가와 실기德川實紀』와 『후감後鑑』을 비롯한 대규모의 역사서를 차례차례 발간하였다. 그것들에 대한 엄밀한 '고증'과 역사서의 편찬 이념을 제시한 이가 다이가쿠노 가미(大學頭)인 하야시 줏사이 林述齋(1768~1841)였다.

'사료'를 비교·검토하여 사실의 확정을 지향한다. 그러나 그것이 어려워 의문이 남는 경우에는 '사료'를 병기하고, 후대의 역사가에 맡긴다. 이 '전의傳疑' 의 자세야말로 에도 전기의 의심나는 것은 삭제한다는 '궐의闕疑'의 자세와 대조를 이루는 역사학의 발상이다. 근대의 역사학은 19세기 전반에 대규모의 역사서 편찬기의 싹을 틔우고 있었던 것이다.

논쟁적인 역사의 '이야기'

메이지의 원훈元勳 이토 히로부미伊藤博文는 '폐번치현廢藩置縣의 결정'(『伊藤公直話』)이라는 회고담에 "어릴 적부터 산요山陽의 『일본정기日本政記』를 애독하여 그의 근왕론勤王論에 감격"하였으며, "우리 나라의 왕조가 융성한 때에는 오늘날의 이른바 군현郡縣의 제도가 행해졌는데, 이 제도는 바로 왕조의 생명" 이라고 마음속에 새겼다고 한다.

『일본정기』의 제도관에 따라 정치행동을 결정하였다고 하는 이토의 말에는 전기류에 독특한 각색이 섞여 있어 의문의 여지가 없지는 않지만, 『일본정기』와 더불어 라이 산요賴山陽(1780~1832)의 『일본외사日本外史』의 '이야기'가 그의 정치정신을 발양하는 계기가 되었다는 언급에는 수긍할 수 있다. 다른 유신 지사들에게서도 비슷한 발언이 보이기 때문이다.

그렇다면 『일본정기』 혹은 『일본외사』의 어떤 '이야기'가 그들의 정치행동의 지침이 되었다고 말하는 것일까.

산요는 『일본정기』의 진무神武 천황의 논찬論纂에 "어떤 사람이 말하기를 진무는 봉건제를 시행하였는데, 덴치天智에 이르러 이것을 바꿨다고 하지만, 나는 그렇게 보지 않는다"고 기술하여 진무 천황이 채용한 지방통치제도는 논적이 말하는 '봉건'이 아니라 '군현'제라고 논하고 있다. 그 '이야기'를 근거로 하여 이토는 메이지의 지역 지배 모델을 '군현'제에서 구하여 제도화를 추진했던 것이다.

진무 천황 때의 지방제도가 '봉건'인가 '군현'인가에 대한 논의는 막말기에 가까울수록 성행하였는데, 산요의 '이야기'는 그런 상황에서 전개된 것이었다. 또한 역으로 그러한 풍조를 증폭시키기도 했다. 예를 들면 『일본외사』를 읽은 가모치 마사즈미鹿持雅澄 등은 "황조皇朝의 고대는 모두 중국의 봉건제와 같은 모습이었다"(『日本外史評』)라고 하여 산요의 설을 정면에서 비판한 것이었다.

이토의 행동에 관한 '이야기'는 이러한 사학사적인 논쟁을 그 내부에 함장한 것이었다.

사실 이 논쟁의 연원은 모토오리 노리나가의 '국조國造'의 논의였다. 노리나가의 '이야기'가 자의적인 픽션이라고 비판한 이는 산요의 스승이자 한시인漢詩人으로 유명한 간 자잔菅茶山이었다. 1809년(분카[文化] 6)에 자잔은 자신이 정리한 『후쿠야마 시료福山志料』에서 모토오리 노리나가의 『다마카쓰마玉かつま』에 대해 다음과 같이 탄핵하였다.

"노리나가가 주장하는 상고上古는 평생 그가 비웃은 중국의 옛날에 비해 조금도 뒤떨어지지 않는다고 자부하려는 마음에서 비롯된 것이고, 또 지금의 시대가 비교적 훌륭한 봉건시대이자 옛날에 비해서도 뛰어나기 때문에, 사람들이 생각하기에 뭔가 떳떳치 못한 마음에서 상고를 봉건이라고 꾸며 말한 것이다."

노리나가는 논적이었던 유학자들의 이상적 세계인 '중국 고대'의 '봉건' 세상과 똑같은 가치를 지닌 일본 고대사의 이미지를 그리고 있다. 그뿐만 아니라 에도시대의 사람들이 동시대를 '봉건'이라고 의식하여 평화를 구가하고 있기 때문에 고대도 그것에 가까운 것처럼 그리고 있는 것이다.

자잔은 노리나가가 '국조國造'를 '봉건'이라고 논한 것을 허망한 '이야기'

라고 잘라 말한 것이었다.

'지知'의 평준화와 관계되는 '역사'의 '향수'

19세기 전반에 정점에 달한 대규모의 역사서 편찬의 시대를 특징짓는 것은 일반 실무를 담당했던 유능한 무사들이 다수 동원된 점이었다. '역사'는 더 이상 한 줌의 학자의 전유물일 수 없게 된 것이다. 이러한 '역사' 지식의 확산은 역시 19세기 전반에 현저화된 출판문화의 다양성과 어울려 '역사'를 친근하게 느끼는 사람들을 폭발적으로 증가시켰다. 그러한 계몽의 시대에 '역사'에 대한 대치의 방식을 보여주는 서물로는 『도지쓰童子通』가 있다.

『도지쓰』는 1844년(덴포 15)에 시모쓰케미부下野壬生번의 야마모토 쇼이쓰山本蕉逸가 '중본中本'이라는 간단한 스타일로 정리한 학문적 입문서인데, 메이지기에 재판되기도 한 이른바 막말·메이지기의 잘 알려지지 않은 학문의 바이블이다. 그 속에 '역사' 이해를 둘러싼 흥미진진한 기술이 보인다.

"(오라이모노[往來物, 서간 형식을 취한 초등교육용 교과서]를 가지고 학문의 기초를 몸에 익히는 한편) 신황정통기神皇正統記를 비롯해 그 전후의 다이헤이기太平記부터 다이코기太閤記·미카와기三河記 등을 읽어야 한다. 왕대王代·무가武家의 사적을 대강 알고 난 뒤에 중국의 통속본을 읽어야 한다. 십이조군담十二朝軍談을 비롯하여 명청문기明淸門記, 더불어 수호전까지 섭렵해야 한다." 『도지쓰』가 일본·중국의 통속 역사서의 열독을 권장하는 것은 "당연히 정사正史라는 것은 서로 다른 점이 있다고는 하더라도 대의를 알기에는 충분하다"고 하여 '역사'의 큰 흐름을 아는 것이 중요하며 약간의 잘못에 대해서는 눈을 감아도 좋다고 생각하기 때문이다.

이 『도지쓰』에 의한 추천이 직접적인 이유는 아니겠지만 오늘날 지방의 명망가에 전해지는 장서藏書에는 앞에 열거한 것과 같은 역사서를 완비한 곳이 많다. 자력으로 역사서를 독파하는 '향수자享受者'의 역사 사상은 이러한

'야사野史'로 분류되는 통속적인 역사서를 통해 형성되었던 것이다.

그러면 그들이 '역사'로부터 읽어낸 핵심적인 것은 무엇이었는가. 『도지쓰』 '화한역사和漢歷史의 대요大要'는 다음과 같이 말한다.

"역사를 읽는 데에는 그때그때의 제도에 연혁이 있다는 것을 알아야 한다. 그 속에서 봉건과 군현의 차이를 구별할 줄 알아야 한다."

'봉건'과 '군현'이라는 정치제도의 차이를 바탕으로 역사를 이해해야 한다는 말이다. 그리고 『도지쓰』의 결론은 '봉건제'에서 '군현제'로 이행한 중국의 역사와는 역방향의 전개가 일본에 있었다는 것이다. 신기하게도 이전에 간 자잔이 모토오리 노리나가에 도전한 논의가 모습을 바꿔 제기되고 있는 것이다.

그와 똑같은 기술은 절용집節用集 등의 간이 백과사전에도 보인다. 결국 '정사正史'에는 보이지 않는 역사의 '대의'가 이러한 경로로 형성되어 갔다고 생각할 수 있다.

참고문헌

坂本太郎, 『日本の修史と史學』(日本歷史新書), 至文堂, 1958

高橋章則, 「近世後期の歷史學と林述齋」, 『日本思想史研究』 21號

高橋章則, 「『上古封建』論と國學: 近世史學思想史の一斷面」, 『日本思想史研究』 16號

12 조선 유학

| 이노우에 아쓰시井上厚史

조선 유학에 대한 관심

이퇴계

근대 이후의 일본인에게 조선(한국) 유학은 오랫동안 연구대상이 되지 못했다. 유사 이래 한일 문화교류의 오래된 역사, 혹은 동일하게 동아시아 문명권에 속하는 이웃나라라는 것을 생각하더라도 이것은 이례적인 일이다. 그 배경에는 근대 일본인의 두 가지 인식, 즉 식민지화에 의한 조선 문화에 대한 멸시와 전근대 사상으로서의 유교 그 자체에 대한 부정이 개재되어 있었다고 생각한다.

이러한 일본인의 조선 유학에 대한 무관심에 이의를 제기하여 그때까지 누구도 지적하지 않았던 에도 유학과 조선 유학의 긴밀한 관계를 분명히 한 이가 아베 요시오阿部吉雄였다. 아베는 1965년에 『일본 주자학과 조선日本朱子學と朝鮮』을 간행한 이래 차례차례로 조선 유학과 관련된 책을 저술하여 일본인의 조선 유학에 대한 인식을 일변시켰을 뿐만 아니라 한국인의 조선 유학에 대한 인식에 이르기까지 커다란 영향을 미쳤다.

아베의 학설은 크게 둘로 나눌 수 있다. 그 하나는 이퇴계李退溪(1501~1570)의 사상적 특징을, "그 학풍은 경敬을 주로 하고 마음의 수양을 중시해 인간성을 순화하는 것을 목표로 하는 도학道學이다. 원명元明시대 이래 주자학이 박잡博雜

으로 흘러 생기를 잃는 경향이 나타났고 특히 주자학이 과거科擧를 위한 학문이 되어 타락의 일로를 걷는 경향이었던 것에 대해, 공자와 주자의 가르침을 세워 원점으로 돌아가 인간이 가야 할 길의 지적 실천을 역설하고 철학적인 수양학을 주창하였다"고 하여 이퇴계를 주자와 동등한 지위로까지 선양한 점, 또 다른 하나는 "이 학풍이 일본의 도학파의 공명을 얻어 '주자 이래의 성인'으로 존경받아 도학 중흥의 시조라고 추앙되었다"고 하여 후지와라 세이카, 하야시 라잔, 그리고 야마자키 안사이 등 이른바 일본 주자학파에 속하는 사상가가 모두 다 이퇴계를 존중하였고 또한 커다란 영향을 받아 왔다고 역설하는 점이다. 이 아베의 학설은 한국에서 높이 평가되어 이퇴계의 위대함을 증명한 것으로서 아직도 커다란 영향을 미치고 있다.

그러나 근년의 한일 사상사 연구의 진전 속에서 아베의 이러한 해석은 수정되고 있다. 예를 들면 에도시대의 유학자 태반은 조선 유학을 존경하기보다는 멸시하고 있었고 이토 진사이도 "황滉(이퇴계)은 무릇 주문朱文을 사물私物화하여 그렇게 말한다"고 평하여 이퇴계가 주자의 사상을 사물화하고 있다고 비난하였다. 또한 오랫동안 의심한 적이 없었던 이퇴계와 야마자키 안사이의 관계에 대해서도, "안사이는 이퇴계에 대해 더불어 주자를 배우는 선인으로서 누구보다도 깊이 존경하였는데, 그것은 결코 비판 및 의문을 억제하고 그 일언일구一言一句를 준수한다는 것은 아니었다. 그러기는커녕 안사이에게는 이퇴계의 이해 및 해석을 배척한다거나 그것들에 대해 의문을 던지는 것과 같은 몇 가지 말이 남겨져 있다"(田尻祐一郎, 『山崎闇齋の世界』)는 지적도 있는데, 조선 유학이 일본 유학에 미친 영향이 한정적인 것이었음이 확실해지고 있다.

연구의 새로운 전개

이러한 이퇴계를 중심으로 한 조선 유학 연구의 계보와는 달리 새로운 시점에서 조선 유학을 평가하는 학설이 제출되었다. 그것은 1950년대 한국 전쟁 종결 후의 새로운 민족사관에 의거한 '실학 · 실학파' 개념의 제창이다. 실학實學에 대해 '현실 극복을 위한 대책 · 방책을 세운다'는 실용주의적인 학풍으로 파악하여 조선 유학은 다른 것에 못지않게 현실주의적인 사상이라고 주장되었다. 그러나 대표적 실학자의 한 사람으로 여겨지는 이익李瀷(호는 성호[星湖], 1681~1763)이 성리학파의 대표로 간주되는 이퇴계의 저작을 발췌한 『이씨수어李氏粹語』를 편찬한 점, 그리고 중국 청조淸朝의 경세치용經世致用학파의 저작이 조선 및 일본(특히 쇼헤이자카 학문소)으로 전해진 현상의 일환으로 실학이 대두되었던 것인 만큼, '유학 내부로부터의 내재적인 비판을 통해 등장한 실사구시實事求是의 사상 및 학문'이라고 결론짓기가 어려워지고 있다.

더욱이 조선 유학을 특징짓는 것으로서 주리파主理派 대 주기파主氣派, 영남학파嶺南學派 대 기호학파畿湖學派, 훈구파勳舊派 대 사림파士林派 등의 대립 및 사단칠정四端七情 논쟁, 예송禮訟, 인물성동이론人物性同異論 등 조선 유학의 역사는 '당쟁黨爭'의 역사라고 불릴 정도로 여러 당파적 대립이 거듭되어 왔으며, 그에 대해서는 한국에서 왕성하게 연구되어 왔다. 그러나 이 분야의 연구는 각 당파의 정통성을 증명하는 것에 몰두하는 바람에 알게 모르게 조선 유학의 전체상을 놓치고 있는 것처럼 보인다.

이러한 상황 속에서 최근에 지금까지의 통설을 근저에서부터 뒤엎을 수도 있는 학설이 나타나기 시작했다. 예를 들면 조선왕조 후기에 있어서의 양명학파의 대두에 대한 적극적 평가, 혹은 이퇴계에 대해서도 "퇴계의 사상은 실제로는 주자의 성리학의 기본적 틀에서 벗어나 맹자의 사상으로 회귀하고 있었으며 게다가 그것에 의해 양명의 사고와 암묵적으로는 부합되고 있다"(이명휘, 「이퇴계와 왕양명」)고 하여 이퇴계와 왕양명과의 유사성까지도 지적되기 시작했다.

개인적인 견해로는 조선 유학은 '조선심학朝鮮心學'이라고 부를 만한 '마음(心)'의 독특한 해석에 특징을 지닌 유학 사상이라고 생각하는데, 이것은 앞으로의 한국 유학 연구의 진전에 의해 해명되어야 할 과제라고 생각한다.

참고문헌

阿部吉雄, 『日本朱子學と朝鮮』, 東京大學出版會, 1965
吾妻重二 主編, · 黃俊傑 副主編, 『國際シンポジウム 東アジア世界と儒教』, 東方書店, 2005

중국 취미와 중국학 | 이토 다카유키伊東貴之

예로부터 일본은 다른 대체물이 없을 정도로 압도적인 선진문명으로서의 중화문명을 수용해 왔다. 특히 고대 율령국가 체제의 시대부터 미디어로서의 한자·한문, 사상·종교로서의 유교 및 중국 불교, 법·제도로서의 율령 등을 선택적으로 수용하여 이른바 동아시아 문화권에 포섭되었다. 그 후 헤이안 왕조에 있어서의 한시문의 성행 및 가마쿠라시대에 있어서의 선종(禪宗)의 도래, 그에 이어진 오산(五山) 문화의 개화 등을 거쳐 고전 고대를 중심으로 한 중국 문화는 확실히 일본 문화의 하나의 원류를 형성해간다.

더욱이 에도시대에 접어들면 나가사키를 창구로 한 청과의 무역·통상 관계가 유일하게 양국의 문화교류를 담당하게 되어 이른바 당선(唐船)에 의해 도입된 박래(舶來)문화가 귀중하게 취급되었다. 그 영향은 한문서적을 통한 유학·문학 및 의학·박물학 등 광범한 학문의 수용에 그치지 않고 가라모노(唐物)라고 불리는 물산(物産) 및 음식물, 미술·음악, 풍속·유희 등 생활의 모든 측면에 미쳤다. 특히 에도 초기에는 황벽종(黃檗宗)이 명대의 유풍을 전한 것 외에도 오규 소라이의 고문사학의 성립 및 독본 등의 근세 소설에도 명청시대의 학술·문화의 다대한 영향이 존재한다. 나아가서 막말에는 한문서적을 통한 서양의 신지식도 수용되었다.

유럽에 있어서는 우선 16~17세기에 아시아 및 중국을 방문한 예수회 등의 선교사들에 의해 중국에 관한 많은 지식과 정보가 전해져 라이프니츠 및 볼테르 등의 철학자 및 계몽사상가들이 중국의 문명과 사회의 존재 양상에 커다란 관심을 보이고 있다. 이어서 17세기 후반부터 19세기에 걸쳐 중국의 문물에 대한 기호(嗜好)에서 건축·공예·실내장식 등의 분야에 중국 취미가 유행하고, 문예의 세계에서도 중국 및 동양에서 소재 및 발상의 원천을 찾는 경향이 보였다.

일본에서는 메이지기에 들어서도 한시문의 전통이 그 명맥을 보전한 것 외에도 우선은 에도기 이래의 유학 및 한학적인 토양 속에서 도쿄제국대학을 중심으로 하여 이노우에 데쓰지로(井上哲次郞), 핫토리 우노키치(服部宇之吉) 등에 의해 서양 철학의 틀도 참조하면서 중국(支那) 철학·동양 철학 등의 학문 분야가 형성되었다. 하지만 그것들은 후에 교육칙어(敎育勅語) 등을 통해 국민도덕 및 황국사상의 선양에 관계했던 경향도 부정할 수 없다. 다른 한편, 이보다는 약간 늦게 교토제국대학을 거점으로 하여 가노 나오키(狩野直喜), 나이토 고난(內藤湖南) 등에 의해 청조 고증학 및 프랑스 중국학 등의 방법론을 섭취한 이른바 교토 중국학이 성립하였다. 그 외에도 시라토리 고키치(白鳥庫吉), 나카 미치요(那珂通世) 등에 의해 서양 근대의 실증주의를 바탕으로 한 동양사학이 확립되었다. 시라토리의 흐름을 이어받아 와세다대학에서 교편을 잡은 쓰다 소키치(津田左右吉) 등에 이르러 문헌 비판·사료 비판의 방법이 정착하였지만 쓰다의 경우 다른 일면에서는 일본의 역사적 전통에 있어서의 중국 문화의 요소를 과소평가하는 경향도 보인다.

4장

변용과 전환의 19세기

01 도미나가 나카모토와 야마가타 반토

| 미야가와 야스코宮川康子

“300년 동안 조금도 다른 학자에게 의지함 없이 놀랄 만한 창견발명創見發明의 설說을 이룬 사람은 도미나가 나카모토富永仲基의 『슈쓰조 고고出定後語』, 미우라 바이엔三浦梅園의 『삼어三語』, 야마가타 반토山片蟠桃의 『유메노 시로夢之代』, 이 세 책뿐이다”라고 한 이는 에도시대 300년의 학술을 평한 나이토 지소內藤耻叟다. 나이토 고난內藤湖南은 이 말을 인용하면서 도미나가 나카모토를 오사카의 조닌학문소町人學問所 가이토쿠도懷德堂가 낳은 천재라고 높이 평가했다. 그런데 어떻게 오사카라는 경제의 중심지에서 천재라고 불리는 조닌 학자가 배출되었을까. 겐로쿠기 이후 화폐경제의 발전에 의해 열린 새로운 세계관·인간관의 성립이 없었다면 그들은 나타나지 않았을 것이다. 그들 앞에는 주자학적 형이상학을 해체하여 인륜人倫 세계의 길을 연 이토 진사이가 있다. 한마디로, 거기에는 인간의 발견과 그에 동반한 ‘천天에서 사람人으로’의 시선의 전환이 있다.

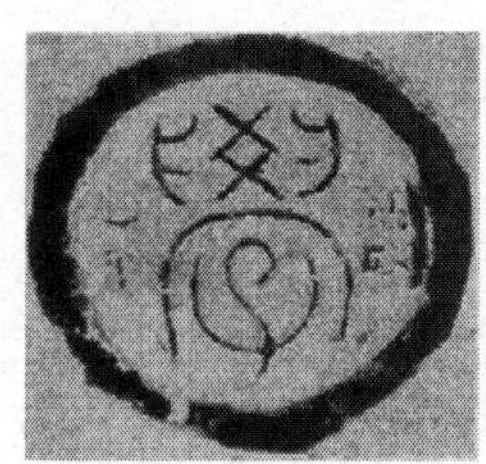

가이토쿠도 와당 탁본
(가이토쿠도 회화병풍)

인간 이성의 선언

도미나가 나카모토(1715~1746)는 오사카 나카노지마中之島에 가까운 아마가사키尼ヶ崎에서 태어났다. 부친인 도미나가 요시하루富永芳春는 가이토쿠도懷德堂 설립에 진력한 5명의 동지로 불리는 상인 중 한 사람이었고 나카모토는 어릴 적부터 가이토쿠도에서 배웠는데, 20세도 채 되기 전에 『설폐說蔽』라는 책을 저술하여 스승의 꾸지람을 받아 파문되었다고 전해진다. 나카모토는 그 후 불교 연구에 전념하여 『슈쓰조 고고出定後語』를 저술하는데, 이것도 역시 불교계로부터 격렬한 공격을 받았다.

한마디로 말하면 이 저작들은 유교와 불교를 역사적으로 분석·비판한 사상사적 저술이었고, 역사적으로 상대화하는 시점이 당시의 학자들을 화나게 했던 것이다. 대승불교의 방대한 경전의 성립을 역사적으로 개관하는 것은 당연히 그 경전이 후세 사람들의 손에 의해 편집됨을 전제로 하고 있다. 나카모토는 모든 교설을 인간이 내어놓은 언설로서 분석해간다. 그 역사적 분석의 토대가 된 것은 뒤에 나온 언설일수록 앞서 나온 언설에 무언가를 덧붙여 복잡하게 되고 더 오래된 시대에서 그 근거를 구하게 된다는 '가상加上'의 법칙과, 언어의 역사적 변화의 패턴을 보여준 '삼물오류三物五類'의 원칙이었다. 나카모토가 후세에, 그리고 중국에서 인도에 이르기까지 전하기를 바란 것은 이 학문적 방법론이었다. 나카모토에 있어서 도道란 천天 및 자연이 내어놓은 것이 아니다. 또한 고대의 성인 및 부처가 만든 것도 아니다. 그가 32세에 요절하기 직전에 일본어로 쓴 『오키나노 후미翁之文』에는 '오늘날의 일본'에 사는 인간의 '당연함'에 의거한 '성誠의 도道'가 반복적으로 설명되고 있다. '당연함'이란 모든 인간이 지닌 인간 이성理性의 표현에 다름 아니다. 나카모토에 의해 선언된 이 '이성'의 입장은 가이토쿠도의 지적 토대이기도 하였다.

가이토쿠도의 지知의 집대성

센다이仙臺번의 재정을 재건한 천재 상인 야마가타 반토(1748~1821)는 가이토쿠도의 전성기에 나카이 지쿠잔中井竹山·리켄履軒의 훈도를 받고 또한 아사다 고류麻田剛立로부터 천문학을 배운 대학자이기도 하였다. 반토는 새로운 지식을 받아들이면서 유학적 지知를 변용해 갔다. 고대의 성인인 순舜의 '대지大知'란 인간을 초월한 성스런 지知가 아니라 많은 사람들의 지知를 활용하는 지知라고 반토는 말한다. 그리고 오사카의 쌀시장이야말로 "천하의 지知를 끌어 모으고 혈액을 통하게 하여 대성大成하는" 자연의 '대지大知'이고, 막부의 정책이나 자연 현상에 이르기까지 모든 것에 반응하여 변동하는 모습은 마치 "가미神가 있어서 알려주는 것과 같다"고 하는 것이다.

그의 저서인 『유메노 시로夢之代』는 천문·지리로부터 역사·경제·제도 등이 포괄된 가이토쿠도의 지知의 집대성이라고 해도 좋다. 그 가운데에서도 반토가 자신의 창의創意라고 자부했던 것은 권두의 '천문天文'과 권말의 '무귀無鬼'였다. 아마도 반토는 당시 지동설의 의미를 올바르게 이해하고 있었던 몇 안 되는 학자 중의 한 사람이었을 것이다. 뿐만 아니라 모든 항성恒星이 하나의 태양이고 각각의 태양계를 만들고 있다는 것을 반토는 알고 있었다. 결국 천지天地도 역시 유일한 존재가 아니다. 주자학적 세계관은 이 새로운 우주관과 함께 변용해 가는 것이다. 반토는 태양력 달력을 중국의 태음력과 비교해 "중국인은 천天에 부합하려고 무리하게 고심한다. 천天에 당하는 것이다. 서양인은 천보다 앞서 있기 때문에 천에 어긋나지 않는다"고 평하고 있다. 이것은 바로 '천天을 활용하는 지知'로서의 근대 합리주의 입장의 선언이라고 해도 좋을 것이다.

권말에 배치된 '무귀론無鬼論'은 이러한 근대 합리주의의 계몽적 입장을 잘 드러내고 있다. 죽으면 '무無'가 되고 이 세상에는 가미神도 호토케佛(부처)도 불가사의한 것도 없다고 단언하는 반토는 사람들이 여러 귀신에 현혹되어 있는 현재야말로 인정人情을 버리고서라도 무귀를 설파할 필요가 있다고 말한다.

여기에 100년 일찍 태어난 근대적 지知의 맹아를 인정하는 것은 간단하다. 그러나 그들의 사상을 천재의 작업으로서 오사카의 쌀시장 및 거기에 살았던 조닌町人들로부터 단절시키는 것이 아니라 거기서 일본 근대의 시발점이 지니는 의미를 찾는 일이 근대의 끝에 서있는 우리에게 중요한 것이 아닐까.

참고문헌

『富永仲基・山片蟠桃』(日本思想大系 43), 岩波書店, 1973

宮川康子, 『富永仲基と懐徳堂』, ぺりかん社, 1998

02 '국학'의 탄생

| 호시야마 교코星山京子

'국학'이란

게이추, 가모노 마부치, 모토오리 노리나가(나고야시립박물관 소장)

'국학國學'이라고 하면 '고전 연구'여서 낡고 시대착오적인 학문이라는 인상을 가진 사람도 많을 것이다. '국학'은 전전戰前, 전중戰中에 크게 선전되었지만 전후가 되면 전전의 일본을 지배했던 광신적 국수주의의 사상적 근거, 많은 일본인들을 불행으로 몰아넣은 원흉으로 간주되어 그것을 격렬하게 규탄하는 논조가 꽤 오랫동안 지속되었다. '국학'은 피치자被治者의 마음가짐 및 도덕을 엄격하게 주장한 이데올로기 사상이라는 이미지가 아직도 뿌리 깊게 남아 있어서 '국학'에 대해 혐오감을 품고 있는 사람도 많을지 모른다.

그러나 국수주의적인 측면은 어디까지나 '국학'이라는 다양성을 내포한 학문 사상의 일면에 지나지 않는다. '국학자'의 연구 내용은 『고사기古事記』나 『일본서기日本書紀』로 대표되는 일본의 고전 연구뿐만이 아니다. '국학'은 다양성을 지닌 풍부한 학문 사상인 것이다.

일본의 에도시대에는 유학이 학계, 사상계의 주류였다. '지식인'은 유학자를 가리키는 말이었고 성인聖人을 낳은 중국이 '중화中華', 즉 학문, 문화의 중심으로 간주되었다. 한편 자국인 일본은 '동이東夷'(동방의 이민족에 대한 멸칭)라고 멸시당하는 경향이 있었다. '국학'이란 일본인으로 태어나 일본에 살면서도 중국의 학문 사상에 편중되어 일본의 것을 중시하지 않는, 혹은 그것을 낮게 보는 당시 풍조에 대한 강한 불만에서 탄생한 에도시대 중기의 새로운 사조였다.

사람이 현재의 풍조 및 가치관에 강한 불만과 절망감을 느낄 때 과거를 일종의 '이상향'으로 삼아 그에 대해 동경하면서 자기 자신이 생을 영위하는 시대에 재생되기를 바라는 마음은 어느 시대에나, 그리고 일본 이외의 많은 나라들에서도 보편적으로 보이는 현상이다. 과거의 유토피아적 세계에 있어서 사람들은 어떠한 가치관을 바람직하게 여겼고 어떠한 정신으로 어떻게 살고 있었는가. '국학자'란 이러한 명제를 추구한 사람들이었다.

'국학자'로 불리는 사람은 많지만, 역시 '국학자'라 하면 게이추契沖(1640~1701), 가다노 아즈마마로荷田春滿(1669~1736), 가모노 마부치賀茂眞淵(1697~1769), 모토오리 노리나가本居宣長(1730~1801), 히라타 아쓰타네平田篤胤(1776~1843)의 이름을 떠올리는 사람이 많을 것이다. 그러나 원래 '국학'이라는 학통·학파는 처음부터 있었던 것은 아니었고 '국학'이라는 말은 막말유신幕末維新기에 퍼진 것이다. '국학자'의 대부분은 '국학'이라는 명칭은 쓰지 않고 '고학古學'이라고 칭했다. '국학'이라는 학통·학파가 원래 존재하지 않았다는 점이 다양한 '국학'·'국학자'를 낳은 한 요인이라고 생각된다. '국학자' 한 사람 한 사람의 발상 및 학문, 사상 내용은 각자 상당히 다르기 때문에 단순히 동일한 학통·학파로 분류하는 것은 문제가 있다. 오히려 그들을 '그 시대를 대표하는 국학자'로 파악하는 편이 좋다.

'고학'의 문헌학적 방법론을 확립하였다고 일컬어지는 게이추는 『만요슈萬葉集』에 대해 "이 책을 보려면 고인古人의 마음이 되어 현재(今)의 마음을 잊어 버려야 한다"(『萬葉代匠記』)고 하여 고전에 쓰인 고어古語를 배우는 것이 중요하다고 주장함과 동시에 현재의 마음을 잊고서 고대인의 마음이 되는 것의 중요성을 강조하고 있다. 그들의 공통점을 기술해보면 중국 문화에 편중된 에도시대의 경향에 대해 강한 불만을 갖고 유학이나 불교 등의 외래사상이 일본에 도래하기 이전의 고대 일본을 일종의 이상향으로 삼아 일본 독자의 전통 및 사상을 일본의 고전을 기반으로 하여 탐구하려고 한 점에 있을 것이다(그러나 아쓰타네에 이르면 특정의 고전에 입각하여 고대 일본을 탐구하는 자세는 희박해진다).

'가라고코로漢意'와 '마고코로眞心'

'국학자'에게 있어서 유학·불교가 일본에 영향을 미치기 이전의 시대, 즉 고대 일본은 소박하고 순수한 지고至高의 정신이 존재하는 이상세계였다. 18세기 중기 에도에서 활약한 가모노 마부치는 고대 일본 사회는 가르치지 않아도 잘 통치되고 있었는데 유학이 중국에서 도입된 이래로 사람들의 마음에 '똑똑한 체 함'이 생겨 본래의 일본인이 갖고 있던 순수하고 허식虛飾이 없는 마음이 상실되어 사회에 여러 가지 혼란이 생겨났다고 생각하였다. 마부치는 중국이 미친 악영향을, 건강한 사람에게 지나치게 강한 약을 투여하여 오히려 병들게 한 것에 비유하였다. "예를 들면 한의사가 중국 한문은 잘 읽을지 모르겠지만 대체로 병을 낫게 하는 일은 흔치 않다. 이 나라에 저절로 전해 오는 어떤 좋고 나쁘고를 따지지 않는 약이야말로 반드시 병에 잘 듣는다"(『國意考』). 고전에서 고언古言을 배워 고풍古風의 노래를 읊음으로써 잃어버린 순수한 정신을 자기 자신이 생을 영위하는 시대에 부활시킬 수 있다고 한 마부치의 생각은 많은 사람들의 공감을 얻어 다수의 문인을 획득하였고 '국학'은 본격적으로 일본 사회에 보급되었다.

모토오리 노리나가와 『고사기전』

마부치의 훈도를 받은 모토오리 노리나가는 게이추의 『만요슈』 연구에

영향을 받아 『고사기』, 『겐지 모노가타리』, 『신고금화가집新古今和歌集』에 대해 연구했다. 그러나 노리나가의 업적 가운데에서도 가장 특질적인 것은 역시 『고사기전』 44권일 것이다. 노리나가는 『고사기』 전문의 주석 작업에 35년이라는 긴 세월을 들였다. 노리나가는 학자로서의 노력의 대부분을 『고사기전』 집필을 위해 기울였다고 해도 과언이 아니다. 노리나가는 '고학古學'이란 "모두 후세의 설에 관계없이 무엇이든 간에 고서에 의거해 그 책을 고찰하고 상대上代의 사적을 자세하게 밝히는 학문"(『うひ山ふみ』)이라고 하여 『고사기』 속에 모든 진실이 쓰여 있다고 확신하고 있었지만 엄밀하게 고서를 주석하는 작업을 통해 '진심' 즉, 그대로 살아가는 고대인의 모습과 고대 세계의 이미지를 밝히려고 한 것이다.

'마고코로眞心'란 "좋든 싫든 타고난 그대로의 마음"(『玉勝間』), 즉 인간이 지닌 본래의 마음, 어떤 사물이나 현상에 접하여 자연스럽게 감동하는 마음의 움직임이다. 또한 '가라고코로漢意'란 중국 및 그 문화 풍속을 존중할 뿐만 아니라 "어떤 일이든지 매사에 시비를 가리고 사물의 이치를 따지는 부류"(『玉勝間』)도 포함하여 '진심'의 대극에 위치지워졌다. 노리나가는 이렇게 말한다. 고대의 일본인은 '가라고코로'가 없고 "적당히 있어야 할 상식적 행위를 하면서 온화하고 즐겁게 세상을 살아가는" 사람들이었다.

노리나가는 중국에서는 부모의 죽음을 슬퍼하여 쇠약해진 사람을 '효심이 깊은 일'(『玉勝間』)로 칭찬하는 경향이 있는 점에 대해, 이것은 그저 타인의 눈을 의식하여 꾸며낸 행위라고 비판한다. 또한 중국에서는 가난하고 신분이 낮아도 부와 명예를 바라지 않는 것을 훌륭한 태도라고 칭찬하지만 대부분의 인간은 입신출세하여 부유하게 되기를 바라는 존재로 이것도 중국풍의 속임수라는 것이다. 노리나가는 인의례양효제충신仁義禮讓孝悌忠信과 같은 덕목을 이것저것 설정해 사람을 가르쳐 이끌려고 하는 유학에 반발했다. 그리고 '진심'에 충실하게 살아가는 가미들과 있는 그대로 살아가는 인간상을 이상으로 하여 인간 본래의 모습을 기술한 것이다.

그러나 동시에 노리나가는 고대 일본에 존재한 이상적인 '도道'는 "아마테라스 오미카미의 도이자 천황이 천하를 다스리는 도, 사해만국四海萬國에 전해진 참된 도는 오직 황국에만 전해진다"(『直毘靈』)고 하였다. 노리나가가 말하는 '도'란 유학의 인위적인 '도' 및 노장老莊의 자연의 '도'와 달리 무스비노카미産靈神의 영혼에 의해 '이자나기', '이자나미'라는 가미가 창시하여 아마테라스 오미카미가 계승·전달한 '도'='가미의 도'이고 이것은 우리 나라에만 전해지고 다른 나라에서는 이미 끊어져 버렸다. 과거에 이렇게 이상적 고대를 지닌 일본은 여러 외국과 비교해 특별히 우월하고 그것은 신화에 의해 뒷받침된다는 것이다. 노리나가는 여러 외국에 대한 일본의 우월성을 입증하는 것으로서 『고사기』에 기재된 가미들의 세계를 탐구한 것이다.

노리나가는 만년에 '국학'의 학문과 연구방법에 관해 기록한 『우이야마부미うひ山ふみ』(1799)를 저술하는데, 그 속에서 '고학'을 '신학', '유직有職의 학', '기록', '가학歌學'으로 분류하고 있다. 여기서 말하는 '신학'이란 일본의 가미들의 '도'를 배우는 학문이며, '유직의 학'이란 고대 조정朝廷의 관직, 의식, 율령, 법제, 작법, 장속裝束, 조도調度 등의 연구를 말한다. 또 '기록'이란 『육국사六國史』 등 일본 역사기록의 연구이며, '가학'이란 작가作歌에 관한 지식, 오래된 가집歌集, 이야기(物語) 등의 연구를 말한다. 결국 노리나가의 학문은 단순한 고전 연구, 고어 연구의 범위에 한정되는 것이 아니라 문학, 역사, 법률, 사상 등 오늘날의 인문학의 거의 대부분을 망라하는 것이었다.

'국학'의 다양성

히라타 아쓰타네의 등장으로 '국학'은 새로운 전개 양상을 보인다. 아쓰타네는 노리나가의 사후 문인을 자칭하였지만 실제로 노리나가의 생전에는 그 학문은커녕 이름조차 알지 못했다는 사실이 드러났다. 노리나가는 『고사

기』를 절대시하여 정확한 주석에 힘을 기울였는데 아쓰타네는 특정 문헌을 신뢰하지 않았고 "외국의 사정을 모른다면 대황국大皇國의 학문이라고는 할 수 없다"(『玉たすき』)고 하였다. 고대 일본의 참 모습에 대한 전승은 시대를 지날수록 상실되어 버린 것이 많아 외국의 고전(인도, 중국, 서양)까지 널리 섭렵하여 이들 중에서 취사선택함으로써 '참된 고전'을 세상에 남기려고 했던 것이다.

이러한 아쓰타네의 학문 방법은 종래의 '국학'의 방법에서 벗어난 것이었지만 아쓰타네에 의해 '국학'은 새로운 전개와 확대를 보이게 된다. 아쓰타네가 배운 학문 영역은 고도학古道學·역학曆學·역학易學·군학軍學·난학蘭學·의학까지 이르렀고 그 내세관에는 기독교의 영향도 보인다. 또한 신령 및 요괴 연구도 행하였는데, 그것은 야나기타 구니오柳田國男, 오리구치 시노부折口信夫로 이어지는 현대 민속학民俗學의 선구로 평가된다. 그 다면적인 학문 내용은 학제적인 종합 연구로서 현대적 시점에서도 크게 재평가될 가능성을 상당 부분 내포하고 있다.

'국학'은 단순한 '고대 회귀'의 사상이 아니다. '국학'이 탄생한 18세기 후반은 난학蘭學이 탄생해 융성한 시기와 겹친다. 이 시대는 상품경제의 발전 등으로 사회의 모순이 표면화하고, 게다가 구미의 선박이 일본 각지에 출몰하여 대외위기가 심각해지는 등 시대의 전환기였다. 이로 인해 당대 사회에 불안을 느끼는 사람들이 새로운 가치관 및 삶의 지침을 모색해 가던 시기였다. 그 속에서 '국학'은 사람들 마음의 욕구 및 사회 불안에 민감하게 반응하여 이상적인 사회의 모습, 인간다운 모습, 마음의 존재 양상을 모색한 학문 사상이었다.

참고문헌

本居宣長(村岡典嗣 校訂), 『うひ山ふみ·鈴屋答問錄』, 岩波文庫, 1934
本居宣長, 『玉勝間』(日本の思想 15), 筑摩書房, 1969

03 민중세계와 히라타 아쓰타네

| 호시야마 교코星山京子

사후의 안심

히비쓰다카네왕(日々津高根王) 신상

히라타 아쓰타네平田篤胤(1776~1843)의 저작에는 천구天狗, 유령幽靈, 요괴妖怪, 영혼靈魂, 선경仙境 등을 다룬 약간 특이한 것들이 있다. 천구에게 홀려 함께 생활했다는 소년, 도라키치寅吉의 유명계幽冥界에서의 체험담을 채록한 『선경이문仙境異聞』(1822), 전세前世 및 윤회輪廻의 체험을 말하는 소년의 기록 『가쓰 고로 재생기문勝五郎再生記聞』(1823), 고금동서의 요괴, 유령 등 이른바 기담류奇談類를 모은 『고금요매고古今妖魅考』(1822) 등이 그것이다.

천구 소년 도라키치에 대한 아쓰타네의 질문 내용은 유명계幽冥界의 의식주, 제사, 질병 및 상처의 치료법 등 여러 방면에 걸쳐 있고, 불가사의한 것에 대한 이상할 정도로 보인 관심은 동시대의 사람들에게 '산사山師', '기남자奇男子'라고 야유를 받을 정도였다. 그러나 이들 일련의 연구는 최근에 야나기타 구니오 및 오리구치 시노부로 이어지는 민속학의 선구로 평가받고 있다.

히라타 아쓰타네는 귀신·요괴 및 사후 세계를 굳게 믿어 그것들을 진지하게 자신의 연구대상으로 삼고 그 탐구에 일생을 바친 사상가였다. 주저인

『다마노 미하시라靈の眞柱』(1812)에서는 '고학古學'을 배우기에는 야마토고코로大和心를 확고히 지니는 것이 중요하고 "그 야마토고코로를 굵고 높고 확고히 하려면 그 영혼의 행방이 안정적임을 아는 것이 우선적이다"(『靈の眞柱』). 야마토고코로를 확고히 하려면 사후 세계를 알지 않으면 안 된다고 말하고 있다. '야마토고코로'라고 하면 편협한 황국사관皇國史觀을 떠올리기 쉽지만, 아쓰타네가 말하는 '야마토고코로'란 사후에 영혼의 행방, 귀신·요괴를 포함한 이 세상에서 일어날 수 있는 모든 사물 및 현상에 관해 깊이 인식하여 이것에 현혹당하는 일이 없는 확고한 정신도 의미하는 것이었다.

19세기 초두의 에도사회는 백귀야행百鬼夜行의 세상이었다. 에도 서민사회에서 일어났다고 여겨진 요괴, 구미호, 가미가쿠시神隱し, 유령 등 기괴한 것들을 다룬 기록은 엄청난 수에 이른다. 당시의 민중세계에 귀신·요괴는 여전히 강한 영향력을 가지고 사람들의 신앙, 즉 경외와 공포의 대상이었다. 더욱이 사후에 대한 불안은 언제나 사람들을 따라다녔고 사후세계에 대해 명확히 하는 것은 사람들의 영원성에 대한 바람이었다고 해도 과언이 아니다. 귀신·요괴 및 사후 세계의 실재를 확신하는 아쓰타네의 심성心性은 서민의 일상의 사고 속에서 키워졌던 것이다.

유학은 인간의 사후에 대해 깊이 말하려 하지 않았다. 아쓰타네가 스승으로 받든 모토오리 노리나가조차도 사후 영혼의 행방에 대해 "신도神道의 안심安心은 사람이 죽으면 선인善人도 악인惡人도 모두 황천으로 간다는 것입니다. 선인이라고 해서 좋은 곳에 다시 태어나는 일은 없습니다"(『鈴屋答問錄』)라고 하여, 이 이상 언급하는 일은 없었다. 그러나 이러한 사후관은 도저히 사후에 대한 불안을 갖고 있는 사람들, 영혼 및 저 세상의 실재를 믿는 사람들의 사후에 대한 불안을 해소하는 언설이 될 수 없었다.

아쓰타네는 유교적인 오륜五倫의 도道는 태어날 때부터 타고난 것이라고 생각했다. 인간은 무스비노카미産靈神(만물을 생성, 발전시키는 가미)에 의해 '성性'(마고코로[眞心])을 부여받아 이 세상에 태어나게 된다. 그런 만큼 '성'은 '선善'이다. 따라서 '성' 그대로 살아간다면 '가미의 도(神道)'를 실천하는 것이 된다고 하였다.

아쓰타네는 사후에 대해 이렇게 말하고 있다. "사람이 죽으면 혼백魂魄은 사라져 버려 알 수 없다고 하는 설은 허망한 것임을 깨달아야 한다. 골육骨肉은 썩어 흙이 되지만 그 영혼은 오랫동안 존재하여 이렇게 유명계幽冥界로부터 현재 살아 있는 사람이 하는 바를 잘 지켜보고 듣고 있는 것이다"(『新鬼神論』). 사후에 영혼은 소멸하는 것이 아니라 오쿠니누시노카미大國主神가 주재하는 유명계로 간다. 무스비노카미의 '성性'에 거스르는 행위를 한 사람은 사후 유명계에서 오쿠니누시노카미의 심판을 받아 벌을 받는다. 한편 선행善行을 한 사람의 영혼은 유명계에 가서 영원히 현세의 친척이나 인연이 있는 사람을 지켜볼 수가 있다. 유명계란 이 세상과 동떨어진 장소에 있는 것이 아니라 영혼은 생전의 생활권에 가까운 장소에 있다. 또한 유명계에는 의식주도 있다—아쓰타네는 구체적인 유명계의 이미지를 묘사하는 것으로 사람들이 사후에 대해 안심하게 하려 했던 것이다.

'무스비'와 '초야의 국학'

이러한 사후관은 전통적인 일본인의 영혼관 및 조령祖靈 신앙과 친화성이 크고 사람들에게 받아들이기 쉬운 것이었다고 생각된다. 아쓰타네는 종래의 사상사의 틀 밖에 놓이기 쉬웠던 일반 백성의 일상적 신앙 및 윤리를 자신의 학문과 사상의 중심에 끌어들여 이것을 논리화하려고 한 사상가였다.

유명계의 개념 및 '우리 나라는 가미의 본국', '비천한 남자인 우리들에게 이르기까지 모두 가미의 자손'이며(『古道大意』), 일본인은 아랫사람에 이르기까지 모두 가미의 자손이라고 하는 사상, 천지만물을 생성시키는 '무스비産靈'의 사상은 생산자로서의 농민의 세계관 및 도덕과 결합하여, 막말幕末 '초망草莽

의 국학', 즉 초야의 국학으로서 지방의 농촌에 거주하는 생활자 및 가즈사下總인 미야오이 야스오宮負定雄(1797~1858)와 같은 촌락지도자를 중심으로 보급되어 급속하게 전국으로 전개해 갔다. 곡물의 씨를 뿌리고 키우며 자식을 낳고 가족을 양육하는 농촌 백성의 일상적인 생업을 가미의 권위에 의거해 그 의의를 밝힌 것이다.

참고문헌

平田篤胤(子安宣邦 校注), 『靈の眞柱』, 岩波文庫, 1998

平田篤胤(子安宣邦 校注), 『仙境異聞・勝五郎再生記聞』, 岩波文庫, 2000

04 미토학과 근대 일본

| 호시야마 교코星山京子

위기의 사상

아이자와 세이시사이

현대 일본에서도 사회가 껴안고 있는 문제를 해결하기 위해 '개혁'을 슬로건처럼 부르짖는 정치가가 있다. 에도시대의 일본에도 18세기 후반부터 심각해지기 시작한 내우외환을 '개혁'으로 극복할 것을 지향한 사상이 있었다. 후기 미토학水戶學이다.

후기 미토학은 '덴포학天保學', '수부의 학水府の學'이라고 불릴 정도로 원래 덴포기(1830~1843)를 중심으로 미토라는 한 지역에서 형성된 학풍을 가리키는데, 번藩 재정의 궁핍, 농촌의 피폐 등 미토번이 당시 껴안고 있었던 문제의 해결을 지향한 사상이었다. 그러나 대외 위기가 서서히 전국적으로 침투함에 따라 에도시대 중기 이후 사회문제화하고 있던 막번 체제의 구조적 위기에 대한 극복을 지향한 막정幕政 개혁, 군사 개혁의 단행을 주장하게 된다. 후기 미토학은 바로 안팎으로 공히 혼란한 사회정세 속에서 탄생한 위기의 사상이었다.

미토의 쇼코칸彰考館 총재 후지타 유코쿠藤田幽谷(1774~1826)는 후기 미토학의 기초를 닦은 인물이다. 유코쿠는 18세에 『정명론正名論』을 집필하여 군신상하의 구별을 엄수하는 것이 사회질서, 정치의 근간이라고 주장하였다.

이러한 유코쿠의 논의는 전기 미토학의 『대일본사大日本史』 수사 편찬 사업에서 형성된 존왕尊王 사상에 이론적 근거를 제공하는 것이었다. 또한 유코쿠는 1792년(간세이 4) 러시아 사절 크라스만이 네무로根室에 내항했을 때에 필담역筆談役을 수행하였는데, 이때 러시아의 일본 접근에는 침략적 야심이 있다고 단정하고는 위기의식을 강화하여 양이론攘夷論을 내걸었다.

유코쿠의 양이론이 얼마나 강렬했는지에 대해서는 후에 아들인 후지타 도코藤田東湖(1806~1855)가 증언하고 있다. 1824년(분세이[文政] 7) 미토의 오쓰하마大津浜에 영국 선박이 내항하는 사건이 있었다. 이때 부친인 유코쿠는 도코에게 이렇게 말했다고 한다. "근년 외이外夷가 일본 근해에 출몰하여 연안의 인민을 공포에 떨게 하는 등 방약무인傍若無人한 행동을 하고 있다. 그럼에도 일본 측은 단호하고 확고한 대응을 취하지 않은 채 무사안일주의로 일관하고 있다. 서둘러 오쓰하마에 가서 영국인을 모두 죽여라"라고(『回天詩史』).

원래 미토번은 태평양 연안에 위치하여 해안선이 길기 때문에 외국 선박이 내항하기 쉬웠다. 번정藩政 초기부터 영지의 태평양 연안에 외국 선박의 내항을 감시하는 파수대가 설치될 정도였다. 사실 간세이기(1789~1800) 이래 외국 선박은 빈번하게 미토번 관할의 연안에 출몰하고 있었고, 전국적으로 군사적 위협이 주장되기 훨씬 이전부터 그에 대해 예민하게 주의를 기울이고 있었던 것이다. 미토번이 처해 있던 이러한 지리적 환경이 이후 양이론의 급속한 발전의 하나의 요인이 되었다고도 생각할 수 있다.

아이자와 세이시사이의 『신론』

후기 미토학의 사상을 알기 위해서는 우선 대표적 문헌인 『신론新論』(1825)을 읽어볼 것을 권한다. 아이자와 세이시사이會澤正志齋(1782~1863)는 스승인 유코쿠의 영향을 받아 일찍부터 대외위기, 해방海防 문제에 관심을 갖고 있었다. 오쓰하마 영국인 내항 사건에서는 번의 명령에 의해 임시 필담역으로서 영국인의 심문에 관여해 『암이문답諳夷問答』을 저술하였고 구미 열강이 일본에 진출하는 목적은 고래잡이가 아니라 일본 침략이라는 점을 주장하였다. 이 시기 구미 선박이 일본에 내항하는 빈도가 늘어나서 1825년(분세이 8) 막부는 '이국선 격퇴령(異國船打拂令)'을 발포하였고 이를 호기로 여긴 아이자와는 『신론』을 저술하였다. 이 책은 문자 그대로 '새로운 논의'이며 본격적인 국가방위론이자 내정개혁론이었다.

『신론』의 내용은 오론칠편五論七篇으로 분류된다. 「국체國體 상·중·하」에서는 일본은 '신주神州'이며 고대 황조신皇祖神인 아마테라스 오미카미天照大神는 충효의 도덕을 기반으로 하여 일본을 건국했다고 한다. 천지개벽天地開闢 이래 황통皇統은 연면히 끊어짐 없이 아마테라스 오미카미의 자손으로 간주되는 천황에 의해 황위皇位의 증거인 삼종신기三種神器가 대대로 계승되어 왔으며 일본에 군신의 의, 충효의 가르침이 오늘날에 이르기까지 계승되어 온 증거라고 간주한다. 「형세形勢」에서는 일본을 둘러싼 세계 각국의 동향과 구미 열강의 침략적 야심에 대해 설명하고, 「노정虜情」에서는 구미 각국의 세력을 강대하게 한 것은 기독교라고 하여 이에 대해 격렬하게 비판한다.

아이자와의 기독교관은 이렇다. 구미 열강은 타국 침략을 할 때 우선 교역에 의해 그 나라의 사정을 파악해 빈틈이 있으면 무력에 의해 제압한다. 만일 그것이 곤란한 경우에는 기독교를 포교하는 것으로 민심民心을 장악하는 것이다. 여기서 기독교는 무력보다도 용이하게 타국을 제압하는 파워를 지닌 '인심장악술(人心收攬術)'로 이해하고 있다. 「수어守禦」에서는 침략적 위기를 극복하기 위해 재빨리 취해야 할 구체적 정책(국방 강화, 해군 창설, 군수물자, 식량의 비축 등)을 기술하고 있으며 「장계長計」에서는 일본을 영구히 다스리기 위한 만세불변의 정책—제정일치를 확립할 필요성을 강조하고 있다.

『신론』은 내우외환의 세상에 지배자계급인 무사가 어떻게 대처해야만 하는가에 대해 쓴 실천적인 서적이었다. 후지타 도코도 아이자와 세이시사이도 학자인 동시에 미토 9대 번주인 도쿠가와 나리아키德川齊昭(1800~1860)의 정치적 브레인으로서 막부 혹은 번의 정책을 논하는 위정자의 입장에 있었다. 1841년(덴포 12) 미토 번교藩校인 고도칸弘道館이 개관되는데, 그 건학의 정신이 기록된 『고도칸기弘道館記』에는 '학문·사업事業, 그 효과가 다르지 않다'는 문장이 보인다. 후기 미토학자들에게 학문이란 언제나 그 시대의 '국가의 필요'에 활용될 실천적 학문이어야 했다.

후기 미토학의 사상은 『신론』에 의해 전국적으로 알려지게 되었다. 막말에 이르면 존왕양이尊王攘夷운동에 헌신한 많은 젊은 지사들이 그 사상에 공명하였고 『신론』은 지사들의 '바이블'과도 같은 서적이 되었다. 요시다 쇼인吉田松陰(1830~1859)을 비롯한 많은 지사들은 직접 아이자와 및 도쿄의 가르침을 받기를 간절히 원하며 미토를 방문했던 것이다.

후기 미토학자들에게는 최후까지 막부 타도(倒幕)의 의지는 없었으며 그들의 논의는 어디까지나 막번 체제의 유지를 대전제로 하고 있었다. 그러나 그들은 공공연히 정치개혁론, 막부 정치에 대한 비판을 전개하였는데 그 내용에는 막부 타도의 정당성을 끌어낼 수 있는 가능성이 충분히 내포된 것이었다고 할 수 있다. 막말 국내외의 혼란이 최고조에 달했을 때 유효한 해결책을 내놓지 못하는 막부에 대한 국내의 불만이 후기 미토학이 주창하는 존왕론尊王論과 결합하여 막부타도운동에 이론적 근거를 제공하는 결과가 되었던 것이다.

제정일치

기독교의 내세관 및 천국·지옥설, 자유·평등·박애의 정신은 막번제의 신분질서 및 '국체' 이념을 근저에서 붕괴시킬 요인이 될 수 있었기 때문에 그에 대해 후기 미토학자들은 격렬하게 증오의 눈길로 보았다. 그러나 그들의 기독교 비판은 단순한 '반서양' 의식에서 생겨난 것이 아니었다. 거기에는 양면성이 내포되어 있다. 후기 미토학자들은 기독교를 배격하였지만 동시에 일본에도 이에 필적할 만한 민심 장악의 힘을 가지는 이데올로기를 재빨리 구축해야 한다고 생각하고 있었던 것이다.

아이자와는 민심이 흩어져 있던 당시의 상태를 이렇게 기술하고 있다. "신성한 대도大道는 아직 명확하지 않았고 민심의 주인은 아직 없다"(『新論』). 민간에는 '음사淫祠'가 유행하였고 민심은 여러 가지의 속신俗信 및 이익 추구의 욕망에 의해 흩어져 있으며 그 주축이 될 정신적 지주가 존재하지 않는다. 민심이 흩어져 있는 상태에서는 어떠한 제도나 가르침을 보급시키려고 해도 통치는 불가능하다. 그러나 민중은 '이익을 즐겨하고 귀신을 두려워하는' 존재다. 아이자와는 충효를 기본으로 한 '국체'의 이념을 밝히고 국가적 제사를 확립하는 것으로 민심을 국가적 이익 아래 통합할 수 있다고 생각한 것이다.

"토지는 백성이 의지하는 것이고 토지의 가미神는 백성이 경외敬畏하는 것인 만큼 천황이 수장이 되어 이에 대해 제사지내게 된다면 바로 민심이 하나로 묶이게 된다. 이야말로 하나가 되는 이유인 것이다"(『新論』). 우선 민중이 예로부터 신앙해 온 토속의 가미神들을 아마테라스 오미카미를 따르는 가미로 삼아 그들에 대한 제사를 국가권력으로써 행한다. 이렇게 하면 민중은 각자가 거주하는 지역의 가미들이 국가에 이어지는 가미라는 점을 알게 되어 제사를 통해 군君에 대한 충성, 부조父祖에 대한 효행을 실천하게 된다. 이렇게 해서 흩어져 있는 민중의 마음은 하나로 된다. 아이자와는 민중의 전통적이면서 자주적인 신앙이었던 토속신앙을 국가권력 아래에 두고 통제할 것을 꾀하고 있었던 것이다. 민중에게 기대한 것은 국가에 충성을 다하게 하여 안으로부터 국가를 지탱하게 하는 것뿐이다. 여기에서 국가에 충실한 '신민臣民'을 창출하려고 하는 교묘한 의도가 표명되고 있다.

후기 미토학의 '근대'

막말 후기 미토학은 존왕양이운동의 지도적 이념이 되어 사회에 커다란 영향을 미쳤다는 것은 잘 알려진 사실이다. 그러나 그 후 미토번이 정치적 영향력을 상실함과 동시에 후기 미토학 사상도 급격하게 쇠퇴하여 그 영향력은 한 번 스쳐 지나간 유행과 같은 것으로 생각하기 쉽지만, 절대 그렇지 않다. 후기 미토학의 이념은 근현대에 이르기까지 여전히 생명을 지속해 온 것이다.

민중의 개인적 신앙에까지 국가가 개입하여 제사지내야 할 가미神를 지정하고 토속의 가미를 아마테라스 오미카미 계통의 가미로 통일함에 따라 백성들의 종교의 일원화를 꾀한 '제정일치론' 및 '국체론'은 근대 국가의 신도 정책의 사상적 근거가 되었다. 교육칙어教育勅語에 드러난 충군애국의 정신도 후기 미토학에 원류를 둔 것이다.

과거에는 '배외排外 사상' 및 '보수 사상'의 전형으로 간주되어 온 후기 미토학이 『신론』의 「노정虜情」편에는 당시의 국제정세 및 세계지리 지식, 기독교 등에 대해 상세히 설명하고 있는데 그들의 서양 지식은 당시 가장 높은 수준이었다고 생각된다. 도쿠가와 나리아키는 동시대에 '양이攘夷의 거괴巨魁'라고 불리고 있었지만, 그는 망원경 및 서양식 총을 스스로 제작했고 친교가 있었던 여러 다이묘大名와 대외 정보를 적극적으로 교환하였으며 미토 고도칸弘道館 내에는 난학소蘭學所도 설치하였다. 후기 미토학자들의 사상을 분석해 보면 '존왕' 및 '황국' 의식과 '서양'에 대한 관심이 공존할 수 있었던 것을 알 수 있다.

근대 일본의 정치적 리더들은 개국의 방향으로 나아간 도쿠가와막부의 대외정책을 준엄하게 비판하는 것으로 국내의 지지를 획득하였다. 그러나 그들은 메이지유신 후 하루아침에 그것을 싹 바꾸고는 개국화친開國和親을 기본방침으로 하여 근대화=구미화歐美化정책을 추진하였다. 동시에 오래된 신화에 기재된 것을 '사실'이라고 하여 '만세일계萬世一系'인 천황을 받들고 '신국神國' 일본을 침투시켜 간 것이다. 이러한 근대 일본 사회가 껴안은 모순은 후기 미토학자들의 사상 속에 이미 배태되어 있었던 것이다.

참고문헌

『水戶學』(日本思想大系 53), 岩波書店, 1973
鈴木暎一, 『藤田東湖』(人物叢書), 吉川弘文館, 1998

05 메이로쿠샤의 사상가들

| 스가와라 히카루菅原光

메이로쿠샤의 사상가들

가토 히로유키(위)
니시무라 시게키(가운데)
모리 아리노리(아래)

서양의 지식인들이 'society'를 조직하여 협력하면서 학문을 발전시키는 모습에 감명을 받은 모리 아리노리森有禮는 미국에서 귀국한 1873년 7월 학술결사를 창설할 것을 제안하여, 같은 해 가을에는 후쿠자와 유키치福澤諭吉, 나카무라 마사나오中村正直, 가토 히로유키加藤弘之, 니시 아마네西周, 쓰다 마미치津田眞道, 니시무라 시게키西村茂樹, 미쓰쿠리 슈헤이箕作秋坪, 스기 고지杉亨二, 미쓰쿠리 린쇼箕作麟祥 등 최일선의 학자들을 규합하여 일본 최초의 학술단체 '메이로쿠샤明六社'를 결성하였다.

활동의 중심이었던 월 2회의 정례모임에서는 이윽고 연설회가 열리게 되었고 1875년 2월부터는 공개리에 많은 청중을 모았을 뿐만 아니라 1874년 3월에는 기관지 『메이로쿠 잡지明六雜誌』를 창간해 다음해인 11월에 정간할 때까지 43호를 간행했다. 당대 일류 지식인들에 의한 이러한 활동은 동시대의 사상·학문에 커다란 영향을 미쳐 일반 국민을 지적으로 계발하는 측면도 있었기 때문에 일반적으로 '메이지 계몽'이라고도 불린다. 그러나 메이로쿠샤에 모여든 지식인들이 영향을 받은 것은 계몽사상을 비판하는 가운데 성립한 실증주의시대의 철학이 그 중심이었고 그들 자신이 반드시 '계몽'을 스스로 인정하고 있었던 것은 아니다. 그러면 메이로쿠샤는 어떠한 특징을 가지고 있었을까.

논쟁지로서의 『메이로쿠 잡지』

메이로쿠샤는 그 다양한 인물들의 면면에서도 알 수 있는 것처럼 동일한 사상의 소유자들의 모임이 아니었다. 메이로쿠샤가 어떠한 단체였는지를 이해하기 위해서는 특정한 정치적 · 철학적 입장을 상정하지 않고 그들이 언제나 논의를 지속했다는 점에 주목할 필요가 있다. 메이로쿠샤는 다종다양한 사상을 지닌 지식인들이 서로 논전을 벌이는 장이었고 그런 의미에서 『메이로쿠 잡지』는 논쟁지였던 것이다.

모리 아리노리의 「처첩론妻妾論」을 계기로 하여 전개된 처첩론 논쟁에서는 가토 히로유키의 「부부동권의 유폐론夫婦同權の流弊論」, 쓰다 마미치의 「부부동권변夫婦同權辨」·「부부유별론夫婦有別論」, 후쿠자와 유키치의 「남녀동수론男女同數論」, 사카타니 시로시阪谷素「첩설의 의妾說の疑」 등 찬반양론을 포함한 격렬한 논의의 응수가 계속되었다. 니시 아마네가 「교문론敎門論」의 연재를 끝내자마자 가시와바라 다카아키柏原孝章는 「교문론 의문敎門論疑問」을 발표하였고, 이타가키 다이스케板垣退助 등에 의해 민찬의원설립건백서民撰議院設立建白書가 제출되자마자 민선의원 설립에 대한 찬반 및 그 시기를 둘러싸고 격렬한 논쟁을 전개하였다.

에도시대의 일본에서는 대립 그 자체를 도덕적으로 죄악시하는 견해가 일반적이었고 현대에서조차 견해의 차이를 드러내는 것 그 자체를 기피하는 경향이 있다는 것을 생각하면, 메이로쿠샤의 특징이 선명하게 드러난다고 할 수 있다. 이러한 논쟁이 가능했던 것은 그들이 대립이라는 것을 부정적으로 파악하지 않고 견해를 달리 하는 사람들이 서로 대립하여 의견을 다투는 것이야말로 진보 및 진리의 발견에 이어진다고 하는 자유로운 발상이 그 배경에 있었기 때문이다. 예를 들면 니시 아마네는 「애적론愛敵論」을 저술하여 적대 관계라는 이질성異質性의 근저에 있는 공통성共通性에 눈을 돌릴 것을 주장하고 있다. 대립자를 자기 자신과 목표 및 역할이 똑같은 경쟁상대로 인식해 존중해야 한다는 것이다. 사카타니 시로시(「尊異論」) 및 니시무라 시게키(「賊說」), 이 외에도 이 잡지의 논설은 아니지만 "단일한 설說을 지키게 되면 그 설의 성질이 가령 순정선량純情善良한 것이라고 하더라도 이에 의해 결코 자유의 기운을 낳을 수 없다. 자유의 기풍은 그저 다사쟁론多事爭論 가운데 존재하는 것이라고 알아야 한다"(『文明論之槪略』)고 말하는 후쿠자와 유키치도 또한 똑같은 견해를 갖고 있었다. 이러한 감각은 메이로쿠샤에 모여든 지식인에게 거의 공통된 특징으로 파악할 수 있을 것이다.

관리들에 의한 사적인 학술탐구

후쿠자와 유키치는 학자의 직분은 바로 민간 영역에 있다고 하면서 메이로쿠샤에 참가하는 지식인들이 동시에 메이지 정부에 봉사하는 관리기도 하다는 점을 비판하고 있다. "요즘의 양학자류洋學者流는 대개가 관리가 되는 길을 택하여 민간 영역에서 활동하는 사람은 정말 손꼽을 정도에 지나지 않는다"(『學問のすすめ』)라고 하는 후쿠자와의 지적은 분명히 당시의 상황을 예리하게 파악한 측면이 있다. 정부 및 국가가 자칭하는 것과는 구별되는 공공성公共性을 시민사회 속에서 어떻게 구축할까라는 문제에 관심이 집중되는 오늘날, 후쿠자와의 문제제기는 현재에도 역시 강하게 공감을 불러일으키는 측면이 있는 것이다.

그러나 메이로쿠샤의 활동은 "정부가 아니면 결코 할 수 없다고 생각"(『學

問のすすめ』)하는 관리에 의한 활동이 결코 아니라, 관리이기도 한 지식인들도 거기에 포함은 되지만 역시 관리의 입장을 벗어난 사적인 활동이었다. 그들은 정부 영역과 민간 영역 사이에 펴져 있는 경계선상에 위치한 존재였고 그만큼 니시는 메이로쿠샤에 참가하는 지식인들은 정부 영역과 민간 영역이 충돌할 때의 발열을 식히는 해열제 역할을 해야 한다고 한 것이다(「非學者職分論」, 『明六雜誌』 제2호). 모리 및 쓰다, 니시 등은 관리로서만 머물면서 관리만의 상식과 감각에 의지해 활동한 것이 아니라, 공무 외의 시간에 다양한 사람들과 교류하여 협력하면서 활동하고 있었다. 메이로쿠샤의 활동은 정부가 독점하는 공공성도, 시민운동이 자칭하는 공공성도 아닌, 양쪽의 영역에 걸친 공공성 구축을 지향하는 활동으로 파악할 수 있을 것이다.

참고문헌
山室信一・中野目徹, 『明六雜誌 上』, 岩波文庫, 1999
戸澤行夫, 『明六社の人びと』, 築地書館, 1991

06 후쿠자와 유키치의 파문

| 마쓰다 고이치로松田宏一郎

'독립'의 사상가

후쿠자와 유키치

후쿠자와 유키치福澤諭吉(1834~1901)의 문장에는 부정하기 어려운 일종의 쾌활함이 있다. 그것은 사람들이 암묵적으로 의존하고 있는 권위 혹은 교활함이나 패거리 의식을 가차 없이 드러내어 강인하게 자신감을 갖고 노력하는 개인이 그러한 내부의 의존심을 부술 것을 기대하고 사회에 새로운 전망을 제시하려고 하는 기본적인 구상이 어느 작품에나 일관되어 있기 때문이다.

후쿠자와의 이러한 자질 중 하나는 오사카에서 태어났지만 부친이 부젠豊前 나카쓰中津번의 미곡 담당관이었던 관계로 나카쓰에 갔을 때 집안에서 쓰는 단어나 생활습관이 주위와 잘 맞지 않아 주변의 아이들과도 잘 어울리지 못했다는, 일종의 귀국 자녀가 겪었을 체험에서 생겨났을지 모른다. 또한 후쿠자와는 도쿠가와막부의 사절에 끼어 막말기에 세 번이나 구미 파견을 경험하였다. 주눅 들지 않고 현지인들의 생활에서부터 정치구조에 이르기까지를 질문하고 관찰하며 자세히 기록하는 왕성한 호기심은 바로 외국에 나갈 기회를 잡아도 상사 및 동료의 시선만 의식하고 집단행동을 하는 사람들과는 대조적이었다.

정신적인 '몰주체성(惑溺)'을 싫어해 '일신一身의 독립獨立'과 '일국의 독립', 그리고 '문명'의 달성을 추구한 후쿠자와의 이러한 자세는 인습 및 권위주의를 비판하고 자유롭고 '근대적'인 인간상을 도출한 것으로 전후 이래 비교적 최근까지 높이 평가되어 왔다. 그의 사상은 개인의 자유를 부정하는 전시戰時기의 군국주의 체제의 기억 및 전후에도 남겨진 공동체적이고 밀도가 높은 사회적 구속에 대한 비판적이며 도전적인 기분이 강한 시대에는 특히 매력적이었기 때문일 것이다. 후쿠자와의 이러한 매력에 접하려면 권위에 의존하는 고루한 정신을 벗겨내는 통쾌함이라는 점에서 『학문의 권장學問のすすめ』(1873~1876) 및 『후쿠자와 유키치 자서전福翁自傳』(1899), 그리고 명쾌한 문체로 '문명'의 발전의 조건으로서 개인의 권리와 자유주의를 기초로 한 국민국가의 건설을 주창하는 『문명론의 개략文明論之概略』(1875)이 바로 그 입구에 해당할 것이다.

"서양의 인민 권력은 강철과 같아서 이를 팽창시키기는 정말 어렵고 이를 수축시키기도 역시 쉬운 일이 아니다. 그러나 일본의 무인武人 권력은 고무와 같아서 관계하는 사물에 따라 수축과 팽창을 달리 하여 아랫사람을 대할 때는 크게 팽창하고 윗사람을 대할 때는 갑자기 수축하는 성질이 있다"(『文明論之概略』) 고 하는 말은 마루야마 마사오丸山眞男의 '억압이양론抑壓移讓論'의 아이디어를 낳은 것으로도 유명하다. '현재의 위치'에 신경을 써 '분위기 파악'만을 중시하는 현대의 일본 사회에 대해서도 충분히 도발적인 힘이 느껴지는 말이다.

'문명'과 국민국가 형성의 일본적 조건

단, 후쿠자와가 그리는 서양형의 '문명'이 지나치게 이상화되어 있다고 느끼는 독자도 많을 것이다. 서양에 대한 지나친 동화同化가 아시아에 대한 경멸과 일본의 제국주의에의 가담을 낳은 것은 아닌가라는 비판적인 시점에서 후쿠자와를 파악하는 견해는 최근 강화되고 있다. 후쿠자와에 의한 '한학자漢學者'에 대한 가차 없는 비판도 이 관점에서 재검토해보면 반드시 좋게만 보이지 않을 수도 있다. 이러한 '탈아론脫亞論'적인 후쿠자와 이미지에 대해서 후쿠자와가 주재한 「지지신보時事新報」의 '탈아론'적 중국·조선론은 꼭 후쿠자와 자신의 글이라고는 할 수 없다는 지적도 있다. 그러나 솔직하게 말하면 후쿠자와는 '아시아'적 인간관 및 '한학자'적 도학道學에는 명백히 부정적이었고, 거기에 '문명'의 미래가 있다고는 생각하지 않았다. 그리고 서양중심주의에 대항하는 아시아적 가치와 같은 것을 구상하는 일은 없었다.

후쿠자와의 서양문명관은 후쿠자와가 실제로 그 안에서 살아온 '문벌門閥제도'하의 사람들의 행동 패턴에 대한 준엄한 시선과, 영미에서 견문한 풍부하고 자유로운 사회에 대한 선망과 서적으로부터 배운 밀John Stuart Mill이나 기조François Guizot 등 서양 자유주의자의 아시아관의 영향이 뒤섞여 형성된 것이었다. 『문명론의 개략』 속에서 일본은 중국과 달리 황실의 정신적 권위와 무가의 정치권력이 나뉘어져 있었기 때문에, 또한 학문에 정통주의가 약했기 때문에 실질적으로 사상의 자유가 있었다고 논하고 있는데, 이것은 밀 및 기조가 비판적으로 언급한 아시아적 전제專制에 일본만은 반드시 해당하지 않는다는 후쿠자와 나름의 변명이었다.

그러나 후쿠자와는 기묘하게 책략적인 문장을 논술하는 측면이 있어서 그 점이 후쿠자와의 이미지를 복잡하게 만들고 있다. 세이난西南전쟁 전후부터 그 이후의 몇 가지 논설, 예를 들면 『분권론分權論』(1877)·「메이지 10년 정축 공론明治十年丁丑公論」 등에는 무사적인 기개 및 충성심에 대한 높은 평가가 보인다. 그러나 다른 한편에서 후쿠자와는 일관되게 무가의 권위주의를 혐오하고 '문벌제도는 부모의 원수'로 간주하고 있는데, 개인의 노력과 경쟁을 중시하는 주장과 그것은 어떻게 엮이는 것일까. 후쿠자와는 『문명론의 개략』에서는 프라이드와 권위를 중시하는 무사가 실제로는 비소卑小한 인격밖에 없다고 비난하여 "일본의 무인에게 독 일개인獨一個人의 기상individuality이 없어 그러한 비열한 행위에 대해 부끄러워 하지 않는 것이다"고 하였다. 그런데 『분권론』에서는 "아메리카의 인민은 이른바 '폴리티컬 아이디어(정치적 이념)'를 가슴에 품어 사람들 하나하나가 일국의 공공적인 일에 마음을 쏟는 기풍이 있다고 해도 일본의 사족士族이 매우 깊이 국사國事에 뜻을 두는 정도에는 이르지 못할 것이다"고 논하고 있다. 『분권론』에서는 이러한 사족의 기풍과 미국과 같은 공화주의 나라에서의 정치 참가의 의욕을 담은 '보국報國의 대의大義'가 똑같은 성질의 것이라고 기술하고 있는데, 후쿠자와가 정말로 그 정도로 무사의 정신과 같은 것을 신뢰하고 있었다고는 생각하기 어렵다. 여기에는 일본에 서양과 비슷한 '국민국가적' 의식의 맹아가 이미 존재한다고 기술함으로써 독자의 내셔널리틱한 자부심을 끌어내려고 하는 전략적인 의도가 숨겨져 있다.

천황의 정치적 권위에 대해 어떻게 생각하는가에 관해서도 모순된 논의가 보인다. 앞의 인용에서 '비열한 행위'라고 한 것은 이전의 무가정권에 의한 천황 권위의 이용을 비웃은 것인데, 「제실론帝室論」(1882) 및 「존왕론尊王論」(1888)—후자의 실제 집필자는 후쿠자와의 문하인 이시카와 간메이石河幹明라고 주장하는 설이 있다—등에서는 배저트Walter Bagehot의 『영국헌정론』을 참고하면서 인심장악(人心收攬)을 위해서는 황실의 권위가 필요하다고 주장하고 있다. 마치 '인심'은 조작 대상에 지나지 않은 것처럼 보인다. 이른바 황실의 권위를 내셔널리즘의 중심점으로서 재구성하여 그것을 '인심' 통합에 이용하려고 하였다. 자립적인 개인에 의한 자유로운 경쟁을 중시하는 사회관과 전통 및 도의적인 감정에 의존하여 유지되는 정치적인 통합이 어떻게 서로 맞물린다고 생각했던 것일까.

더욱이 골턴Francis Galton(다윈과 사촌형제 사이로 우생학의 창시자로 알려져 있다)을 인용하여 우생학적인 인종개량론을 주창하는 논문을 쓰기도 했다. 이것이 교육과 개인의 노력을 장려하는 사상과 어떻게 양립할 수 있을까. 독립심에 의거한 개인으로서의 인격 형성을 존중하는 교육론과, 결국 사회는 잘 변하지 않는 것이라는 점을 마지못해 승인하여 사람들을 움직이는 상징적인 개념을 조작해 어느 정도의 자유와 강력한 정치적 통합으로 사람들을 유도하는 방침을 취했던 것일까. 이러한 모순된 주장이 제기되지만 이에 의문을 느끼는 독자가 있다고 해도 어쩔 수 없는 측면이 있는 것이다.

사회과학자로서의 후쿠자와

후쿠자와에 대한 손쉬운 평가의 위험성은 사회와 국가에 제언하는 교육적 지도자라는 측면에서만 후쿠자와를 이해하고 위치 지으려고 하는 데서 비롯된다. 그렇게 되면 후쿠자와에 대한 호오好惡 및 선악의 표명에 흐르기 쉽고 또한 평가자의 정치적 의도나 심정에 좌우되기 쉽다. 그러나 사회를 지탱하는 심리적 메커니즘의 분석자로서 메이지기의 지식인 중에서 후쿠자와가 제시하고 있는 탁월한 역량과 날카로움에 대해서는 어떠한 입장의 독자라 하더라도 많은 부분 동감하지 않을 수 없다.

『학문의 권장』에는 "신信의 세계는 허위와 거짓이 많고 의疑의 세계는 진리眞理가 많다"고 하는 구절이 있다. 여기에는 권위 및 제도에 대해 의문을 품고 자기와 사회를 냉정하게 분석하는 합리적 비판정신을 일본 사회에 정착시키고자 하는 후쿠자와의 의도가 명백히 느껴진다. 『문명론의 개략』 서언에서는 "문명론이란 인간의 정신발달에 대한 논의다"라고 하여 그것이 한 사람 한 사람의 정신발달의 문제가 아니라 '중심발달론衆心發達論'이라고 주장하고 있다. 영국의 문명사가인 버클H.T.Buckle을 인용하면서 사회의 움직임을 통계적으로 파악하여 거기에서 '문명'의 요소를 적출하는 것의 중요성을 논의하고 있다. 결국 자기 자신이 살아가는 사회를 일단 밖에서 분석하는 시점을 확립하고 나야만 '문명'의 조건이 보인다는 것이다.

그러나 이것을 역으로 말하면 대부분의 사람들은 어느 사회가 어느 정도의 '문명'의 조건을 달성했는지, 어떤 가능성이 있는지는 보지 못한다는 것이다. 그 때문이겠지만 결국 '인심'을 통합하는 '신信'의 역할을 버릴 수가 없다. 그것은 서양의 선진국에서도 마찬가지다. "일본의 인심은 바로 국왕의 성덕聖德을 믿고 장상將相의 현재賢才를 믿고 선생을 믿고 사장을 믿고 남편을 믿고 주인을 믿는 시대다. 서양의 인심은 한발 더 나아가 정치를 믿고 법률을 믿고 조약을 믿고 개혁을 믿고 이른바 국가기구를 믿는 시대다. 앞뒤로 한발의 차이는 있지만 쉽게 믿고 대세를 따르는 데에 이르러서는 그 경향의 차이가 없다"(『覺書』)고 자기만의 메모장에 기록하고 있다. 만일 인류가 현 상황에서 '신信의 허위와 거짓'에서 완전히 탈각할 수 없다면 계약 및 제도라는 합리적인 픽션에 대한 '신信'으로 인류를 유도함으로써 '일보一步' 앞으로는 나아가게 할 것이라고 후쿠자와는 생각하였다.

세이난西南전쟁을 전후한 시기, 『문명론의 개략』까지와 『분권론』 이후의 작품의 사이에는 후쿠자와의 사회과학자로서의 성장 혹은 변화가 있었다고 말할 수 있을지 모른다. 『문명론의 개략』까지 보편적인 '문명'의 기준에 비추어 일본의 '인심'의 후진성을 측정해 그 후진성을 어떻게 만회할지가 중요한 과제였다. 그러나 세이난전쟁 이후에는 '인심'을 역사 속에서 만들어진 복잡한 내실을 지닌 조건으로서 일단 인정하여, 앞으로의 근대화 과정에서 예측할 수 있는 문제—예를 들면 전통적인 자치의식의 약화, 집권화에 저항하는 독립정신의 상실—에 대해 어떠한 방책이 있을 수 있는지를 생각하게 된 것이다.

이러한 강인하며 냉정한 사회분석자로서의 후쿠자와가 지닌 매력을 면밀하게 분석해 갈 여지는 아직 사상사가의 과제로 남아 있다.

참고문헌

福澤諭吉, 『文明論之概略』, 岩波文庫, 1995
福澤諭吉, 『福翁自傳』, 岩波文庫, 1978
丸山眞男, 『福澤諭吉の哲學』, 岩波文庫, 2001

07 메이지국가 '건국의 아버지'들

| 다키이 가즈히로瀧井一博

'건국의 아버지'로서의 이토 히로부미 및 야마가타 아리토모

'건국의 아버지founding fathers'란 통상 조지 워싱턴, 제임스 메디슨, 알렉산더 해밀턴 등과 같은 미합중국 헌법을 제정하여 연방국가로서의 미국의 기초를 놓은 사람들을 가리키는 말이다. 특정 지도자들에게 이 이름을 붙여 그 공적을 칭찬하는 것은 대단히 미국적이라고 할 수 있다. 또한 거기에는 국가를 마치 일개의 건조물로 파악하여 그 제작자를 현창顯彰하는 사고방식이 가장 손쉬운 형태로 드러나 있다고도 볼 수 있다.

이토 히로부미(위)
야마가타 아리토모(아래)

그렇지만 스위스 역사가인 야코프 부르크하르트Jacob Burckhardt가『이탈리아 르네상스의 문화』에서 생생하게 잘 묘사한 것처럼 근대국가란 '계산되고 의식된 피조물', 즉 마치 일개의 정교하고 치밀한 작품처럼 구축된 것이다. 조국肇國을 이룩한 정치가statesman인 '건국의 아버지'들의 존재는 국가를 그러한 작품으로 관찰할 때 클로즈업된다.

메이지국가도 유럽 세계의 충격과 막말의 동란이라는 위기의 시대를 거치면서 한 그룹의 지도자들이 구축한 정교한 작품으로 간주하는 것을 결코 강변이라고 할 수 없을 것이다. 그렇다면 메이지국가의 '건국의 아버지'에 해당하는 사람은 어떤 사람들일까. 말할 것도 없이 가장 먼저 손꼽힐 사람은 유신 삼걸維新三傑이라고 불리는 오쿠보 도시미치大久保利通, 기도 다카요시木戶孝允, 사이고 다카모리西鄕隆盛 이 세 사람일 것이다. 막말의 혼돈 속에서 두각을 나타내며, 도쿠가와 쇼군가로부터 지배의 실권을 탈취해 신국가 건설의 지반을 닦은 그들은 영웅적 자질을 갖춘 인물이었고 바로 '건국의 아버지'라는 칭호에 어울리는 사람들이다. 그 외에도 사람에 따라서는 이와쿠라 도모미岩倉具視, 혹은 다카스기 신사쿠高杉晋作 및 사카모토 료마坂本龍馬의 이름을 거론하고 싶어질지도 모른다.

이에 대해 여기서 언급할 사람은 이토 히로부미伊藤博文(1841~1909)와 야마가타 아리토모山縣有朋(1838~1922)라는 메이지유신의 제2세대에 속하는 정치가다. 인간적 매력이라는 점에서는 이 두 사람은 앞서 언급한 사람들에 비해 모자람이 있다고 느낄 것이다. 혁명가적 기질을 갖춘 제1세대에 비해 이토와 야마가타는 오히려 실무가형의 정치가였고 제1세대가 깔아놓은 국가건설의 도상에서 현실 속의 국가 만들기를 하나씩 수행해 갔다. 그 모습은 오쿠보나 사이고 등에 비해 독자를 감탄하게 하는 인간적 매력이 결여되어 있다고 느낄지 모르지만, 현실의 메이지국가의 성립 및 특질을 생각할 경우 피해갈 수 없는 '건국의 아버지'들이라는 점은 변함이 없다.

공명共鳴과 괴리

유신 제2세대로서 이토와 야마가타 두 사람 사이에는 공통점이 있다. 그것은 두 사람이 리얼리스트였고 안정된 통치를 추구했다는 점이다. 거기에는 혼돈스런 막말이란 시대에 대해 양자가 공유하고 있었던 어떤 감정이 개재되어 있다.

젊은 날에는 테러리스트로서 하나와 지로塙次郎 암살 및 영국공사관 방화

사건에 암약한 이토였지만, 1863년 이노우에 가오루井上馨 등과 함께 영국에 건너가 개국파開國派로 전환한다. 서양 열강과 조슈長州번이 전투를 벌였다는 소식을 접한 이토가 급히 귀국하여 그 수습에 힘쓴 일화는 잘 알려져 있다. 이토가 진력한 보람도 없이 조슈번은 하마구리고몬蛤御門의 변變으로부터 1차 조슈정벌로 이어지는 막부와의 싸움, 그리고 영국·미국·프랑스·네덜란드 4개국에 의한 시모노세키下關 포격이라는 사면초가의 상황에 빠진다. 이 무렵 당시의 부인에게 보낸 이토의 편지에는 처남이 교토에서 전사했음을 알리면서, "이번 싸움에는 상당히 많은 전사자가 발생했다고 하는데 아직 상세한 것은 알지 못하며 심히 마음이 아프다"라는 생명을 귀중히 여기는 내용이 담겨 있다. 지사답지 않은 마음 씀씀이가 담긴 서면은 영국의 번영을 생생하게 견문한 후 이토에게 배태되고 있던 문명에 대한 동경과 무관하지 않을 것이다.

동일한 기질이 야마가타에게도 보인다. 기병대에 참가해 '한낱 무장(武弁)'으로서의 임무를 평생 지켰지만, 그 이미지와는 정반대인 다음과 같은 일화가 있다. 메이지유신 전 조슈의 지사들 사이에서는 복어 샤브샤브가 유행하고 있었다. 맹독이 있어 위험한 복어를 약간 뜨거운 물에 데쳐 먹는 것으로 대담함을 경쟁한 것이다. 그러나 야마가타는 그 자리에서도 혼자만 다른 솥을 준비해 돔을 먹었다고 한다. "혼자만 끼어들지 않고서 목숨을 아까워하는" 듯한 모습은 확실히 멋진 그림이 되기는 어렵다. 그렇지만 국가의 청사진을 받아 그것을 실제로 설계하고 시공하는 역할은 그처럼 섬세하고 신중한 정신의 소유자에게 위임해야 마땅한 일일 것이다.

이렇게 서로 비슷한 측면을 겸비한 이토와 야마가타였지만, 그 외의 일에서 이 두 사람은 좋은 대조감이라 해도 과언이 아닐 정도로 성격에 차이를 보인다. 예를 들면 두 사람의 주거 양상에서도 이것은 여실히 나타난다. 우선 이토의 집은 매우 소박했다. 가옥이라는 것은 비와 이슬을 피할 수만 있다면 그걸로 충분하다고 이토는 늘 말하였고 치장을 한 저택을 짓기보다는 재빨리 준공할 수 있는 소박한 집을 좋아했다고 전해진다. 정원 가꾸기에도 그다지 집착하지 않았던 그는 옆에서 보좌하는 사람의 입장에서는 그리 부담되지 않는 주인이었다. 실제로 이토 내각이 탄생했을 때 가장 기뻐한 것은 수상관저에서 일하는 사람들이었다고 전해진다.

이와 대조적으로 구석구석까지 가꾸어진 집을 좋아한 사람이 야마가타였다. 그의 기호는 정원 가꾸기에 가장 잘 드러나 있다. 친잔소椿山莊, 무린암無鄰庵, 고희암古稀庵 등과 같이 그가 세운 저택에는 오늘날에도 볼 만할 정도로 훌륭한 정원이 갖추어져 있었다. 그러한 주거에 가인歌人을 불러 가회歌會를 여는 것을 야마가타는 좋아하였다.

이러한 주거관의 차이는 두 사람의 정치가로서의 모습의 차이에도 그대로 반영되고 있다. 이토는 부하를 둘 수 없는 정치가였다. '사람'은 그의 안중에 없었기 때문이다. 이토는 항상 사람이 아니라 그 인물의 재능, 다시 말하면 이용가치밖에 보지 않았다. 그 때문에 그는 주위의 사람이 아연해 할 정도로 인사人事를 가볍게 해치워 버렸다. 모리 아리노리森有禮 및 무쓰 무네미쓰陸奧宗光 등 번벌 정부 내에서 주변에 있다든지 적대하고 있던 인물을 적극적으로 내세우기도 하고, 나아가서는 불구대천의 적인 민당民黨 세력에게 정권을 넘겨주기도 하였다. 이토의 입장에서 보면 그때그때의 판단으로 국가에 있어서 최선의 결단을 한 결과겠지만 이토 주변의 사람들은 그 진의를 알지 못해 그와 거리를 두려고 했다. 이렇게 해서 이토에게는 부하가 생길 수 없었다. 그 모습은 천하국가의 일에 전념하여 자신의 주거 등에 대해서는 신경조차 쓰지 않았던 이토의 사생활을 방불케 하는 것이었다.

한편 야마가타는 '사람'을 중시한 정치가였다. 야마가타는 자신의 아랫사람을 결코 가볍게 여기지 않고 공사公私에 걸쳐 도움을 주었다고 한다. 그렇게 해서 정부 내에는 야마가타벌이라고 불리는 그의 부하 집단이 여기저기

생겨나 그 인맥은 관료층, 귀족원, 육군, 추밀원, 궁중 등에 퍼져 있었다. 그것은 마치 어디에 돌을 배치하고 산을 쌓으며 냇물을 흘릴지를 고민하는 정원조경술을 연상시킨다. 다시 말하면 야마가타는 국가라는 터에 자신이 생각한 그대로의 정원을 만들고자 한 것이다.

사람인가 제도인가

이상과 같은 성격의 차이는 양자의 국가 구상 및 그 실제 운영에서도 현저한 대조를 보인다. 주지하는 바와 같이 이토는 대일본제국헌법(메이지헌법)을 제정하여 의회제도를 도입한 인물이다. 이토는 헌법 기초에 앞서 유럽에서의 헌법 조사에서 주로 오스트리아 빈대학의 국가학자인 로렌츠 폰 슈타인Lorenz von Stein의 행정 이론에 영향을 받아 "헌법은 큰 틀의 것만"이라고 갈파하여 행정에 의한 헌법의 상대화에 눈을 떴다. 그리고 귀국 후 그는 헌법의 제정에 앞서 궁중제도의 개혁, 내각제도의 도입, 제국대학의 창설이라는 일련의 개혁을 주도한다. 그 배경에는 헌법의 시행과 의회의 개설에 앞서 국가의 행정기반을 확립하여 통치의 안정성을 담보하려는 생각이 개재되어 있었다.

그렇지만 다른 한편에서 이토는 앞으로 다가올 시대의 정치는 국민 참가의 기반 위에서 행해져야 한다는 사고의 소유자였다. 확실히 그는 헌법 발포 당초에는 정당정치를 시기상조라고 하여 정당정치에 부정적인 발언을 거듭하였다. 그러나 마음속에는 점진적으로 국민정치를 실현해 나가고자 하는 생각이 넘치고 있었다. 이토에게 나라의 독립이란 국민의 경제력·정치 활력의 개척과 발전에 달린 것이었다. 즉 행정제도라는 안전판을 갖춘 위에 의회정치를 활성화시키는 것이 이토의 입헌국가 프로젝트였다.

야마가타의 국제론國制論은 이와 좋은 대조를 이룬다. 그는 의회정치에는 믿음을 두지 않는다. 야마가타가 지키고자 한 것은 새롭게 변화된 세상(御一新

之世)을 보지 못하고 쓰러진 동지들에 대한 추억의 마음이다. 야마가타는 노령이 되어도 지사들을 모시는 교토의 영산靈山 참배를 빼먹지 않았다고 한다. 거기에는 자신들이 피를 흘려 수립한 것을 내우외환으로부터 지키지 않으면 안 된다고 하는 강력한 신념을 간취할 수 있다. 번벌 정부에 대한 비판을 거듭하는 민당파民黨派의 소굴인 의회는 야마가타에게 있어서 국가를 좀먹는 내우內憂와 같았다.

두 사람의 정치관의 차이는 앞서 언급한 사람에 대한 대응법에도 기인한다. 눈앞에 있는 사람이 아니라 그 사람이 가진 재능밖에 흥미가 없었던 이토는 국민 각인이 자기의 재능을 개화시켜 자립해갈 수 있도록 하기 위한 사회적 유동성의 촉진과 그를 위한 실학교육의 충실에 여념이 없었다. 그를 위한 제도 구축이야말로 이토가 추구하고 있었던 것이다. 입헌제도란 국민교육의 제도적 표현이었다.

한편 야마가타는 국가 제 기관에 자신의 벌족 네트워크를 배치하여 의회제도의 봉인을 기도하였다. 이토가 의회제도의 구심력을 높이는 것에 부심하고 있었던 데 반해, 야마가타는 내무성(지방제도), 군부, 귀족원, 추밀원을 뿌리로 하여 거기서부터의 원심력을 유지하는 것에 힘을 기울였다. 국민에 대해서는 충량忠良한 신민다움을 요구하여 군인칙유軍人勅諭 및 교육칙어의 제정을 지도하였다.

이토는 제도의 미학美學을 추구한 정치가였다. 국가의 번영은 오직 제도에 기초한다고 생각하여 제도가 정비되면 국민도 개화되어 갈 것이라고 소박하게 믿고 있었다. 한편 야마가타는 추상적인 국민을 믿기에는 너무도 리얼리스트였다. 그가 믿었던 것은 자신의 숨결이 닿은 눈앞의 사람들로 한정되었고 일반 국민에게는 그가 최상의 것이라고 생각하는 신민도덕의 주입을 꾀하였다.

천성적으로 낙천가였던 이토는 만년에 그 제도관을 내걸고 한국 통치에 임하였지만 좌절하고 1909년 안중근의 손에 피살되었다. 이토의 부보訃報를 들은 야마가타는 "이토라는 인간은 끝내 운이 좋은 인간이었다. 죽을 곳을 찾았다는 점에서 나는 무인으로서 부럽게 느껴진다"고 말했다고 한다. 야마가타가 이 세상을 떠난 것은 그로부터 13년 후인 1922년, 애호하던 고희암古稀庵에서 84세의 장수를 마감하였다.

참고문헌

岡義武, 『山縣有朋』, 岩波書店, 1958

伊藤之雄, 『立憲國家の確立と伊藤博文』, 吉川弘文館, 1999

08 메이지헌법의 사상

| 다키이 가즈히로瀧井一博

메이지헌법에 대한 평가

헌법 발포식장 그림

1889년 2월 11일에 발포된 대일본제국헌법(메이지헌법)은 말할 것도 없이 일본 최초의 근대적 헌법전으로서 1947년 5월 3일에 현재의 일본국헌법이 시행되기까지 국가의 최고 규범으로서 존재하였다. 그것이 '불마不磨의 대전大典'이라고 칭해졌음은 잘 알려져 있다.

메이지明治, 다이쇼大正, 쇼와昭和 초기의 거의 60년에 걸쳐 일본 국가의 형태를 규정해 온 헌법이었는데, 전후 그 평가는 부정적이었다. 국민주권, 기본적 인권의 존중, 평화주의를 구가하는 일본국헌법과 대비할 때, 메이지헌법은 전전의 군국주의의 길을 열고, 국민의 권리보장에 중심을 두지 않는 천황대권주의의 나쁜 외견적 입헌주의 헌법이라고 위치 설정을 하는 것이 일반적이다. 그러나 그러한 비교는 적어도 역사학적인 것이라고는 할 수 없다. 구헌법의 현실을 신헌법의 이념으로 재단하는 방식으로는 어떠한 경험적인 통찰이 생겨나지 않기 때문이다. 본래 비교라는 것은 현실과 현실을 비교하지 않으면 안 된다(小嶋和司, 『憲法學講話』, 有斐閣).

원래 메이지헌법이라고 간단히 말하지만 체제로서의 메이지 입헌국가

(메이지 국가제도)라는 것은 단일한 헌법전에 의해 구성된 것이 아니라, 발포 시에 있어서도 황실전범皇室典範, 의원법議院法, 중의원衆議員의원선거법, 귀족원령, 회계법 등의 여러 헌법부속법에 의해, 그리고 시행 후에도 선거법 및 내각관제內閣官制와 같은 중요 법령의 개정 및 제정, 또한 궁중, 원로, 관료제, 정당, 군부 등 국가 제 기관의 경합·제휴·대립 속에서 배양된 현실 정치의 관행, 혹은 학설에 의한 입헌주의적 내지 국체론적인 이론적 뒷받침을 통해 부단히 재작성되어 간 것이라고 하는 편이 좋다. 역으로 말하면 본래 그렇게 형태가 확정되지 않은 유동체인 국가의 내부 구성을 통합하여, 거기에 명확한 형태를 제공하는 것이 헌법의 역할이라고 할 수 있다. 메이지헌법의 비극이란 쇼와기에 들어서 국가를 구성하는 제 요소의 자립과 할거割據가 진행되어 헌법의 통합작용이 기능부전에 빠진 점이라 볼 수 있다.

그러나 그렇다고 해서 메이지헌법에 어떠한 일관된 이념이 보이지 않는다든지, 기회주의적이자 어떻게도 변할 수 있는 엉성한 것으로 간주하는 것은 지나친 논의다. 메이지헌법의 제정에 이르는 역사의 조류 속에는 확연히 국가적 경륜의 흔적 또한 찾을 수 있기 때문이다. 그것은 천황에게 가탁假託된 국가적 정통성의 창출과 국민정치의 이념이다.

군민공치의 사상

1888년 6월 추밀원에서의 헌법전심의憲法典審議의 모두연설에서 의장인 이토 히로부미는 국가의 기축은 황실이라고 하면서, "군권君權을 존중하여 가능한 한 그것을 속박하지 않도록 할 것"이라고 진술하고 있다. 여기서 짐작할 수 있는 것처럼 메이지헌법의 제정에는 천황을 군주화하여 지배의 정통성을 담보하고 그것으로 국가의 주권과 통일성을 확립하려고 기도했던 것이다. 거기에는 유럽의 헌법 조사를 통해 서양 여러 나라가 성립되는 근간에는 기독교에 의한 국민통합이 있다고 파악한 이토의 견식이 있었다. 하지만 무엇보다도 천황 중심의 나라를 만드는 일이 메이지 신정부가 일관되게 추진한 국시國是였다는 점이 중요하다. 막말의 동란 속에서 천황의 정치적 위치는 크게 흔들리고 있었지만 유신 정부는 이 천황의 권위를 재구축하여 지배의 정통화를 꾀하여 갔다(高橋秀直, 『幕末維新の政治と天皇』, 吉川弘文館). 그 일환으로서 도쿄 천도 및 궁중의 개혁이 수행되었던 것이다. 이런 의미에서 메이지헌법의 성립은 메이지유신 이래의 국가적 과제의 실현이었다고 할 수 있다.

다른 한편 메이지헌법의 제정에는 일본을 국민국가로서 자립시키려고 한 의도도 들어가 있었다. 앞서 언급한 추밀원에서의 헌법 심의 석상에서 이토는 "헌법정치라는 것은 바로 군주권에 그 제한의 의의가 있다는 것은 분명하다"고도 말하고 있다. 앞서 소개한 발언과 모순되는 언명이지만, 그 배후에는 정통성 및 주권의 문제를 제도로서의 천황으로 해소하려고 하는 한편, 현실의 국가 운영은 국민과 협동해 나가야 할 것이라는 메시지가 담겨져 있다고 생각할 수 있다. 이러한 군민공치君民共治의 사상은 오쿠보 도시미치大久保利通, 기도 다카요시木戶孝允, 사이고 다카모리西鄕隆盛와 같은 유신삼걸에 의해 공유되고 있었던 것이며, 특히 오쿠보와 기도는 이른바 이와쿠라岩倉 사절단 일원으로서의 서양 체험으로부터 귀국을 전후로 한 시기에 그러한 이념에 입각한 헌법의견서를 상주上奏하고 있다. 문제는 국민의 정치 참가는 민도民度의 성숙에 응하여 점진적으로 이루어지지 않으면 안 된다는 것이었다.

오쿠보와 기도가 죽고 나서 두 사람의 뜻을 계승해 군민공치의 헌법 구상을 실천으로 옮긴이가 이토였다. 헌법 발포 당시 정당정치를 시기상조라고 하여 다른 번벌 지도자와 같이 초연超然 정치를 주창했던 그였지만, 헌법의 실제 운용 속에서는 정당 세력과의 타협과 제휴, 선거법의 개정을 통한 국민의 정치 참가의 점차적 확대, 그리고 입헌정우회라는 책임 정당을 창설하여 국민협동의 정치 체제 실현에 매진하였다. 그 근저에는 점진주의라는 진화론적인 그의 헌법관·국가제도관이 있었다.

참고문헌

瀧井一博, 『文明史のなかの明治憲法』, 講談社選書メチエ, 2003

大石眞, 『日本憲法史』(第2版), 有斐閣, 2005

09 나카에 조민의 세계

| 오하라 가오루小原薰

'의리'를 찾아서

나카에 조민

우리는 매일매일 정치의 세계에서 대통령 및 수상의 자리를 둘러싸고 정치권력 및 정치적 이권, 이익을 구하는 다툼이 거듭되는 것을 목격한다. 하지만 진정으로 정치의 세계에서 구하고 있는 것은 권력 및 이익 추구의 실현인가, 그렇지 않으면 이상적 정치의 실현인가. 도사土佐번 하급무사의 자식으로 태어난 나카에 조민中江兆民(1847~1901)은 오로지 정치 세계에서 '의리'를 추구했던 인물이었다.

활발해진 자유민권운동 속에서 우에키 에모리植木枝盛(1857~1892)가 "정부와 인민은 이해를 달리 한다"고 해서 정부 대 인민의 구도를 정면에 내걸고 운동의 선두에 선 것에 비해, 메이지 10년대의 조민은 『(구미)정리총담(歐美)政理叢談』 등을 중심으로 한 구미 사상의 번역에 몰두했다. 그것은 구미 정치제도를 숙지하고 있는 정부가 내놓은 정치구상에 대항하기 위해서는 그에 필적할 만한 사상의 축적이 없다면 대항할 수 없다고 생각했기 때문이었다.

조민이 가슴속에 품고 있던 정치의 이상, 그것은 전 국민에게 보통선거권을 주어 각자 자기 이익에 구애받지 않고 자유롭게 판단할 수 있는 능력, '리버럴 모럴'을 갖고서 정치에 참가하고 토론을 행하여 합의를 형성하는 것이었다. 그리고 헌법의 제정은 사회계약의 징표로서 위치지워 국민의 대표에 의해 구성되는 국회에서 만들어져야 한다는 민정民定헌법의 제정을 주창하였다. 조민은 루소의 『사회계약론社會契約論』을 번역하여 '동양의 루소'라고 칭해지지만, 조민의 이상은 루소의 사상을 환골탈태한 것이었다.

'소국 일본'의 선택

세계 속에서 일본이 섬나라이고 자원적으로도 '소국小國'이라는 사실을 바꿀 수는 없다. 그러한 '소국 일본'이라는 제약 아래에서 일본이 나아갈 길의 선택을 모색한 것이 메이지 20년의 『삼취인경륜문답三醉人經綸問答』이다. 등장인물의 한 사람인 양학洋學 신사는 일본이 살 길은 군비를 철폐하고 비무장·비저항을 관철시켜 사형폐지, 일원제一院制, 보통선거 등을 실현하는 것이라고 말한다. '소국 일본'이 구미의 군사력에 무력으로 대항하는 것은 무리고 도덕으로 대항할 수밖에 없다고 역설한다. 그것은 인도의 독립운동지도자 마하트마 간디 및 미국 공민권운동의 지도자 마틴 루터 킹 목사가 실천한 길이기도 했다.

한편 호걸豪傑 군은 승리에 기쁨을 느끼는 것은 비단 동물뿐 아니라 인간에게도 적용된다고 하면서 전쟁은 없어지지 않는다고 말한다. 전쟁의 승패를 결정하는 것은 각국 문명의 종합력이고 전쟁은 '각국 문명의 힘의 시험대'라고 하였다. 그 때문에 문명의 선두를 달리는 구미 여러 나라가 경제적으로나 군사력에 있어서도 최강이라고 하였다. 그런 유럽에 대항하기 위해서는 '소국 일본'의 자원으로는 모자라고 제3국의 자원과 영토를 이용한 '군사대국화'야말로 일본이 나아갈 길이라는 것이 호걸 군의 선택이었다.

이에 대해 남해南海 선생은 양학 신사, 호걸 군의 주장은 모두 유럽 여러 나라가 지금이라도 당장 쳐들어 온다는 '지나친 걱정'에서 나오는 것이라고 일축하고, 최악의 경우는 국민이 모두 병사가 되어 저항하고 점진주의로 개혁을 추진하는 길을 주장하였다. 이 책에서 세 사람의 등장인물의 선택을 어떻게 판단할지는 독자에게 맡겨져 있다. 하지만 이 선택은 100년이 지난 현대 일본에서도 요구되는 문제인 것이다.

'은사의 민권'에서 '회복의 민권'으로

전 국민에게 보통선거권을 주어 정치에 참가하게 하고 국회에서 헌법을 제정한다는 것이 조민의 이상이었지만, 정부는 선거권의 재산 제한, 흠정欽定 헌법, 국회 권한의 제약 등의 각종 제약을 가한다. 그러한 제약 아래에서도 조민은 이상 실현을 위해 지속적으로 노력한다. '유한위임론有限委任論'에 의해 국회의원(代議士)을 선거민의 '대리代理'로 위치 지워 선거구에서의 토론을 통해 조금이라도 유권자의 의견을 정치에 반영시키려고 한다. 또한 헌법의 '점검點檢'을 주장하여 잘 갖추어지지 않은 조문의 변경을 천황에게 상주하는 헌법점열론憲法點閱論을 주창한다. 그리고 무엇보다도 민당民黨이 합동함으로써 정부에 대항할 수 있다고 하여 민당 합동에 진력한다. 그것은 주어진 민권이라도 조금씩 개혁함으로써 국민이 싸워서 획득한 민권과 다를 바 없게 만드는 것이 가능하다고 하는, '은사恩賜의 민권'에서 '회복恢復의 민권'으로라는 『삼취인경륜문답』에서 조민이 주창한 방법의 실천이기도 하였다.

제1회 총선거 후에 개최된 제1회의는 예산안을 둘러싸고 정부와 민당이 격돌하는데, 정부의 각개 격파에 민당의 일부가 함락당하여 의회의 권한도 애매한 채로 끝나고 만다. 게다가 민당 합동도 끊임없이 생겨나는 내분으로 인해 몽상에 지나지 않는다는 것을 깨닫게 된다. 조민은 민당의원의 배신행위에 항의하여 의원직을 사직하고 실업實業세계로 그 길을 바꾸게 된다. 조민은 민당의원의 패배의 이유를 '생활 문제'로 보고 있었지만 정작 그가 내세운 해결법은 도덕에 구하는 방법 외에는 없었다.

참고문헌

なだいなだ, 『TN君の傳記』, 福音館文庫, 2002
中江兆民, 『三酔人經綸問答』, 岩波書店, 1965

10 자유민권운동에서 사회주의로

| 오하라 가오루小原薰

사의헌법과 메이지 14년 정변

자유민권운동의 획기는 메이지 14년 정변에 이르기까지의 공방일 것이다. 근대 일본의 국가 형성에 관련된 대부분의 중요 법안 작성에 관계한 이노우에 고와시井上毅는 게이오기주쿠慶應義塾(게이오대학) 관계자가 관계한 교준샤交詢社헌법에 강한 경계심을 갖고서, 그 주창자인 후쿠자와 유키치福澤諭吉에 대해 "10만의 정예병을 이끌고 사람이 없는 광야를 가는 것과 같다"고 평하여 후쿠자와에 대한 강한 경계감을 표하고 있었다. 이노우에가 우에키 에모리植木枝盛나 나카에 조민中江兆民이 아닌 후쿠자와에게 대단한 경계심을 품고 있었던 것은 후쿠자와 및 정부 내에서 오쿠마 시게노부大隈重信 주변에 모여 있던 게이오기주쿠 관계자들을 그냥 내버려 두면 국가 구상의 주도권을 뺏긴다는 위기감 때문이었다.

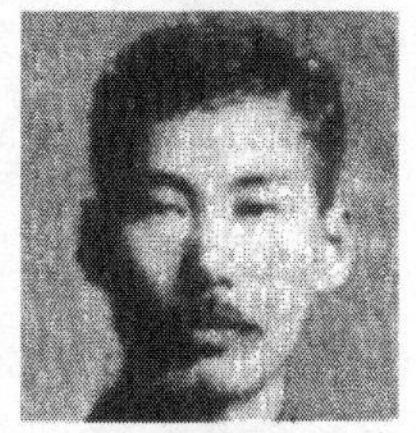

우에키 에모리(위)
고토쿠 슈스이(가운데)
가타야마 센(아래)

세이난전쟁 종결로 무력에 의한 반란이라는 수단이 사라진 이후, 언론에 의한 정치 참가를 요구하여 자유민권운동은 전국화한다. 각지에서 국회 개설을 요구하는 건백서建白書가 제출되고 국회기성동맹 제2회 대회에서는 다음 대회까지 헌법 초안을 지참할 것이 결정되어 각지에서 민간에서 만들어진 각종의 사의私擬헌법안이 만들어졌다. 현재까지 확인된 사의헌법은 50종류가 넘는다.

사의헌법 초안 중에서 이채로운 것은 우에키 에모리의 일본국 국헌國憲안이다. 우에키는 정부 대 인민의 구도에서 중앙정부의 권한을 제약하는 연방제를 토대로 하여, 일원제의 국회에 커다란 권한을 부여한다. 덧붙여 국민의 정부에 대한 저항권, 혁명권까지 헌법 조문에 명문화하고 있다. 그러나 우에키와 같은 초안은 현재 남아 있는 사의헌법 중에서는 예외적 존재였다.

이에 비해 각지에서 만들어진 사의헌법 초안 작업에 커다란 영향을 미쳤을 뿐 아니라 정부와의 공방에서 커다란 역할을 한 것은 교순사交詢社의 사의헌법 초안이었다. 교순사의 헌법 초안은 영국식의 의원내각제를 인정하는 것으로 천황대권天皇大權도 광범위하게 인정하고 있으며 후의 대일본제국헌법과 비교해도 그 유사성이 적지 않다. 확실히 하원의 우월을 인정하는 등 국회 권한의 위치에 대해서는 다소의 차이가 있기는 하지만, 충분히 정부 측으로서도 타협 가능한 것이었다. 한편, 이노우에는 후쿠자와 등의 게이오기주쿠 세력이 확대되는 것에 위협을 느끼고 있었다. 게다가 오쿠마 시게노부가 제출한 조기 국회 개설을 요청하는 의견서(게이오 출신의 야노 후미오[矢野文雄] 집필)는 이토 히로부미를 격노시켜 정부 내에서 심각한 대립을 초래하게 된다. 이 시기는 이노우에 가오루井上馨 등이 후쿠자와에게 관보官報 발행을 제안하던 시기기도 했던 만큼 메이지 14년 정변이라는 것은 어떤 의미에서는 후쿠자와 등의 구상과 그것을 비판하는 이토 히로부미 · 이노우에 고와시 등의 국가구상을 둘러싼 싸움이기도 하였다. 그리고 메이지 14년 정변에 의해 정부 내에서 오쿠마와 함께 게이오기주쿠 관계자가 추방되었고 국회 개설이 9년 뒤로 미뤄짐에 따라 중앙에 있어서의 자유민권운동은 진정되는 상태에 이르게 된다.

대동단결운동과 제국의회

근대 일본의 조직, 정당, 노동조합의 역사를 되돌아보면 '소이小異'를 넘어 '대동大同'으로 나아가는 일만큼 어려운 것이 없다고 느끼게 된다. 근대 일본의 조직, 정당, 노동조합의 역사는 일단 결성되자마자 곧바로 내부 분열을 거듭하는 역사를 반복한다.

정부의 조약개정교섭비판을 계기로 고토 쇼지로後藤象二郎는 대동단결운동을 전개해 자유민권운동에 다시 활력을 불어넣으려고 했지만 제1회 총선거에서 중의원의 과반수를 민당 각 당이 차지하는 상황이 되어도 민당 합동 시도는 어려운 일이었다. 나카에 조민 및 도쿠토미 소호德富蘇峰 등이 민당 합동의 중요성을 주창하면서 자유당계와 입헌개진당계의 합동을 꾀한 입헌자유당의 설립은 결국 자유당계만의 합동으로 끝나 버린다.

제1의회에서의 정부예산안을 둘러싼 정부와 민당의 공방은 대일본제국헌법 제67조를 내세워 의회의 권한을 최소한의 것으로 하려는 정부에 대항하여 의회 권한을 확대할 수 있는 더 없는 기회였지만, '도사土佐파의 배신'에 의해 물거품이 되고 만다. 그 결과 대일본제국헌법하에서 의회가 어디까지 권한을 갖는가라는 문제는 더 이상 다뤄지지 않은 채 끝나고 만다. 하지만 그렇다고는 해도 제1의회에서 제4의회까지의 예산안을 둘러싼 정부와 민당과의 격렬한 공방은 정부에 대한 감시 기능으로서의 의회의 존재를 실감시키기에 충분했다. 제4의회에서 정부는 천황에게 '화충협동和衷協同'의 조칙詔勅의 도움을 받지 않을 수 없는 상황까지 몰리기도 했다.

그런데 한반도의 정세가 긴박해지면서 청일전쟁이 개전되자 정부와 민당과의 대립은 '거국일치擧國一致'의 슬로건 아래 묻혀 국민에게 증세라는 부담을 강요하게 될 대규모 군비 확장 예산안이 별 문제없이 의회를 통과하게 된다. 청일전쟁의 승리로 청국에서 배상금이 들어와도 군비 확장의 움직임은 수습되지 않고 거기에 더해서 전후 경영을 위한 공공사업비의 확대로 예산안은 팽창일로를 걷게 된다. 그 결과 증세에 의한 국민의 부담은 늘어만 갔다. 청일전쟁 후 의회가 정부의 군비 확장 예산안을 큰 저항도 없이 통과시키는 일이 계속되는 현상에서 구가 가쓰난陸羯南은 입헌정치의 위기를 본다. 그는 정부의 행정기능만이 확대되고 의회가 비판 기능을 상실해 가는 현상을 '입헌적 전제'라고 비판한다. 그리고 헌법이 존재하고 있지만 그 기능이 정지된 상태에 있다고 보아 '무의식의 헌법중지'라고 입헌정치의 위기를 역설했다.

그러나 이러한 입헌정치의 위기에 처해 있어도 정치가들은 각 선거구의 이익, 자기 이익을 추구하는 데 몰두할 뿐이었다. 매수, 뇌물과 같은 정치가의 부패는 끝이 없었고 입헌정치의 한계를 국민들은 의식하게 된다.

사회 문제에서 메이지 사회주의로

청일전쟁 후 산업화와 도시화가 진전되는 가운데 여러 가지 사회 문제가 발생하여 특히 노동 문제 및 도시에 거주하는 '하층사회'의 문제가 '사회 문제'로 의식되게 된다. 그리고 이 '사회 문제'가 초래된 것은 입헌정치의 부패 및 기능 부전이 그 원인이라고 지적되어 왔다. 이 정치위기의 타개책으로서 등장하는 것이 메이지 사회주의였다.

이 시기의 사회주의 이해는 마르크스로부터 아나키즘에 이르기까지 잡다한 사상을 내포한 성운星雲과 같은 것으로 후의 다이쇼, 쇼와의 마르크스주의 이해와는 상당히 다르다. 마르크스가 말하는 '생산력' 이론에 대한 이해도 원래 '생산'이라는 것에 대한 이해가 부족하였다. 그러나 이 메이지의 사회주의는 빈곤 및 실업을 개인의 도덕 문제로 이해하고 있었던 종래의 사고방식에 커다란 전기를 제공하였다.

빈곤 및 실업이라는 문제는 노동자의 개인 책임 및 자질에 의한 것인가,

그렇지 않으면 사회 시스템에 문제가 있어서 발생하는 것인가. 나카에 조민은 '생활 문제' 및 빈곤 문제에 대해 도덕이라는 개인 모럴의 문제로서의 해결책밖에 이끌어내지 못했지만, 빈곤 문제를 '사회조직'의 죄악으로 위치지운 것은 메이지 사회주의였다. 자유경쟁에 의한 경제사회가 결과적으로 가혹한 생존경쟁을 초래하여 약육강식의 사회가 되어 공익을 파괴한다. 이러한 경제시스템을 개선하기 위해서는 생산수단의 공유와 공평한 분배가 필요하다고 생각한 것이다. 그리고 의회에 의한 입법정책으로 사회주의의 실현을 꾀하려 하는 것이 그들의 출발점이었다.

메이지 사회주의의 두 가지 길

나카에 조민에게서 배우기도 한 고토쿠 슈스이幸德秋水(1871~1911)는 조민이 개인 도덕의 문제로서 파악한 빈곤의 문제를 '사회조직'의 죄악으로 파악하였다. 그는 자유경쟁에 의한 경제사회의 근본 문제로서 사람들이 자기이익의 추구만을 생각하는 개인주의에 문제가 있다고 하였다. 자기이익의 추구밖에 생각하지 않는 사회라고 하더라도 공익, '의리'를 생각하는 인간을 고토쿠는 '지사인인志士仁人'이라고 부르고 그들이 선두에 서서 혁명을 담당할 것을 기대하였다.

그러나 의회정책에 의한 사회주의의 실현에 고토쿠는 점차 의문을 품게 된다. 특히 고토쿠의 미국 체재는 러시아로부터의 망명자나 노동운동 지도자와의 교류를 통해 고토쿠의 사상에 커다란 영향을 미치게 된다.

이에 대해 자유경쟁에 의한 경제사회 시스템에 문제가 있다고 하면서도 개인주의 그 자체가 원인은 아니라고 파악한 이가 가타야마 센片山潛(1859~1933)이다. 문제는 정상배 및 기생지주 등 직접 노동을 하지 않고 이익을 얻는 '왜곡된 개인주의' 때문이고 '참된 개인주의'의 실현이야말로 사회개혁을 가능케 한다고 생각하고 있었다. 가타야마는 노동이야말로 '부를 낳는 어머니'고

개인을 자유독립하게 한다고 하여 사람들이 노동에 의해 보수를 얻고 자립해 갈 것을 지지하였다. 그리고 그를 위한 조직으로서 노동자 스스로에 의한 노동조합의 결성과 '소비조합共働店'의 설립을 주창하였다. 그에 덧붙여 가타야마가 기대한 것은 도시주민에 의한 자치였다. 가타야마는 이 노동조합활동과 도시주민의 자치를 중심으로 하여 의회에서 과반수를 차지하여 사회주의를 실현하려고 하는 의회정책의 입장을 지속적으로 주장하였다.

그러나 고토쿠가 미국에서 귀국한 이후 운동은 심각한 위기에 빠지게 된다. 고토쿠는 「나의 사상 변화余が思想の変化」에서 종래의 의회정책파와 결별하여 직접 행동의 중요성을 주창하기 시작한다. 일본사회당은 1906년에 사이온지西園寺 내각하에 합법적 사회주의 정당으로 인가되었는데, 그 당 규칙은 "국법의 범위 내에서 사회주의를 주장한다"는 것이었다. 그러나 고토쿠의 귀국 후에 열린 일본사회당 제2차 대회에서 고토쿠는 당 규칙에도 직접 행동의 방침을 규정할 것을 주장하여 당내는 의회정책파와 직접행동파와의 내부 대립이 심각해진다. 당내에서는 직접행동파가 다수를 점한 가운데 설립된 지 얼마 지나지 않은 일본사회당은 결사금지의 대상이 되어 버렸다.

직접행동파가 다수를 점하는 가운데 정부는 메이지 사회주의자들에 대한 경계를 강화하여 감시·단속을 강화한다. 일본사회당의 설립을 인정한 사이온지 내각과는 달리 그 다음의 가쓰라桂 내각은 사회주의자에 대한 단속을 강화한다. 이에 더하여 고토쿠가 미국 체재 중에 결성시킨 사회혁명당의 구성원이 기관지 『혁명革命』에 실은 글이나 및 '암살주의' 공개장 사건은 일본 정부의 경계심을 현저히 증폭시키게 된다. 그런 가운데 메이지 천황에 대한 암살계획이 준비되고 있다는 '대역 사건'으로 전국 각지에서 사회주의자의 일제검거가 행해졌다. 고토쿠 슈스이도 주모자로 체포되어 비공개 심리에서 대심원大審院에 의한 일회 재판이라는 형태로 재판이 진행되었다. 재판은 이례적으로 스피드 심리로 진행되어 고토쿠 이하 24명에 대한 사형 판결이 내려져 고토쿠를 비롯한 12명의 사형이 집행되었다. 이 '대역 사건'에 의해 사회주의 운동은 괴멸적 타격을 받아 가타야마 센은 망명, 체포를 피한 사카이 도시히코堺利彦 등도 활동을 멈추지 않을 수 없게 된다. 이렇게 해서 사회주의 운동은 '혹한의 시대'를 맞게 되는 것이었다.

참고문헌

家永三郎・松永昌三・江村榮一 編, 『新編 明治前期の憲法構想』, 福村出版, 2005

林茂・西田長壽 編, 『平民新聞論說集』, 岩波文庫, 2003

11 민유샤와 세이쿄샤

| 마쓰다 고이치로松田宏一郎

메이지의 신세대

도쿠토미 소호(위)
미야케 세쓰레이(아래)

여기서는 메이지 20년대를 대표하는 사상결사로 민유샤民友社와 세이쿄샤政教社에 관해 생각해보고자 한다. 이 두 결사조직은 모두 청년지식인에 의한 잡지 및 도서 출판활동을 축으로 하고 있었다. 민유샤의 도쿠토미 소호德富蘇峰, 다케코시 요사부로竹越與三郎(혹은 산사三叉), 야마지 아이잔山路愛山 등과 세이쿄샤의 시가 시게타카志賀重昂, 미야케 세쓰레이三宅雪嶺 등은 모두 다 1860년대 출생이다. 그들은 메이지 초기의 지도적 지식인 및 조금 뒤의 고등교육을 받은 세대와는 달리 젊은 날에 직접 해외 경험을 해볼 기회가 없었고 서적 및 학교를 통해 서양의 이미지를 키워 간 세대다. 그렇지만 양 그룹의 교육적·사회적 배경에는 다소 차이가 있다. 민유샤 측에서는 소호가 구마모토양학교熊本洋學校에서 배우고 도시샤영학교同志社英學校를 중퇴, 산샤는 나카무라 게이우中村敬宇의 도닌샤同人社에서 게이오기주쿠慶應義塾 중퇴, 아이잔은 침례교회 등에서 영어를 배우고 도요에이와학교東洋英和學校를 졸업했다. 이른바 민유샤의 면면은 우여곡절을 거쳐 어학 및 서양 지식을 배워 언론계 활동에 뜻을 두었다. 또한 소호,

산샤, 아이잔은 모두 다 기독교에 입신하고 있고 서양 사회의 정신적, 도덕적인 부분에 강한 동경을 갖고 있었다. 다른 한편 세이쿄샤를 보면 시가 시게타카는 삿포로농학교 졸업, 미야케 세쓰레이는 도쿄대학 졸업, 그 외에도 삿포로농학교 및 도쿄대학 출신자가 많다. 관립의 최고 학부를 나온 '학사學士'들이다.

국민에 의한 국가라는 주장

이러한 배경의 차이에서 '진보주의' 대 '보수주의'로 분류할 수 있으면 간단하지만 실제로는 그 정도로 단순하지 않다. 양쪽 다 정부로부터 지시를 받고 따르는 것이 아니라 자발적인 국가 담당자로서의 '국민'의식의 함양이라는 점에서 비슷한 주장을 하고 있다.

도쿠토미 소호는 『고쿠민노 도모國民之友』 창간호(1887년 2월)에 "아, 국민의 벗이 태어났다"는 문장을 실어 메이지유신 주역들의 시대는 끝났다고 선언하였다. 일찍이 유신개혁의 담당자들은 메이지 정부의 체제 속에 안주했고 결국은 낡은 권위주의를 벗지 못한 관존민비와 표면만의 서양 모방이 유행하고 있었다. '신일본의 신인민'은 유신의 본래 목적이었던 일본 사회의 근본적인 개혁을 철저히 하여 '평민적'인 것으로 해야 한다고 주창했다. 다른 한편 시가 시게타카에 의한 「『니혼진日本人』이 가슴에 품은 뜻을 고백한다」(『日本人』 제2호, 1888년 4월)에서는 '상류사회'와 '대선배들의 학사 세계'에 만연하는 '일본분자 타파주의' 및 '무리한 서구화주의'에 대항하여 '국수國粹 보존'을 원리로 하여 '일본 국민'이 단결해야만 한다고 논하고 있다. 단, 이 '국수'는 '낡은 요소의 유지'를 의미하는 것이 아니라 '일본 민족'을 '변화 · 개량'하기 위해 '종교 · 덕교德敎 · 교육 · 미술 · 정치 · 생산의 제도를 선택'할 '표준'을 의미하는 것이었다.

민유샤도 세이쿄샤도 '관官' 및 '상류사회'에 의해 통치되는 객체와는 다른 국가 형성의 주체로서의 '국민'을 인정할 것을 주장하고 있다. 헌법 발포 직후 『니혼진』은 "일본 국민은 메이지 22년(1889) 2월 11일을 기해 태어났다"(1889년 2월 18일)고 주장하며, 국가의 실체를 이루는 것은 집합적인 아이덴티티를 지닌 '국민'이라고 주장한다. 메이지헌법은 초안에서는 '국민'이라는 개념을 사용하면서도 결국 '신민臣民의 권리'를 규정하고 있었는데, 양 그룹의 '국민'의 강조는 정부의 구상에 대항한 것이기도 하다. 또한 메이지 후기에 『고쿠민노도모』과 『니혼진』도 사회주의 및 사회 문제에 관심을 보이고 있는데, 그 배경에는 이러한 '국민' 인식이 존재한다.

평민과 국수國粹

그러면 두 조직의 차이는 어떠한 점에 있었을까. 민유샤에는 영국의 휘그 사관으로부터의 영향과 개인의 자유의 발전 및 문명의 진보를 필연으로 간주하는 낙관주의가 보인다. 물론 국가의 독립과 발전에 공헌하는 국민의식이 개인의 자유와 불가분의 형태로 성장한다고 생각하는 내셔널리즘이 거기에 섞여 있었다. 명쾌하지만 경박한 느낌도 없지 않다. 다른 한편 세이쿄샤의 경우 인류의 발전 모델이 서양을 정점으로 한 단일한 계통이라는 것을 인정하고 싶지 않다는 기분과, 그렇다고 해서 구체적으로 어떠한 다양한 계통적 모델이 제시될 수 있는지에 대해서는 알 수 없다는 안타까움이 따라 붙어 '국수'라는 각오를 가져야 한다는 의욕만을 주장할 뿐이다. 단, 확신·핵심을 결여한 의욕적 태도로 인해 오히려 자유자재로 정부도 민당도 급진적 개혁론도 비판할 수 있었기 때문에 고답적·비판적 태도를 드러내는 것을 좋아한 교육 관계자 등에게 인기가 있었다고 생각된다. 소호가 후일 확신범적으로 국가주의로 전향하였기 때문에 일반적으로는 세이쿄샤 쪽이 지조를 지킨 것과 같은 인상을 주기도 하지만, 민유샤와 비교해서 세이쿄샤의 사상이라고 할 만한 확고한 것이 있었던 것은 아니었다. 또한 전후 마루야마 마사오가 평가한 『일본日本』의 구가 가쓰난陸羯南을 포함하여 '세이쿄샤 그룹'에 있어서의 '건전한 내셔널리즘'을 재평가하려는 움직임도 있지만 그것은 오해다.

참고문헌

ケネス·B·バイル, 『新世代の國家像: 明治における西歐化と國粹』, 社會思想社, 1986

中野目徹, 『政教社の研究』, 思文閣出版, 1993

12 우치무라 간조와 근대 일본의 기독교

| 나가노 미카長野美香

일본과 기독교

우치무라 간조

우치무라 간조內村鑑三(1861~1930)는 근대 일본을 대표하는 기독교 전도자다. 잘 알려진 일이지만 그는 1891년(메이지 24) 31세 때 촉탁교원을 하고 있었던 제일고등중학교第一高等中學校에서 이른바 불경不敬 사건을 일으켰다.

전년도에 발포된 교육칙어教育勅語의 봉독식奉讀式이 그 학교에서 시행되던 때, 우치무라는 다른 교원 및 학생과 함께 식에 참석했지만, 메이지 천황의 신서宸書(서명)에 대한 배례拜禮가 불충분하다는 이유로 '불경不敬'으로서 단죄되었다.

구약성서의 '출애굽기'에 유명한 모세의 십계가 기록되어 있다. 그 십계에 다음과 같은 구절이 있다.

> 너는 나 외에는 다른 신들을 네게 두지 말라. 너를 위하여 새긴 우상을 만들지 말고 …… 어떤 형상도 만들지 말며 …… 그것들에게 절하지 말며 그것들을 섬기지 말라. 나 네 하나님 여호와는 질투하는 하나님인즉 나를 미워하는 자의 죄를 갚되 아버지로부터 아들에게로 삼사 대까지 이르게 하거니와 나를 사랑하고 내 계명을 지키는 자에게는

천 대까지 은혜를 베푸느니라. (출애굽기 20장 3~6절[개역개정판 참조])

우치무라가 신서에 대한 배례를 주저한 순간, 그의 뇌리를 스쳐간 것은 이 "나 외에는 다른 신들을 네게 두지 말라"는 신의 말씀이었다. 우치무라의 기독교 신앙은 일체의 타협을 허용하지 않는 것이었다. 결과적으로 우치무라는 학교(一高)에서 퇴직하지 않을 수 없었고 게다가 전국 곳곳에서 격렬한 박해를 받게 되었다.

그것은 이윽고 기독교 전체에 대한 부정적 기분을 사람들의 마음에 자리 잡게 했다. 시대는 천황제 국가의 확립기였다. 제국대학 철학과 교수였던 이노우에 데쓰지로井上哲次郎는 자신의 저서 『교육과 종교의 충돌教育と宗教の衝突』(1893)에서 "예수교는 원래 우리 나라에 적합하지 않은 가르침이다"라고 기술하였다. 이노우에에 의하면 불경 사건은 우치무라가 '우리 나라의 충신忠臣'이 아니라 '예수의 충신'이었기 때문에 일어났다. 기독교도들은 '나의 충량忠良한 신민臣民'(「教育勅語」)과는 상반된 것으로 간주되었던 것이다.

이와나미岩波문고에도 수록되어 있는 『기독교도의 위안基督教徒の慰め』 및 『대표적 일본인代表的日本人』, 『나는 어떻게 해서 기독교도가 되었는가余は何にして基督教徒となりし乎』 등은 모두 다 불경 사건으로부터 그리 오래지 않은 시기의 저작이다. 이 책 속에서 우치무라는 사건에 반론하는 것처럼 일본에 대한 애착을 재삼 강조하고 있다. 또한 불경 사건으로부터 10년 후의 다음과 같은 말은 '두 개의 J'로서 잘 알려져 있다.

"나에게 아름다운 이름 두 개가 있으니 둘 다 모두 J로부터 시작된다. 예수Jesus와 일본Japan이다. 나는 이를 두 개의 J(two J's)라고 부른다. 나의 종교는 이 둘을 벗어나서 존재하지 않는다. 예수를 위함이요, 일본을 위함이라. 예수의 영광을 드러내기 위해, 일본의 명예를 손상하지 않기 위해서다"(『聖書之研究』, 1901).

우치무라는 평생 동안 일본을 그 나름대로의 방식으로 사랑하고자 했다. "우리는 일본을 위해, 일본은 세계를 위해, 세계는 그리스도를 위해, 모든 것은 신을 위해"라고 함은 그의 묘비명이다.

무사의 정신

우치무라에게 서양 전래의 기독교 신앙자로서의 자기 자신과 일본의 전통과의 관계는 어떠한 것이었을까.

우치무라의 마음속에는 일본과 기독교는 결코 상반되지 않는다는 확신이 있었다. 그는 일본의 전통에 대해 국가적 시점과는 다른 측면에서 파악하고 있다. "바로 한 사람의 무사武士의 자손인 나"(『代表的日本人』 서문, 1908)란 우치무라 자신을 가리키는 말이다. 그는 자신의 삶의 길의 토대는 기독교 이전에 이미 무사의 전통 속에서 배양되어 왔다고 생각하고 있었다. 그리고 이 토대가 있어서 비로소 기독교 신앙을 받아들일 수 있었다고 이해하였다.

우치무라에게 '무사'적이라 함은 "맹목적인 충성심과 피 냄새 자욱한 애국심을 제외한 그 이외의 여러 성질"(『代表的日本人』 서문)이고, 그것은 '자존과 독립'의 정신이라고 간주되었다(『代表的日本人』 후기, 1908). 독립자존이라는 말은 메이지 근대의 슬로건으로서 종종 사용된 상투구다. 우치무라가 그것을 수입된 근대정신으로서가 아니라 오히려 무사의 전통으로 위치지운 것은 메이지의 정신을 고찰하는 데 흥미로운 시점을 제시하고 있다고 할 수 있을 것이다.

우치무라가 외국 선교사로부터의 독립을 주창하여 '무교회無教會'를 제창하기에 이른 그 배경에는 이와 같이 무엇에도 의존하지 않는 자립의 정신이 있었다. "미국의 종교도 영국의 신앙도 설혹 최선의 것이라고 할지라도 일본을 구할 수는 없다. 일본적 기독교만이 제대로 일본과 일본인을 구제할 수가 있다"(『聖書之研究』, 1920)고 생각한 우치무라는 교회를 포함하여 이 세상의 어떤 것에도 의지하지 않는 신앙의 모습을 철저히 하려고 하였다.

남은 남이고 나는 나다

그러한 신앙의 양상은 "종교는 개인적이다"(『聖書之硏究』, 1922)라는 사고 아래 신 앞에 혼자 서서 신과 나의 일대일 관계로 살아가는 자세로 결실을 맺었다.

우치무라가 이렇게 끝까지 파고든 신앙에 대한 사고방식은 때로는 주위 사람들에게 지나치게 엄격하다는 인상을 주기에 충분했다. 그의 성서강연회는 당시의 엘리트 청년들이 다수 참석하였는데, 그 가운데의 한 사람으로 소설가로서 알려진 오사나이 가오루小山内薫는 어떤 연애 문제를 계기로 우치무라로부터 멀어졌다. 오사나이는 자신의 이반離反을 '배교背敎' 문제로 생각하고 괴로워하여 죽음 직전에도 역시 "나는 항상—영원히—선생님(우치무라—인용자)에 대해 부끄럽게 생각하는 사람입니다"(사이토 소지로[齊藤宗次郎]에게 보낸 서간, 1928)라고 말하고 있다.

신앙에 대한 타협을 허용하지 않는 우치무라의 준엄한 태도는 기독교에서 정신적 지주를 발견하려고 번민하던 청년들에게 강렬한 카리스마를 띤 매력적인 인물로 비쳐졌다. 한편 그들의 감수성이 강렬하면 강렬할수록 우치무라의 신앙에 대한 엄격함에 압도되어 자기 자신의 삶의 길 및 신앙적 실천이 철저하지 못함을 자책하게 하는 결과를 낳았다. 그러한 정신적 갈등 끝에 우치무라를 떠나는 사람도 적지 않았다. 이것은 우치무라 영향력의 강함·신앙의 강인함의 또 다른 모습이었다고도 할 수 있을 것이다.

원래 우치무라 자신은 "관용은 절대적 종교의 특질이지 않으면 안 된다. 남은 남이고 나는 나다"(「遺稿」, 1930)라고 언급하면서 모든 이웃들에 대한 관용을 역설하였다. '남은 남이고 나는 나다'라는 말은 『맹자孟子』의 「공손추상公孫丑上」에서 '너는 너고 나는 나다'에 의한 것인데, 타인의 태도가 어떻든 관계없이 언제나 자연스럽게 자기 자신을 잃지 않는 삶의 길을 의미하고 있다. 우치무라는 설혹 불교도든 교회 신자든 관계없이 그들을 돕고 싶다고 한 위에, "나의 이 마음을 이해하지 못하는 사람은 예수의 마음을 이해하지 못하는 사람입니다"라고 말하고 있다(『聖書之硏究』, 1912). 자신의 신앙을 지키려고 하는 엄격함과 타자에 대한 관용이 그 안에 공존하고 있었던 것이다.

종교적 관용

우치무라는 스스로를 '죄인의 우두머리'라고 칭하였다. 거기에는 신 앞에 엎드려 오로지 그 은혜에 감사하면서도 올바르게 살아갈 수가 없는 죄 많은 작은 인간으로의 자각을 읽을 수 있다. 여기에는 신이 창조한 세계의 진실을 모두 알 수는 없다는 불가지不可知를 인정하는 시점이 있다. 꽤 이른 시기에 이미 우치무라는 다음과 같이 말하고 있다.

"지혜의 무한한 토대를 이루는 바위의 전체 위에 서거나 그것을 점거하기에 인간은 너무나 한계를 갖는 존재다. 인간이 할 수 있는 것은 이 바위의 아주 작은 한 귀퉁이에 몸을 둘 뿐이다. 그 한 귀퉁이나마 잡을 수 있으면 곧바로 안정되어 편안해 질 수가 있다. —이 바위는 그 정도로 강력한 것이다"(『余は何にして基督教徒となりし乎』, 1885).

여기서의 바위란 물론 신을 가리킨다. 자기 자신은 신의 토대 위에 확실히 서 있다. 그러나 거기는 어디까지나 그 바위의 '한 귀퉁이'에 지나지 않는다. 우치무라의 이러한 '한 귀퉁이'라는 사고방식이 일본에 있어서의 종교적 관용 사상의 하나의 정점이라는 것은 이미 사가라 도오루相良亨가 지적한 것이기도 하다. 참고로 이러한 사고방식은 도겐道元의 "대오大悟를 직접 전수받아도, 심인心印을 직접 전수받는다고 해도 한 귀퉁이의 특지特地다"(『正法眼藏』, 「面授」)에 보이는 바이고(相良亨, 『日本人の心』, 東京大學出版會, 1984) 또한 사이초最澄의 "한 귀퉁이를 비친다"고 하는 말에도 공통된 사고방식이다.

참고로 말하면 이러한 스스로의 유한성에 대한 자각은 성서에서 말하는 것처럼 이 세상의 종말에 이르러 예수가 이 세상에 모습을 드러내는 이른바

'재림再臨'에 의해 모든 것이 해소된다는 생각과 상통한다. 그는 예수는 2000년 전에 이 땅을 버리고 신이 계신 곳으로 가버린 것이 아니라 아버지인 신의 옆에 계시면서 지금도 이 땅을 성스럽게 하고 있다고 믿었다. 그리고 그러한 성화聖化가 최종 단계에 이르렀을 때 예수가 다시 이 땅에 재림하여 이 땅을 다스리게 될 것인데, 그때 비로소 신앙자가 "신의 올바른 뜻을 깨닫게" 될 것이라고 생각하였던 것이다(『聖書之硏究』, 1912).

우치무라가 그러한 드라마틱한 재림을 기다려온 것은 신의 뜻(올바름)의 대극에 있으면서 그 올바름을 손에 넣을 수 없는 인간의 유한성·비소성을 통감하고 있었기 때문이다. '한 귀퉁이'에 서서 신앙을 지키는 것은 여러 가지의 불가지·불합리를 받아들이고 고뇌 속에 살아가는 것이기도 하다. 그가 그것을 참고 견뎌낼 수 있었던 것은 신의 뜻이 언젠가 반드시 보일 것이라는 성서의 약속을 믿고 완전한 '지知·리理'가 펼쳐질 때를 한결같이 '대망待望'하는 그 삶의 자세에서 가능한 것이었다.

신앙이란 신의 존재와 그 은혜에 대한 강한 확신이기는 하다. 그러나 그렇다고 해서 인간이 위대한 신의 능력을 모두 알 길은 없다고 하는 생각이 우치무라의 '죄인'이란 자각 속에 있다.

이러한 자각하에 종교적 관용이 위치지워진다. 종교적 관용이란 결코 신앙을 굽혀 남에 아부하는 것이 아니다. 우치무라가 메이지 천황의 신서에 대한 경례를 거부한 것은 그의 종교적 관용의 태도에 반하는 것이 아니다. 그는 스스로의 신앙을 지켰을 뿐이고 타인의 신앙 및 일본 그 자체를 부정할 생각은 아니었을 것이다. 타인의 마음은 신만이 안다. 그렇기 때문에 그 마음을 존중하여 타인의 신앙 및 삶의 길의 자유를 인정하지 않으면 안 된다. 그것이 신 앞에 선 죄인으로서의 우치무라의 생각이 아니었을까.

참고문헌
鈴木俊郎 編, 『內村鑑三全集』 全40巻, 岩波書店, 1980~84
關根正雄 編著, 『人と思想 內村鑑三』, 清水書院, 1967

13 오카쿠라 덴신과 아시아주의

| 센자키 아키나카先崎彰容

21세기와 아시아주의

오카쿠라 덴신

21세기를 살아가는 우리들에게 있어서 '오카쿠라 덴신岡倉天心(1862~1913)과 아시아주의'는 도대체 무엇을 의미하는 것일까.

서양과 동양이라는 분류에 의거한 강렬한 아시아의 자기주장은 어떻게 생각해봐도 고색창연하여 우리 시대에는 이미 끝난 문제를 '문제' 삼고 있는 것처럼 보이기도 한다. "확실히 아시아는 시간을 탐욕적으로 잡아먹는 교통기관의 격렬한 기쁨은 조금도 알지 못한다. 그러나 아시아는 지금 역시 순례 및 행각승行脚僧이라는 한층 더 깊은 여로旅路의 문화를 갖고 있는 것이다"(『東洋の理想』, 1903). 서양에 대한 대항으로서의 아시아를 오늘날과 같은 모습으로 이해하는 것은 어렵다. 2차 세계대전 후의 아시아는 그 정도로 확실히 세계경제에 편입되었고, 자본주의는 극한에까지 이르렀다. 아시아의 나라인 일본은 그 선두에서 지속적으로 존재해 왔다.

통상 '아시아주의'는 전전의 일본이 스스로를 아시아의 일원이라고 주장하는 한편, 동시에 그 아시아를 자본주의=서양으로부터 배운 기술로 유린하는 모순을 정당화하기 위한 표어로 간주되어 왔다. 결국 자본주의화한 일본이 아시아(반문명)와 서양(문명) 어느 쪽에도 속할 수 없는 애매한 모습을 가장 잘 보여주는 이념으로 이해된 것이다. 이때의 '아시아주의'는 2차 세계대전의 쓰디쓴 기억과 함께 환기되는 부정적인 유산으로 보일 것이다.

그렇다면 '아시아는 하나'라는 이념의 창조자로서 2차 세계대전 중에 추앙된 오카쿠라 덴신도 역시 '아시아주의'의 범주에 포함되는 인물일까. 그리고 세계 경제의 글로벌화가 회자되어 교통과 통신이 세계의 장벽을 뛰어넘는 21세기 오늘날 덴신의 '아시아주의'는 역시 한때의 빛바랜 노래에 지나지 않는 것일까.

덴신 사상의 가능성

오카쿠라 덴신은 항상 경계선상에 자신을 두면서 저작을 집필하였다. '아시아주의'를 말하는 경우 빼놓을 수 없는 주요 저작 『동양의 이상東洋の理想』, 『동양의 각성東洋の覺醒』, 『일본의 각성日本の覺醒』, 『차의 책茶の本』은 모두 덴신의 해외체재 중에 저작된 것이다. 불가피한 과제로서의 근대화=서양화를 짊어지고 하마오 아라타濱尾新 등과 함께 도쿄미술학교東京美術學校를 설립한 것은 1889년(메이지 22) 제국헌법이 발포된 해였다. 그 후 괴문서 사건으로 미술학교를 떠나게 된 덴신은 일본미술원을 설립하여 새로운 출발을 시도했지만 그때 이미 일본은 덴신을 필요로 하지 않았다. 스스로 만들어낸 일본이 자본주의국가로 성장함과 동시에 역할을 마치고 뒤로 떠밀려 간다. 그리고 신세기의 시작을 알리는 1901년에 덴신은 인도에 있었다. 이렇게 해서 덴신의 아시아주의와 관련된 저작들은 일본과 인도, 그리고 서양의 여러 나라를 의식하면서 정신적 경계선상에 자기를 두는 가운데 영문으로 저술되었던 것이다.

예를 들면 "아시아 여러 나라는 서로 고립해 있기 때문에 아시아 전체가 진실로 두려워할 만한 상태에 있다는 것을 이해하지 못하고 있다"(『東洋の覺醒』) 고 주장할 때, 덴신은 자본주의화=식민지화를 강제해 온 서양에 대항하기 위해 아시아의 연대를 요구하고 있었다. 현실에 있어서는 분열되고 고립되어 있는 아시아 여러 나라에 '아시아는 하나'라는 이념에 의한 통일을, 자본주의에 대항하는 '미美'에 의한 통일을 호소하였다. 더 나아가서 "만일 우리 나라가 문명국이 되기 위해 소름 끼치는 전쟁의 영광에 의거해야 한다면 우리는 기꺼이 야만인이 되자. …… 언제가 되면 서양은 동양을 이해하게 될까"(『茶の本』)라고 말할 때, 덴신은 당시의 국제질서를 형성하는 서양에게 동양이라는 다른 질서의 존재를 영문으로 설명한다. 서양을 향해 동양이란 무엇인가를 서양의 언어로 주장하고 있는 것이다.

이렇게 해서 덴신의 아시아주의는 '두 개의 얼굴'을 갖게 된다. 덴신의 목소리는 아시아와 그리고 서양 여러 나라라는 '두 곳'을 향해 발신하고 있는 것이다. 이 이중성이 오늘날 그의 저작을 여전히 읽을 만한 것으로 만드는 이유다.

21세기의 오늘날 우리의 눈앞에 있는 아시아는 덴신의 시대와는 그 현상이 크게 달라졌음에도 여전히 다양하고 무관심하다. 서양화한 아시아 각국은 서로 역사인식을 둘러싸고 견제하고 있다. 더욱이 지식인이라고 칭하는 사람들은 타국을 부정하는 것으로밖에 자기를 주장할 수 없는 상태에 놓여 있다. '언어'가 현실에 패배해 뒤엉켜 버린 것이다. 이러한 21세기의 아시아를 향해 '미'에 의한 아시아의 통일을 주장한 덴신의 '언어'는 여전히 유효하다고 생각한다.

더 나아가서 냉전의 붕괴 후 확실한 세계관을 잃어버리고 질서가 혼란스러워진 오늘날의 국제사회에서 명확하게 자국의 방침을 설명하려고 한 덴신의 명쾌한 자세는 여전히 참고할 만하다.

이렇게 해서 덴신의 저작은 21세기인 오늘날에도 여전히 다시 읽히기를 기다리고 있다. 유머 넘치는 '깨달음의 미소'를 감내하면서.

참고문헌

岡倉天心, 『東洋の理想』, 講談社學術文庫, 1986

14 '국가신도'란 무엇인가

| 이소마에 준이치磯前順一

야스쿠니 문제로부터

야스쿠니신사에 참배하는 육군 장병

오늘날 야스쿠니신사靖國神社를 둘러싼 논의가 국내외에서 활발하게 진행되고 있다. 특히 그 논의는 국내에서 자민당을 중심으로 보수계 정치가에 의한 야스쿠니신사의 국가제사 복귀와, 그에 대한 동아시아 각국의 거부반응이라는 대립축을 통해 현재화하고 있다. 동아시아 각국과의 관계가 악화된다는 외교상의 이유로 수상의 야스쿠니 참배를 미뤄야 한다는 의견이 젊은 세대에서 많은 반면, 야스쿠니 반대를 목소리 높여 주장하는 동아시아 각국에 대해 노골적인 혐오감을 드러내는 사람들도 적지 않다. 후자의 자세는 아시아·태평양전쟁을 기억하는 세대에게 있어서 자국 전몰자를 자국민이 애도하지 않으면 누가 애도하겠느냐는 전쟁 당시 후방에 있던 일반 국민의 실감과도 통하는 뿌리 깊은 것이라고 할 수 있다.

그러나 이러한 자세는 일본이 서양 세계와 어깨를 나란히 하여 강국으로 성장하는 과정에서 야스쿠니신사가 전쟁의 승리를 위해 '국가를 위한 죽음'으로 미화하는 도구 역할을 해 온 점, 특히 아시아·태평양전쟁이 영미 제국주의와의 전쟁만이 아니라 아시아에 대한 침략 전쟁이기도 했다는 점, 즉 국내에 있어서 국가와 국민 간에 존재하는 긴장 관계 및 국제적으로 제국주의에 의한 침략 전쟁이었다는 복잡한 대립 관계의 존재를 은폐하는 장소로서 야스쿠니가 존재해 왔다는 것을 간과해 버린다. 그러한 점을 생각한다면 전쟁을 알지 못하는 세대의 일본 국민은 야스쿠니신사가 어느 정도 가혹한 현실을 은폐하는 미명美名으로서 기능해 왔는가라는 사실을 확실히 인식하지 않으면 안 될 것이다. 그 속에서 우선 확인해야만 하는 것은 무엇보다도 야스쿠니신사가 전전에 국가신도國家神道라고 불리던 체제의 중핵으로 존재해 왔다는 점이다. 여기서 우리는 현재의 문제로서 국가신도 체제를 상기하지 않으면 안 되는 것이다.

현재 국가신도를 둘러싼 논의에 있어서는 국가신도란 도대체 무엇인가, 원래 그것은 전전의 사회에 존재했던 것인가라는, 그 존재를 둘러싼 근본적 논쟁이 보인다. 그러나 그것이 그처럼 많은 사람들의 관심을 끌지 못하는 것은 결국 국가신도라는 명칭이 전후 미국을 핵심으로 하는 연합국최고사령부의 정책에 의해 전전의 신도정책에 대한 호칭으로서 사후적으로 애매한 면을 포함하는 형태로 정의되었기 때문일 것이다. 즉, 전후의 정의방식에 따라 국가신도 체제는 전전에 존재하기도 하고, 혹은 존재하지 않다고도 할 수 있다. 오늘날의 언설론적 시점에서 말해도 국가신도라는 명칭은 기본적으로 전전 사회에 대한 호칭이면서도 전전에는 인구에 회자된 적이 없었다는 점에 유의할 필요가 있다.

국가신도론의 시점

그러한 경위를 인지하고서 전전의 사회를 국가신도 체제라고 규정한다면, 그것은 정부가 신사를 통해 내셔널 아이덴티티의 국민적 교화를 꾀한 체제였다고 할 수 있을 것이다. 구체적으로는 국민이 천황가와 관련된 조상신을 제사지내는 일반적 신사 제사, 천황 및 국민이 황조신皇祖神인 아마테라스 오미카미天照大神를 제사지내는 이세伊勢신궁, 국민 및 천황이 메이지 천황을 제사지내는 메이지신궁, 그리고 일본이 관여한 전쟁에서 전몰한 병사를 천황 및 국민이 제사지내는 야스쿠니신사가 그 주요한 구성요소였다. 나아가 천황이 스스로의 황조신을 제사지내는 궁중 제사도 거기에 덧붙일 필요가 있을 것이다. 그러나 이러한 제사 체제는 메이지 정부의 성립 당초부터 일관된 의도를 가지고 확립된 것이 아니었다. ① 도쿠가와시대적인 대교선포大敎宣布·교부성敎部省 체제, ② 1880년대 초중반(메이지 10년대 후반)부터의 서양 계몽주의적인 학교교육 체제, ③ 러일전쟁기로부터 신사정책의 적극적 활용기, ④ 아시아·태평양전쟁기에 있어서의 신기원神祇院의 설립기라는 우여곡절을 거쳐 서서히 정비되어 온 것이다.

오늘날의 국가신도론의 고전이라고도 할 수 있는 마르크스주의 종교사학자 무라카미 시게요시村上重良의 국가신도론은 ③, ④의 시기에 주안을 두고서 그 제도적 맹아를 메이지 초년으로 거슬러 올라가 역사를 읽어내려고 한 것이었다(『國家神道』, 1970). 그에 비해 신도학자이면서 문헌사가인 사카모토 고레마루阪本是丸의 연구는 ①부터 ③으로의 변천을 추적하여 전전의 국가신도정책에 일관된 정책이 존재하지 않았다는 점을 명확히 하였다(『國家神道形成過程の研究』, 1994). 이 양자의 연구를 양극으로 하여 오늘날의 국가신도론은 1990년대 이후 국가신도라는 체제가 전전의 사회에 존재해 왔는가 존재하지 않았는가, 혹 존재했다면 어떠한 형태로 존재해 왔는가에 대해 그 역사적 변천을 추적해 온 것이다.

이러한 성과에 의거하여 여기서 확인하고자 하는 것은, 무라카미의 연구는 정부에 의한 야스쿠니신사의 국영화國營化 복귀가 현실감을 띠는 1960년대 이후 전후 사회의 상황을 염두에 두고 그것을 염려하는 좌익진영 및 종교계의 의향을 반영하는 것으로서 등장한 것이었다. 그에 비해 사카모토의 연구는 무라카미 등의 견해가 국가와 신사계神社界의 공범성을 규탄하는 것처럼 보이는 것에 대한 신사계로부터의 의문—신사계도 국책에 휘둘려 온 피해자이기도 하다는 점—을 제시한 것이었다. 즉, 여기서 보더라도 국가신도를 둘러싼 논의가 단순히 전전의 신사 체제를 논하는 것에 그치지 않고 전후의 야스쿠니신사와 신사정책을 어떻게 생각하는가라는 현재성을 띤 논의였다는 점이 이해될 것이다.

그리고 이러한 논의 상황은 1990년대 후반 이후 국가신도가 전전에 존재하지 않았다는 주장도 포함하게 되었고, 독일의 역사수정주의 논쟁과 똑같이 단순히 신사정책을 둘러싼 문제에 머물지 않고 현재의 내셔널 아이덴티티를 둘러싼 논의가 아시아 여러 나라라는 타자와의 대화를 어떻게 생각하는가라는 논의와 겹치면서 전개되고 있다. 그런 의미에서 야스쿠니신사와 국가신도를 둘러싼 논의는 이전의 아시아·태평양전쟁, 더 나아가서는 서양 세계에 대한 개국 이래 근대 일본의 역사를 어떻게 총괄하는지, 또한 국민과 국가의 관계 및 서양과 아시아 각국과의 관계를 염두에 둔 검증의 양상이 어떻게 제기되어야 하는지를 묻는 장이라고도 할 수 있다.

논의의 돌파구

그 속에서 오늘날이기에 주목해야만 할 논점으로서 다음의 세 가지를 들 수가 있다. 하나는 국가신도를 둘러싼 정책은 서양으로부터 유입된 '종교'라는 개념의 정의와 밀접한 관계를 갖고서 전개되어 왔다는 것이다. 원래 패전 직후에 전전의 사회를 국가신도 체제라고 규정한 연합국최고사령부의 신도지령은 전후의 일본 사회에 미국류의 정교분리 체제를 정착시킬 목적으로 발포된 것이다. 다시 말하면 전후의 일본 사회는 법령상으로는 정교분리 체제였고 그 때문에 야스쿠니신사는 정부에 의해 혹은 자신의 의지에 의해 전전의 국가제사로 복귀하여 정교분리 체제를 무효화하려고 시도해 온 것이었다고 할 수 있다. 무라카미의 연구는 바로 이 정교분리 이념을 준수함으로써 전후 일본 사회에서의 신교信敎의 자유를 지키려고 한 것이었다. 그러나 현재의 이슬람세계와 미국의 갈등이 보여주는 것처럼 정교분리의 이념이 반드시 비서양 세계에서도 서양 세계의 내부에 있어서조차도 보편적인 적응성을 보여주는 것이 아니다. 물론 일본의 전후 사회가 그러한 정교분리 체제 하에서 야스쿠니신사의 현재 모습을 받아들이기 어렵다고 위화감을 갖는 것도 역시 그 나름대로의 타당성이 있다. 원래 전후의 정교분리 혹은 전전에 있어서의 신교 자유의 이념 그 자체는 서양 근대 속에서 성립해 온 '종교' 개념에 기초한 것이다. 그것은 종교를 사적 영역으로, 정치 및 도덕을 공적 영역으로 파악하는 계몽주의적 이념에 유래하는 것이기 때문에, 역사적 경위를 달리 하는 비서양 세계에서 똑같은 효과를 발휘할 수 있을지 없을지는 확실하지 않다. 그렇다고 한다면 정교분리의 이념만을 비장의 카드로 삼지 말고, 국민도 신사계도 모두 국가권력에 수렴되지 않는 전몰자 제사의 바람직한 모습을 오늘날의 국제사회에 어울리는 형태로 모색하는 것이 필요하다고 할 수 있다.

그를 위해서는 두 번째로서, 야스쿠니신사 혹은 전전의 신사제사에 있어서의 최고의 제주祭主였던 천황을 어떻게 생각하는가라는 문제 또한 적극적으로 주제화해 가지 않으면 안 될 것이다. 전후에도 역시 천황가가 궁중제사를 통해 국민의 상징으로서 일본의 가미神들을 경건하게 제사지내고 있다는 것을 우리는 명확하게 이해하고서 지지하는 것일까. 그것은 국가신도적인 요소가 전후도 역시 어느 정도 제도적인 형태로 잔존하여 기능하고 있다고 말할 수는 없는 것일까. 원래 전전의 사회는 물론이고 1980년대 이후 마르크스주의의 정치·사상적 패퇴 후의 일본에 있어서도 천황제 존재 그 자체의 타당성에 문제를 제기하는 일이 적어졌다. 그 전형이 2005년경의 여제女帝를 인정하는가 인정하지 않는가와 관련된 논의였다. 거기서 황실전범皇室典範의 개정에 관한 논의는 활발하게 이루어졌지만 유식자有識者를 포함해 미디어조차도 천황제 그 자체가 불필요하다는 의견은 전무에 가까웠다. 그러한 상태는 전전의 천황주권 체제하에서 신사제사를 국시國是로 하는 체제가 신교의 자유에 반할 위험성에 대해서는 상당한 범위에 걸쳐 논하면서도 그 체제가 최종적으로 지키고자 했던 천황제 자체를 논의의 석상으로 끌어낼 수 없었던 상황을 연상시킨다. 실제로 천황제 폐지 여부는 별도로 하더라도 논의의 가능성으로서 그러한 선택지를 상상 가능한 상태로 해두는 것은 일본 사회의 언론의 자유를 확보해두기 위해서라도 꼭 필요한 것은 아닐까.

세 번째로는, 말 그대로 제사지낸다는 행위는 원래 어떠한 것이었는지, 그 점을 충분히 생각하지 않으면 안 된다. 그것은 수상의 야스쿠니 참배 혹은 천황가의 궁중제사가 종교적 행위인가 아닌가라는 의문을 제기하는 것만으로는 해결할 수 없는 문제다. 유대인 집단학살을 둘러싼 최근의 논의에서는 과연 살아남은 자들이 희생자들을 위로하는 것이 가능한가, 오히려 무참히 죽은 사람을 살아 있는 사람이 제사지내는 것은 불가능하고 그 불가능성에 대해 정면으로 대할 때만이 전사자를 기억하는 것이 가능하다는 견해가 일정한 지지를 얻고 있다. 그러나 일본에서는 전몰자를 제사지내는 주체가 국가인가 개인인가를 묻는 일은 있어도 제사지내는 행위는 어떠한 행위인가, 우리가 그들을 위로할 수 있는가를 묻는 일은 거의 없다고 해도 과언이 아니다. 그 점에 대한 인식 부족으로부터 개인이 아니라 천황의 이름이라면 전몰자도 위로받을 것이라는 논의가 생겨나는 것이다.

그러나 어떻게 하더라도 우리가 그들을 위령慰靈하는 것이 불가능하다는 그 불가능성을 받아들일 때만이 우리는 그들을 망각하지 않는 제사의 양상을 그것이 아무리 곤란한 일이라 하더라도 모색해가야 한다고 결의할 수 있지 않을까. 그때 제사의 주체인 '우리'는 누구여야 하는가. 제사받는 '그들'은 도대체 누구여야 하는가. 원래 일본인이란, 전사자란 누구를 가리키는가. 그리고 제사지내는 행위가 신도라는 바로 전전의 국가신도 체제가 초래한 특정 종교의 형식을 통해 진정으로 그 '우리'와 '그들'을 충분히 결부시키는 일이 가능할까. 이러한 의문들이 국가신도라는 과거의 기억을 뛰어넘기 위해 논해야 할 주제로서 제기되지 않으면 안 될 것이다.

참고문헌

高橋哲哉, 『靖國問題』, ちくま新書, 2005

磯前順一, 『喪失とノスタルジア: 近代日本の餘白へ』, みすず書房, 2007

『핫켄덴』과 역사의식 | 이노우에 아쓰시井上厚史

『난소사토미핫켄덴(南總里見八犬傳)』은 다키자와 바킨(瀧澤馬琴)이 1814년에서 1842년까지 28년에 걸쳐 집필(최후는 구술하며 아들에게 필기하게 하였다)하여 완성한 98권 106책에 이르는 일대 전기소설이다. 거기에는 『수호전』, 『삼국지연의』와 같은 중국 백화(白話) 문학의 영향을 받아 공상적·전기적 요소가 충분히 담겨 있으며 사토미가(里見家)의 부흥과 인의예지충신효제(仁義禮智忠信孝悌)의 구슬을 지닌 팔견사(八犬士)의 활약상이 생생하게 그려져 있다.

일반적으로 『핫켄덴(八犬傳)』의 특징은 권선징악주의 및 유교적 윤리관이라는 어구로 표현된다. 그러나 바킨 자신은 『핫켄덴』을 '패사(稗史)'로 파악하고 있었다. 패사란 정사(正史)에 대한 민간의 역사서를 의미한다. 바킨은 독자가 사실(史實) 그 자체를 믿는 것이 아니라 '진짜다!'라고 생각하기 때문에 그것을 믿고 좋아한다는 것을 잘 알고 있었다. 패사가 지닌 독자적 매력과 정사에는 없는 힘을 바킨은 잘 알고 있었던 것이다.

예를 들면 바킨은 작중 여기저기에서 "역시 강건한 무사도 사랑에는 약한 게 인정" 혹은 "법도는 군주가 제정하는 것, 군주 역시 이것을 어긴다고 한다"는 것처럼 명확히 유교적 윤리관에서 일탈한 에피소드를 삽입하고 있다. 최종적으로 선이 이기고 악이 멸망한다고 해도 세상에는 악이 발호하고 있으며 때로는 본래 있어야 할 질서를 역전시킬 때도 있다. 바킨은 그 역전 현상을 '역적'으로서 종종 그리고 있다.

그러나 왜 질서는 역전되고 역적이 발호하는 것일까. 이러한 의문에 대해 바킨은 두 가지 요인을 생각하고 있었다. 첫 번째는 '시세(時勢)'이고 두 번째는 '인화(人和)'다. 설혹 역적이라고 해도 시세를 타서 민중과의 '화(和)'를 얻을 수만 있다면, 절대적이라고 생각되었던 천(天)의 지배를 일시적이기는 하지만 벗어날 수가 있으며 운명을 거역하여 오만해질 수도 있는 것이다.

여기에는 인간의 역사에 대한 바킨의 극히 현실적이고 예리한 인식이 표출되고 있다고 해야만 할 것이다. 인간의 오랜 역사를 되돌아보면 거기에는 확실히 인과(因果)의 도리(道理) 및 순역(順逆)의 리(理)와 같은 인간의 힘을 넘은 지배원리가 존재하고 있다. 그러나 인간은 그 원리에 완전히 지배당하고 있지만도 않다. 시세에 잘 맞춰 인화(人和)가 형성된 때 안정되어 있던 질서에 뒤틀림이 생기고 때로 인간은 천의 지배에 대항할 수도 있다. 역사를 지배하는 원리를 벗어날 가능성은 작기는 하지만 인간에게 남겨져 있는 것이다.

그렇게 생각하게 되면 비로소 막말(幕末)의 근왕도막(勤王倒幕) 및 평등사회 실현을 요구한 민중운동(世直し)이라는 시대의 커다란 굴곡이 다름 아닌 민중에 의해 비롯되었다는 비밀을 우리는 『핫켄덴』 속에서 읽어낼 수 있을 뿐만 아니라 패사에 집착한 바킨의 본래 의도를 이해하게 될 것이다.

5장

20세기라는 시대

01 근대 일본에서의 '식민지'의 그림자

| 우메모리 나오유키梅森直之

1988년 옛 조선총독부 모습(위)
1996년 철거 후 모습(아래)

19세기는 구미 열강에 의한 식민지 쟁탈이 가속적으로 진행된 시대였다. 일본의 근대화는 이러한 식민지 분할의 한창이던 시기에 그에 대항 혹은 순응하면서 전개되었다. 거기에서 '식민지'는 본국 외부에 있는 주거공간을 실체적으로 지시할 뿐만 아니라, 그러한 지역에서 특징적으로 나타나는 관계나 접촉 방식을 가리키는 용어로도 사용되었다. 근대의 일본인은 시대나 입장에 따라 식민지로부터 다양한 직·간접적인 영향을 받았다. 그러나 그 영향은 광범위하고도 지속적이어서, 그에 대한 적절한 이해 없이는 현재 일본을 적절하게 이해하는 것조차 어렵다. 여기에서는 식민지가 근대 일본에 남긴 그러한 복잡한 흔적을 몇 개의 위상으로 분류하여 정리해 보자.

식민지주의에 대한 이중적 태도

첫 번째 위상은 식민지주의에 대한 비판 내지는 반발이다. 1853년의 페리의 내항은 서구열강에 의한 청국 분할의 정보와 더불어 당시의 엘리트층에게 심각한 위기의식을 갖게 하였다. 당초 '양이攘夷'라는 모습을 띠고 분출한 이 위기의식은 마침내 자국 체제에 대한 전면적인 비판으로 전환되어 메이지유신이라는 거대한 변동을 야기시켰다. 문명개화·부국강병의 기치 아래 진행된 유신 이후의 근대 국민국가 형성도 한편으로는 이러한 서양열강에 의한 식민지주의의 위협을 계기로 추진되었던 것이다. 서양의 식민지주의에 대한 비판·대항 의식은 청일·러일전쟁을 거쳐 자기 자신이 비서양 국가 중에서 유일하게 식민지 제국이 된 후에는 오로지 아시아와의 연대, 아시아의 해방을 구가하는 다양한 언설로서 나타났다. 이러한 일군의 사상은 '아시아주의'라는 이름으로 불리며, 자국의 식민지주의에 대한 자기비판의 가능성을 내포하면서도 아시아·태평양전쟁 시기에는 황국신민화정책이나 대동아공영권의 이데올로기적 기반이 되었다.

두 번째 위상은 식민지주의의 내재화다. 서양열강에 의한 세계 분할이 한창 진행되는 과정에 근대화를 개시한 일본은 그 과정에서 식민지주의의 가치 원리를 내재화하여 아시아의 서양으로 행동하며 스스로 제국으로 성장하였다. 홋카이도나 오키나와에 대한 '내국 식민지'화나, 타이완이나 조선에서의 총독부 통치의 실체를 보면, 이러한 식민지주의와의 '공범' 관계가 농후하게 드러난다. 근대 일본인은 서양에 대한 문맥에서는 식민지주의, 인종차별주의를 비판하면서도, 주변 지역에 대해서는 문명이라는 서양적 가치를 자신의 지배를 정당화하는 데 이용하는 경향이 강했다. 이러한 이중적인 태도는 서양의 식민지주의를 비판한 사이드의 용어를 빌어, 일본형 오리엔탈리즘이라는 개념으로 문제화되고 있다.

'탈식민지화'

세 번째 위상은 근대화 그 자체와 식민지화의 밀접한 관계다. 근대화 초기에 일본이 접촉한 '서양'이란 그 대부분이 가까운 아시아 제 지역의 식민지나 일본 국내의 거류지를 경유한 것이었다. 그러한 식민지에서의 질서나 실천은, 메이지 초기의 경찰·감옥제도가 단순히 유럽 본국뿐 아니라 홍콩이나 싱가포르에서 이루어진 조사를 참고하면서 형성되었듯이, 일본 본국의 근대화 그 자체와 분리하기 어렵게 연결되어 있었다. 일본의 근대화는 많은 식민지적인 특징을 국민 생활의 다양한 분야에 각인시켰다. 이러한 양상을 자각했던 지식인은 종종 일본의 근대화를 식민지화와 중첩시켜 이해하고, 서양이나 근대 그 자체에 가치를 두는 경우에도 자국의 근대화, 서양화의 피상성을 다양한 각도에서 문제시하며, 그 극복을 모색하게 되었다.

이러한 내부에서의 식민지주의의 극복이라는 과제의 연장선상에 네 번째의 위상, 즉 전후 민주주의와 식민지와의 관계가 문제로 드러난다. 전후 일본의 민주화는 연합국 특히 미국의 강력한 주도하에 수행되었다. 미일안보조약이나 미군기지가 상징하듯이 전후 일본에 대한 미국의 영향력은 정치, 경제, 문화 등 모든 면에서 압도적이었고, 그 관계의 불균형적인 양상은 종종 본국과 식민지 관계에 비유되어 문제화되었다. 1990년대 이후 점차 분명하게 드러난 전후 민주주의 비판과 내셔널리즘의 대두는 한편으로는 이러한 식민지적 상태로부터의 탈각을 지향하는 움직임으로 간주될 수 있는 측면을 가진다. 그러나 동시에 아시아 각 지역으로부터 고양된 이러한 움직임에 대한 비판과 경계는, 일본의 '탈식민지화'가 근린 아시아 각 지역에서 행한 자신의 식민지주의적인 역사의 청산이라는 과제와 함께 이루어져야 한다는 것을 보여주고 있다.

참고문헌

米谷匡史, 『アジア/日本』, 岩波書店, 2006

三谷太一郎, 『近代日本の戦争と政治』, 岩波書店, 1997

02 야나기타 구니오가 묘사한 일본

| 가와다 미노루川田稔

야나기타 구니오

야나기타 구니오柳田國男(1875~1962)는 일본 민속학의 창시자이자 근대 일본을 대표하는 지식인·사상가의 한 사람으로 알려져 있는데, 그는 크게 두 가지 관점에서 일본을 묘사하고자 했다.

하나는 구체적인 일본 사회의 모습에 대한 고찰이고, 다른 하나는 일본 문화의 기층에 있는 것을 밝혀내는 것이다. 전자는 그의 사회 구상이라고도 할 수 있는 것이고, 후자는 이른바 우지가미氏神신앙론이다.

야나기타 구니오의 사회 구상

야나기타는 농정農政관료, 귀족원 서기관장, 국제연맹 위임통치위원 등을 거쳐 쇼와 초기에 아사히신문 논설위원으로 취임한다. 동시에 그의 민속학 연구가 체계화되어 간다. 이 시기에 야나기타는 일본 사회의 현상과 미래에 대해 독자적인 생각, 즉 자신의 사회 구상을 전개한다. 그 내용은 다음과 같다.

당시 동아시아를 둘러싸고 조성된 긴장된 국제정세를 시야에 두면서, 그때까지 추진되어 온 일본의 대륙팽창주의적 정책을 비판하고, 구미 제국

뿐 아니라 중국에 대해서도 국제적인 협조 관계를 주창했다. 특히 중국과는 국민 차원에서의 우호친선 관계를 발전시켜 나가야 한다고도 했다. 한편 그에 대응하여 국내에서는 농민의 자립적 경영을 가능케 하는 농업 개혁을 기축으로 농업생산력의 상승을 기반으로 하는 국내시장지향형의, 따라서 대외팽창 압력이 더 적은 산업구조를 구축하려 했다.

그러한 구상을 하던 야나기타는, 일본의 지리적, 국제적 조건에 입각하여 무제한적인 욕망 충족, 욕망 자연주의적인 소비 성향에 대해 비판적 입장에서 사람들이 자각적으로 생활 방식을 성찰할 필요가 있음을 지적한다. 즉, 그는 일상생활에서의 문화 기준이나 그것을 지탱하는 개개인의 가치관을 자각적으로 재검토하여, 사람들이 생활방식의 차원, 삶에 의미를 부여하는 차원에서 의식적으로 자신들의 생활문화를 생각하지 않으면 안 된다고 했다(이 관점은 우지가미 신앙론으로 연결된다).

그리고 그러한 생활문화, 국민경제를 기초로 하여 보다 철저하게 정치적 민주화가 달성된 정치 체제를 전망해 보고자 했다. 그 내용은 보통선거를 실현하고 사실상의 의원내각제를 지향한 것이었다. 따라서 그것은 당시의 국가체제와 비교해 보았을 때, 보다 국제협조적인 국민의 의지를 기초로 하는 정치를 지향하고자 하는 것이었다.

그 위에 야나기타는 사람들의 일상생활에서의 사회관계에 눈을 돌려, 전통적인 지역적 공동 관계에 내포되어 있는 공동성에 주목하고, 그것을 앞으로의 사회 형성의 기초로 설정하려 했다.

우지가미 신앙론

이러한 사회 구상을 배경으로 지역 사회나 민간 습속의 역사를 학문적으로 재구성하려는 야나기타 민속학이 본격적으로 형성된다. 그 중핵을 이루는 것이 우지가미 신앙론이다. 야나기타는 우지가미 신앙에 대해, 일본 문화의 기층에 존재하면서 사람들의 사고방식이나 가치관, 삶의 보람과 의미, 나아가 내면적인 윤리의식과 깊이 관련된 것으로 중시하고, 그것을 해명하는 데 진력했다.

근대 일본에서는 각 지역마다 반드시 '우지가미사마氏神さま' 혹은 '우부스나사마うぶすなさま'로 불리는, 산림이나 나무들 사이에 세워진 작은 신사가 있다. 우지가미 신앙이란 그곳에 모셔진 신에 대한 신앙이다.

야나기타에 따르면 우지가미는 대대로 이어져 오는 선조들의 영혼이 융합한 것이고, 사람은 누구나 죽어서 일정 기간이 지나면 우지가미에 융합된다고 생각했다 한다. 이 우지가미는 통상 마을 근처의 산꼭대기에 머물면서 사람들의 생활을 지켜주고, 정해진 시기에 마을로 찾아온다. 그를 위한 주된 의례가 봄·가을에 행해지는 마을의 마쓰리였다.

따라서 사람들은 아이들은 물론 노인이나 장애자들도 신이 될 수 있는 존재로서 가능한 존중되어야 한다고 여겼고, 그것이 사람들 간의 공생共生을 지탱해주는 윤리의식의 하나의 기반이 되고 있었다. 단, 죽은 사람이 우지가미에 융합되기 위해서는 상당히 오랜 기간에 걸쳐 자손들의 공양을 받을 필요가 있다고 생각하였다. 또한 우지가미에 대한 제사는 자손들로 이루어진 마을사람들에 의해 실행되어야 하는 것이었다. 그러므로 일본인은 '이에家'의 존속이라는 것을 중시했다. 따라서 사람들은 이에를 단절시키지 않고 자식을 키워서 조상을 섬기고, 사후에는 신이 되어 자손을 지켜주는 것을 하나의 중요한 삶의 보람으로 생각했던 것이다. 그것은 일본인의 가치관이나 윤리관의 하나의 원천이 되어 왔다.

야나기타는 이러한 가치관이나 윤리관을 다가올 사회의 형성에 활용하고자 했던 것이다.

참고문헌

柳田國男, 『明治大正史世相篇』, 『都市と農村』, 『先祖の話』, 『日本の祭』(『新版 柳田國男全集』, 筑摩書房, 1997所收)

03 아나키즘과 마르크시즘

| 우메모리 나오유키梅森直之

오스기 사카에(위)
야마카와 히토시(아래)

내셔널리즘 연구의 고전인 『상상의 공동체』의 저자 베네딕트 앤더슨은 최근 저작에서 새롭게 19세기 후반에서 20세기 초두의 아나키즘 운동을 주제로 삼았다(Benedict Anderson, *Under Three Flags*, 2006, Verso). 이러한 아나키즘에 대한 현대적 관심이 확대된 배경에는 신자유주의라고 불리는 근년의 세계적인 자본주의의 전개에 직면해 어떻게 그에 대항하는 운동을 구상할 수 있을까라는 문제의식이 있다. 냉전이 끝나고 마르크시즘이 과거와 같은 영향력을 상실한 반면, 빈부 격차의 확대나 인간·환경에 대한 파괴 작용 등 자본주의의 병리현상도 끝날 기미가 보이지 않는다. 오늘날 아나키즘과 마르크시즘이 혼재하는 역사를 되돌아보는 것은 끝없는 일상에서 새로운 대항운동을 구축하기 위한 전략과 영감을 모색하는 행위다.

일본에서의 아나키즘의 수용과 그 전개

사상으로서의 사회주의는 그 기원을 앞서 전개된 여러 사상이나 전통사상에서 찾을 수 있다. 그러나 운동으로서의 사회주의가 역사에 등장한 것은 자본주의의 전개에 수반한 다양한 병리현상에 대한 비판·대항으로서였다. 사회주의가 일본에 본격적으로 등장한 것은 러일전쟁을 향해 급속한 공업화가 진전되던 1900년 전후의 일이다. 1901년에 아베 이소오安部磯雄, 가타야마 센片山潛, 고토쿠 슈스이幸徳秋水, 기노시타 나오에木下尙江 등에 의한 사회민주당의 설립이나, 1903년 고토쿠 슈스이, 사카이 도시히코堺利彦 등에 의한 「헤이민신문平民新聞」의 창간과 그를 통한 러일전쟁 비판 등을 그 중요한 기준으로 간주할 수 있다. 당시 유럽에서의 사회주의 운동에서는 이미 아나키즘과 마르크시즘과의 이론적·전술적 대립이 명확한 상태에 있었다. 마르크스파와 바쿠닌파의 대립을 주된 요인으로 하는 제1인터내셔널의 해산(1876)은 그 한 예이다. 그러나 일본의 초기 사회주의에서 아나키즘은 마르크시즘과 구별되지 않은 채 사상과 운동 양면에서 매우 큰 영향력을 갖고 있었다.

아나키즘은 당초 게무리야마 센타로煙山專太郎의 『근세무정부주의近世無政府主義』(1902)에 보이듯이 러시아의 니힐리스트의 테러리즘과 함께 일종의 '병리현상'으로서 소개되었다. 그러나 러시아의 사상가 표트르 크로포트킨Pyotr Kropotkin의 번역 등을 통해 그 사상에 대한 이해가 깊어짐에 따라 사회주의에 동정을 보이는 사람들 사이에서 영향력을 키워갔다. 1906년 전후의 시기에 당시의 사회주의 운동의 이론적 지도자인 고토쿠는 노동자의 총파업에 대한 기대를 말하고, 아나르코생디칼리슴anarchosyndicalism으로의 '전향'을 명백히 하는데, 이후 아나키즘은 러시아혁명의 성공과 그 전략적 기반인 볼셰비즘의 영향이 본격적으로 도래하는 1920년대 전반까지 일본의 급진적인 사회운동의 주도적 사상으로서의 위치를 점하고 있었다.

이러한 아나키즘의 영향력은 결코 일본 특유의 현상만은 아니었다. 앞에서 말한 앤더슨은 이른바 레닌주의가 대두하는 시기까지의 국제적인 좌익운동의 측면에서 거의 중부 유럽에 한정되어 있던 마르크시즘의 영향력과는 달리, 다종다양한 아나키즘의 국제적 영향력을 강조하고 있다. 우선 아나키즘은 마르크시즘에 비해 프롤레타리아를 특권화하는 정도가 작고, 당시 인구의 압도적인 부분을 점하고 있던 소작인이나 농민, 나아가 마르크스에 의해 룸펜프롤레타리아트라고 멸시되었던 사회계층에 대해 친밀해지기 쉬운 사상이었다. 다음으로 아나키즘은 자유주의적 개인주의에 대한 칭송으로 인해 예술가나 작가 등의 지식인들 사이에서도 유력한 지지층을 갖고 있었다. 마지막으로 아나키즘은 노동자계급의 조직화와 좌익정당의 발전에 중요한 가치를 두고 있던 당시의 정통파 마르크시즘에 비해, 폭력행위도 마다하지 않는 '행위에 의한 선전'이라는 강력한 전략을 갖고 있었다. 20세기 초두의 일본에서 사회주의 운동의 편성은 이러한 아나키즘의 전 세계적인 영향력의 반영이기도 했다.

다이쇼시기의 대표적인 아니키스트로 지목된 오스기 사카에大杉栄(1885~1923)도 고토쿠나 크로포트킨의 영향 아래서 아나키즘에 접근한 청년 중의 한 사람이었다. 오스기는 메이지 말기에 고토쿠의 후계자, 크로포트킨의 추종자로서 사회운동의 무대에 등장한다. 그는 생물학, 사회학, 인류학, 철학 등을 옥중에서 독학해 다이쇼시기에 이르면 잡지 『근대사상近代思想』을 창간하며 논단에 화려하게 데뷔했다. 오스기의 사상 활동은 크로포트킨의 무정부주의를 개인의 '생生의 확충'에 최대의 가치를 두는 입장에서 재구성하는 형태로 전개되었다. 오스기가 생의 확충에 최대의 장애로서 초점화한 것은 다름 아닌 근대 사회의 계급적 구성, 즉 '정복의 사실'이었다. 그는 그에 대한 반역을 다음과 같은 시적 언어로 호소했다. "정복의 사실이 그 정점에 달한 오늘날에서는 조화階調는 이제 아름다움이 아니다. 아름다움은 단지 난조亂調에 있다. 조화는 허위다. 진실(진리)은 단지 난조에 있다"(「生の擴充」, 『近代思想』 1913년 10월).

이러한 오스기의 이론적 개입은 대역 사건 이후 '혹한의 시대冬の時代'에 노사협조주의를 주창하는 스즈키 후미하루鈴木文治 등의 우애회友愛會나 '때를 기다리는' 전략을 취하고 있던 사카이 도시히코 등의 마르크스파를 비판하고, 혁명적 노동운동을 개시하기 위한 행동 철학으로서 구상되었던 것이다. 오스기는 베르그송이나 소렐 등을 적극적으로 도입함으로써 크로포트킨의 농촌공동체주의를 탈색하고 그것을 개인주의적이면서 도시적인 것으로 재생시켰다. 개인의 자유에 절대적 가치를 두는 자유주의적 사회 비판은 특히 당시의 지적 청년으로부터 큰 지지를 받는 한편, '행위에 의한 선전'을 통해 많은 노동자의 마음을 사로잡았다. 1차 세계대전 후의 노동운동 고양기에는 가장 영향력을 가진 아나르코생디칼리스트운동의 이론적 지도자로 주목받기에 이른다.

일본에서의 마르크시즘의 융성

마르크스의 인물이나 사상을 소개하는 것은 이미 메이지시기에 여러 종류의 저작을 통해서 이루어져 왔지만, 그것이 하나의 '주의'로서 의식되어 운동론이나 조직론을 포함한 하나의 사상체계로서 이해된 것은 러시아혁명에서의 레닌과 볼셰비키의 사상 및 운동이 명확히 알려진 1920년대 전반을 기다려야만 했다. 1차 세계대전을 계기로 한 일본 자본주의의 비약적인 발전은 정치세력으로서의 민중의 대두를 촉진시켜, 이른바 다이쇼 데모크라시 상황을 야기하였다. 나아가 러시아혁명(1917)과 쌀소동(1918)의 충격은 노동운동의 획기적인 발전을 촉진시켜, 사카이 도시히코나 야마카와 히토시山川均에 의한 마르크시즘의 정력적인 소개와 보급이 추진되었다. 1920년에 들어서면 레닌의 이론이 집중적으로 소개되어 소비에트 권력과 프롤레타리아 독재를 지지하는 볼셰비즘의 영향력이 사회주의 운동과 노동운동의 내부에서 높아져 갔다. 그 결과 당시 강한 영향력을 갖고 있던 오스기를 중심으로 한 아나르코생디칼리슴과의 대립이 첨예화되어, 통속적으로 '아나·볼논쟁'이라 불리는 아나키즘과 마르크시즘의 대립 상황이 출현하였다.

이 논쟁에서 주도적인 역할을 수행한 사람이 야마카와 히토시(1880~1958)였다. 코민테른(1919년에 결성된 러시아공산당을 중심으로 한 각국 공산당의 국제조직)과의 접촉을 통해 일본공산당(1922년 결성)의 창설에 관여한 야마카와는 1922년에 「무산계급운동의 방향 전환無産階級運動の方向轉換」이라는 저술에서, 소수의 전위자가 철저하고 순화된 사상을 가지고 후방에 남겨져 있는 대중 속으로 돌아가야 한다는 내용을 주장하였다. 이에 비해 오스기를 중심으로 하는 아나르코생디칼리스트는 어디까지나 "권력자에게 감시당하는 속박으로부터 벗어나 어떠한 상황에서도 진정한 인간으로서 행동하고 싶다는" 노동자의 욕구를 토대로 하여 운동이나 사회가 구축되어야 한다는 것을 주장하였다. 양 파의 대립은 노동조합의 '전국총연합운동'에서의 조직론을 둘러싸고 첨예화되고, 운동은 '아나파'의 자유연합론과 '볼파'의 집중적 합동론으로 분열하여 좌절되었다. 그 후 '아나파'는 1923년의 간토대지진을 계기로 발생한 군부에 의한 학살사건에서 오스기를 잃고, 혁명운동의 주도적인 역할을 마르크시즘에 빼앗기게 된다. 이렇게 하여 아나키즘과 마르크시즘의 공존·대립의 시대는 종말을 고하고 그 이후는 주류가 된 마르크시즘 내부의 이론적 대립이 일본이 사회주의 운동과 사상의 역사를 장식하게 된다.

오늘날의 사상적 과제

일본에서의 아나키즘과 마르크시즘의 흥망의 역사로부터 오늘날의 중요한 사상적 논점을 몇 가지 뽑아내 보자. 우선 아나키스트들이 마르크시즘에 퍼부었던 중앙집권적인 운동론·조직론에 대한 비판의 의미가 논의되어야 한다. 아나키스트들은 운동을 혁명이라는 정치적 목적에 종속시키는 것을 좋게 여기지 않았고, '지금, 여기'에서의 운동 그 자체가 이상사회의 원리에 의해 관철되어야 한다고 지속적으로 주장해 왔다. 이전에는 아나키즘의 약점으로서 선전된 이러한 자유연합의 사상과 운동이 반세계화운동의 새로운 국제적 연대의 원리로서 다시금 각광을 받고 있다. 자유와 다양성을 담보한 새로운 연대 원리의 구축은 아나키즘과 마르크시즘 양쪽에 모두 부과된 중요한 이론적 과제 중 하나다. 또한 이때 크로포트킨의 사상에 내포된 전통적 공동체주의를 오스기적인 자유지상주의libertarianism와 어떻게 조화시킬 것인가 하는 문제가 다시금 논의되지 않으면 안 된다. 일본에서의 아나키즘은 그 주류가 도시적·개인적인 것으로 이행하여 아나르코생디칼리슴이 되어 볼셰비즘과 충돌했다. 그러나 이것은 결코 농촌 공동체에 축적된 사회적 모순과 변혁의 에너지가 희박해졌다는 것을 의미하지 않는다. 아나키즘의 주류에서 밀려나 버린 농촌적 공동체주의는 곤도 세이케이權藤成卿와 같은 보수적인 민간학자에게서 그 사상적 표현이 발견되고, 이윽고 그것은 다치바나 고사부로橘孝三郎의 농본주의나, 만주국 건국의 이데올로그였던 다치바나 시라키橘樸의 왕도주의를 산출해 냈다. 이러한 영향권을 포함하여 생각한다면 일본에서의 아나키즘의 영향력은 깊고 넓다고 하지 않을 수 없다.

참고문헌

飛鳥井雅道 編, 『大杉栄評論集』, 岩波書店, 1996

竹内良知 編, 『マルキシズムⅡ』(現代日本思想大系 21), 筑摩書房, 1956

04 요시노 사쿠조와 미노베 다쓰키치

| 히라노 유키카즈平野敬和

요시노 사쿠조(위)
미노베 다쓰키치(아래)

1차 세계대전의 영향으로 식민지 제국 일본의 사상 상황은 크게 변하였다. 전쟁에 참전한 각국에서는 민중이 광범위하게 동원되었는데, 특히 연합국에서는 이 전쟁을 민주주의 대 군국주의의 전쟁으로 설정함으로써, 세계적으로 민주주의의 기운이 높아졌다. 일본에서도 이러한 세계적인 추세와 러일전쟁 이후 민중이 정치적으로 등장한 새로운 정세를 배경으로 하여 기존의 정치·사회 체제의 변혁을 추구하는 운동이 활발해졌다. 그것은 한편으로는 헌정옹호운동을 비롯하여 원로, 추밀원, 군부, 귀족원 등 특권 계급의 권한을 약화시키기 위해 보통선거의 도입, 의회정치·정당정치의 확립, 민중의 정치참여의 확대를 지향함과 동시에, 다른 한편으로는 제국주의 비판을 배경으로 하여 식민지 제국의 지배원리에 대한 저항운동을 야기시켰다.

제국 개조의 정치사상: 요시노 사쿠조

요시노 사쿠조吉野作造(1878~1933)는 정치 영역의 확립을 목적으로 새로운 정치의 주체를 내세운 민본주의를 제시함과 동시에, 민족자결주의를 주창하

는 입장에서 제국주의 비판을 전개하고, 식민지 주민의 주체화에 착수함으로써 민주주의 운동의 이론적인 주도자가 되었다. 요시노는 「헌정의 본의를 설명하여 그 유종의 미를 거두는 길을 논함憲政の本義を説いて其有終の美を濟すの途を論ず」(『中央公論』 1916년 1월호)이라는 글에서, 민본주의란 'democracy'의 번역어 중 하나로서 "국가 주권이 행하는 활동의 기본 목표는 정치상 인민에게 있어야 한다"는 의미라고 강조하고, 소수 엘리트에게 정치를 위임하는 대의제 아래에서 국정에 일반 민중의 의사를 반영시키려 하였다. 요시노의 민본주의는 국민주권에 입각한 민주주의가 아니라, "국체國體가 군주제든 공화제든 불문하고"라고 말하고 있듯이, 천황주권인가 국민주권인가라는 주권의 소재와 무관하게 정치의 목적이 일반 민중의 복리에 있는 것, 정책의 결정이 일반 민중의 의향에 따르는 것을 추구하는 것이었다.

또한 요시노는 식민지 조선·타이완의 저항운동이나 중국의 혁명운동 등 동아시아에서의 민중운동을 사회 개조의 원동력으로 이해하는 관점에서 많은 논설을 발표했다. 특히 조선의 3·1운동과 중국의 5·4운동 등 민족자결운동이 고조되자, 여운형이나 리따자오李大釗를 비롯한 운동의 이론적 지도자, 일본에 체재하던 유학생과의 대화를 통해 사태 해결의 실마리를 모색하고자 했다. 식민통치에 관해서는 기존의 동화정책을 비판하고, 식민지 자치론을 제창했다(「朝鮮統治の改革に関する最小限度の要求」, 『黎明講演集』 제6집, 1919년 8월). 또한 중국의 혁명운동에 대해서는 신해혁명 이후의 내셔널리즘운동의 태동을 중국에서의 폐정 개혁의 계기로서 자리매김하였다.

1920년대 후반 동아시아의 민중운동은 일본의 민주주의운동의 분열이라는 상황과 연계되면서 전개되었다. 요시노의 사회개조론은 20년대 후반에는 그 영향력을 상실하는데, 그것은 동아시아에서의 공산주의운동의 침투라는 사태와 깊은 관련이 있다. 20년대 후반에서 30년대에 등장한 마르크스주의 사회과학은 요시노의 문제제기를 넘어서서 새로운 지적 방향성을 모색하는 것이었다.

민주주의의 헌법론: 미노베 다쓰키치

미노베 다쓰키치美濃部達吉(1873~1948)는 일본 민주주의의 법적 근거를 정초한 헌법학자였다. 그의 천황기관설은 통치권의 주체가 천황이 아니라 국가에 있다고 하여, 천황을 국가의 기관으로 여기는 헌법학설이었다(국가법인설). 그는 주저인 『헌법촬요憲法撮要』(有斐閣, 1923)에서 대일본제국헌법에 대해서 군주주권주의의 성격이 강하지만, 그럼에도 국가의 모든 권력이 군주에 속하지 않고 통치권은 국가에 속하는 권리이며, 따라서 군주주권이란 군주를 국가의 최고기관으로 하는 것과 같은 의미라고 주장했다. 그 위에 천황의 보필기관인 내각에 행정의 주도권을 인정하여, 내각이 주도권을 발휘하는 정당내각제를 지지했던 것이다.

미노베의 학설에 대해서는 우에스기 신키치上杉愼吉가 군권주의의 입장에서 비판함으로써 '국체 논쟁'이 전개되었다(그 경위는 星島二郎 編, 『上杉博士対美濃部博士 最近憲法論』, 失業之日本社, 1914에 정리). 그러나 그 이후 천황기관설이 학계의 통설로 받아들여져 의회정치를 실현하는 헌법 해석상의 근거가 정비되었다.

1935년 귀족원에서 천황기관설이 국체에 반하는 것이라는 비판을 받고서, 귀족원 의원이었던 미노베는 "일신상의 변명"을 하기는 하지만, '국체명징國體明徵'운동의 과정에서 발언을 봉쇄당한다. 패전 후 미노베는 제국헌법에 대해 본질적으로 민주주의와 양립할 수 있다고 주장하며 개헌에 소극적인 태도를 취했지만, 이러한 입장은 보다 젊은 세대가 새로운 일본국헌법을 배경으로 하여 평화와 민주주의를 추구하는 운동을 전개한 시절의 감각에서 본다면 시대착오적인 것으로 인식되었다.

참고문헌

岡義武 編, 『吉野作造評論集』, 岩波文庫, 1975

星島二郎 編, 『最近憲法論』, オンデマンド版, みすず書房, 2005

05 대중문화의 가능성

| 간노 사토미菅野聡美

사상사 연구의 광범위한 주제

한여름 긴자거리를 활보하는 모던걸

일본사상사 연구라 하면 누구나가 떠올리는 것이 오규 소라이나 후쿠자와 유키치, 마루야마 마사오와 같은 특정 인물을 대상으로 하는 것, 혹은 주자학이나 사회주의 등 특정학파나 주의主義를 대상으로 하는 것이 아닐까?

그러나 유명한 인물이나 주의를 연구하는 것만이 사상사 연구는 아니다. 언뜻 사상과는 거리가 멀다고 생각되는 유행 풍속이나 세태도 훌륭한 사상사 연구의 대상인 것이다. 왜냐하면 그것들은 이름 없는 대중들의 사상이 반영되어 있기 때문이다.

다만 이름 없는 사상에 대한 접근에는 특별한 어려움이 따르게 마련이다. 어차피 『○○전집』과 같은 표준적인 자료가 있는 것도 아니고, '사상'으로서 다룰 만한 근거도 없기 때문이다. 선행연구가 있는 큰 인물이나 학문적 축적이 많은 ○○주의 등을 다루는 편이 손쉽게 연구할 수 있고 평가 받기도 쉬운 것이다.

이리하여 특정한 주요 대상에 연구가 집중되어, 이름 없는 사상은커녕 개인으로서 사상을 표명한 대다수의 인물도 '잊히진 존재'가 되어 버린 것이 현 상황이다.

분명히 사상적 체계성·도달의 정도에 있어 대중의 사상은 사상사에서의 거물과는 비교가 안 될 것이다. 그러나 그 숨겨진 힘에 착목하면 또 다른 의의를 발견할 수 있다.

일본 사회에서 대중의 힘이 드러난 최초의 사건은 아마도 러일전쟁강화조약에 반대해 군중들이 일으킨 히비야 방화 사건(1905)일 것이다. 특정 지도자나 주의에 의하지 않은 방대한 수의 대중이 자신들의 존재감을 발휘한 일이었다.

그러나 정치집회나 직접적인 행동만이 대중의 힘의 회로는 아니다. 유행가는 이름도 없는 서민의 삶이나 사회인식을 반영하기 때문에 유행하는 것이며, 그것은 다른 대중문화에 대해서도 말할 수 있는 것이다. 전시 중의 언론탄압하에서도 개사곡이나 낙서, 소문의 형태로 천황을 신성한 존재로 여기는 사고나 군국주의 체제를 비판하고 웃어넘기는 '건전함'이 대중문화에는 있었다.

여기서는 대중문화의 가능성을 생각하는 데 도움이 될, 다이쇼大正 말기로부터 쇼와昭和 초기의 대중문화 상황과 그 잠재적 힘, 그리고 사상사적 의의를 소개하기로 한다.

일본의 모던걸

20세기 초엽 구미에서 시작된 모더니즘은 일본에도 파급되었지만, 그 전개는 독특한 것이었다. 유럽의 모더니즘이 주로 사상·예술 분야에서의 '전위前衛'운동으로서 비판·파괴력을 발휘했던 것에 비해, 일본 모더니즘은 서구적인 생활 합리화를 지향한 것이었다. 결국에는 생활 향상이라는 목적에서 벗어나, 새로운 것 그 자체를 가치로서 추구해 가게 된다.

일본 모더니즘의 상징적 존재는 모던걸이었다. 주의주장을 기초로 기성 도덕에 저항하는 구미의 모던걸과 달리, 일본의 모던걸은 우선 패션, 즉 단발에 짙은 화장을 하고 양장을 한 여성의 모습으로, "관습적인 부녀자의 도덕이나 남녀 관계나 생활양식을 단호하게 파괴"해 가지만(大宅壯一, 「百パーセント・モガ」), 유행과 찰나의 쾌락을 추구한 것으로 정치·사회에 무관심하고 사상성을 결여한 존재로 간주되었다.

실제로는 전국 방방곡곡을 모던걸이 활보하고 있었던 것은 아니며, 긴자 등 극히 제한된 도시의 새로운 풍속에 지나지 않았다. 그러나 그 시대의 많은 지식인이 모던걸을 논하고, 한편에서는 흥미 위주로 모던걸의 생태를 보도하는 잡지기사가 범람하게 된다. 이렇게 '모던걸의 시대'라는 공통인식이 생겨나고, 그에 호응하는 여성들이 모던걸이 되어 갔다.

설령 사상성을 결여한 유행 현상이었다 할지라도, 모던걸의 유행은 여성의 자유와 약진을 상징하는 것이었고 그 배후에는 다수의 일반 여성 전체에 생겨나고 있던 새로운 기운이 드리워져 있었다. 선각자나 작은 단체에 국한된 운동이 아니라, 지도자도 없이 광범위한 여성들을 흡수해 갔던 그 위세에는 강력한 어떤 가능성이 있었다고 말할 수 있다.

책임감이나 지도자 의식을 갖고 정의를 실천하려고 했던 그 시대의 많은 여성운동이나 혁신 사상은 후일 익찬 체제翼贊體制에 흡수되어 갔다. 한편 모던걸의 행동양식은 물질주의·향락주의·찰나주의며, 그것은 정신주의의 부정이자 개인주의·현세주의였다. 그것은 현인신現人神으로서의 천황이나 멸사봉공의 정신, 야스쿠니신사, 나아가서는 군국주의 일본에 대한 부정과 통하는 측면이 있었다.

실제로는 모던걸을 규탄했던 것도 대중이었고, 국가권력에 의한 풍속 규제를 요구하는 움직임은 대중 쪽에서 나왔다. 따라서 대중의 사상을 모두 반권력反權力·자치自治의 맹아로 보는 것은 환상이며, 이들이 보인 양의성兩義性

과 잠재력을 바르게 인식하는 것이 중요하다.

참고문헌

南博·社會心理研究所, 『大正文化』, 勁草書房, 1987
松山巖, 『うわさの遠近法』, 青土社, 1993

06 '세계사의 철학'과 '황국사관'

| 이마이 오사무今井修

'교토학파'의 철학 · '황국사관'에 대한 관심의 고조

고야마 이와오(위)
히라이즈미 기요시(아래)

이 절의 제목으로 제시한 '세계사의 철학'이란 아시아·태평양전쟁시대의 이른바 '교토학파'의 '세계사적 입장과 일본'에 대한 역사철학적 논의를, '황국사관'이란 마찬가지로 15년이란 전쟁기간 동안 풍미했던 천황 중심의 초국가주의적 역사관을 부르는 일반적인 용어다.

'세계사의 철학'은 니시다 기타로西田機多郎와 다나베 하지메田邊元를 은사로 하는 고사카 마사아키高坂正顯, 니시타니 게이지西谷啓治, 고야마 이와오高山岩男, 스즈키 시게타카鈴木成高 등 교토제국대학 철학그룹(스즈키는 서양중세사가)의 저서, 특히 개전 전후에 『중앙공론中央公論』에 게재되었던 세 번의 좌담회를 정리한 『세계사적 입장과 일본世界史的立場と日本』(中央公論社, 1934년 3월)이 '태평양전쟁'을 역사철학적으로 이념화한 것으로서, 당시 지식인·학생들의 커다란 반향을 불러 일으켰다. '황국사관'은 국민을 '전쟁에 동원'하기 위해 문부성이 편집·간행한 1937년의 『국체의 본의國體の本義』나 1943년의 『국사개설國史概說』에 현저히 드러난 것으로서, 국민교화·역사교육이란 국면에서 특히 맹위를 떨쳤는데, 히라이즈미 기요시平泉澄(도쿄제국대학 국사학과 교수)나 기히라 다다요시紀平正美(1932년부터 국민정신문화연구소 직원) 등을 그 대표적 학자로 한다(기히라에게는『세계사적 입장과 일본』과 같은 해에 간행된『황국사관[皇國史觀]』[황국청년교육협회皇國青年教育協會]이라는 저서가 있다). 본래부터 이 둘의 사상적 입장은 같은 것이 아니라, 기히라의 '교토학파' 비판에서 볼 수 있듯이 오히려 대립 관계에 있었으나, 양 그룹 모두 전쟁을 정당화하고 주도한 '철학'이자 '역사학'이라 하여, 전후에는 전면적 부정의 대상이 되어 왔던 것이다.

그러나 근래에 들어, 특히 1990년대 후반 이후 양 그룹 모두를 재검토해야 한다는 분위기가 존재한다. '교토학파'에 대해서는 도에이샤澄影舍의『교토철학총서京都哲學叢書』(전 30권 · 별권, 1999~2006) 간행을 비롯하여, 그 학문적 계보를 이끄는 현역 세대에 의한 '변호'나 '복권'론적인 저작들이 줄을 잇고 있다. 자료면에서 주목되는 것을 하나만 언급하자면, 오하시 료스케大橋良介의『교토학파와 일본해군京都學派と日本海軍』(PHP新書, 2001)은 해군의 요청을 받아서 행해진 '비밀회합'에 관한 자료로, 새로 발견된 '오시마 메모大島[야스오康生]メモ'를 공개하면서 '교토학파'의 '전쟁 협력'은 대 미국전의 '회피' · 전쟁의 '이념 전환'을 목표로 했다가 '좌절'한 것이었다고 주장한다. 한편 '황국사관'과 관련해서 보면, '전후 역사학'의 재검토란 학계조류 속에서 '황국사관'이 고조되었던 시대를 경험하지 않은 후속세대 · 젊은 연구자 일부에게서 전시 중의 역사학의 모습, 특히 히라이즈미 기요시에 대한 관심이 급격하게 고조되었는데, 필자는 그 연구동향과 문제점에 대해 논문으로 정리한 적이 있다(今井修,「戰爭と歷史家'をめぐる最近の研究について: 安部猛氏, '太平洋戰爭と歷史學'と今谷明氏の平泉澄論を中心に」,『年報日本現代史』제7호, 2001). 나아가 '교토학파'와 '황국사관' 각각의 대표라 할 수 있는 고야마와 히라이즈미에 대해서는, 하나자와 히데토미花澤秀文의『고야마 이와오: 교토학파 철학의 기초적 연구高山岩男: 京都學派哲學の基礎的研究』(人文書院, 1999)와 이와이 도시아키岩井敏明의『히라이즈미 기요시平泉澄』(ミネル

ヴァ日本評傳選, 2006)가 관계 자료를 잘 섭렵하여 정리한 역작이나, 시점이나 평가에 대해서는 다른 의견이 있을 수 있을 것이다.

어느 쪽이든 '세계사의 철학'과 '황국사관' 문제는 근대 일본(천황제 국가)의 아카데미즘 '철학' 및 '역사학'에 있어서 15년 전쟁기의 사상 표현, 즉 극한 상황 속에서의 한 귀결로서 '학문과 정치', '전쟁과 지식인'의 문제는 지금도 계속 던져지고 있는 과제임에 틀림없다.

『세계사적 입장과 일본』과 고야마 이와오

『세계사적 입장과 일본世界史的立場と日本』의 서문에서는, '세계사적 입장과 일본', '동아공영권의 윤리성과 역사성', '총력전의 철학'이라는 '세 가지 좌담회를 일관하는 기조'에 대해 '세계사적 일본의 입장'이라고 선언하고 있다. 정세의 긴박화와 미일 개전을 계기로, '세계사와 그 속에서의 일본의 주체적 위치 문제'를 집중적으로 논의하여 '유럽인의 우월의식'을 비판하고 앵글로 색슨적 세계질서를 타파하는 것, 즉 '포텐츠(역사의 구성력)의 문제'로서 '모럴리쉬 에너지(도의적 생명력)'의 중요성을 거듭 강조하면서, '대동아전쟁'을 그 발로의 표현, 즉 '세계사에 유례없는' '중대성을 가진 전쟁'이라고 그 의의를 설명하고 있다. 나아가 '전쟁의 윤리와 윤리의 전쟁'이라는 시점에서, '팔굉일우八紘一宇'와의 관계에서 근대 유럽을 만든 '개인주의적인 인격윤리'와는 근본적으로 다른 것으로서의 동양 속에 살아 있던 '인륜'의 '윤리', '그것을 구체적으로는' '이에家의 윤리', '이에家의 정신'으로서 전면에 내세워, "이른바 봉건적이고 근대적인 것에 대한 '현대적' 윤리의 근원을 형성한다고 생각한다"고 주장한다.

이와 같은 논의의 방향성에 '근대의 초극超克'(『文學界』 1942년 9, 10월호)과의 공통점을 찾아내는 것은 쉬운 일이다. 하나자와 히데토미에 따르면, 위에서 말한 '팔굉일우'를 대신하는 것으로서 고야마의 '윤리학상의 기본적 입장인

'장소(所)의 윤리"가 정립되었던 것처럼, 이 좌담회에서 고야마는 시종일관 적극적으로 그 지론을 전개하고 있으며, '세계사의 철학'(1942년 9월에 이와나미쇼텐[岩波書店]으로부터 같은 이름의 논문집을 간행)의 수립을 스스로의 학문적 과제로 삼아 전전 · 전후를 일관시키고 있다. 좌담회 당시에는 해군성 위탁의 문학부 조교수였지만, 1938년부터 문부성의 지시로 신설된 '국체학 강좌'(교토대학에서는 '일본정신사강좌'라고 불렀다)를 문화사학의 니시다 나오지로西田直二郎와 분담하여, '근세에서의 고대 이념'을 시작으로 서서히 일본정신주의적 경향을 심화, 좌담회 간행 다음해인 44년도에는 '팔굉위우八紘爲宇와 장소(所)의 윤리'를 강의하기에 이른다. 또 같은 해 2월에는 '세계사적 입장'을 더욱 이론적 역사적으로 심화시키기 위해 고분도쇼보弘文堂書房에서 『세계사 강좌世界史講座』 두 권이 간행되었는데, 고야마는 이론편 『(1) 세계사의 이론世界史の理論』에서 '세계사의 동력'을, 역사편 『(2) 일본 세계사日本世界史』에서는 권두에 '일본 세계사의 이념'을 기고하는 등 여기서도 중심적 역할을 하고 있다.

히라이즈미 기요시의 '황국호지사관'과 전시하의 역사학계

고야마와 마찬가지로 도쿄제국대학 문학부에 개설된 '일본사상사 강좌'를 담당한 사람이 히라이즈미 기요시였다. 『중세에서의 신사·사찰과 사회와의 관계中世に於ける社寺と社會との關係』(至文堂, 1926)에서 출발한 히라이즈미 사학은 만주사변 직전의 유럽 유학을 큰 전환점으로 하여, 그 이전부터 은근히 보이던 국수주의적 성격을 현저히 강화한다. 메이지 이후의 아카데미즘 고증사학의 '무미건조함'을 극복할 것을 주장하면서 '역사의 참된 것과 진실'을 무엇보다도 중세의 '정신생활' 탐구에서 찾은 이 역사학은 30년대에는 '황국호지皇國護持'를 지상가치로서 하는 관념론적 교학敎學이 되어, 오로지 존황사상가·충신·지사를 현창顯彰하는 초국가주의적인 일본 정신론으로 크게 전환하게 된다. 대학 밖에서 활동이 활발해지고, 정계의 상층부·군부(특히 육군황도파

·해군함대파)와의 연결을 강화해 군인교육과 강연으로 전국을 분주히 뛰어다녔는데, 그러한 그의 정치적 행동과 영향력에 대해서는 지금도 충분히 전모가 다 해명되지 못한 실정이다.

'황국사관'을 문제로 삼을 때, 그 사상 내용과 함께 국가권력·전쟁 추진 세력과의 연결방법, 국민교화에서 담당한 역할, 역사학 연구의 제 조류와의 관계 등 수많은 고찰 과제가 있지만, 이것을 사학사적 관점으로부터 조망해 보면, 1889년의 사학회 창립(아카데미즘사학의 성립) 50주년을 앞둔 1930년대라고 하는 시기는 일본 근대사학사의 커다란 전환점이었다고 말할 수 있다. 히라이즈미가 귀국한 다음해인 1932년 결성된 재야의 역사학연구회는 회지 25호(1935년 11월)에 '역사학연보' 특집을 실는데, 당시의 '학계 동향'에 대해 모두冒頭에 다음과 같이 쓰고 있다. "현 역사학계에 대략 세 가지 조류가 있다고 볼 수 있을 것이다. 그 첫 번째는 메이지 이후 서구의 과학에 의해 발전한 강단사학의 정통성을 지키려 하는 흐름, 그 두 번째는 현실적 입장에 입각해서 과거의 역사적 사실을 구명하여 역사에 내포된 법칙성을 파악한 위에 미래를 향해 역사가 나아가야 할 길을 개척하고 지도하자는 흐름, 그 세 번째는 사료 및 역사적 사실을 무시하고 법칙도 되돌아보지 않은 채, 사학을 정신·신념·신앙의 차원으로 몰입시키려하는 흐름이다." 두 번째가 마르크스주의 사학, 세 번째가 황국사관을 가리킨다는 것은 말할 필요도 없다. 이어지는 문장에서 "만약 그 세 번째에 대해 사가史家로 분류하는 것은 당연히 부정하지 않으면 안 된다. 그러한 경향이 일부에 나타나고 있다는 사실은 몹시 슬퍼해야 할 일이며, 이에 대해서는 첫 번째와 두 번째 사가가 함께 노력해 우리의 '역사학'을 지키지 않으면 안 된다"(이상, 미시마 하지메[三島一]의 글)며, 우려와 결의의 뜻을 표명하고 있다. 그러나 그 이후의 사태는 그 둘 사가의 '공동 노력'은 성사되지 못한 채, 첫 번째는 '실증'에 입각하여 겨우 제 한 몸을 유지하거나, '협력'을 강요당하여 세 번째로 경도되어 갔고, 두 번째의 대부분은 탄압을 받아 궁지에 몰리게 되었으며, 역사학연구회도 1944년에 활동정지 상태로 내몰리게 된다. 결국 '우리의 역사학'은 지켜지지 못한 채 세 번째가 석권하게 된 것이다.

고야마 이와오는 전후 처음으로 『철학연감哲學年鑑』(創元社, 1949)에서, 자신의 언동에 대해서는 언급하지 않은 채, "아무리 전시 중이라고는 하지만 극단적인 황국사관이 학계의 온건한 입장을 지배한 적은 없으며, 정치력에 지배되는 사상의 측면이란 늘상 있을 수 있는 것으로, 실은 언론계의 극히 표면을 격동시킨 일시적인 파랑에 지나지 않았다고 보는 것이 타당하다"라고 쓰고 있다. 분명 '정당'한 관찰이긴 하지만, 왜 그러한 사태가 초래됐는지에 대해, 전시하의 한 사람 한 사람의 역사가의 내면에 다가가 '정당'하게 검증해 가는 작업은 이제 지금부터 해야 할 막중한 과제로 남아 있다.

여전히 '황국사관'을 문제시하는 이유

비토 마사히데尾藤正英에 의하면 '황국사관'에는 '실제의 용례에 따라 전쟁 말기에 주창된 역사관을 가리키는' 협의의 황국사관과, '전전·전중의 역사교육의 기본을 이루어 온 역사관을 총칭하는' 광의의 황국사관의 두 가지 의미로 구별할 수 있다고 한다(「皇國史觀の成立」, 『講座日本思想』 4권, 東京大學出版會, 1984). '황국사관'을 문제시하는 현대적 의미는 아직 그 숙폐宿弊로부터 완전히 탈각하지 못한 '천황제(국체론)와 역사학'을 둘러싼 여러 문제를 역사학 내부에서 명확히 자각하는 것일 테지만, 최근의 연구에는 처음에 언급한 것처럼 히라이즈미 기요시에 관심이 집중되거나 '실제의 용례'의 검증에 근거한 협의의 '황국사관'에 대한 실증적 재검토가 눈에 띈다. 또한 '황국사관' 해석의 '상극相剋'을 중시하려는 연구도 보인다(따라서 히라이즈미의 그것은 '황국호지사관[皇國護持史觀]'이라고 표현된다). 그러한 새로운 시각에 의한 연구에 있어서 '잡다한 사상의 단순한 집합이 아니라, 명확한 대립 축을 내재시킨 여러 사상들의 역동적인 전개'(昆

野伸幸, 「'皇國史觀'考」, 『年報日本現代史』 제12호, 2007)를 유추하는 것도 좋다. 그러나 굳이 지적한다면, 그러한 세력의 발호를 허용해 버린 '약자' 측의 통한, 특히 '전장에 내몰려야만 했던 억울함'(1945년 4월에 전사한 유신사료편찬관의 『하라 헤이로 추도문집[原平三追悼文集]』 속의 도야마 시게키[遠山茂樹]의 추도문 표제)에 대해 좀 더 깊이 생각한 다음에 추진되는 비판적 분석이어야 하지 않을까. 그것은 '교토학파'에 대한 '과민반응에 의한 반발감'(모리 데쓰로[森哲朗])에 근거하는 것이 아닌가라는 반反비판을 받을 성격의 것은 결코 아닐 것이다.

참고문헌

武田篤司, 『物語「京都學派」』, 中公叢書, 2001
永原慶二, 『20世紀日本の歴史學』, 吉川弘文館, 2003

07 '일본낭만파'의 의미

| 히라노 유키카즈平野敬和

야스다 요주로

'일본낭만파'란 무엇인가, 라는 질문에 대답하기 위해서는, 그 문학운동이 역사적으로 차지했던 위상과 함께 일본낭만파가 어떻게 읽혔는지를 검토할 필요가 있다. 일본낭만파, 특히 야스다 요주로保田與重郞의 난해하기 그지없는 독특한 문체를 접한다면, 그 문학작품의 내재적인 분석보다도 그것을 읽은 독자의 체험 속에 어떤 문제를 발견할 것인가가 문제가 된다는 점을 이해할 수 있을 것이다. 여기서는 특히 전후의 사상 상황 속에서 일본낭만파가 어떻게 논의되고 있는지를 생각해 보고자 한다.

'일본낭만파'의 문제 관심

일본낭만파 문학운동은 프롤레타리아 문학운동의 좌절과 파시즘의 확대 속에서 한편에서는 전향轉向 문학이 태어나고, 다른 한편에서는 문예부흥이라는 문학계의 움직임이 현저해진 것을 배경으로 하여 낭만주의적 방향을 내세움으로써 시대적인 폐색閉塞감을 타파하려는 운동이었다. 잡지『코기토コギト』에 게재되었던 「'일본낭만파' 광고'日本浪漫派'廣告」(1934년 11월)에는 신포 고타로神保光太郞, 가메이 쇼이치로龜井勝一郞, 나카지마 에지로中島榮次郞, 나카

타니 다카오中谷孝雄, 오가타 다카시緒方降士, 야스다 요주로保田與重郎 등의 이름이 동인으로서 열거되고 있다. 그리고 후에 이토 시즈오伊東靜雄, 다자이 오사무太宰治, 단 가즈오壇一雄, 하야시 후사오林房雄, 오기와라 사쿠타로荻原朔太郎 등도 가담하였다. 잡지 『니혼로만파日本浪漫派』는 1935년 3월에 창간되어 1938년 8월에는 폐간되었지만, 그 후에도 야스다의 작품을 중심으로 많은 독자를 확보하였다. 오히려 『니혼로만파』 폐간 이후의 야스다의 존재야말로 일본낭만파의 영향력을 말해주는 것이다. 그의 대표작으로는 『일본의 다리日本の橋』(芝書店, 1936), 『고토바인後鳥羽院』(思潮社, 1939) 등이 있다.

일본낭만파에 공통되는 것은 일본 전통에의 회귀, 고전에 대한 동경, 일본적 미의식의 주장 등이며, 거기에는 '근대의 초극超克'론과의 친화성을 엿볼 수 있다. 야스다는 그것을 '낭만적 아이러니'의 심적 태도라고 표현하고 있으나, 그 태도에는 모든 정치적 리얼리즘의 배척, 온갖 이성적 판단의 무의미함과 무효성을 역설하는 자세가 현저하며, 그가 역설하는 일로니의 부정성否定性은 주로 젊은 독자에게 패전의 필연성에 대한 예감적 구상으로서나, 또는 죽음을 전체성의 궁극적 형태라고 보는 죽음의 미학으로서 받아들여졌다. 전전戰前부터 전시 중에 걸쳐 일본낭만파는 실로 정치적 무력감과 시대에 대한 절망감으로부터의 도피와 구제를 가능케 했던 것이다.

'일본낭만파'는 어떻게 논의되었는가?

패전 후 얼마간은 일본낭만파에 대해서 제대로 논의되지 않았다. 전후 처음으로 그에 대해 논한 것이 다케우치 요시미竹內好 「근대주의와 민족의 문제近代主義と民族の問題」(『文學』 1951년 9월호)였다. 다케우치는 그 글에서 근대주의자, 마르크스주의자에게 보이는 일본낭만파에 대한 무관심이라는 현상을 비판하였는데, 그것은 전쟁책임의 문제라는 문맥에서 전후 지식인의 입장에 의문을 제기한 것과 관련이 깊다. 그에 비해 전전의 마르크스주의 문학운동

의 경험자였던 『근대문학近代文學』의 동인들은 예전의 프롤레타리아 문학운동의 추구를 전후 자신들의 새로운 출발 과제로 설정했음에도, 그 안티테제로서의 일본낭만파에 대해 정면에서 논하지 않았다. 그것은 예를 들어 히라노 겐平野謙의 『쇼와문학사昭和文學史』(筑摩書房, 1963)의 서술을 보면 분명하다.

다케우치의 문제제기를 이어 받아 일본낭만파에 대해 본격적으로 논함으로써 낭만파 체험의 사상사적 의미를 고찰한 것은 하시카와 분조橋川文三의 『일본낭만파 비판 서설日本浪漫派批判序說』(未來社, 1960)이다. 하시카와는 이 책에서 일본낭만파, 특히 야스다의 사상적 영향을 크게 받은 자신의 체험을 비판적으로 고찰하려고 시도했다. 거기에는 일본낭만파를 울트라 내셔널리즘으로서 묵살할 뿐, 그 심정의 실상을 내재적으로 비판할 수 없는 전후의 논단에 대해 우려를 드러내는 의미가 포함되어 있다. 하시카와는 오히려 일본낭만파를 '탐미적 애국주의의 계보' 속에서 파악함으로써, 내셔널리즘의 울트라화를 자기책임 밖의 일로 간주한 전후의 사상 상황을 비판했다. 그 작업을 통해서 하시카와는 일본낭만파의 텍스트를 읽고 비판함과 동시에 낭만파 체험이 파탄한 전후의 사상 상황에 대해 정면에서 거론해 보려 한 것이다.

여기서 중시되어야 할 것은, 하시카와에게서 일본낭만파의 텍스트를 읽어 내는 것이 정말로 절실한 사상적 과제로 등장하게 된 것은 그 입각점이 사라져 버린 전후였다는 점이다. 즉, 하시카와에게서 낭만파 체험이 현실적인 문제가 된 것은 낭만주의에 빠져 그것을 믿음으로써 구제될 수 있었던 전시 중이 아니라, 낭만주의에 의해 담보된 현실이 이미 파탄한 전후였다는 것에 주목하고자 하기 때문이다. 그런 의미에서 하시카와의 저작은 일본낭만파의 텍스트 그 자체보다 낭만파 체험을 담은 텍스트를 읽는 작업 그 자체로 낭만주의에 대한 비판의 가능성이 열릴 수 있음을 보여주는 것이다.

참고문헌

橋川文三, 『日本浪漫派批判序說』(增補版), 講談社文藝文庫, 1998

08 '대동아전쟁'은 일본 사상에서 무엇이었는가

| 신포 유지新保祐司

하야시 후사오의 『대동아전쟁 긍정론』

하야시 후사오

'대동아전쟁'이란 일본 사상에서 무엇이었나라는 너무 큰 과제를 앞에 두고 최근 수개월간 매우 난처했다. '대동아전쟁'이라고 쓰기만 해도, 우선 문제가 되고 마는 것이 바로 이 전쟁이기 때문이다.

신문은 여전히 '태평양전쟁'이라고 표기한다. 마침내 일부 신문은 괄호 안에 '태평양전쟁'이라고 써넣고 '대동아전쟁'이란 말을 쓰고 있기도 하다.

아직 명칭조차 정착되지 않은 이 전쟁이 일본 사상—이것 또한 복잡한 양상을 띠는 것이다—에서 무엇이었는지를 생각해 보는 일은 무척 어렵다. 내게는 힘에 부치는 문제처럼 생각되었다.

그러나 일본 근대에 관한 여러 문제에 대해 이곳저곳에서 발언하고 있는 나 자신만큼 이 '대동아전쟁'과 일본 사상의 문제를 회피해서는 안 된다, 아직 충분히 생각을 정리하지는 못했다 해도 일단 결론은 내야 한다고 생각했다.

이런 무대 뒷이야기 같은 것을 굳이 쓴 것은 전후 60여 년이 지난 지금도 여전히, '대동아전쟁'은 전후의 '폐쇄된 언어공간'(에토 준[江藤淳])의 속박 속에 있음을 확인하고 싶었기 때문이며, 일본 사상도 당연히 그 속박 속에 왜곡되어 버렸기 때문이다.

그런 상황 속에서 전후 60여 년이 된 오늘날 '대동아전쟁'과 일본 사상에 대해서 생각하는 것에 의미가 있다면, 그것은 그러한 '폐쇄된 언어공간'으로부터 '대탈출Exodus'을 시도하는 것이다. 그렇게 해야 한걸음이라도 내딛을 수 있을 것이다. 내가 여기서 쓰려고 하는 내용이 그 한 걸음이 되어 주기만을 바랄 뿐이다.

'대동아전쟁'을 생각할 때 떠오르는 저작은 몇 개가 있으나, 역시 하야시 후사오林房雄의 『대동아전쟁 긍정론大東亞戰爭肯定論』이 첫 번째다. 제목부터가 오해를 살 듯한 저작이지만—하야시 스스로도 '시끄럽게 할 제목'이라 말하고 있다—그러나 그 내용을 잘 읽어 보면 실로 건실한 것이다.

『대동아전쟁 긍정론』의 초판 상권은 1964년, 하권은 1965년에 나왔지만, 출판 부수는 적었던 것 같다. 전후 20년밖에 지나지 않았고, 또 그해가 도쿄올림픽의 해이기도 하여 '대동아전쟁'을 떠올리게 하는 일은 기피했을 것이다. 아마 하야시 후사오의 '방언放言'(거리낌 없는 발언)이 또 나왔다는 평판이었을지도 모르겠다.

고바야시 히데오에 대한 하야시 후사오의 평가

이 '방언'에 대하여 고바야시 히데오小林秀雄는 1941년에 다음과 같이 쓰고 있다.

> 하야시 후사오의 방언이란 말이 있다. 이 말은 그의 두뇌가 조잡하다는 것을 각인한 것처럼 받아들여지고 있다. 이것은 실로 그에 대한 천박한 오해지만, 천박한 오해라고 하는 것은 뒤집어서 말하면 천박한 사람도 할 수 있는 이해에 다름 아니므로, 전염력도 강하고 안정성도 있는 오해라서 해명하기가 우선은 용이하지 않다는 것을 알아야 한다.

하야시가 항상 방언하는 이유는 실로 간단하다. 그가 무척 예민한 직각력(直覺力)을 갖고 있기 때문이다. 너무 예민해서 그 자신이 어쩔 수 없는 것이다. 말이 이상하지만, 직각력이 그를 깔보기도 하고, 그에게 저항하기도 한다. 나에게는 그런 식으로 보인다. 그는 때로는 통제할 수 없는 직각력이라는 군졸을 이끄는 대장 같은 얼굴을 하고 있다. 아니 항상 하고 있을지도 모르겠다. 그러나 그의 직각력 하나하나를 보면, 그것은 실로 예민하고 정확한 것이어서, 아직 그 누구도 알아채지 못하는 현실의 낌새라든가, 여러 개념 밑에 숨어 있어 보기 어려운 현실의 성격 등에 꼭 들어맞는 것으로 조금도 애매한 곳이 없다. 실로 귀하게 여겨야 할 것이다. 나는 그의 이른바 방언 속에서 항상 그것을 인정하고 감탄하고 있다.

이러한 하야시 평이 있은 후 20여 년이 지나 전후에 쓰인 『대동아전쟁 긍정론』도 '매우 천박한' 오해를 받았다고 해야 할 것이다. 그것은 '대동아전쟁' 그 자체가 '매우 천박한' 오해 속에 있다고 하는 것과 연계되어 있는 것에 다름 아니다.

그러한 '대동아전쟁'관은 바꾸어 말하면 그러한 "천박한 오해라고 하는 것은 뒤집어서 말하면 천박한 사람도 할 수 있는 이해에 다름 아니므로, 전염력도 강하고 안정성도 있는 오해"라고 말할 수 있다. 그러한 "천박한 사람도 할 수 있는 이해"가 지속되는 가운데 잠시 멍해 있는 사이 전후 60여 년이 지나 버린 것이다.

그런 상황을 뒤바꾼 것으로서 하야시 후사오의 『대동아전쟁 긍정론』이 2001년 복간되어 1만 부가 넘게 판매된 것은 하나의 사건이었다.

하야시의 '방언'은 날카로우나, '논문은 장황하고 과장되어 설득력이 부족하다'고 고바야시는 지적하고 있다. '그의 쓸데없이 많은 말들이 방해하기 때문이다.'

그러나 2007년에 탄생 100주년을 맞이하여 점점 높은 평가를 받게 된 시인, 나카하라 주야中原中也는 나카무라 미쓰오中村光夫에게 다음과 같이 말했다고 한다. “고바야시는 저래서 의외로 비범함(デモン)이 없어. 하야시에게는 비범함이 있지. 조금 때가 탄 비범함이지만 말이야”라고(中村光夫, 『今はむかし: ある文學的回想』).

나는 하야시 후사오의 『대동아전쟁 긍정론』에 있는 ‘쓸데없이 많은 말’을 제거하고, ‘조금 때가 탄’ 곳을 말끔히 하면서 읽는다. 그런 식으로 읽으면, 하야시의 이 책은 ‘대동아전쟁’에 대해 실로 ‘민감하고 정확한’ 파악을 하고 있음을 알게 된다.

‘동아백년전쟁’

하야시 후사오는 자신이 살아온 시대에 대한 실감을 다음과 같이 말하고 있다.

> 나는 러일전쟁 직전에 태어났다. 태어나 지금까지 전쟁의 연속이었던 것은 고미카와 준페이(五味川純平) 씨의 40년이나 나의 60년이나 완전히 똑같다. ‘누군가는 평화란 걸 알고 있을까?’ 아무도 모를 것이다. 우리들이 체험으로서 알고 있는 것은 전쟁뿐이다.
>
> 도쿠가와시대는 적어도 200년간은 평화로웠다. 국내의 작은 동란은 있었지만, 외국과의 전쟁은 없었다. 그러나 고미카와 씨의 40년에도, 나의 60년에도 그나마 10년간이나마 계속된 평화는 없었다. 전쟁만이 있었다.
>
> 이것은 도대체 무슨 일인가? 2세기 이상이나 평화롭게 살았던 시대가 있고, 1세기 가까이를 전쟁으로 날이 새고 저문 시대가 있다.
>
> 나는 스스로에게 묻는다. 메이지 다이쇼 태생인 우리들은 ‘오랜 하나의 전쟁’ 도중에 태어나 그 전쟁 속을 살아온 것은 아니었던가?

> 우리가 '평화'라고 생각했던 것은 다음 전투를 위해 '잠시 쉰' 것에 다름 아닌가? 도쿠가와 200년의 평화가 깨졌을 때, '긴 하나의 전쟁'이 시작되었고, 그것은 1945년 8월 15일에 겨우 종지부를 찍었던 것은 아닐까? (강조는 원문)

그리고 하야시는 그 '긴 하나의 전쟁'을 '동아백년전쟁'이라고 부른다. 이 직관에는 고바야시가 말한 소위 '실로 예민한 직각력'이 있고, 주야가 말하는 '비범함'이 있다.

> 나는 '대동아전쟁은 백년전쟁의 종국이었다'고 생각한다. 잔 다르크로 유명한 '영불백년전쟁'과 비슷하다고 말하는 것이 아니다. 또 전쟁 중에 '이 전쟁은 앞으로 백 년은 계속된다. 그럴 요량으로 싸우지 않으면 안 된다'고 소리치는 군인이 있었는데, 그런 의미와도 전연 다르다. 그것은 지금으로부터 백 년 전에 시작되어, **백 년간 싸우고 종결된** 전쟁이었다. 앞으로의 일본은 이같은 전쟁을 계속할 일도 반복할 수도 없다. '동아백년전쟁'은 1945년 8월 15일에 확실히 끝난 것이다. (강조는 원문)

이 '동아백년전쟁'의 시작은 메이지유신보다도 더 이전으로 거슬러 올라가며, 페리 흑선의 내항보다도 이전의 일이다. 외국 함선의 출몰이 격해지고, 일본은 서양열강과 사실상의 전쟁 상태에 들어간다. 그 사상적 표현으로서는 요시다 쇼인吉田松陰이나 후지타 도코藤田東湖, 히라타 아쓰타네平田篤胤와 같은 문인들의 것이 있다.

이 '동아백년전쟁'관은 '15년 전쟁'으로서 제국주의적인 침략전쟁이라고 단정 짓는 것과도 다르고, 시바 료타로司馬遼太郎가 메이지유신은 위대했지만 쇼와의 전쟁은 어리석었다고 말하는 것처럼 세상 사람들에게 받아들여지기 쉬운 견해와도 다르다.

그러나 전후 60여 년이 지난 오늘 하야시의 이 '직관'은 "조금도 애매한 곳이 없다"고 생각된다.

일본 사상에 초래된 단절

그렇다면 이처럼 '대동아전쟁'이 '동아백년전쟁'의 종막이었다고 한다면, 그것은 일본 사상에 있어 무엇이었음을 말하는 걸까?

근대 일본 사상의 근본에 있는 것은 결국 서양과의 대결, 조금 더 순화해서 말하면 '대치'였다. '동아백년전쟁'이 서양열강과의 대결이었던 것처럼, 일본 사상의 백 년도 서양의 사상, 종교, 문학, 예술 등의 압도적인 영향 아래에서, 어떻게 일본만의 독자적인 것을 창조할까 하는 고투였다. 적어도 우수한 인간에게는 그러했다. 대다수의 일본인이 서양 문명을 그저 받아들여 그 '외발성外發性'에 어떤 고통도 느끼지 않았던 분위기 속에서, 사상가라는 이름을 가진 사람들은 스스로의 '내발성'의 모습을 확인하지 않으면 안 되었다. 그리고 소수이기는 해도 그 '내발성'을 정신의 출발점으로 삼은 것이다. 우치무라 겐조內村鑑三도, 오카쿠라 덴신岡倉天心도, 나쓰메 소세키夏目漱石도, 모리 오가이森鷗外도 모두 그러했다.

이 백 년간의 일본 사상의 흐름 속에서, '대동아전쟁'이라는 '동아백년전쟁'의 종국에서 바로 그 '근대의 초극'이라는 좌담회가 열렸던 것은 극히 상징적인 것이다.

그리고 '대동아전쟁'으로서 '동아백년전쟁'이 결정적으로 끝났다고 한다면, 일본 사상의 백 년의 흐름에도 결정적인 단절이 초래되었음을 의미하는 것일 것이다. '대동아전쟁'의 패배는 일본 사상에 있어서 미세한 '내발성'마저 파멸시키는 결정적인 변질을 초래했던 것은 아닐까?

그것은 전후 60여 년이 지난 오늘날의 일본인의 정신 혹은 일본 사상으로부터 '내발성'이 상실되어 '점령기'가 계속되고 있는 듯한 참상을 보면, 분명히 알 수 있지 않을까.

오사라기 지로大佛次郎는 『천황의 세기天皇の世紀』 속에서 샌섬G. B. Sansom이 요시다 쇼인의 위대함을 잘 모르겠다고 한 말을 인용한 다음, "샌섬이 왜 쇼인이 동시대인의 마음에 강한 영향을 미쳤는지 외국 연구자로서는 거의 이해하기 어렵다고 말한 것은 당연하다. 일본인이라면 이것을 이해한다고도 이제는 말할 수 없는 것이다"라고 하였다. 이것을 쓴 것이 1970년, 전후 25년의 해였다.

일본 사상의 근대 백 년의 에토스는 궁극적으로는 요시다 쇼인다운 것이다. 그러나 전후가 되어 "일본인이라면 이것을 이해한다고도 이제는 말할 수 없는" 상황이 되었다. '대동아전쟁'에서 요시다 쇼인다운 것은 격렬히 불타 없어져 버렸고, 패전으로 초래된 일본 사상에 깊은 단절이 초래되어 오늘에 이르고 있는 것이다.

참고문헌

桶谷秀昭, 『昭和精神史』, 文春文庫, 1996

『大東亞戰爭詩文集』(新學社近代浪漫派文庫 36), 2006

09 전후의 '근대주의'와 '민주주의'

| 히라노 유키카즈平野敬和

전후의 '근대주의'와 '민주주의'를 거론하는 의미

오쓰카 히사오(위)
라이샤워(아래)

전후 일본의 비판적 지知의 틀이 급속히 무너진 지금 그 사상적 유산과 어떻게 마주해야 할지가 문제로 제기되고 있다. 냉전 체제의 붕괴, 특히 일본에서는 '전후 50년'을 계기로 전후의 역사 연구에 있어서도, 그 틀을 상호보완적으로 규정한 마르크스주의와 근대주의의 유효성에 대해 의문시되고 있다. 이러한 문제에 대한 관심은 현재 철학 · 역사학 · 문학 · 사회과학 등의 영역을 넘어 기존의 인식틀의 전환을 시도하는 연구에서 공유되고 있다. 여기서는 그러한 상황을 바탕으로 전후의 '근대주의'와 '민주주의'에 대해서 그 사상사적 의미를 되묻고자 한다.

전후의 '근대주의'를 둘러싼 논의

전후의 근대주의란 무엇인가를 생각함에 있어서 우선 이 분야의 명작인 히다카 로쿠로日高六郎 편『근대주의近代主義』(筑摩書房, 1964)를 살펴보자. 거기에는 히다카의 「해설: 전후의 '근대주의'解説: 戦後の'近代主義'」에 이어서, 마루야

마 마사오丸山眞男, 오쓰카 히사오大塚久雄, 시미즈 이쿠타로清水幾太郎, 구와바라 다케오桑原武夫, 가와시마 다케요시川島武宣, 가토 슈이치加藤周一, 쓰루 시게토都留重人의 대표적 글들이 수록되어 있다. 또 근대주의를 둘러싼 언론 상황을 알기 위한 자료로 시미즈 이쿠타로, 마쓰무라 가즈토松村一人, 모리 겐타로森健太郎, 후루아리 요시시게古在由重, 마루야마 마사오, 마시타 신이치眞下信一, 미야시로 온야宮城音弥가 참가한 「좌담회 유물사관과 주체성座談會 唯物史觀と主體性」, 아베 요시시게安部能成 외 54명이 가담한 「전쟁과 평화에 관한 일본 과학자의 성명戰爭と平和に關する日本の科學者の声明」, 평화문제담화회의 「강화 문제에 대한 평화문제담화회 성명講和問題についての平和問題談話會声明」이 수록되어 있다. 여기에 아라 마사히토荒正人, 혼다 슈고本多秋五, 히라노 겐平野謙 등의 『근대문학近代文學』 동인을 더하면, 근대주의자는 주로 분야별로는 문학·사회과학에 속하며, 또 시기적으로는 패전으로부터 1960년경에 활약했음을 알 수 있다.

히다카도 지적하듯이 '근대주의'란 호칭은 외부로부터 부여된 것이다. 근대주의자에는 제각기 마르크스주의자, 사회민주주의자, 자유주의자, 실존주의자, 실용주의자라 자칭하는 사람들이 포함되어 있다. 그런 '주의'는 어느 정도 일관된 체계성을 갖고 있다. 그러나 근대주의는 '근대주의'적 경향에 대해 비판하려고 하는 논자에 의해 사용되었던 개념으로서, 그러한 사상적 일관성이 있는 것은 아니다. 그럼에도 근대주의자에게는 일정한 사상적 경향이 분명히 존재한다. 그들이 공통적으로 갖고 있는 것은 일본의 근대화와 그 성격 자체에 대한 관심이다. 그것은 제도적 변혁으로서의 근대화뿐만 아니라, 그 변혁을 담당한 주체, 이른바 근대적 인간 확립의 문제에 대한 관심이라고 말할 수 있을 것이다. 예를 들면 오쓰카 히사오의 「근대적 인간 유형의 창출: 정치적 주체의 민중적 기초에 대한 문제近代的人間類型の創出: 政治的主體の民衆的基礎の問題」(東京大學, 「大學新聞」 1946년 4월 11일자)는 전후의 근대화와 민주화를 근저에서 지탱하는 에토스(윤리적 인간 유형)의 재건을 요구하는 것이며, 거기에는

'근대적 인간 유형'을 지닌 시민사회의 주체로서의 '시민'이 상정되어 있었다.

또한 근대주의에는 보편적 가치로서의 근대에 대한 강력한 지향성이 존재하고 있었음을 지적할 수 있다. 그것은 근대 일본의 사회관계를 규정짓고 있는 봉건성과 천황제로 집약되는 전제적 지배의 극복을 지향하는 것이며, 거기서는 비근대적, 비합리적인 국가 구조의 모습 그대로 전쟁을 수행한 일본 사회에 대한 비판적 시선을 찾아볼 수가 있다. 그런 의미에서 근대주의에는 강좌파 마르크스주의의 방법론을 비판적으로 계승한 면이 있는데, 마르크스주와는 상호보완적으로 전후의 사상계를 견인하였다. 예를 들면 마루야마 마사오의 『현대정치의 사상과 행동現代政治の思想と行動』(증보판, 未來社, 1964)에 수록된 '초국가주의'론이나 '일본파시즘' 연구는 마르크스주의가 정치와 경제의 관계를 둘러싸고 제기한 물음에 대한 격투의 기록이라고 말할 수 있다. 즉 상부구조로서의 정치는 하부구조로서의 생산력, 생산관계에 대해서 어느 만큼의 자립성을 부여받을 수 있는가라는 마르크스주의의 문제 제기를 마루야마는 강하게 의식하고 있었다. 그리고 마루야마는 일본을 무모한 전쟁으로까지 몰고 간 원인에 대해 경제적 요인뿐만 아니라 정치적 행동 양식이란 차원에서도 명백히 해야 하며, 그런 의미에서 '일본 파시즘'의 사상과 행동도 정신구조 차원에서 깊이 규정되고 있었음을 강조한 것이다.

근대주의에 대해 가장 먼저 나온 비판은 철학 영역에서 마르크스주의자에 의한 것이었다. 일본공산당 기관지 『전위前衛』에 실린 「특집: 근대주의의 비판特輯: 近代主義の批判」(1948년 8월호)에서는, 구라하라 고레히토藏原惟人가 근대주의에 대해 "'서구 근대'라고 하는 '구체적이고 역사적인 근대'를 절대화하고 미화한 것"이라고 비판했다. 이에 앞서 『세계世界』 1948년 2월호에 「좌담회 유물사관과 주체성座談會 唯物史觀と主體性」이 게재되었는데, 이를 계기로 '주체성 논쟁'이 주목받게 되었다. 『전위前衛』의 특집은, 마르크스주의자가 근대주의를 부르주아적이라고 이데올로기 비판을 한 '주체성 논쟁'에 대한 견해를 피력한 것이다. 또한 역사학 영역에서도 마르크스주의의 방법론이 강력히 의식됨에 따라, 에토스나 근대적 사유라는 '관념론'적 요소를 배제하고 하부구조로서의 경제 과정에 역점을 두게 된다. 근대주의에 대한 비판은 '대중사회 논쟁'과 더불어 1960년대 이후에도 전개되었지만, 그에 대해서는 근대주의를 포함한 전후 민주주의에 대한 비판을 검토할 때에 언급할 것이다.

전후 '민주주의'를 둘러싼 논의

전후 일본에서 전개된 민주주의적 사상과 운동은 그 제도적 기반을 점령군이라는 외부로부터의 힘에 의존하고 있었다. 그럼에도 도쿄재판, 공직추방, 헌법 및 법률개폐, 교육개혁 등 점령군이 주도한 민주화 흐름은 널리 전후사회에 수용되었다. 일본 헌법이 바로 그 상징인데, 국민주의·기본적 인권의 존중·전쟁 포기 등을 주요 내용으로 하고 있다. 그러나 헌법에 의해 체제화된 민주주의 이념은 1950년대에 들어서면서, 한국전쟁을 거쳐 동아시아 냉전체제가 확립됨에 따라 역행하지 않을 수 없게 된다. 점령군은 일본을 반공의 방패로 삼기 위해 정책 전환을 하였고, 그러한 방향성은 샌프란시스코강화조약 이후에도 반공적 민주주의를 구축하는 목적으로 계승되었던 것이다. 이처럼 냉전 및 역코스와의 대항 관계로부터 명확해진 정치사회의 대립축 속에서, 헌법을 배경으로 평화와 민주주의를 추구하는 운동을 전개한 것이 '전후 민주주의'의 논객이다.

거기에는 하니 고로羽仁五郎, 이노우에 기요시井上清, 도야마 시게키遠山茂樹, 나카노 시게하루中野重治, 마루야마 마사오丸山眞男, 오쓰카 히사오大塚久雄, 시미즈 이쿠타로清水幾太郎, 다케우치 요시미竹内好, 구와바라 다케오桑原武夫, 가와시마 다케요시川島武宣, 가토 슈이치加藤周一, 쓰루 시게토都留重人, 히사노 오사무久野収, 쓰루미 슌스케鶴見俊輔 등이 포함되는데, 그 대부분은 마르크스주의와 근대주의에 속해 있다. 그들은 잡지『중앙공론中央公論』,『개조改造』,『세

계世界』, 『사상의 과학思想の科學』 등을 무대로 언론활동을 전개하였다. 그중에서도 마루야마의 「초국가주의의 논리와 심리超國家主義の論理と心理」(『世界』 1946년 5월호)는 전후 민주주의의 방향성을 제시한 것으로 주목을 받았다. 마루야마는 이 속에서 일본의 초국가주의=파시즘을 메이지 이후의 천황제 국가원리 그 자체의 특질이라 보고, 그것의 해체야말로 전후 민주주의 혁명의 목적이라고 생각했다. 그는 이 논문을 다음과 같은 구절로 맺고 있다. "일본 군국주의에 종지부가 찍힌 8월 15일은 또한 동시에 초국가주의의 전 체계의 기반인 국체國體가 그 절대성을 상실하고, 이제 비로소 자유로운 주체가 된 일본 국민에게 그 운명을 맡긴 날이기도 했다."

여기서 주의해야 할 것은 '전후 민주주의'라는 호칭이 1960년 전후에 나타난 점이다. 60년 안보를 거쳐 혁신 세력이 분열되어 가는 가운데, '전후 민주주의'라는 말이 일반에 유포됨과 동시에, 좌우로부터 그에 대한 공격이 전개되었다. 그 내용은 전후 민주주의를 '점령 민주주의'라는 이름으로 일괄하여 '허망'하다고 규정하는 보수적인 것에서부터 요시모토 다카아키吉本隆明와 그 사상적 영향을 받은 신좌익에 의한 것에 이르기까지 다종다양하다. '전후 민주주의'란 60년 전후에 그 이전의 사상 상황을 표현하기 위해서 사용된 개념이었는데, 그 개념이 유포된 것은 전후의 평화와 민주주의에 대한 의문을 표명하기 위한 것이었다.

'대중사회 논쟁'과 '근대화론'

전후 민주주의에 대한 대항 언설은 1960년대 고도성장기에 분명한 형태로 나타났다. 50년대 후반부터 시작된 '대중사회 논쟁'에서는 냉전 체제하에서 경제적 수익자로 등장한 '대중'이 시민사회의 주체인 '시민'과는 달리 종종 정치적 무관심을 그 정치적 특징으로 하고 있다는 점을 전제로 하여 다음과 같은 문제제기를 던지고 있었다. 즉 일본의 마르크스주의가 경색화하여 현

대 사회의 분석틀로서 적응하지 못하게 된 것은 아닌가? 또 근대주의라는 이론이 봉건과 근대라는 단계만 생각하고 있는 데 비해, 근대에는 시민사회와 대중사회라는 2단계가 있는 것은 아닌가?(松下圭一, 「日本における大衆社會論の意義」, 『中央公論』 1957년 8월호) 이와 같은 문제제기는 근대주의자에게 보편사적인 발전단계론을 재인식하게 하는 계기가 되었던 것이다.

또 '근대화론'의 대두도 전후의 '근대주의'와 '민주주의'를 둘러싼 논의에 큰 영향을 미쳤다. '근대화론'이란 로스토, 라이샤워와 같은 미국 학자에 의해 50년대부터 제창된 이론으로, 그것은 위로부터의 근대화를 추진한 후발국도 서구 여러 나라와는 다른 과정을 밟으면서 최종적으로는 동일한 고도산업사회로 진화한다고 하는 것이었다. 일본주재 대사로 온 라이샤워는 나카야마 이치로中山伊知郎와의 대담 「일본 근대화의 역사적 평가日本近代化の歷史的評價」(『中央公論』 1961년 9월호)에서, 일본의 근대화를 비서구의 모범적 성공사례로 꼽았다. 그러나 거기에는 냉전 체제하에서의 미국의 대 아시아정책을 정당화하려는 목적이 있었다. 이러한 논의는 고도 성장기에 부유해져 간 사회에서 대국의식의 흥기와 함께 그 영향력을 확대해 갔던 것이다. 그러한 입장은 일본 사회에서 '전근대적인 것'을 고발하는 근대주의와 서로 용인될 수 있는 것은 아니었다. 양자의 대립은 냉전 체제가 붕괴될 때까지 지속적인 논쟁의 테마였다.

참고문헌

久野收, 鶴見俊輔, 藤田省三, 『戰後日本義の 思想』, 中央公論社, 1959
日高六郎 編, 『近代主義』(現代日本思想大系 34), 筑摩書房, 1964

10 '전후 문학'의 사상

| 가와쿠보 쓰요시川久保剛

전후 지식인의 '복수' 심리

후쿠다 쓰네아리

전후 일본의 지식인을 하나로 묶고 있던 심리로서는 태평양전쟁을 저지하지 못한 것, 그리고 전전의 공산주의운동에서 이탈한 것에 대한 자책의 심정이었다고 한 마루야마 마사오丸山眞男의 '회한悔恨 공동체'론(「近代日本の知識人」, 『後衛の位置から』, 未來社, 1982)은 전후 지식인의 심리적 기반을 설명한 논의로서 오늘날 널리 참조되고 있다. 마에다 아이前田愛에 따르면, 전후 문학도 또한 '회한' 심리로 규정할 수 있는 측면을 갖고 있다. "제1차 전후파 문학으로부터 다카하시 가즈미高橋和巳의 『우울한 당파憂鬱なる黨派』에 이르기까지 전후 문학의 주류 중 하나는 이 '회한공동체'의 계보와 중첩시킬 수 있다"(「一九七〇年代の文學狀況」, 『戰後日本の精神史』, 岩波書店, 2001).

그러나 전후 일본의 지식인을 지배하였던 심리는 과연 이 '회한' 뿐이었을까? 이 물음에 대해 생각할 때 참고가 되는 것이 마루야마와 함께 전후 일본을 대표하는 사상가였던 시미즈 이쿠타로清水幾太郎의 다음과 같은 말이다. "전전 '희대의 악법'으로서 알려진 치안유지법이라는 것이 있었다. 그것은 천황제와 자본주의를 지키는 것을 목적으로 한 법률로, 패전까지 20년간 진보적 인텔리를 선두로 한 좌익은 이 법을 두려워하며 살아왔다. 패전 후 이 법이 폐지되자마자 이번에는 '치안유지법에 대한 복수'가 새로운 대의명분이 되어, 천황제를 폐하고 공화제로, 자본주의국가 일본을 뒤엎고 사회주의국가 일본이나 공산주의국가 일본을 만들자는 것이 전후 사상의 대전제가 되고 말았다"(『戰後を疑う』, 講談社, 1980). 즉, 전후 일본의 지식인들에게는 여기서 시미즈가 지적하는 복수 심리도 공유되고 있었던 것은 아닐까? 자신들을 배제하려고 했던 예전의 정치 세력이나 사상 동향에 대한 '복수'다. 그렇다면 '회한' 뿐만이 아니라, 이 '복수' 심리가 전후 일본의 지식인에게 어떠한 작용을 하였을까 하는 것에 대해서도 생각해볼 필요가 있을 것이다(森田實, 『進步的文化人の硏究』, 産經出版, 1978 참조). 또한 그것이 전후 문학에 미친 영향에 대해서도 검토할 필요가 있을 것이다. 이렇게 생각할 때 참고할 만한 것이 마루야마나 시미즈와 함께 전후 일본을 대표하는 사상가였던 후쿠다 쓰네아리福田恆存가 1961년 「풍류몽담風流夢譚」 사건=시마나카嶋中 사건 때 했던 말이다.

후쿠다 쓰네아리의 전후

이 사건은 『중앙공론』 1960년 12월호에 게재된 작가 후카자와 시치로深澤七郞의 소설 「풍류몽담」 속에 혁명으로 인해 황족이 처형되는 장면이 나오는데, 그 장면이 우익의 반감을 불러 일으켜 1961년 2월 1일 저녁 일본애국당 당원인 한 소년이 중앙공론사中央公論社의 시마나카 호지嶋中鵬二 사장의 자택을 습격하여 부인에게 중상을 입히고 가정부를 사살한 사건이다. 후쿠다는 이 사건을 "절대로 용서할 수 없다"고 언명하고는 다음과 같이 말했다. "나는 오늘날까지 전후의 경박한 '풍조'에 대해서 항상 '우익반동'적 비판자로 시종일관해 왔다. 왜냐하면 어떤 하나의 생각이 절대적 '풍조'로서 지배적일 때, 그에 반대되는 생각, 혹은 그것으로 분류할 수 없는 인간성은 발언을 금지당하고 지하로 숨어들기 때문이다. 더구나 잠복해서 죽어 버리는 것이 아니라, 반드시 '복수'라는 형태로 다시 한 번 그 모습을 드러내기 때문이다. 나는

그런 인간관을 젊었을 적, 「채털리 부인의 사랑」의 저자로부터 배웠다.” 그리고 후쿠다는 전후의 진보주의적 ‘풍조’도 또한 “전쟁 중 지하로 숨어들었던 사고나 인간성의 ‘복수’라고는 생각할 수 없을까?”(“愚者の樂園”, 「讀賣新聞」 1961년 2월 6일)라고 묻고 있다. 후쿠다는 시마나카 사건에 대해, 전후 일본을 ‘복수의 연쇄’(같은 글)라는 관점에서 문제시한 것이다. 그리고 어떠한 사상이든 간에 그것을 봉인하는 것이 어떤 ‘복수’의 연쇄로 이어지는지에 대해, 로렌스 D.H.Lawrence 특유의 인간학에 기초하여 주의를 촉구하고 있는 것이다.

후쿠다는 1954년에 당시의 ‘풍조’였던 진보적 지식인의 평화론을 비판한 「평화론의 진행방법에 대한 문제平和論の進め方についての問題」(『中央公論』 12월호)를 발표하여 논단으로부터 총공세를 당한다. 그때 후쿠다는 다음과 같이 말한다. “내 발언이 문제가 된 가장 큰 이유는 나와 같은 생각을 하는 사람이 상당히 많음에도 그렇게 말하기 어려운 분위기가 현대 일본에 있기 때문은 아닐까? 이것은 정신위생상 극히 좋지 못하다. 만일 일본이라는 나라에 반동反動의 상처가 있다면, 그것을 감추기보다는 의사에게 보이는 것보다 더 나은 것은 없다”. “모든 것이 그늘진 곳으로 숨어들어 언젠가는 더 지독한 상처로 드러나게 되고, 이리하여 일본은 우로부터 좌로, 좌로부터 우로 심히 우왕좌왕할 뿐 좀처럼 문제는 해결되지 않는다”(「ふたたび平和論者に送る」, 『中央公論』 1955년 2월호).

후쿠다의 염려는 그로부터 수년 후에 시마나카 사건이라는 형태로 현실이 되고 말았던 것이다. 이 사건뿐만 아니라 ‘복수’ 심리는 전후의 문학이나 사상에 큰 그림자를 던지고 있다고 말할 수 있다. 그리고 이 문제의 본질은 현재에도 충분히 극복했다고는 말하기 어렵다.

참고문헌
前田愛, 「1970年の文學狀況」, 『前後日本の精神史』, 岩波書店, 2001
松原新一・磯田光一・秋山駿, 『前後日本文學史・年表』, 講談社, 1978

11 사상 문제로서의 '오키나와'

| 간노 사토미菅野聰美

분단된 오키나와상像

사상사 연구상의 관점에서 오키나와는 어떻게 다루어야 할까? 이른바 '오키나와학沖繩學'이라는 것이 있다. 한마디로 민속·종교·사상·역사·언어·지리 등 온갖 학문을 총동원하여 오키나와에 접근하는 학문이라 할 수 있다.

히가시온나 간준(위)
히로쓰 가즈오(아래)

그러나 현재의 오키나와 연구는 오키나와의 분단된 각 국면을 개별적으로 다루는 경향이 강해, 총체적인 오키나와상을 확립하기는 어렵다. 예를 들어 정치적 관심을 갖는 사람에게 있어서 오키나와는 오키나와 전투의 비극, 전후 점령과 오늘날에도 아직 남아 있는 광대한 미군기지, 본토와의 경제적 격차 등의 문제를 안고 있는 차별받고 억압받아 온 '비극의 섬'이다. 반면 오키나와의 음악·예술·기후와 풍토를 사랑하는 사람들은 어둡고 무거운 역사와 현실에 대해서는 눈을 돌리고 오키나와를 그저 '예능의 보고', '치유의 섬' 등의 말로 예찬한다. 이렇듯 현재의 오키나와는 두 가지 이미지로 나뉘어 있다.

사상사 연구 분야만 봐도, 정치적 변혁이나 사회 운동에 지나치게 치우친

나머지 예술 문화와 종교, 사생관死生觀 등은 '비정치적'이라는 이유로 무시하거나, 반대로 독자적인 제례祭禮나 예술에만 관심을 보이며 오키나와의 정치적 현실에 대해서는 등한시하는 잘못을 범하는 경우도 있다. 그러나 우타산신唄三線(오키나와의 현악기)을 즐기는 사람들이 전쟁의 상처를 안은 채 미군기지의 피해에 대해 고민하고 때로는 정치집회에 참가하기도 하는데, 그것이 오키나와의 현실이다.

또한 정통적인 사상사 연구 외에도 오키나와는 다양한 연구의 가능성을 제시한다. 제한된 지면이므로 여기서는 몇 가지 화제만을 예시하여 독자들에게 생각의 단서를 제공하고자 한다.

먼저 오키나와를 대상으로 하는 연구자 측의 자세를 묻는 연구 방향이 있다. 왜냐하면 오키나와는 오키나와와 마주하는 자신의 가치관이나 입장이 여실히 문제시되는 장場이기 때문이다.

또한 본토 사람들이 오키나와에 무엇을 바라고 어떤 가능성을 발견했는지를 알고자 하는 관점에서 본다면, 학술적 성과 이외의 것도 연구대상으로 삼을 수 있다. 예를 들어 오키나와를 묘사한 문학 작품이나 평론과 같은 경우, 내용상의 가치는 차치하고서라도 그 자체만으로 오키나와 연구에 있어 중요한 자료가 될 수 있을 것이다.

전전의 오키나와 열풍은 1921년 야나기타 구니오柳田國男의 오키나와 방문이 그 발단이었다. 그 후 오리구치 시노부折口信夫, 가마쿠라 요시타로鎌倉芳太郎, 이토 주타伊東忠太 등 지식인과 문화계 인사들이 연이어 오키나와를 방문했다. 당시만 해도 일본 본토의 오키나와에 대한 인식은 '빈궁의 섬'이자 '구제해야 할 대상' 수준이었는데, 이러한 유명 인사의 방문으로 인해 오키나와의 이른바 '문화적 가치'가 널리 알려지게 된 것이다.

이렇게 오키나와 연구가 활기를 띠어감에 따라 '잊히진 일본 문화의 원형'을 오키나와에서 구하려는 사고방식 또한 점차 확립되어, 이러한 인식은 전후 오카모토 다로岡本太郎의 『오키나와 문화론沖縄文化論』(中央公論社, 1961)까지 이어지게 된다.

오키나와의 반응

오키나와가 일방적인 연구·토론의 대상만 되는 건 아니다. 오키나와 측의 반응도 역시 사상사적 연구 과제가 될 만하다. 1906년에 일찍이 오키나와 현립 중학교 교사였던 가토 산고加藤三吾가 『류큐 연구琉球乃研究』를 출판했다. "역사·문화·풍속 등 전반을 다루었으며, 오키나와 현지인의 손에 의해 쓰였고 현지 조사에 기초한 그야말로 최초의 종합적인 오키나와 문화 안내서"(野口武德, 「『琉球の研究』の學史的位置」, 『琉球乃研究』)였음에도 이 책과 그 저자는 야나기타 구니오에 의해 묵살되었으며, 오키나와인에 의한 연구사에서도 소외되어 왔다.

『류큐 연구』가 이런 처우를 받은 이유는 분명치 않지만, 몇 가지 가능성을 추론해 볼 수는 있다. 먼저 『류큐 연구』가 당시 일류동조론日琉同祖(본토·오키나와 동조론—역자)의 근거로 간주되던 '미나모토노 다메토모 류큐도래설源爲朝琉球渡來說'을 완전히 부정했다는 점을 들 수 있다. 당시 도쿄대 학생이던 오키나와 출신의 히가온나 간준東恩納寬惇이 「류큐신보琉球新報」를 통해 가토에게 반론을 제기한 적도 있었지만, 그 후에는 아예 가토가 잊히진 존재가 되어 갔다.

1926년, 히로쓰 가즈오廣津和郎의 소설 「방황하는 류큐인さまよへる琉球人」(『中央公論』 3월호)에 대해 오키나와청년동맹이 항의문을 보내자, 히라쓰는 이 작품을 없애겠다고 선언한다. 1932년에는 오키나와 출신인 구시 후사코久志富佐子의 「사라져 가는 류큐 여성의 수기滅びゆく琉球女の手記」(『婦人公論』 6월호)가 오키나와현인회의 항의에 의해 게재 중지 조치를 받기도 한다.

현실적으로 차별을 받고 있던 오키나와 사람들이 작품 중에 묘사된 '나쁜' 오키나와인을 좋게 보지 않는 사정은 이해가 가지만, 그 작품에 대해 일방적으로 규탄하는 그 방식에는 문제가 있다. 또 작품에 대한 항의의 이면에는 아이누인이나 조선인과 동일시되기를 거부하는 오키나와 사람들 자신의 차별의식 역시 숨어 있었던 것이다.

오키나와에 대한 평가가 역으로 현지인들의 반발을 초래한 사례도 있다. 1911년의 '가와카미 하지메河上肇 설화舌禍 사건'에서는 충군애국정신이 부족하다는 점에서 가와카미가 오키나와인을 높이 평가한 일이, 오히려 오키나와 사람들의 빈축을 샀다. 또 오키나와 공예품의 매력을 발견한 야나기 무네요시柳宗悅는 1940년 당시의 방언박멸운동에 대해 비판하여 큰 논쟁을 불러일으키기도 하였다. 각 지방 고유의 언어문화를 소중히 여기자는 야나기의 주장이 잘못된 것은 아니다. 그러나 필사적으로 '본토'를 따라잡으려 노력하는 오키나와 사람들이라면, 연구상의 이유로든 혹은 흥미 본위로든 "진기한 것, 재미있는 것은 남겨 두라"고 명령받는 듯한 느낌을 받고서 반발한 것도 무리는 아닐 것이다.

이러한 작용과 반작용의 역동성 역시 우리에게 무한한 연구 과제를 제시하고 있다.

참고문헌

新里金福・大城立裕,『沖縄の百年』全3巻, 太平出版社, 1969
谷川健一 編,『叢書わが沖縄』全6巻, 木耳社, 1972

서양 음악은 어떻게 수용되었는가 | 히가시지마 마코토東島誠

서양 음악 수용의 첫 물결은 1551년 가을로 거슬러 올라간다. 오토모 요시시게(大友義鎮)의 초청으로 분고(豊後) 부내(府內, 지금의 오이타시)를 방문한 사비에르 일행을 환영하는 주악이 기록에 남겨진 첫 사례이고, 1557년 성주간(聖週間: 부활절 전의 일주일)에는 일본인에 의한 최초의 서양 음악 연주가 행해졌다(竹井成美, 『南蛮音楽 その光と影』, 音樂之友社, 1995). 두 번째 물결은 에도시대 후기의 난학자에 의한 것이었다. 특히 우다가와 요안(宇田川榕菴)은 서양 음악에 관한 번역을 다수 남겼다. 그렇지만 실연의 기회가 없었기 때문에 리듬보다도 악기와 음률에 대한 관심이 중심이었다(塚原康子, 『十九世紀の日本における西洋音樂の受容』, 多賀出版, 1993). 세 번째 물결은 1853년 페리 내항에 의한 것이었다. 체재 중의 음악 연주는 미일 교섭에 중요한 역할을 수행하였다고 한다. 하지만 사쿠마 쇼잔과 같이 서양 음악에 거부반응을 보이는 사람도 있었다(笠原潔, 『黒船來航と音樂』, 吉川弘文館, 2001). 개국 후에는 1860년의 견미사절 및 메이지 초년의 이와쿠라사절단 파견에 의해 점진적으로 받아들여졌다(中村洪介, 『西洋の音, 日本の耳』, 春秋社, 1987).

메이지 초기의 서양 음악은 천황의 행행(行幸), 외교행사, 궁중행사, 식전 등의 상황의 필요에 따라 도입되었다. 펜턴(John William Fenton)의 '기미가요'로 대표되는 것처럼 행행시의 의장과 예식곡의 연주는 '음을 끊는 것에 의한 위엄의 강조에서 울리는 음악에 의한 권력의 고지(告知)의 방향으로 180도 전환'되어 천황의 존재가 가시화·청각화되는 역할을 수행하였다(塚原, 1993). 그 담당자도 자연히 육해군 군악대나 궁중의례 담당자들이었는데, 1879년에는 문부성 음악조사계가 설치되어 그 수용은 새로운 단계로 넘어가게 되었고, 1903년에는 바그너 붐이 메이지 문단을 석권하기에 이르렀다(中村, 1987).

그런데 일본사상사 분야에서 서양 음악 수용을 대표하는 사람은 역시 마루야마 마사오일 것이다. 마루야마가 자신의 일본사상사 연구를 '추창조', '이중창조', '재창조'로 규정했을 때 염두에 있었던 것은 연주가에 의한 음악 재현이었다. 또한 'basso ostinato'를 '집요저음'으로 번역하여 사상사 분석에 도입한 것은 잘 알려져 있다(中野

雄,『丸山眞男 音樂の対話』, 文春新書, 1999 외). 마루야마는 아도르노(T.W.Adorno) 및 사이드(E.W.Said)와 같이 음악 분석을 사회 이론으로까지 발전시키는 데에는 반드시 성공했다고 할 수 없지만, 논문 「충성과 반역(忠誠と反逆)」에 보이는 '역설적인 결합' 및 '박리(剝離)' 등의 독특한 이론 전개는 그의 음악적 사고나 기호를 빼놓고는 설명하기 어렵다. 그것은 마치 후쿠나가 다케히코(福永武彦)의 소설 「죽음의 섬(死の島)」처럼 라이트모티브(Leitmotiv) 전개 그 자체가 특정한 음악 작품에 의거하고 있는 것과 같이(東島誠, 「音樂と公共世界, 不定と継承」, 『公共哲學15 文化と芸能から考える公共性』, 東京大學出版會, 2004), 사상사가의 저술로서는 아주 드문 사례라고 할 수 있을 것이다.

사상사가의 프로필

쓰다 소키치
津田左右吉, 1873~1961

| 이마이 오사무今井修

'사상사가의 일면'이라고 할 때, 쓰다에 대해서는 무엇을 어떻게 서술하면 좋을까. 현재 '현대 일본 사학사상 최고의 역사가'(山尾幸久, 「津田左右吉」, 『日本思想史辭典』, ぺりかん社, 2001)라고까지 높게 평가되고 있는 쓰다지만, 지금부터 쓰다 사상사학의 여러 성과를 정확히 해독해 가려는 사람들에게는 그 주요 저작의 전부는 고본으로밖에 입수할 수 없게 되었다.

『쓰다 소키치 전집津田左右吉全集』(岩波書店)은 그가 죽은 뒤 얼마 되지 않은 1960년대 전반과, 80년대 후반의 두 번에 걸쳐 간행되었지만, 요시노 겐자부로吉野源三郎에 의하면 이 『전집』의 편집과 관련하여 두 가지의 문제가 있었다(『職業としての編集者』, 岩波新書, 1989). 하나는 전전에 출판된 『문학에 나타난 우리 국민 사상의 연구文學に現はれたる我が國民思想の硏究』를 연구자의 희망을 담아 수록할 것인지 말 것인지의 문제, 다른 한 가지는 일기를 넣을 것인지 말 것인지의 문제였다. '개개의 저작에 대한 출판이 아니라 모든 저작이 총괄되어 전집으로 출판되는 것 속에는 작자의 생애를 통한 사상과 학문의 진전이 그것으로 검증된다는 크나 큰 의미가 있다'는 이유로 함께 수록하는 것으로 정해졌고, 『전집』 내용 견본에 모아진 여러 전문가의 추천문은 그 "주도면밀한 배려를 높이 사다"(이에나가 사부로[家永三郎])라는 식으로 전부 지지를 표명하고 있다(일기류의 수록에 대해서는 특히 마루야마 마사오 등 '사상사 관계자로부터 유력한' 요망이 있었던 것 같다. 또한 2차 『전집』에서는 제1차의 전33권에 서한을 중심으로 보권 2권을 추가했다).

이 두 가지의 문제는 쓰다의 업적에 대해 진정으로 정면에서 접근하고자 할 때, 현재도 기본적으로 무엇에 유의해야 하는지를 시사하고 있다. 즉, 일본·조선·중국 등 넓은 영역에 미치는 쓰다의 사상사학이 러일전쟁 후 다이쇼 데모크라시로부터 15년 전쟁을 거쳐 전후 1950년대에 이르는 오랜 연구 과정 속에서 각각의 연구가 어떻게 진전되어 왔는지를 통일적이고 단계적으로 파악하고 의의를 부여하는 것이 중요하다. 또 그 진전을 지탱한 것으로서 쓰다가 사상 전개를 추구할 수밖에 없었던 불가피성에 대한 것으로, 문자대로 그 '학문과 사람'을 총체적으로 문제 삼지 않으면 본질에 다가가지 못하고 수박 겉핥기식의 쓰다론으로 끝나 버릴 위험성을 피할 수 없었을 것이다.

엄밀한 문헌비판적 연구로부터 전후 일본 고대사학의 획기적 '공유재산'이 된 기기記紀 비판에 있어서도 쓰다 자신의 존황심이 그 관철을 촉진한 면과 억제한 면을 확인할 수 있으며, 중국 고전 연구에 대해서도 쓰다의 내셔널리즘이 동일한 문제점을 각인하고 있다고 할 수 있다. 더구나 '일본 문학상에 나타나고 있는 국민사상의 여러 모습과 그 변천 및 발달의 경로와의 연구'를 기획하고, 그것에 의하여 "나의 사상을 세상을 향해 제출하는 것이 된다"고 공언하였던 『문학에 나타나는 우리 국민사상의 연구』와 전후에 대폭적으로 수정된 개정판이 쓰다 소키치라는 사상사가의 사상, 동시대 인식과 떼려야 뗄 수 없는 실천적 사상사 연구였던 것은 여기서 강조할 것까지도 없는 것이다. '국민사상사'의 구축은 쓰다의 연구를 일관하는 과제였고, 개국·유신을 기점으로 하는 '일본 문화의 자립'을 위한 '국민사상'의 비판적 탐구, 그 발달 과정의 구체적 서술을 통해서 '일본 문화의 독자성'과 '일본인에 특수한 생활 기분'의 해명이야말로 본서의 근본 테마였다. 읽어나감에 따라 쓰다 자신의 근대적 문화의식으로부터 발출된 강직이라고도 말할 수 있는 강렬한 부정적 분석에 경탄하게 되는데, '국민사상'의 전근대적 성격에 대한 철저한 비판과 일본 문화를 '중국 사상'의 영향 밑에 두려는 '동양문화론'적 관점에 대한 강렬한 거부가 상보적 관계로서 쓰다의 역사인식의 골격을 만들고 있었다는 점을 이해할 수 있게 된다. 한편, 쓰다가 인정하는 '독자성'의 내실과 '국민사상'의 '발달 경로'를 명료하게 읽어내는 일은 많은 인내를 요한다. 아니, 그보다도 너무나 어렵다는 생각도 든다.

청년시절의 격한 번민과 정진을 여실히 기록하고 있는 일기와 연구자로서의 원숙기의 모습을 단면적으로 드러내는 다이쇼 말년의 일지는 쓰다 사상사학의 내면세계가 형성·전개되는 모습을 고찰하는 데 다시금 없는 재료를 제공한다. 예를 들면 1925년 11월 9일의 일지에 기록되어 있는 동료였던 세키 요사부로関与三郎와의 다음과 같은 이야기는 서술상의 난점 이상으로 위의 문제에 관해 역시 쓰다 자신도 그 내실을 확고하게 파악하지 못하고 있었다는 사실을 말해주는 작은 증거라고 할 수 있을 것이다. "오전은 바쁘게 강의 준비, 밤에는 식사도 하지 못한 가운데 손님들이 있어 11시 넘어서까지 이야기를 하여 꽤 피곤했다. …… 그중 한 사람이 세키 씨로 학문적인 이야기가 어려워짐에 따라 재미는 있었지만 머리는 아팠다. 일본의 문화에 어느 만큼의 특이성이 있는가 하는 질문을 받고 적지 않게 그 답에 고심했다. 바로 이것이라고 말할 정도의 것이 없었기 때문이다."

쓰다에게 있어서 '국민사상' 평가의 양면성과 거기에 드러나는 난점은 "구미에 대해서는 아시아의 일국이고, 아시아에 대해서는 구미의 일국인 것 같은 일본"(같은 글, 27년 1월 11일)이라고 인식할 수밖에 없었던 근대 일본에 내포된 심각한 딜레마의 쓰다적 표현이라고 해도 좋을 것이다.

참고문헌
家永三郎, 『津田左右吉の思想史蹟研究』, 岩波書店, 1972
今井修編, 『津田左右吉歷史論集』, 岩波文庫, 2006

무라오카 쓰네쓰구
村岡典嗣, 1884~1946

전전에 예술, 문학, 혹은 사상 등의 분야에서 뛰어난 작업을 남겼음에도 전후의 풍조로 인해 불행히도 냉대를 받았던 인물이 적지 않다. 일본사상사학자 무라오카 쓰네쓰구도 그 한 사람일 것이다.

1884년에 태어난 무라오카는 1911년 27세라는 젊은 나이에 불후의 명저 『모토오리 노리나가本居宣長』를 저술하였다. 그 후 도호쿠제국대학 법문학부 교수로서 문화사학 제1강좌(일본사상사전공)를 담당하여 전전 일본의 사상사 학계에 중심을 이루었다.

『모토오리 노리나가』 이후 대표적인 논문으로는 「히라타 아쓰타네의 신학에서의 예수교의 영향平田篤胤の神學に於耶ける蘇教教の影響」(1920)을 비롯하여 국학 관계의 것이 많은데, 그것들은 『증정 일본사상사 연구增訂日本思想史研究』(1940)와 『속 일본사상사 연구續日本思想史研究』(1939)에 수록되어 있다.

1946년(쇼와 21) 전후의 혼란 속에서 영양실조로 인해 61세로 사거. 사후 『일본사상사 연구日本思想史研究』 제3·4(1948, 1949)가 간행되었다. 그 후 무라오카는 전후 오랫동안 잊혀 있었다. 그것은 죽은 시기가 패전 직후라는 점도 무관하지 않겠지만, 무엇보다도 무라오카의 학문의 대상이 주로 모토오리 노리나가 및 히라타 아쓰타네라는 국학 분야였는데, 전전에 그것이 지나치게 찬미된 반동으로 전후 국학에 대해서는 언급을 자제하게 되었기 때문일 것이다. 그러한 전후의 사상 풍토 속에서 무라오카가 거의 묵살되었던 것은 어떤 의미에서는 당연한 것이었다.

그러나 근래 십수 년 사이에 흐름이 변해 온 것 같다. 그 변화의 원동력의 하나로서 나의 작은 작업이 도움이 되었다는 것은 매우 기쁜 일이다. 내가 「무라오카 쓰네쓰구: 학문의 영원한 모습 아래村岡典嗣: 學問の永遠の相の下に」라는 평론을 발표한 것은 계간 『아스티온アスティオン』이라는 일본사상사의 세계와는 무관한 잡지의 1992년 가을호였다. 당시 나는 재야의 문예비평가의 한 사람에 지나지 않았고 일본사상사를 연구대상으로 하고 있지도 않았다.

우치무라 간조內村鑑三에 대해 썼고, 그와 관련하여 기독교 신자인 종교철학자 하타노 세이치波多野精一에 대해 몰두하고 있었는데, 그 과정에서 하타노의 제자인 무라오카의 존재를 알게 되고, 그 학문과 인품에 깊은 감명을 받은 것이 이 평론을 집필하게 된 계기였다. 그 후 그것을 발전시켜 「일본사상사의 뼈대日本思想史骨」, 「신앙의 '여명'信仰の'夜明け前'」을 쓰게 되었고, 이것들을 저서 『일본사상사의 뼈대日本思想史骨』로 정리하여 출판한 것이 1994년이었다.

그럭저럭하고 있는 사이에 계간 『일본사상사日本思想史』가 제36호(2003)에서 「특집 일본사상사학의 탄생: 쓰다·무라오카·와쓰지特輯=日本思想史學津の誕生: 津田·村岡·和辻」를 간행하였다. 무라오카는 쓰다 소키치津田左右吉, 와쓰지 데쓰로和辻哲郎와 더불어 논해지게 된 것이다.

그리고 결국 2004년 5월 헤이본샤平凡社의 동양문고東洋文庫에 무라오카의 『신편 일본사상사 연구: 무라오카 쓰네쓰구 논문선新編日本思想史研究: 村岡典嗣論文選』이 들어가게 되었다. 이어서 『증보 모토오리 노리나가增補本居宣長』가 전 2권으로 2006년 1월과 3월에 간행되었다. 무라오카 쓰네쓰구의 복권이 겨우 달성되었다고 해도 좋을 것이다.

무라오카에 대해 쓰고 나서 이미 15년이 지났지만, 오늘의 시각에서 보아도 무라오카 학문의 중요한 작업이라고 생각되는 것은 크게 보아 두 가지가 있다.

하나는 말할 것도 없이 주저 『모토오리 노리나가』다. 만년에 모토오리 노리나가에 몰두하고 있었던 고바야시 히데오小林秀雄가 "무라오카 쓰네쓰구 씨의 명저 『모토오리 노리나가』가 집필된 것은 메이지 44년(1911)인데 나는 여기서 많은 교시를 받았으며 오늘날에도 가장 뛰어난 노리나가 연구라고 생각한다"고 평한 것을 비롯해 많은 사람들이 그것이 명저인 이유를 들고 있기 때문에 긴 말이 필요 없을 것이다.

두 번째는 「히라타 아쓰타네의 신학에서의 예수교의 영향平田篤胤の神學に於ける耶蘇教の影響」이라는 논문으로, 국학자 중에서 어떤 의미에서는 대표적인 인물인 히라타 아쓰타네의 신학에 '예수교(기독교)'의 영향이 보인다는 충격적인 사실을 논한 것이다. 이 발견이 그 후 난리 아리치카南里有鄰 및 스즈키 마사유키鈴木雅之라는 이른바 히라타 아쓰타네 사후의 문인들의 사상에 대한 탐구로 이어졌다.

이 일본사상사에서의 비판적인 사실을 둘러싸고 시바 료타로司馬遼太郎는 도널드 킨과의 대담(『世界のなかの日本: 十六世紀まで遡って見る』, 中央公論社, 1992)에서, "배를 가르는 것과 같은 노칸(能管, 일본의 대금)의 소리"라는 표현을 사용하고 있다. 히라타 신학을 둘러싸고 킨이 기독교의 영향을 말한 부분에 대해, 시바는 "이 대담 가운데 히라타 아쓰타네에 있어서의 아메노 미나카누시노 가미天之御中主神의 지적에 이르러서는 배를 가르는 것과 같은 노칸의 소리를 듣는 기분이 들었다"고 말했던 것이다.

이 '노칸 소리'의 울림 속에 히라타 아쓰타네 사후 문인들의 사색이 있었는데, 무라오카는 그것을 "일본사상사에서 매우 주의해야만 할, 독자적인 신학적·철학적 모색의 시도"(「南里有鄰の神道思想」)라고 하여 높이 평가했다. 일본사상사에서의 핵심, 이른바 '뼈대(骨)'를 직관하고 있었다고 해도 과언이 아니다. 앞으로의 일본사상사 연구는 이 비판적인 발견을 이어받아 그것을 더욱 심화시켜 나가야 하지 않을까.

참고문헌
新保祐司, 『日本思想史骨』, 構想社, 1994

와쓰지 데쓰로
和辻哲郎, 1889~1960

| 센자키 아키나카先崎彰容

와쓰지 데쓰로라는 사상가는 '두 개의 얼굴'을 갖고 있다고 생각되어 왔다. 다이쇼기로부터 2차 세계대전으로 이어지는, 문제가 많은 시대에 자신의 사상을 형성한 와쓰지는 개인주의를 부정하는 한편, 국가에 대한 봉사를 요구하여 전쟁의 흐름에 동조해 갔다고 보는 견해가 있다. 이때의 와쓰지는 국민국가의 옹호자로서 '근대'주의자라는 딱지가 붙여져 회의와 비판의 대상이 될 것이다.

그런데 그 와쓰지는 대작 『윤리학倫理學』(상권, 1937)의 머리말에서 저작의 의도를 '근대' 비판에 있다고 선언하고 있다. 게다가 당시 『존재와 시간』을 발표하여 인간 존재의 시간성을 중시한 하이데거를 상대로 하여, 인간 존재의 공간성을 강조한 저작 『풍토風土』(1935)도 역시 근대적 원리의 해체에 도움이 되는 저작이라고 하여 근년 급속하게 높이 평가되고 있다. 통상 해외의 연구에서 동양 사상에 대한 흥미로부터 주목받고 있다고 생각하기 쉬운 와쓰지의 사상은 실은 '근대' 비판의 문맥에서 재평가되고 있는 것이다.

도대체 와쓰지 데쓰로는 어떤 존재인가. 근대주의자인가, 그렇지 않으면 반근대의 철학자인가. '근대'라는 개념을 둘러싸고 정반대라고도 할 수 있는 '두 개의 와쓰지상像'이 지금 우리들 앞에 있다.

러일전쟁 후 자연주의 문학비평으로부터 출발한 와쓰지 데쓰로는 동시에 『니체 연구ニーチェ研究』(1914) 등의 철학 연구자로서도 확실하게 실적을 올리고 있다. 협의의 아카데미즘에 한정되지 않는 문학적 소양을 지닌 와쓰지의 저작군群은 많은 사람들을 매료시켰다.

예를 들면 이 시기의 와쓰지는 '자기의 주관적 체험'에 집착한 결과 정신적 위기에 빠지게 되는데, 타인에게 의지함으로써 "불안을 벗어나려고 하지 마!"라고 자기 자신을 질타한다. 그 진지한 자세가 많은 청년들의 공감을 이끌어 냈다(『偶像再興』, 1918). 또한 교토·나라의 고찰을 돌아보면서 자신과의 대화를 기록한 저작 『고사순례古寺巡禮』(1919)도 청년시절의 와쓰지 데쓰로의 문학적 소양을 보여주는 저작으로 후세에도 읽히고 있다.

그리고 이 초기의 저작군에서 우리는 후에 비판당할 와쓰지 데쓰로의 특징의 실마리를 찾아낸다. 결국 '개인주의'를 부정하고 '일본'이라는 공동체를 떠올리도록 만드는 고사古寺와 일본 문화를 긍정하는 와쓰지의 모습을 여기서 찾고자 하는 것이다.

실제로 독일 유학의 경험을 기반으로 하여 씌어진 『풍토』와 『윤리학』에서는 인간의 시간성보다는 공간성이, 개인보다는 공동체가 중시되지 않을 수 없다. 결국 공간성·공동성이라는 테마가 '일본'이라는 공간 이미지와 교차하면서 등장하는 것이다. 역시 이 시대가 '근대의 초극超克', '세계사의 철학'에 대표되는 구미 중심의 국제질서에 대한 재편을 강조하는 시대와 겹치는 점을 생각한다면, 와쓰지의 사상은 보수적인 양상이 점점 더 분명히 드러날 것으로 생각될 법도 하다.

그러나 과연 와쓰지 데쓰로는 이미 서술한 것처럼 '자기의 주관적 체험'으로부터 '일본 문화의 재발견'을 통해 '공간성空間性 혹은 공통태共同態의 긍정'이라는 길을 걸어가면서, 시대의 흐름 속으로 빨려 들어간 것일까. 혹은 빨려 들어갔다고 하더라도 거기에는 오늘날의 관점에서 보아 드러나는 한계 이외에 어떤 것도 발견할 수 없는 것인가.

가급적이면 단정은 신중히 하자. 단지 여기서는 젊은 날의 와쓰지가 스스로의 사상을 형성해 가는 도정에서 우리의 예상을 뒤흔들고 배신하며 그 예상으로부터 벗어나는 몇 가지의 발언을 남기고 있다는 것을 지적해둔다.

예를 들면 고찰을 순례하고 불상의 '아름다움(美)'을 발견한 와쓰지는 그 경우 스스로 불교에 대한 '신앙'을 갖고 있지 않음을 고백한다. 그리고 기독교 신앙의 부활의 중요성을 지적하고 1차 세계대전 후의 유럽에 대해 매우 높은 평가를 내리고 있다는 사실이다(『原始基督教の文化史的意義』, 1926).

결국 이 시기의 와쓰지는 서양을 높게 평가하는 반면, 당시의 일본을 격렬하게 혐오하여 일본을 바람직한 모습으로 돌리기 위해서는 '성실한 개인'에 의한 '일본 문화'의 재생이 필요하다고 주장하는 것이다. "모든 것에서 확실한 뿌리"를 잃고 "신경쇠약적인 동요"에 괴로워하며 다종다양한 가치관이 아무렇게나 뒤엉켜 있는 나라인 일본을 위해서야말로 '개인'은 긍정된다.

그렇지만 기대를 담은 그 '개인'이 하이데거 철학의 세례를 받게 되면서 다른 모습으로 와쓰지에게 다가온다. '개인'에 대한 철저한 관심의 결과가 결국 '모든 허무함'만을 가르쳐 그것이 인간 존재의 근거를 빼앗아 간다고 깨달았을 때, 와쓰지는 '개인'의 한계를 지적한다. 그리고 인간 존재의 풍토성·공동성을 강조하게 된다. 결국 '개인'을 중시하는 것만으로는 인간 존재의 근거를 둘러싼 문제를 극복할 수 없는 것이다. 이후 와쓰지는 본격적인 역사철학·일본 연구로 나아가 『근대 역사철학의 선구자近代歷史哲學の先驅者』(1950), 『일본윤리사상사日本倫理思想史』(1952) 및 그 외의 전후 저술의 사상적 영위에 이르게 된다.

이상과 같은 '개인'을 둘러싼 여러 발언의 배후에는 항상 1차 세계대전 후의 세계정세와 윤리적 니힐리즘에 대해 끊임없이 묻는 와쓰지가 있다. 그 사상의 사정射程을 오늘날의 우리는 쉽게 부정할 수 없다. 나는 그렇게 생각한다.

참고문헌
和辻哲郎, 『風土: 人間學的考察』, 岩波文庫, 1979
和辻哲郎, 『人間の學としての倫理學』, 岩波文庫, 2007

고바야시 히데오
小林秀雄, 1902~1983

고바야시 히데오를 '사상사가'로서 거론하는 것에 위화감을 느낄 사람도 적지 않을 것이다. 그러나 그가 '비평이란 결국은 자기 자신의 꿈을 회의적으로 말하는 것'이라는 철저하게 자각화된 방법을 내걸고 간토대지진 후의 지적 공간에 등장한 시대는 바로 와쓰지和辻·쓰다津田·무라오카村岡 등에 의해 일본에 '사상사'라는 학문이 확립되려던 시기였다. 그들은 모두 근대 서양에서 시발된 과학문화의 압도적 영향 속에서 일본에서의 사상적 영위의 바람직한 모습을 진지하게 모색하였다. 그 지적 격투의 궤적은 때로는 교차하고 때로는 멀어지면서 총체적으로는 전후의 일본사상사학을 배양한, 풍부한 지적 기반을 형성하였다.

마루야마 마사오는 근대 일본에서의 사상사적 방법의 형성으로서 ① 후쿠자와 유키치福澤諭吉 등의 '문명론적 사상사', ② 다케코시 요사부로竹越與三郎 등의 '동시대적 사상사', ③ 이노우에 데쓰지로井上哲次郎 등의 '국민도덕론적 사상사', ④ 와쓰지 데쓰로和辻哲郎·무라오카 쓰네쓰구村岡典嗣 등의 '문화사적 사상사'와 쓰다 소키치津田左右吉·야나기타 구니오柳田國男 등의 '생활사적 사상사', ⑤ '유물사관적 사상사'라는 5단계를 생각하고 있었다. 이 구분에 따르자면 고바야시는 ④ 시대의 지적 분위기 속에 청년기를 보냈고, 19세기 프랑스의 비평정신에 의해 자의식의 문제를 끝까지 파고들어 그와 동세대인 ⑤로 들어간 것이 된다. 그 후의 고바야시 평론의 영향력의 크기 때문에 간과하기 쉽지만, 그가 논한 도스토옙스키 및 베르그송, 고흐 등이 당시의 일본에서는 이미 시대착오적인 것으로 간주되던 시기였다는 점은 유의할 필요가 있다. 그는 유행이 쉽게 변하는 일본의 서양 문화 수용 속에서 자신의 청년기를 보낸 다이쇼시대의 지적 · 문화적 체험에 평생 집착하였다.

'생활' 속에 문화적 의미를 추구하는 경향은 다이쇼기에 시작된다. 고바야시의 『도스토옙스키의 생활ドストエフスキイの生活』(1939)은 바로 그러한 사조의 연장선상에 있는 것이었고 그런 의미에서 쓰다 · 야나기타 등의 '생활사적 사상사'의 발상과도 교차한다. 참고로 이 책 간행 2년 후 라디오에서 흘러나오는 "걷는 노래"(다카무라 고타로[高村光太郎] 작사)를 듣고서, "이런 요상한 노래가 생겨나는 현대 일본의 기묘한 문명의 정체를 알 수 없는 병적 상태가 나에게는 맞지 않는다"(「『歩け, 歩け』」)고 내뱉고는 문단을 떠나 고미술古美術의 세계에 몰두한 고바야시는 동시에 쓰다의 책을 열심히 읽고 있다. 또한 야나기타의 저작은 고바야시가 고문역을 맡고 있던 소겐샤創元社로부터 꽤 많이 출판되었고, 또한 야나기타가 만년 무언가를 유언으로 남기고자 했을 때 그 상대로 고바야시를 선택하고 있다.

단, 하세가와 야스코長谷川泰子, 사카모토 무쓰코坂本睦子와의 연애가 파국을 맞는 등 '생활'의 무한함에 괴로워한 고바야시는 '생활'을 뛰어넘는 사상이나 이상을 믿지 않으면 '생활'에 의미는 생기지 않는다고 생각하였다. 이 부분이 『도스토옙스키의 생활』의 테마였고 그 연재 중간에 일어난 마사무네 시라토리正宗白鳥와의 '사상과 실생활' 논쟁에 의해 더욱 단련되어 갔다. 이후 그의 주저는 거의 대부분이 이 문제를 중심 테마로 한다. 『모차르트モオツァルト』도 그렇고, 『고흐의 편지ゴッホの手紙』도 그렇고, 『모토오리 노리나가』도 그렇다. 그리고 최후에 그는 다시 시라토리와의 논쟁의 추억으로 돌아간다.

'생활'에 대한 집착은 일본에서의 지식인의 존재 양상에 대한 고바야시의 반성과도 연결되어 있다. 그는 당시 지식계의 '다양한 의장意匠'을 폭로하고 나서, 노리나가를 본받아 현대의 '가라고코로'(중국의 문화, 사상에 심취한 중국적 사고방식)

를 비판하기에 이르기까지 평생 '생활'로부터 유리된 추상 관념에 대한 혐오를 지속하였다. 그에게서 일본의 진정한 지식인이란 생활적 사실을 솔직히 받아들여 그 경험이 가져오는 감동을 의식화하는 존재였다. 또한 그러한 '생활'에 밀착한 바람직한 지知의 전형으로서 중국의 민간에 숨은 '육침陸沈'(『莊子』), 일본 뒷골목에 은거하는 지식인이 거론되기도 한다.

그런데 도스토옙스키든 모차르트든 고흐든 말할 것도 없이 일본 이외의 문화였지만 그 반면에 외국 소설은 번역으로 읽고 클래식 음악은 레코드로 들으며 서양화는 복제판으로 본다는 일본의 문화 수용 양상에 대해 고바야시는 명료한 자각을 갖고 있었다. 여기서 번역 문화, 복제 문화라는 고바야시의 '사상사'의 또 하나의 테마가 생겨난다.

근대 일본인은 모두 번역 및 복제에 의해 서양의 근대 문화를 수용해 왔다. 흑선黑船과 함께 밀어닥쳐 온 그 파도는 너무나도 거대하고 너무나도 격렬했기 때문에 그 수용도 너무나 잡다할 정도의 난맥상을 드러내는 것이었다. 이 근대 일본 문화의 특색을 고바야시는 후쿠자와 유키치의 『문명론의 개략』에서 힌트를 얻어, 이러한 경험은 서양인에게는 결코 경험할 수 없는 귀중한 경험이라고 적극적으로 용인한다. 여기서부터 근대 서양 문화의 유입에 의해 전통문화가 파괴된 현대 일본에서 '전통'은 어떠한 표출 양상을 보이는가라는 문제로 전개된다. 이것을 테마로 한 작품이 『무상이라는 것無常といふ事』이다. 여기서는 중세 문화의 '전통'은 '생각해낸다'는 모습으로 나타난다.

그렇다면 어떻게 '전통'은 '생각해낼' 수 있는가. 그것은 언어라는 모습으로 우리의 마음에 기억되어 있기 때문이다. 이 테마를 주제로 한 '베르그송론'은 좌절되었지만, 계속 이어진 『모토오리 노리나가』에서 마침내 그는 이러한 테마를 집대성한 하나의 커다란 사상극을 그려낸다. 그 속에서 이러한 테마가 노리나가, 『고사기』, 『겐지 모노가타리』, 근세 유학자 등의 소재를 통해 복잡하게 얽혀 전개되는 모습에 대해서는 독자가 실제로 부딪쳐 보기를 권한다.

참고문헌

小林秀雄, 『小林秀雄對話集』, 講談社文藝文庫, 2005

小林秀雄, 『本居宣長』 上・下, 新潮文庫, 1992

이에나가 사부로
家永三朗, 1913~2002

"필자는 학창 시절에 기전紀傳의 길을 닦았지만, 역사를 뒤적일 때마다 가장 마음에 와 닿는 것은 무엇보다도 먼저 초극하기 어려운 인간의 유한성과 죄업에 대한 개인적 고뇌였다. 자신의 체험을 통해 항상 그 일을 다른 사람들보다 배 이상 깊이 자성하지 않을 수 없는 몸인 필자는 옛 사람의 같은 괴로움을 타인의 일로서 간과하는 일이 불가능했던 것이다"

이에나가의 최초의 간행본인 『일본사상사에 있어서 부정 논리의 발달日本思想史における否定の論理の發達』(弘文堂書房, 초판 1940)은 일본사상사의 고전적 명작이다. 서양 사상에서의 '부정'의 논리의 발생 경위를 모두에서 개관하면서 일본에서는 고대부터 중세에 걸쳐 낙관적인 현실긍정으로부터 부정의 논리로의 전환이 있었고, 특히 신란親鸞을 예로 들어 '절대부정이 결국에는 절대긍정과 상응하는 빛나는 천지'가 열렸다고 하는 약동감에 가득찬 이야기를 제시했다. 본론의 내용도 그렇지만 나는 서문 일절에 이에나가의 인물과 사상이 준결하고 섬세하면서 화려한 결정으로 나타나 있다고 본다.

이에나가라고 하면 교과서 재판의 이미지가 일반적으로 선행되기 쉽다. 32년(1962~1997)의 긴 기간에 걸친 재판투쟁이 이에나가에게 있어 큰 의미를 갖는 것은 의심할 바가 아니지만, 앞의 일절에 보이는 그의 구도자 같은 본질은 사상사 연구자를 제외하고는 반드시 침투되어 있지는 않다. 나에게 이에나가라고 하는 사상가는 '싸우는 사람'이 아니라 '기도하는 사람'의 이미지가 강하다. 이에나가의 저작과 자전으로부터 저절로 느껴지는 강한 정념과 의

지는 구도자의 경건한 감정을 방불시킨다. 자주 언급되는 것처럼 이에나가학의 양 쪽 바퀴는 구도적 성격과 실천적 성격에 있지만, 여기서는 전자에 초점을 맞추어 그의 인물, 학문 방법의 일단을 소개하고자 한다.

이에나가는 유소년기부터 병약하였다. 제1도쿄시립중학교에 입학 직후에 늑막염을 앓은 이래 그는 흉부질환으로 고생한다. 병약하였기 때문에 운동을 할 수 없었던 일, 나아가 작문이나 역사 이외의 교과목은 자신이 없었던 일 등으로 해서 심신양면으로 열등감을 느끼고 있었다. 61세(1974)에 쓴 「결함인간 60년의 인생缺陷人間六十年の人生」(『柳』 제20권 제14호)이라는 에세이에서는, "'할 수 없는 것'보다 '할 수 있는 것'을 세는 쪽이 더 빠를 정도의 무능력자"라고 자신을 평가하고 있다. 스스로가 갖는 병약함과 약함에 대한 통절한 인식이 이에나가의 '기도'의 원점이자 동력이다.

그리고 그것은 『부정 논리의 발달不定の論理の發達』 등의 모티브가 되었을 뿐 아니라 연구대상에 대한 공감적 자세의 방법론으로 결과를 맺게 된다. 「일본사상사학의 과제와 방법日本思想史學の課題と方法」(『表現』 제2권 제2호, 1949. 후에 『日本思想史學の方法』에 재록, 名著刊行會, 1993)에서, "역사는 결코 재판자가 아니다. 그것은 항상 변호자이다"라고 한 크로체의 말, "하나의 이상을 버려 몰이상으로 하고, 하나의 이상을 고집하는 무한의 욕망을 지닌 나를 세우자. 그 방편은 무엇인가. 답하기를 몰이상이라고"한 쓰보우치 쇼요坪內逍遙의 몰이상론, '모든 것을 밝히는 거울'이라는 『오카가미大鏡』의 어구 등을 인용하여, 연구대상에 대한 '관대한 태도'의 중요성을 설파한다. 연구대상에 대한 내재적 이해에 관해서는 이미 무라오카 쓰네쓰구村岡典嗣의 문헌학적 방법으로 체계화되어 있던 만큼(도쿄대 재학 중에 제일 이에나가의 기억에 남았던 것은 도호쿠대로부터 출강하고 있었던 무라오카의 강의였다고 하였다), 그것이 이에나가의 방법론적 독자성을 나타내는 것은 아니지만, 그의 경우는 자기의 약함에 대한 인식과 결합하고 있는 만큼 대상에 대한 애정은 깊은 것처럼 생각된다. 그 애정은 이에나가학의 큰 매력이지만, 결함의 원인이기도 하다.

예를 들면 청년기의 이에나가가 '코페르니쿠스적 전향'을 실천하는 계기가 되었던 다나베 하지메田辺元에 대한 평가. 이에나가는 『다나베 하지메의 사상사적 연구: 전쟁과 철학자田辺元の思想史的研究: 戰爭と哲學者』(法政大學出版會, 1974)에서 다나베의 사상 형성 과정을 동시대의 철학자와 비교하면서 『참회자로서의 철학懺悔道としての哲學』과 『기독교의 변증キリスト教の辨證』으로 연결되는 다나베의 자기비판의 정신을 높게 평가하고 있다. 그리고 그 결론에서는 "전쟁은 한 번은 다나베를 굴복시켰지만, 동시에 전쟁은 다나베 철학의 이러한 빛나는 재생의 계기로도 되었던 것이다"라고 서술하고 있다. 전쟁책임론의 고전적 명저 『태평양전쟁太平洋戰爭』(岩波書店, 1968)에서, 참화를 초래한 당시의 군국주의에 대한 격렬한 대결적 자세는 거기에는 없다. 거기에 있는 것은 참회를 행한 다나베에 대한 용서다. 이에나가는 국가와 사회 체제에 대한 적대적 태도를 시종일관 유지하면서도 개인에 대해서는 상냥함을 버리지 않았다. 동시대의 연구자인 마루야마 마사오가 일본도 같은 예리함을 가지고 대상을 분석해 간 것과는 달리, 이에나가의 태도가 경우에 따라 둔중한 느낌을 주는 것도 그 때문일 것이다.

연구대상을 분석하는 것이 아니라 수용하여 이해하려고 했기 때문에 때로는 자기와 연구대상과의 밀착도가 높게 나타나는 이에나가지만, 자신의 연구를 '영역 헝클어트림'이나 '권도權道'라고 칭하는 담백한 면도 갖고 있었다.

참고문헌

家永三郎, 『日本思想史における否定の論理の發達』, 新泉社, 1969(『家永三郎集』 제1권 수록, 岩波書店, 1997)

家永三郎, 『植木枝盛研究』, 岩波書店, 1960

시마다 겐지

島田虔次, 1917~2000

| 이토 다카유키伊東貴之

시대성의 각인이라고도 부를 수 있는 것은 너무나 불가사의한 것이다. 전후의 중국 근세·근대의 사상사 연구를 이끌어 온 동양사학자 시마다 겐지와 일본 근세를 주요 영역으로 다루는 사상사가 마루야마 마사오의 업적을 비교하면서 그것이 의미하는 바를 생각해보면 감회가 새롭다. 동아시아 및 중국, 일본에 관한 전후의 사상사 연구는 우선 전전의 역사학에 대한 반성과 함께 이른바 '아시아적 정체성停滯性론'의 초극이라는 절실한 과제를 껴안고 전개되었다. 그 경우 특히 강조된 것이 '서양의 충격'을 기다리지 않고서도 중국이든 일본에서든 독자적인 근대성으로의 맹아가 전근대기에 이미 자생적·내재적으로 배태되어 있었다고 하는 점이다.

그러한 시점에 선 대표적 논저로서 중국사학의 분야에서는 시마다 겐지의 『중국에서의 근대적 사유의 좌절中國における近代的思惟の挫折』(초판은 1949)이 있었고, 이어서 마루야마 마사오의 『일본정치사상사 연구日本政治思想史研究』(1952)가 얼마 지나지 않아 간행되었다. 이 두 저작의 바탕이 된 논고는 대개 전쟁 중에 집필되어 있었고, 그 사이 무명시대였던 두 사람 사이에 왕래 및 교신 등이 없었던 것은 물론, 다루는 대상과 시대도 시마다는 중국의 명대, 마루야마는 에도시대로 전혀 달랐다. 그럼에도 이 두 저작은 우선 중국과 일본 각각에서 주자학을 해체하는 과정 속에 근대적 사유양식의 맹아를 보려고 한 점에서 공통되어 있다. 이에 덧붙여 그 문제설정 및 연구상의 시각에도 놀랄 정도로 부합하는 부분이 많다.

시마다는 교토제국대학의 선배였던 야스다 지로安田二郎와의 교류 및 그 영향으로 일찍부터 한학적인 방법론을 벗어나, 앞서 언급한 출세작에서 명대 중엽의 왕수인(王陽明)으로부터 태주泰州학파를 거쳐 이지李贄(이탁오[李卓吾])에 이르는, 이른바 양명학 좌파의 역사적 전개를 대단히 넓은 시각에서 그려내어 당시 사회의 생생한 숨소리까지 재현하는 데 성공하였다. 하지만 결론부터 말하면 시마다는 당시의 사상사적인 전개 속에 '천리天理'와 '인욕人欲', 혹은 '천天과 인人의 분열', 나아가서는 개인의 적출 및 근대적인 시민의식의 맹아를 찾아내면서도, 그것이 궁극적으로는 너무 빠른 출현 때문에 좌절하지 않으면 안 되었던 과정을 보여주는 것이었다. 이러한 시각이 이른바 '자연自然'에서 '작위作爲'로라는 모습으로 근대성의 궤적을 그려낸 마루야마의 그것과 흡사하다는 것은 말할 것도 없다. 그 외에도 또 다른 주저인 『주자학과 양명학朱子學と陽明學』에서, 양명학적 전개가 도달한 지점을 '내內의 개가凱歌', '성인聖人의 도道의 내內화의 클라이맥스'라고 하는 한편, 소라이학徂徠學을 평하여 '도道의 철저한 외면화'라고 규정한 스탠스도 기이하게도 마루야마의 관점과 상보적 위치에 있다고 할 수 있다.

시마다의 이러한 분석틀은 후에 서구적인 가치기준을 외재적으로 중국에 들이대려고 하는 것이라는 비판을 불러일으키는 원인도 되었다. 그렇지만 시마다의 시점 및 입장은 실제로는 약간 복잡한 면이 있으며 어떤 의미에서는 꽤 큰 진폭 및 굴절조차 느낄 수 있는 것이다. 시마다는 앞의 출세작에서 스스로를, "이른바 근대주의자, 아니 유럽주의자이기조차 했다"고 고백하고, 그 책의 입장을 "시민사회적 근세를 형성하는 데 있어서 힘이 있었던 유럽적인 것을 법칙적으로 전형적인 것으로 세워 그것과의 대조를 통해 구중국을 이해하려고 한 시도"라고 총괄했다. 하지만 다른 한편에서는 중국 유교의 어떤 부분에 대한 '완전한(滿腔) 공감'을 감추려고 하지 않는다. 전체적으로 서구 근대적인 인문주의를 이념적인 전형으로 하고 있다는 것은 틀림없는 사실이지만, 동시에 특수 중국적인 분석틀을 일단은 괄호에 넣고서 세계사적·인류적이라고도 할 수 있는 보편성을 지향하는 경향도 현저하다. 에스페란티스트였다는 잘 알려지지 않은 측면과 어디에선가 맞닿아 있는 것일까.

마침내 만년에 이르면 이를수록 시마다의 말투에는 뭔가 침울한 선율이 울려 퍼지게 된다. 『은자의 존중: 중국의 역사철학隱者の尊重: 中國の歷史哲學』(筑摩書房, 1997) 및 사후에 공간된 유고집 『중국의 전통사상中國の傳統思想』 등을 펴보면, 장년기까지의 파토스에 넘치는 약동적인 문체는 빛을 잃어 위대한 과거의 문명에 대한 찬가라든지 회상가(誄歌, 공덕을 기리는 노래)라고밖에 부를 수 없는 애절한 오마주hommage가 느껴진다. 시마다는 때로 '유교의 현대성'이 정당하게 평가받아야 한다는 것을 말했지만, 그것이 결코 큰 목소리가 되지 않았던 배경에는 겸허한 인품과 함께 역사에 대한 투철한 체념이 있었기 때문일 것이다. 유교사상 그 자체에 대한 깊은 조예와 온축蘊蓄은 마찬가지로 유고집 『중국사상사의 연구中國思想史の硏究』(京都大學學術出版會, 2002)에서도 확인할 수 있다. 일본 사상에도 폭 넓은 관심을 보여 미우라 바이엔三浦梅園·나카에 조민·미야자키 도텐宮崎滔天 등에 관한 교정·각주 작업 및 논고도 존재한다. 교토대학 인문과학연구소를 거쳐 문학부 교수, 정년퇴임 후는 교토대학 명예교수, 일본학사원日本學士院 회원으로도 활동하였다.

참고문헌

島田虔次, 『朱子學と陽明學』, 岩波新書, 1967

島田虔次(井上進 補注), 『中國における近代思惟の挫折』 上·下, 東洋文庫, 2003

島田虔次, 『中國の傳統思想』, みすず書房, 2001

마루야마 마사오
丸山眞男, 1914~1996

| 가루베 다다시 苅部直

젊은 시절에 주목받는 일은 사상사가에게 행복한 일일까. 일찍이 도쿄대학 법학부 교수로서 일본정치사상사라는 학문 영역을 열어젖힌 마루야마 마사오의 데뷔작 『일본정치사상사 연구日本政治思想史硏究』(東京大學出版會, 1952)를 재차 읽을 때마다 그러한 생각에 사로잡힌다.

이 책의 중심을 이루는 것은 아직 20대 후반이었던 마루야마가 쓴 도쿠가와시대의 사상사 전개에 관한 논문이다. 그것은 중일전쟁에서 '대동아전쟁'으로 전개되어 군부에 의한 정치지배가 강화되는 상황에서, 동시대의 '일본정신'론에 대항하여 그것을 리버럴한 입장에서 비판하는 것과 같은 사상사 서술을 지향한 것이었다.

거기서 마루야마는, 주자학에서부터 이토 진사이·오규 소라이에 의한 유학 사상의 쇄신을 거쳐 그것이 모토오리 노리나가의 국학國學이라는 일종의 돌연변이(鬼子)를 낳는 데에 이르는 사상사의 전개를 독자적인 시각에서 정리하였다. 그리고 각 개인의 있는 그대로의 심정心情의 해방 및 인간의 힘에 의한 질서의 '작위作爲'라고 하는 '근대적인 것'이 소라이로부터 노리나가에 이르는 계보에 실제로는 포함되어 있었다고 주장한 것이다.

전근대의 일본 사상 속에 실은 인류 보편의 '근대적'인 사상이 독자적으로 성장할 맹아가 있었다. 그런 주장을 통해 마루야마는 한편에서는 '근대의 초극'을 외치고 다른 한편에서는 '일본 정신'을 찬양하는 '어둠의 시대'를 살면서, 근세의 사상 전통 속에서 '근대'로 이어지는 풍부한 광맥을 파내려고 한다.

전시戰時였던 당시에 이 작업은 자신의 전문 영역이 아닌 역사학 분야에서 '황국사관'에 대한 비동조非同調를 어렵사리 지속하고 있던 학자들로부터 곧바로 높은 평가를 받았다.

마루야마는 패전 직후에 논문 「초국가주의의 논리와 심리超國家主義の論理と心理」(『世界』 1946년 5월호, 후에 『現代政治の思想と行動』에 수록)에서, '천황제'를 지탱한 권위주의의 정신구조를 지적하면서 내면의 자율을 달성한 개인이 주체로서 정치에 관여하는 근대 '민주주의' 정신의 확립을 주창하였다.

이것이 널리 주목을 받아 이후에도 지속적으로 이른바 '전후 민주주의'의 사상을 주장한 중심인물로 마루야마의 이름이 거론된다. 그러한 인기는 적어도 학문세계에서는 전시하의 마루야마의 작업에 대한 높은 평가에 지탱된 것이었으리라.

이렇듯 '근대'와 '민주주의'의 이상을 주창한 논자로서 독자로부터 기대를 받았고 그 자신도 어느 정도는 그것에 부응하여, 1960년의 안보조약 개정 반대운동의 무렵까지 논평 집필 및 강연을 통해 왕성하게 활약했다는 점이 세상 사람들의 마루야마에 대한 인상에 강한 틀을 채워 간다. 마루야마가 일본사상사 연구에 전념하고 싶다고 한탄하면서, 저널리즘이나 후진 학자가 거론하는 '마루야마 이미지'에 대한 위화감을 지속적으로 표명해 온 것은 이 점과 관련이 깊다.

예를 들면 마루야마의 논집 『일본의 사상日本の思想』(岩波新書, 1961)은 널리 읽히고 종종 인용되고 있다. 그러나 그 경우에도 거론되는 수록 작품은 개설로서의 1장 「일본의 사상日本の思想」과 강연을 활자화한 3·4장뿐이다.

확실히 일본에 '좌표축에 해당하는 사상적 전통'이 없다고 하는 1장의 지적 및 3장에서 유럽과 일본의 문화를 '부챗살 유형(ササラ型)'과 '문어 항아리 유형(タコツボ型)'이라고 부르는 대목은 날카로운 분석으로서 지적 자극이 넘쳐난다. 그런데 사상사의 화자로서의 역량과 문제 관심을 보다 생생하게 전해주는 것은 오히려 2장 「근대 일본의 사상과 문학近代日本の思想と文學」 일 것이다. 거기서는 프롤레타리아문학의 비평 언설 및 고바야시 히데오小林秀雄의 논의를 널리 거론하면서 쇼와 초기의 사상에 대한 깊은 분석을 보여주고 있다. 그러나 마루야마를 논하는 경우에 이 2장이 거론되는 예는 거의 없다.

'전후 민주주의' 및 '근대주의'의 기수로서의 측면만을 보고 있으면 마루야마가 사상사가로서 남긴 작업의 풍부함은 잃어버리게 된다. 논문 「막부 말기에서의 시좌의 변혁: 사쿠마 쇼잔의 경우幕府における視座の變革: 佐久間象山の場合」(1965, 『忠誠と反逆』에 수록)에서, 마루야마는 과거의 사상에 관해 상상을 통해 그 당시의 역사 상황에 자기 자신을 두면서 그 사상가가 선택한 길을 이해하려고 하는 '추체험追體驗'의 방법을 역설하고 있다. 그러한 사고 작업을 통해 텍스트로부터 새로운 의미를 찾아내려고 한 점에 오늘날의 눈으로 본 마루야마의 사상사 연구의 매력은 있을 것이다.

그 마루야마의 영위를 느긋하게 '추체험'할 수 있는 작품은 많지 않지만, 『충성과 반역』에 수록되어 있는 여러 논문 및 독서회에서의 강의를 정리한 『'문명론의 개략'을 읽는다'文明論之概略'を讀む』 상·중·하(岩波新書), 그리고 『마루야마 마사오 강의록丸山眞男講義錄』 전7책(東京大學出版會)이 그러한 재미를 맛보게 하는 것들이다.

참고문헌

丸山眞男, 『忠誠と反逆: 轉形期日本の精神史的位相』, 筑摩學藝文庫, 1998

宮村治雄, 『丸山眞男「日本の思想」精讀』, 岩波現代文庫, 2001

'보수주의'는 존재하는가 | 가와쿠보 쓰요시川久保剛

무엇을 가지고 '보수주의'라고 할까에 대해서는 논자에 의해 의견이 갈라지지만, 그 원류는 18세기 영국의 정치가·사상가인 에드먼드 버크의 『프랑스혁명의 성찰』(1790)에서 찾을 수 있다. 이 책은 그 전해에 일어난 프랑스혁명에 대한 비판을 통해 사회변혁의 양상에 대해 논한 것이다. 거기서는 개혁에 앞서 "현상 속에 지켜야만 할 것과 개선해야만 할 것을 변별하여 절대적 파괴의 경박함과 일체의 개혁을 받아들이려고 하지 않는 완고함을 함께 배제"하여, "점차적이기는 하지만 끊어짐 없는 진보가 유지될 것"에 마음을 쓰는 입장이 '보수주의'라고 정의되어 있다.

이러한 의미에서의 '보수주의'의 주장을 전후 일본 속에서 구한다고 한다면 민속학자인 야나기타 구니오 및 미야모토 쓰네이치(宮本常一, 1907~1981), 그리고 철학자 다나카 미치타로(田中美知太郎, 1902~1985) 및 비평가 후쿠다 쓰네아리(福田恒存, 1912~1994) 등의 이름을 들 수 있을 것이다.

사상사가 하시카와 분조(橋川文三)는 전후 일본의 '보수주의'의 '원점'을 야나기타 구니오에게서 발견하고 있는데(「日本保守主義の體驗と思想」, 『保守の思想』, 筑摩書房, 1968), 그 계보를 이어받은 것이 미야모토 쓰네이치일 것이다. 그는 말한다. "앞으로도 인간은 기나긴 길을 걸어가지 않으면 안 되지만 무엇이 진보인지를 끊임없이 반성하지 않으면 안 된다고 생각한다". "많은 사람들이 지금 잊어버리려고 하는 것을 다시 한 번 퍼올리고자 하는 것은 어쩌면 그 속에 중요한 가치 및 의미가 포함되어 있지는 않은지 생각하기 때문이다"(『民俗學の旅』, 文藝春秋, 1978). 이러한 견해의 근저에는 다나카 미치타로의 "인생에는 어느 쪽으로든 쉽게 결정할 수 없는 것이 적지 않"기에, "우리는 인간의 현실에 입각하여 보다 더 겸허한 생각으로 잠정적인 결정을 내리는 편이 우리의 처지에 맞는 것이라고 말할 수 있을 것이다"(『市民と國家』, サンケイ出版, 1983)라는 인간관이 흐르고 있을 것이다.

이러한 견해를 '보수파'의 사고라고 정식화한 이가 후쿠다 쓰네아리(福田恒存)다. 그는 말한다. "보수파는 전망을 가지면 안 된다. 인류의 목적 및 역사의 방향에 대한 전망을 가질 수 없다는 것이 어떤 종류의 사람들을 보수파로 만들지

않았던가. 세계 및 역사에 대해서만이 아니다. 보수적인 삶의 길, 사고방식이라는 것은 주체인 자기에 대해서도 모두 알고 있다는 관념을 물리치고, 자기 자신조차도 제대로 알지 못하는 자신을 존중하는 것이다"(「私の保守主義觀」, 『常識に還れ』, 新潮社, 1960). 이러한 인간 존재를 미지의 것으로 여기며 경외하는 겸허한 마음이야말로 '보수주의'적인 사회 변혁을 추진하는 데 있어 기반이 되는 정신이라고 말할 수 있을 것이다.

심화학습안내

Ⅰ 고대

| 사토 히로오佐藤弘夫

8세기 초에 『고사기古史記』와 『일본서기日本書紀』(양서를 합하여 '기기[記紀]'라고 함)가 연이어 완성되고 일본열도는 본격적인 문자문화의 시대를 맞이한다. 그 때문에 고대의 사상사에서는 우선 이 두 책이 현존하는 가장 옛 문헌으로서 연구자의 관심을 끌어 모았다.

전전에는 '기記·기紀'에 그려진 신화는 일본 국가 성립을 설명하는 역사적 사실로서 간주하여 이를 전제로 한 연구가 행해졌다. 그 내용을 의문시하는 견해는 금기시되어, 일선을 넘은 경우는 쓰다 소키치津田左右吉의 경우처럼 권력의 탄압을 받는 경우마저 있었다.

전후는 이러한 제약으로부터 해방되어 연구는 단숨에 진전되어 '기·기'가 단순한 역사서가 아니라 집권국가 형성기에 명확한 정치적 의도에 기초하여 편찬된 책이라는 인식이 공유되기에 이른다. 종래 '기기신화'라고 하여 일괄적으로 파악되어 온 양자의 차이점에도 관심이 생겨나, 우메자와 이세조梅澤伊勢三는 각각의 구조를 상세하게 분석하고 양자의 편찬 의도의 차이를 명확히 하여 『일본서기』가 『고사기』에 앞서 편찬되었다고 하는 '기전기후설紀前記後說'을 제창하였다(『記紀批判』, 創文社, 1962).

'기·기'에는 일본의 성립에 관한 설화가 그려져 있지만 말할 것도 없이 신화는 세계 각지에서 보이는 것이다. 그 때문에 쇼와기에 들어가면 일본

신화를 세계의 신화와 대비해서 생각하려는 비교신화학의 시도도 활발해졌다. 마쓰모토 노부히로松本信弘, 미시나 쇼에이三品彰英 등에 의하여 아시아세계에 분포하는 신화와의 대비가 시도되었고, 일본 신화가 남방계 · 북방계 · 대륙계 등 다채로운 신화의 계보를 수용하고 있다는 점이 밝혀졌다.

그런데 '기 · 기'의 신화에서는 인간과 같은 희노애락을 갖춘 신들이 생생하게 활약하는 모습이 그려져 있다. 그러한 인격신의 이미지가 어떻게 형성되었는지에 관한 문제는 일본열도를 넘어 인류 문화의 발생에 관한 중대한 문제였다.

언제, 어떻게 하여 신이 탄생하는 것인가. '기 · 기'에는 출신과 성격을 달리 하는 다양한 신들이 등장한다. 식물과 동물 · 벼락 · 달 · 태양이라는 자연에 존재하는 사물과 현상이 그대로 신으로 여겨지는 경우가 있었다. 신이 신으로 인식되고 있던 대상에서 분리되어, '치' · '미' · '다마'라고 하는 더 추상화된 존재로 취급된 경우도 있었다. 그리고 그들 다양한 신들의 중심에 아마테라스 · 스사노오 등의 고도로 인격화된 신들이 위치하는 것이다.

중층적인 구조를 이루는 이러한 복잡하기 그지없는 신들의 세계를 어떻게 분류하고, 어떻게 구조적으로 파악하는가 하는 문제는 그 자체로도 흥미로운 문제다. 그와 동시에 그것은 현대에까지 연결되는 큰 문제, 즉 죽은 사람이 어떻게 하여 신으로 섬겨지는가라는 테마와도 밀접한 관련을 갖고 있다.

야스쿠니신사에서 볼 수 있는 것처럼 같은 사람을 신으로서 제사지내는 풍습이 어디에서 유래하는 것인지 하는 문제는 이미 많은 연구자들이 논해왔다. 요즈음은 헤이안시대의 고료御靈신앙에 주목하는 것과 에도시대의 의민義民신앙에 그 연원을 구하는 두 견해가 주류를 이루고 있다. 그러나 사람을 신으로 제사지내는 행위는 실은 '기 · 기'가 편찬된 당시까지 소급되는 것이다.

『고사기』와 『일본서기』에는 아마테라스에서 기원되어 진무神武 이후 연면히 계승된 일계의 천황의 계보가 기록되어 있다. 성립 당시의 율령국가

는 이 이념을 뒷받침하듯이, 후지와라쿄藤原京의 조영에 즈음하여 볼품이 좋은 거대 고분을 그 실태와는 아무 관련도 없이 역대 천황의 묘로 가탁하고 천황의 수호신으로서 정기적으로 제사지내는 체제를 정비했다. 경내로부터 조망할 수 있는 봉분의 연속성은 태고의 시대로부터 중단 없이 계승되어 온 천황가의 영속성, 즉 신의 계보를 가시화시키는 상징적인 존재로서 위치지워진 것이었다(今尾文昭, 「考古學からみた律令期陵墓の実像」, 『日本史研究』 521, 2006).

고대 일본열도에서는 사체는 특정의 장지에 운반되면 간단한 장의의례를 행한 후 그대로 방치되었다. 고위의 인물과 유복층 중에 분묘를 만드는 경우도 있었지만, 현대처럼 정기적으로 성묘가 행해지는 일은 없었다. 고대에는 죽은 자의 영혼이 유해에 머무르고 있다는 관념은 존재하지 않았다. 그러는 와중에 7세기 말부터 특정의 무덤만이 특별히 선택되어 사자死者, 즉 신이 깃든 성지가 된 것은 흥미롭다. 마침 일반의 신사에 대해서도 신이 그곳에 상주한다고 하는 관념이 정착해 가는 시기였다.

고분제사의 문제 이외에도 조몬縄文집락에서의 묘지와 사자에 대한 공양의 변천 등 고고학의 분야에서는 차츰 새로운 견해가 발표되고 있다(松本直子, 『縄文のムラと社会』, 岩波書店, 2005). 신의 시원을 생각함에 있어서 역사고고학과 일본사 등 주변 분야와 연계하는 것이 지금은 당연한 것이 되었다.

사람을 신으로 제사지내는 행위는 그 대극에 사악한 사령死靈 관념의 팽창을 불러일으켰다. 원령怨靈 사상은 사람이 신으로 제사지내지는 풍습보다 약간 늦게 나라시대에 발생하고, 그것이 헤이안시대에는 전면적으로 원령과 모노노케物の怪의 관념으로 발달한다(西山良平, 「御霊信仰論」, 『岩波講座 日本通史5』, 1995). 신과 원령이 교차하는 역동적인 교섭사는 현재에 이르기까지 열도 정신사의 하나의 기둥을 이루고 있는 것이다.

참고문헌

大林太良, 『神話の系譜』, 講談社學術文庫, 1991
高取正男, 『神道の成立』, 平凡社選書, 1979

| 중세

| 하라 가쓰아키原克昭

신과 부처의 세계라고 불리는 중세를 아는 데는 특히 '신불습합 사상'과 '본지수적설'에 대한 이해가 불가결하다. 한마디로 '신불습합'이라고 해도 현재와 같은 모습의 신도와 불교가 단순히 동화하고 있었던 셈은 아니었고, 다양한 신앙 형태와 언설(교설, 전승), 회화와 도상(만다라, 불상, 신상) 등 습합현상도 여러 갈래로 나뉜다. 어떻게 신과 부처가 습합할 수 있었는지, '신불습합사상'의 기저에 있는 논리는 무엇인지, 미리 여러 양상과 전개를 개관해 두는 것이 필요할 것이다.

스에키 후미히코末木文美士의 『중세의 신과 불中世の神と仏』(山川出版社, 2003)은 키워드, 도해, 사진을 근거로 '신불습합'의 역사적 전개를 차근차근 설명하면서, 중세라는 시대 속에서 생성, 유포된 신도사상사로 시야를 넓혀 주는 절호의 입문서다. 중세의 특이성을 가장 깊이 이해하기 위해서는 첫 번째로 고대 혹은 근세와의 단절과 연속성, 두 번째로 불교사와의 관련성을 시야에 넣어둘 필요가 있다. '신도사'를 중심으로 고대로부터 근·현대에 이르는 종교 시스템의 변천을 개관한 이노우에 노부타카井上順孝 편 『워드맵 신도ワードマップ·神道』(新曜社, 1998), 불교사를 포함한 문화사 텍스트로서 편집된 『일본문화연구: 신불습합과 신국사상日本文化研究: 神佛習合と神國思想』(放送大學教育振興會, 2005)을 읽으면 통사적인 조감도 속에서 각 시대의 위상을 그리기 쉽다.

그리고 중세라고 하는 시대를 생각할 때 또 한 가지 간과할 수 없는 것이 있다. 선철先哲을 작자로 가탁하여 성립, 유포된 일련의 위서僞書의 존재다. 근세에는 진위론에 근거한 위서 인식이 생겨나는데, 그것은 근대 이후의 실증주의적 연구로 연결된다. 그러나 중세에 생겨난 많은 위서는 진위론과는 다른 차원에서 베껴서 펴낸 위장의 가탁서로서 생명을 유지했다. 종조宗祖와 고승들에 가탁한 불교경전 외에 교키行基, 구카이空海, 사이초最澄 등 불교자의 이름을 빌린 신도서도 많다. 중세인들이 집요할 정도로 관심을 기울이고 있던 예언서 『미래기未來記』도 쇼토쿠聖德 태자나 호시寶誌 화상에 가탁한 위서의 일환이다. 근세나 근현대의 실증학적 합리주의의 음화로서 중세의 시대 환경과 사상 기반을 재평가하는 데 있어서, '위서'인 『미래기』의 존재는 빠뜨릴 수 없다. 사토 히로오佐藤弘夫의 『위서의 정신사僞書の精神史』(講談社メチエ, 2002), 고미네 가즈아키小峯和明의 『중세 일본의 예언서中世日本の予言書』(岩波新書, 2007) 등이 흥미 깊게 위서의 세계로 안내해준다.

그런데 중세를 둘러싼 연구 환경은 근년에 들어 왕성한 발전을 보이고 있다. 특히 특징적인 점은 여러 문고, 사원 경전의 자료조사 전개(자료 발굴에서부터 완전한 조사까지)와 맞물려, '○○학'(자료학, 연기[緣起]학, 주석학, 법회[法會]학 등), '네트워크(사원문화권)·지知의 체계' 등의 술어의 유행으로 상징되는 새로운 학문 연구 영역의 신개척, 재구축 추세다. 즉, 중세를 연구대상으로 하는 이상은 문헌자료에 대한 주목도 중요하다는 것이다.

중세문학회 편, 『중세문학연구는 일본 문화를 해명할 수 있는가中世文學研究は日本文化を解明できるか』(笠間書院, 2006)에는 '자료학·미디어와 매체·신분과 예능·사람과 현장'에 이르는 분과회와 전체 토론에 더하여, 인접한 여러 영역(국어학·역사학·종교사·미술사·예능사·건축사 등)의 연구자에 의한 자극적인 에세이가 수록되어 있고, 최신의 연구 동향과 과제 등 학계의 '현재'를 가장 빠르게 알 수 있다. 종래의 중세 문학의 틀에 구속되지 않으면서 널리 인문학을 횡단하

여 중세 문화를 재조명한 이 책은 정말로 중세의 재미를 발견하고 즐길 수 있게 해주는 필수적인 책이다. 또 「일본 종교의 다면적이고 다각적인 해명을 위해日本宗教の多面的・多角的解明に向けて」(『日本宗教文化史研究』 21, 2007)에는 최신의 연구 성과를 이해한 위에 일본 종교사 연구를 둘러싼 과제와 전망이 제기된다. 현재 각 분야를 리드하는 연구자(사토 히로오[佐藤弘夫], 「불교사」・오카다 쇼지[岡田莊司], 「신사사[神社史]」・아베 야스로[阿部泰郎], 「문학사」・야마기시 쓰네토[山岸常人], 「건축사」・이즈미 다케오[泉武夫], 「미술사」・이노우에 히로시[井上寛司], 「일본사」)들의 육성을 통해 다양한 시각으로부터 문제의식을 공유할 수 있다. 그 가운데 "구로타 도시오黒田俊雄가 제창한 중세종교사(현밀불교・권문체제론)의 시야를 문학연구 측이 받아들여 호응, 해석한 결과"라는 지적(아베 야스오[阿部泰郎])이 있는 것처럼 중세 연구를 둘러싼 탈영역의 경향은 특히 문학 연구자에 의한 사상사에의 참여가 커다란 기폭제가 되었다. 실제로 『국문학 해석과 감상國文學解釈と鑑賞』에 실린 특집 「신들의 변모神々の変貌」(1995년 12월호) 외에도 국문학 관계로부터 발신된 시사가 풍부한 잡지의 특집호도 계속되고 있다.

중세 사상사 연구는 신도, 불교라는 분야와 특정의 인물론, 작품론에만 수렴되는 것이 아니라면, 사상사・문학・역사라는 기성 장르에 제한될 것은 아니다. 연구 영역의 월경과 상호 학제화가 가속된 가운데, '물物'(자료)과 '장場'(사사[寺社])과 '인人'(사상)이 상호 연관되어 동적으로 발전, 심화해 갈 가능성으로 가득한 시대, 이것이 중세 시대의 매력이고 중세 연구의 심오한 맛인 것이다.

I 근세

I 오카와 마코토大川眞

현재의 역사학은 위기 상황에 빠져 있다. 사적인 장에서는 너도나도 열 올리는 비탄과 분개. 하지만 서면상으로는 이러한 느낌을 표면에 드러내 말하는 연구자는 결코 많지 않다. 이른바 '자유주의사관' 등을 용감하게 비판은 해도 냉철하게 자신의 지반을 내적으로 성찰하는 논고는 그리 많지 않다. 오제키 모토아키小關素明는 거대이론에 대해 무관심 혹은 혐오감까지 내비치는 이른바 탈색된 실증주의의 조류와 빌려온 거대이론의 수용과 적용에 매진하는 조류라는 두 가지의 불모의 조류의 애매한 중화中和에 의해 전후 역사학의 형해화가 진척되었다고 갈파하였다(「岐路に立つ'戰後歷史學': 歷史學にはいま何が求められているか」, 『日本史硏究』 537호, 2007). 일본사만이 아니라 일본사상사에서도 이러한 위기감이 이제야 겨우 표출되기 시작했다. 가타오카 류片岡龍가 전체상을 상실한 현재의 근세 사상사의 상황을 '자살·타살'로 표현한 것은 기억에 새롭다(「近世儒敎思想史: 七〇年代後半」, 『日本思想史學』 38호, 2006). 앞으로 근세 사상사를 배우고자 하는 사람을 대상으로 한정해 몇 사람의 씨 뿌리는 사람들의 작업을 소개하고자 한다. 단 지면의 제약으로 인해 거론해야만 할 많은 선학의 업적을 생략하지 않을 수 없었다는 점을 미리 밝혀둔다.

첫 번째는 마루야마 마사오의 『일본정치사상사 연구』(東京大學出版會, 1952. 한편 마루야마에 관해서는 본서의 가루베 다다시에 의한 소개를 참조하기 바란다). 마루야마는 이 저서에서 주자학적 사유양식의 해체 과정 속에 작위作爲적인 근대적 정치사상의 맹아를 읽어냈다. 『일본정치사상사 연구』에 대해서는 주자학의 유통流通성에 대한 사실 오인誤認, 마루야마의 서양 근대주의에 대한 과도한 동경 등에 비판이 집중되지만, 초학初學의 사람들은 그러한 비판을 일체 배제하고 출판 시의 「저자 후기」와 「영어판 저자 서문」을 우선 읽어보기 바란다.

> 내가 펜을 달리게 하고 있는 방의 창 밖에는 나의 '출정(出征)'을 환송하기 위해 일장기를 들고 속속 모여드는 이웃들에게 나의 돌아가신 어머니와 결혼해서 겨우 3개월밖에 안 된 아내(妻)가 세키한(赤飯)을 만들어 대접하고 있었다.
>
> (「영어판 저자 서문」)

날카로운 분석도 그렇지만 마루야마의 매력은 무엇보다도 연구에 건 정열에 있다.

둘째는 비토 마사히데尾藤正英의 『에도시대란 무엇인가江戸時代とはなにか』(岩波書店, 1992). 비토에게는 주자학의 외래성을 논한 『일본봉건사상사 연구日本封建思想史硏究』(靑木書店, 1961)가 있는데, 근세에 대한 종합적인 이미지를 잡기 위해서는 전자가 효과적이다. 비토는 서장에서 15, 16세기를 경계로 일본사는 크게 양분된다는 대담한 주장을 펼친다. 근세는 넓은 의미에서의 '근대'에 포함시키고, 근세='근대'는 개인보다 집단을 중시하는 '야쿠役'의 체계를 구성원리로 하여 성립한 사회라고 한다. 비토에 의한 사상가 평론, 예를 들면 이토 진사이伊藤仁齋의 평가 등은 억지 주장이라는 느낌과 일면적이라는 인상이 강하지만, 독자적인 근세상을 제시할 수 없는 꽉 막힌 상황 속에서 "일본의 역사를 역사 그 자체의 흐름에 입각하여 이해하지 않으면 정확하게 인식하기 어렵다"(「머리말」)는 비토의 말은 무겁게 다가온다.

셋째는 사가라 도오루相良亨의 『성실과 일본인誠實と日本人』(ぺりかん社, 1980).

사가라는 경敬에서 성誠으로의 전환, '자연'관의 문제를 통해 자기의 주관세계 속에서 오로지 순수성을 중시하는 일본인의 윤리감각에는 타자성에 대한 인식이 결여되어 있다고 논하였다. 부모자식의 동반자살에 대해, "극한까지 몰렸을 때도 역시 동반자살을 멈추게 하는 것(思想)을 나는 갖고 있지 않다"(「서문」)고 하는 통절한 자각을 지니고서 연구에 임하는 태도에는 숙연함을 느끼게 된다. 역시 이 저서에 수록된 「'자연'형이상학과 윤리'自然'形而上學と論理」는 사가라가 지닌 절실한 문제의식과 대상에 대한 섬세한 접근이 잘 드러나 있는 필독의 논고다.

넷째는 미나모토 료엔源了圓의 『근세 초기 실학사상의 연구近世初期實學思想の研究』(創文社, 1980). 연구에는 왕성한 지적 호기심은 필수임은 말할 것도 없는데 미나모토는 그 가장 좋은 모델이 되는 연구자다. 미나모토의 문제관심은 일본의 근대화 과정에서의 양면적인 성질을 근세의 유학 사상사 속에서 찾아가는 것으로 일관되어 있는데, 미나모토의 대단함은 자기의 지적 세계를 지속적으로 갱신·확대해 나가는 그 겸허함에 있다. 이 저서에 대해 미나모토 자신이 해설한 말을 인용하고자 한다.

"이 책은 전저前著인 『도쿠가와 합리사상德川合理思想』에 대한 반성 위에 집필되었다. 첫째는 전저에서는 '합리 사상'이라고 하면서도 가치 차원의 합리 사상은 전혀 문제 삼지 않는다. 다음은 전저에서는 일본과 서양과의 비교만으로 중국 및 조선과의 비교는 염두에 두지 않았다는 점. 세 번째의 반성은 전저에서 취했던 '경험적 합리주의'라는 단일한 관점이 아니라, 종합적인 시각을 갖지 못하면 역사 및 사회는 충분히 보이지 않는다는 것"(『日本史文獻事典』, 弘文堂, 2003).

선학의 연구에 대한 태도 및 생각에 접하는 것은 입문자만이 아니라 나와 같은 젊은 연구자에게도 필요한 것이다.

참고문헌

田原嗣郎, 『德川思想史研究』, 未來社, 1967

黑住眞, 『近世日本社會と儒教』, ぺりかん社, 2003

| 메이지

| 스가와라 히카루菅原光

역사소설 및 역사에 대해 기록된 개설서, 연구서라는 것은 어디까지나 저자가 지닌 역사관에 대응해 묘사된 이야기다. 어느 정도 사실史實에 충실하게 그려졌다고 하더라도, 거기에 저자의 역사관이 반영되어 버리는 것은 피할 수 없는 운명과 같은 것이다.

따라서 메이지시대의 역사를 '더 알고자 한다'고 생각한다면, 타인이 제시하는 역사관에 따라 사건 및 현상을 암기하는 것이 아니라 역사를 추체험追體驗하려고 하는 것이 중요하다. 그를 위한 하나의 수단으로서 언어 그 자체에 대한 관심을 갖는 것이 중요하다는 점을 지적해두고 싶다.

첫째로 메이지시대에 빈출하는 중요어의 대부분이 번역어라는 점에 주의할 필요가 있다. 메이지시대에 기록된 많은 문장은 구어체 한문으로 기록된 경우조차 서양 사상의 영향을 받아 기록된 것이 적지 않다. 메이지 일본은 서양의 충격에 의해 개국하였고 서양을 배우는 과정에서 근대화했기 때문이다. 그러한 문장의 참뜻을 이해하기 위해서는 그 번역어의 뿌리가 되는 원어, 그리고 그 배경이 되고 있는 서양 사상에 관한 관심을 가질 필요가 있다. 그리고 그 이상으로 번역어란 본래 도대체 어떠한 성격을 지닌 것인가를 이해할 필요가 생기게 된다.

야나부 아키라柳父章는 바로 이 문제를 지속적으로 고찰한 평론가였다.

야나부는 우선 현대 일본인도 보통으로 사용하고 있는 '사회'·'개인'·'자유'·'연애' 등의 단어가 실은 메이지시대에 이르러 비로소 빈번하게 사용하게 된 단어였고, 그 배경에 원어로서의 서구어가 존재하는 번역어라는 점을 지적하고 있다. 번역어와 그 배경에 있는 원어가 완전히 일치할 리가 없다는 점에 대해 주의를 환기시키기 위해서다. 예를 들면 야나부는 서구에서는 압제에 반항하여 적극적으로 추구해야 할 가치로서 파악되어 온 'freedom' 및 'liberty'가 전래의 일본어에서는 '내 마음대로'라는 의미를 지닌 '자유'라는 단어로 치환된 것에 의해 이 단어에 대한 이미지가 흐려지는 현상이 생기게 되었다고 한다. '자유'가 논해질 때에는 '자유의 오해'에 대한 염려가 지속적으로 표명되어 이상으로서의 '자유'가 절실하게 희구되는 바가 적다고 하면서, 현재에 이르기까지의 일본의 상황은 이것과 무관하지 않을 것이라고 한다. 메이지시대에도 '자유'는 계속 오해되었다. 자유민권기의 사료에 범람하는 '자유'라는 단어가 'liberty'의 의미로 사용되고 있는가, 그렇지 않으면 전래의 일본어의 의미에 중점을 두고 사용되고 있는가를 주의 깊게 읽어낼 필요가 있는 것이다.

둘째로 역사적으로 사용되어 온 단어는 우리가 일상적으로 사용하고 있는 단어라고 하더라도 반드시 우리가 이해하고 있는 의미로 사용된 것은 아니라는 점에 주의해야 한다. 과거에 기록된 문장을 현대어의 용법으로 유추하여 이해하는 것이 아니라, 어디까지나 사료가 기록된 동시대의 용법에 의거하여 이해하는 것이 중요하다.

예를 들면 '공론公論'이라는 단어에 대표되는 것처럼 메이지시대의 일본에서는 '공公'이라는 단어가 빈번히 사용되었지만 이 단어가 무엇을 의미하는가를 이해하는 것은 실은 꽤 어려운 일이다. 한문서적 등에서 사용되는 중국어로서의 '공公', 에도시대의 일본어로서 사용된 '오야케公', 'public' 등의 서양어의 번역어로서의 '공公'. 이렇듯 '공'에는 적어도 이 세 가지의 의미가 있으며 사용되는 장면에 따라 거기서의 '공'이 그 어느 의미로 사용되고 있는가, 혹은 어느 정도 의미를 혼합시켜 사용되고 있는가를 주의하지 않으면 안 되기 때문이다. 적어도 현대 일본어의 '공公'과 동일시해서는 역사를 오해하게 된다.

이러한 문제에 대처하기 위해서는 단어의 원뜻을 조사할 필요가 있는데, 우선은 모로하시 데쓰지諸橋徹次라는 한학자가 편집한 『대한화사전大漢和辭典』(大修館書店)이라는 전 13권(그 후 증보수정)에 이르는 사전을 사용하는 것이 연구자의 통례다. 『대한화사전』에는 몇 가지 용례가 실려 있고 용례가 수록된 한문서적을 직접 참조하는 것으로 그 단어의 원뜻을 더욱 더 깊이 탐구할 수도 있다. 손쉬운 한자사전으로서 도가와 요시오戸川芳郎가 감수하고 사토 스스무佐藤進·하마구치 후지오濱口富士雄가 편집한 『전역 한자해全譯漢辭海』(제2판, 三省堂書店, 2005)는 어의語義 및 어원의 해설, 용례가 풍부하여 정평이 높다. 메이지시대에 빈번하게 사용된 중요 어구의 본뜻, 용례, 어원, 의미의 변천 등을 조사하기 위해서는 『메이지의 단어 사전明治のことば事典』이 편리하다. 대형사전에서 소형사전에 이르기까지 360여 종에 걸친 당시의 사전을 구사하여 만들어진 이 사전은 메이지시대에 사용된 신어新語·외래어·번역어의 대부분에 대해 그 의미를 재빨리 알 수 있도록 되어 있을 뿐만 아니라 출전이 된 당시의 사전명이 명기되어 있어 더 깊은 조사를 위한 실마리가 되기도 한다.

이러한 관심을 갖고서 역사를 바라보게 될 때 저자가 그려낸 이야기에 또다른 얼굴이 보일지 모른다.

참고문헌

惣郷正明·飛田良文 編, 『明治のことば辭典』, 東京堂出版, 1986
柳父章, 『飜譯とは何か』(新裝版), 法政大學出版國局, 2003

| 다이쇼 · 쇼와

| 히라노 유키카즈平野敬和

냉전 체제의 붕괴, 특히 일본에서는 '전후 50년'을 계기로 하여 지知의 상황은 크게 변하였다. 일본사상사학도 그 예외가 아니어서 연구의 대상만이 아니라 연구의 방법 그 자체가 문제로 제기되었다. 여기서는 1990년대에서 2000년대까지의 연구 동향을 살펴보고, 철학·역사학·문학·사회과학 등의 영역을 뛰어넘어 기존의 인식론적 틀의 전환을 시도하는 문헌을 소개하고자 한다.

다이쇼·쇼와를 세계사적 동시대성에서 파악하면 두 개의 세계전쟁을 경험한 시대로 위치지울 수가 있다. 우선 '총력전과 현대화'라는 틀을 제시하면서 파시즘 및 뉴딜을 상호 비교하여 전시동원 체제를 전후 복지국가의 원류로 파악한 것으로서는 야마노우치 야스시山之內靖 외 편 『총력전과 현대화總力戰と現代化』(柏書房, 1995)를 들 수가 있다. 이 문제제기는 전중과 전후의 단절을 스스로의 정통성의 근거로 해 온 전후의 역사학·사회과학의 패러다임 전환을 촉진하였다. 사카이 나오키酒井直樹의 『사산되는 일본어·일본인: '일본'의 역사, 지정적 배치死産される日本語·日本人:'日本'の歷史, 地政的配置』(新曜社, 1996)와 『일본 사상이라는 문제: 번역과 주체日本思想という問題: 飜譯と主體』(岩波書店, 1997)는 그러한 방향성을 1930년대에 성립된 일본사상사학의 기반 그 자체를 뒤엎는 것으로서 받아들이고 있다. 또한 『사상思想』 제882호 「특집: 1930년대의 일본 사상特輯: 一九三〇年代の日本思想」(1997년 12월)은 전시기의 사상을 조망하는 것

의 적극적 의미를 제시하는 논문을 수록하고 있다.

근년에는 '총력전'이 '식민지 제국'의 총력전이었다는 성격을 중시해, 그것이 동시대의 사상적 작업에 어떻게 각인되고 있는지의 문제, 그리고 그것이 전후에 미친 규정성에 대해 검토하고 있다. 그 성과로서 『현대사상現代思想』 2001년 7월 임시증간호 「특집: 전후 동아시아에서의 아메리카의 존재, '포스트 콜로니얼' 상황을 동아시아에서 생각한다特輯: 戰後東アジアにおけるアメリカの存在, 'ポストコロニアル'状況を東アジアで考える」, 이와사키 미노루岩崎稔 외 편 『계속되는 식민지주의: 젠더·민족·인종·계급繼續する植民地主義: ジェンダー/民族/人種/階級』(青弓社, 2005)을 들 수가 있다.

더욱이 아시아와 일본의 근대 경험을 문제로 할 경우, 제국지배와 냉전구조가 어떤 종류의 차이를 포함한 연속성의 모습을 보이고 있는가에 주의를 환기시키면서 거기에 각인된 권력 관계에 대한 분석을 시도하는 연구도 발표되고 있다. 순꺼孫歌의 『아시아를 말하는 것의 딜레마: 지의 공동공간을 찾아서アジアを語知ることのジレンマ: 知の共同空間を求めて』(岩波書店, 2002)와 『다케우치 요시미라는 물음竹內好という問い』(岩波書店, 2005)은 아시아라는 개념이 성립하는 장에 착목하여, 아시아란 무엇인가라는 문제가 유럽과 대치되는 것 이상으로 아시아 지역 내부의 문제라는 것에 주의를 돌리고 있다. 나아가 일본에서 아시아라는 문제의 역사적 컨텍스트성에 주목하지 않으면, 그러한 역사의 회피가 자기의 위상을 설정하는 데 애매하게 작용하게 될 것이라고 경종을 울리고 있다. 마루카와 데쓰시丸川哲史의 『냉전문화론: 잊히진 애매한 전쟁의 현재성冷戰文化論: 忘れられた曖昧な戰爭の現在性』(雙風社, 2005)은 전후 일본을 동아시아의 정치 문화의 맥락 속에 두고서 그 형성의 도정을 찾고 있는데, 거기서는 주로 1950년대의 일본 현대문학의 재검토를 통해 냉전이라는 문제가 어떻게 처리되었는지를 묻고 있다. 또한 요네타니 히로시米谷匡史 『아시아/일본アジア/日本』(岩波書店, 2006)은 일본 사상가의 텍스트를 아시아와 얽혀 있는 장에 풀

어놓음으로써 아시아/일본의 근대경험을 비판적으로 재검토함과 동시에 아시아 내부에 둘러쳐진 모순 및 갈등에 한발 더 들어가 아시아/일본에 개입하는 역사적 시점을 모색하는 시도다. 구체적으로는 전간기戰間期의 요시노 사쿠조吉野作造·야나이하라 다다오矢内原忠雄, 전시기의 미키 기요시三木清·오자키 호쓰미尾崎秀實 등을 거론하고 있다.

전후 사상의 성립 기반 그 자체를 재검토하는 작업도 시작되고 있다. 사카이 데쓰야酒井哲哉의 『근대 일본의 국제질서론近代日本の國際秩序論』(岩波書店, 2007)은 정치외교사와 사상사를 연관시키는 입장에서, 전간기의 국제주의와 제국주의의 틈새에서 다양한 국제규범론 및 광역질서론을 지어낸 점에 주목하고, 여러 학자의 국제질서론의 형성 과정을 동시대의 내외의 학지學知와의 사상적 관련 속에서 파악하면서 국제정치학 - 식민지정책학 - 국제관계론의 계보를 좇고 있다. 앤드류 버쉐이Andrew E. Barshay의 『근대 일본의 사회과학: 마루야마 마사오와 우노 고조의 사정권近代日本の社会科學: 丸山眞男と宇野弘藏の射程』(山田鋭夫 역, NTT出版, 2007)은 마르크스주의와 근대주의의 전통이라는 시점에서 근대 일본의 사회과학을 재조명하는 시도다. 특히 마르크스주의를 우노 고조의 경제학, 근대주의를 마루야마의 정치학에 대표시키고 더 나아가 전전의 강좌파 마르크스주의, 전후의 우노학파 및 시민사회론 등도 사정권에 넣은 논의를 전개하여 일본의 사회과학 사상의 발전에 관한 개관을 제공한다.

동시대사로서 1950년대 이후에 관한 연구는 이제 시작에 지나지 않지만, 전후 사상을 비판적으로 검토함과 동시에 역사학의 과제와 가능성을 전망하는 것으로서는 야스마루 요시오安丸良夫의 『현대일본사상론: 역사의식과 이데올로기現代日本思想論: 歴史意識とイデオロギー』(岩波書店, 2004, 한국어 역으로 『현대일본사상론』, 논형, 2006)를 들 수 있다. 또한 문헌 가이드로는 나리타 류이치成田龍一 외 편 『20세기 일본의 사상20世紀日本の思想』(作品社, 2002), 이와사키 미노루岩崎稔 외 편 『전후 사상의 명저 50前後思想の名著50』(平凡社, 2006)이 좋은 안내서가 될 것이다.

일본의 격투기 | 닛타 이치로新田一郎

'일본의 격투기'라는 타이틀로 우선 연상되는 것은 스모(相撲)일 것이다.

스모는 관객에게 관람용으로 제공되는 기예(技藝)로서 성립하여 실전성(實戰性)을 줄이면서 성형(成型)된 것을 특징으로 한다. 각지에서 격투로 단련된 이를 모아 치른 초기의 스마이노세치(相撲節)는 완력이 뛰어난 병사를 징발하는 데에 도움이 되었던 모양이다. 그러나 연중행사로 정착해 가면서 스모는 관람용 기예로서의 윤곽이 주어져, 스모인은 격투에 강한 것 이상으로 예의에 대한 숙달이 요청되어 전문화가 진행되었다. 중세에도 스모는 실전적인 격투 기술이 아니라 문화적으로 성형된 기예로서 전업적인 스모인에 의해 담당되었고, 그것이 근세 · 근대의 오즈모(大相撲)로 이어져 간다.

일반적으로 격투 기술이 격투기로서 윤곽이 잡혀 가는 것은 실전으로부터 격리된 환경 때문이라고 생각된다. 무사가 사회 신분으로서 편성된 헤이안시대에는 궁마(弓馬)가 무사의 신분적 지표가 되었고, 의식전례(儀式典禮)에서의 역할과 함께 근위부(近衛府) 등 교토의 무관들 사이에서 '무사'는 성형되었다. 이것이 주변적인 무장자(武裝者)들에게 모델을 제공하여 무로마치시대 이후 부케고지쓰(武家故實)에 따라 문명화된 '무사'의 성형이 진행된다. 이 과정은 중앙에서의 형식화와 전투 현장에서의 모방과의 긴장 관계를 동반하여 무기(武技)를 의례화하는 방향으로 작용하였다. 전술의 변혁에 의해 개인의 격투 기능의 중요성이 저하한 것도 무예의 의례화 · 신분지표화를 촉진했다고 보인다.

근세사회는 무사의 세상이라고는 해도 무(武)의 사적인 행사에 대해서는 억제적이었다. 원리적으로는 무를 긍정하면서도 그 행사를 엄격하게 억제한다는 양의(兩義)성이 무를 자제하는 정신성에 대한 강조로 연결된다. 근세 전기에는 무도(武道)와 호환적으로 무예를 지칭해 온 무사도라는 개념이 엄격한 자기규율의 틀로서 재해석되는 것도 근세 중후기의 일이다.

유술(柔術) · 검술 등의 제 유파가 형성되어 기술적인 윤곽이 그려짐과 동시에 고지쓰덴주(故實傳授)를 매개로 하여 규율 통제의 틀이 만들어지는 것도 근세의 일이다. 거기에는 사회로부터 요청되는 '무의 억제'와의 긴장 관계 속에서 스스로에게 각종의 제약을 부과하는 것에 의해 사회에 널리 퍼져 있는 방약무인의 폭력과 차별화하려고 하는 의도가 보인다.

근대에 들어서면 무의 사회적 위상의 변화에 동반하여 무기(武技)의 성립은 부득이하게 전환하지 않을 수 없게 된다. 스모를 모델로 한 흥행화의 시도는 검술·유술 등 어느 것도 성공하지 못하였다. 스모는 무도라는 범주 그 자체에 앞서 기예로 성형되었기 때문에 비속화하면서 흥행화에 성공한 것이었지만, 다른 많은 기예는 근세 이래의 무도의 틀을 재편성하여 양의성을 품은 채 독자의 길을 모색하게 된다. 이 틀은 규율과 억제의 사상과 방법을 달리 하는 서양에서 유래한 'sports'와 미묘하게 교차하여 지금도 역시 무도의 자기상을 애매하게 규정하고 있다.

북가이드

일반 /

고대 /

중세 /

근세 /

일반

『가미와 노인의 민속학(神と翁の民俗學)』
山折哲雄, 講談社學術文庫, 1991

가미와 부처의 교섭을 눈에 보이지 않는 가미와 눈에 보이는 부처와의 상호 교섭이라고 하는 이 책은 그 교섭의 과정에서 가미는 점차 '노인(翁)'의 모습을 띠고 세상에 나타났다고 한다. 쓰지 젠노스케(辻禅之助), 쓰다 소키치 이래의 연구를 정리하고 자신의 설을 전개해 가는 부분은 압권이다. 신불교섭사에 관심을 가진 사람이 우선 읽어야 할 책이다. 처녀작인 『아시아 이데올로기의 발굴(アジアイデォロギーの発掘)』의 모티브로부터 이 책을 해설한 후루하시 노부타카(古橋信孝) 씨의 문고판 해설은 야마오리학의 발상의 근원을 이야기한다. 1984 초판 간행.

가타오카 류

『일본불교사: 사상사적 접근(日本仏教史: 思想史としてのアプローチ)』
末木文美士, 新潮文庫, 1996

사상사의 입장에서 불교를 배우기 위한 절호의 입문서. 인도나 중국과 다른 일본 불교의 특질을 찾고자 하는 문제의식에 의거하여 근대 이전의 일본 불교와 관련된 다양한 중요 사항이 설명되어 있는 통독 가능한 불교사. 저자의 연구의 출발점을 솔직하게 서술한 서장과 종장, 권말의 문헌안내, 학창 시절 이래 동경하는 선배라고 하는 하시모토 오사무(橋本治) 씨의 문고판 해설도 충실하다. 일본 불교를 전문으로 하는 사람 외에도 필독의 문헌. 1992년 초판 간행.

가타오카 류

『일본적 고찰의 원형: 민속학의 시각(日本的考察の原型: 民俗學の視覚)』
高取正男, 平凡社ライブラリー, 1995

식기(食器)를 둘러싼 구미와 일본과의 차이에 주목한 서두의 논의가 인상 깊다. 가족 한 사람 한 사람이 전용 찻잔이나 다기를 사용하는 측면에서 생각해 보면 일본인이 서양보다도 훨씬 강한 개인의식을 갖추고 있는 것이다. 민속학의 지견을 소재로 하면서 일본 사회의 모습을 간결하면서 깊이 고찰하고 있다. 근대에서 전통의 창출이라는 시점을 이른 시기에 보여준 개설서이기도 하다. 1975년 초판 간행.

가루베 다다시

『일본인의 마음(日本人の心)』
相良享, 東京大學出版會(UP選書),1984

일본인론이라는 문제 설정은 시대별 연구가 진행된 지금에는 빛바랜 감이 있으나, 그 사정을 감안하더라도 과거 일본의 사상이 현재에도 통하는 문제와 대치하고 있었던 흔적을 시대를 넘어 추적하는 일에는 충분한 의미가 있다. 그러한 테마 중에 '순수성의 추구', '도리의 풍화', '저절로' 6등 중요한 것을 고대로부터 근대에 이르는 시야에서 고찰한다. 『사가라 도오루 저작집(相良享 著作集)』 제5권(ぺりかん社)에도 있다.

가루베 다다시

『사전이 보여주는 일본의 역사(事典が語る日本の歴史)』

大隅和雄, そしえて(そしえて文庫), 1988

이 책은 중세사상사의 대가인 저자가 일본사상사라는 학문을 이야기할 때 좌표축이 부재하다고 하는 문제에 답하기 위해 제출한 콤팩트한 책. 이러한 백과사전적 책에는 그것들이 성립된 시대의 지식범위와 사고방식이 집약되고 있다는 생각에서 『類聚國史』, 『古今著聞集』, 『太平記』, 『和漢三才圖會』, 『武家名目抄』, 『厚生新編』, 『古事類苑』 등을 예로 들어, 거기에 관철된 정신 계보를 탐구하였다.

가타오카 류

『중국사상의 견지에서 본 일본사상사 연구(中國思想から見た日本思想史研究)』

加地伸行, 吉川弘文館, 1985

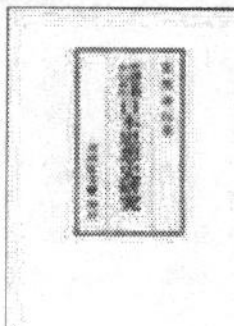

사상사라는 학문은 종래의 학문체계에 안주하지 않는 것을 본령으로 하지만, 동시에 국사·국문학 등 인접 분야의 안정적인 학문 방법에 의거하여 스스로의 학문 방법을 절차탁마하는 것도 긴요하다. 이 책은 중국 사상, 특히 경학의 전통을 체현한 저자가 전방후원분(前方後圓墳)·구카이(空海)·다케토리 모노가타리(竹取物語)·에도 유학 등에 대해 실증적이고 자유로운 분석을 나타낸 것. 또한 저자의 처녀논문은 대학시절의 은사 고지마 노리유키(小島憲之)와 함께 저술한 『만요슈(萬葉集)』에 관한 논고.

가타오카 류

『일본한학(日本漢學)』(일본문화총서9)

水田紀久·賴惟勤編, 大修館書店, 1968

한자와 한문·사학·법률제도·교육학제·시화·서화와 전각·음악·본초학·한적의 화각본(和刻本) 등 일본 한문을 종합적으로 연구하기 위해 필요한 여러 문제를 망라한 개설서. 중국 문화와의 관계에 대해서도 서술하고 있다. 일본한학 연구의 지침서와 공구서의 항도 포함하는 등 정보는 이미 오래되었지만 한학의 기초를 확실히 했던 세대의 학자에 의한 것이라는 점, 그리고 비슷한 종류의 책이 적기 때문에 귀중하다. 일종의 참고서로서도 여전히 유익하다.

가타오카 류

『일본과학사(日本科學史)』

吉田光邦, 講談社學術文庫, 1987

고도경제성장이 시작하기 전 아직 옛 농촌의 풍경이 여기저기에 남아있던 때 학생시절에 애독했던 만요(萬葉)·고금(古今)·신고금(新古今) 등을 그리워하며 떠돌았던 야마토(大和) 여행의 추억, 추운 겨울 미카와(三河)의 산중을 찾아 걸었던 꽃의 축제(花祭)의 장에서 받은 감동 속에 사라져 가는 옛 일본을 찾기 위해 집필된 책이다. 일본 과학사의 고전임과 동시에 물질과 마음의 양면으로부터 일본인의 자연관을 탐구한 정신사 문화사의 명저. 각 장의 말미마다 참고문헌 등을 싣는 노트도 충실하다. 1955년 초판 간행.

가타오카 류

『지옥의 사상: 일본정신의 일계보(地獄の思想: 日本精神の一系譜)』
梅原猛, 新版, 中公文庫, 2007

정토교로부터 『헤이케 모노가타리(平家物語)』, 지카마쓰 몬자에몬(近松門左衛門)을 거쳐 미야자와 겐지(宮澤賢治), 다자이 오사무(太宰治)에 이르기까지 지옥이라는 주제로 일본사상사를 통관하려는 시도. 그래서 명백해지는 것은 종종 세속적이고 예정조화적인 사고가 특징적인 일본인이 실은 스스로의 격한 정념에 고통 받고 생의 불안정함에 떨고 있는 모습이다. 이러한 시각에는 와쓰지 데쓰로(和辻哲朗)의 일본 사상관에 대한 비판과 함께 1967년의 초간 때의 시대상황도 반영하고 있는 듯하다.

가루베 다다시

『일본인의 국가생활: 일본국가제도사 연구 II(日本人の國家生活: 日本國制史硏究 II)』
石井紫郎, 東京大學出版會, 1986

중세와 근세 일본 사회의 질서는 어떻게 변했는가. 무사도의 실상은 어떠했나. 도쿠가와(德川)시대의 봉건제는 어떻게 메이지의 국민국가로 이행했던 것인가. 법과 질서를 둘러싼 커다란 문제를 긴 시간 축 위에서 논파한 논집. 통독하는 것만으로도 기존의 역사상이 붕괴하고 새로운 전망이 열리는 것 같다. 영어에 자신 있는 독자는 영문 논문집 『Beyond Paradoxology』(慈學社, 2007)를 추천한다.

가루베 다다시

『정신사적 고찰(精神史的考察)』
藤田省三, 平凡社ライブラリー, 2003

경제사상사라든가 일본사상사가 아니라 '사상사가'라고 자칭하는 사람을 우연히 접하게 되는데, 그러한 대담한 명함을 사용해도 수긍이 가는 사람은 일본에서는 아마도 후지타 쇼조(藤田省三)와 하야시 다쓰오(林達夫) 정도일 것이다. "결핍과 비참과 함께 어떤 밝음을 가지고 있었다"는 종전 직후의 사회 경험으로부터 출발하여 중세·근세·메이지라고 하는 다양한 과거의 시대와 현재를 오간다. 이 상상력이 풍부한 지적 모험은 타의 추종을 불허한다. 1982년 초판 간행.

가루베 다다시

고대

『고사기와 일본서기: '천황신화'의 역사(古事記と日本書紀: '天皇神話'の歴史)』
神野志隆光, 講談社現代新書, 1999

이 연구가 등장한 이후에는 『고사기』와 『일본서기』 등으로 일괄하여 논하는 것을 더 이상 허용하지 않게 되었다. 이 두 책은 서로 상이한 세계상에 의거한 제각각의 신화라고까지 부를 수 있는 것이다. 그런 견지에서 중세부터 근대에 이르기까지 하나의 '일본신화'라는 이미지가 확립되어 가는 과정도 밝혀낸 책. 동일한 신서판으로 간행된 저자의 『'일본'이란 무엇인가』, 『복수(複數)의 '고대'(古代)』도 중요하다

가루베 다다시

『정치의 단어: 의미의 역사를 둘러싸고(政治のことば: 意味の歴史をめぐって)』
成沢光, 平凡社選書, 1984

중세 이후의 시대에 관한 연구도 수록되어 있지만, '오사무(ヲサム)', '마쓰리고토(マツリゴト)', '시로시메스(シロシメス)'라는 고대 어휘를 분석하여, 그러한 개념이 일본사상사의 원점에 있어서 어떠한 의미를 지니고 있었던가를 밝힌 부분이 특히 중요하다. 영유나 지배를 나타내는 '시루(シル)'가 식(識)이나 지(知)의 의미와 서로 중첩되고 있다는 것이나, 세(勢)나 덕(德)이 모두 '이키오이(イキホヒ)'라고 읽힌다는 지적 등은 독자의 사고를 넓히기에 충분하다.

가루베 다다시

『신화와 문학(神話と文學)』
石母田正, 岩波現代文庫, 2000

고대·중세사의 태두에 의한 전후 초기의 논문을 모은 것. 마르크스주의의 입장에서 사상사적 서술을 뛰어나게 행한 예는 일본이나 외국에서도 드문 일인데, 그런 의미에서 이 책은 귀중한 성과 중의 하나라고 할 수 있다. 지역 공동체 내부로부터 족장층이 두각을 나타내고, 이어 야마토(大和)왕권으로 통합되어 가는 과정을 신화의 구성이나 문체로부터 읽어낸 작품. 텍스트를 독파하고 그 배경에 있는 사회의 전체 구조를 단숨에 그려내려고 시도한 기백에 압도당한다.

가루베 다다시

『천황제사론: 본질·기원·전개(天皇制史論: 本質·起源·展開)』
水林彪, 岩波書店, 2006

황실제도는 어떻게 시대의 변천을 넘어 존속해 왔는가. 이 책은 기·기(『고사기』와 『일본서기』)와 율령의 분석을 통해 율령국가에서의 독자적 왕권의 존재 양상에서 답을 찾아낸다. 거기서는 천황가와 후지와라(藤原)가가 결합하여 하나의 지배자 단체를 이루어 왔다고 설명한다. 왕권론에 그치지 않고 마침내 서민에까지 퍼지는 이에(家) 집단의 성립사로서도 읽을 가치가 있다. 어느 시대든 황실과 정치지배자와의 관계를 생각하는 데는 반드시 참고할 만한 책이다.

가루베 다다시

『도교를 둘러싼 공방(道教をめぐる攻防)』
新川登亀男, 大修館書店, 1996

이 책은 일본의 도교사나 도교 수용사를 서술한 책은 아니다. 지금까지 법과 제도의 관점에서 고대사·종교사를 탐구해 온 저자가, 역사의 침전물 위에 뜨는 맑은 물이 아니라, 일상과 비일상의 감각 및 상식의 성립과 변화라고 하는 크고도 깊은 어둠 속으로 헤쳐 들어가, 나가야노 오키미(長屋王)가 구상하는 신령세계와 대대의 천황 계보의 질서의 항쟁을 축으로 사원과 불상이 폭발적으로 만들어지고 황자들의 암살이 반복된 시대의 의미를 탐구한 획기적 연구다.

가타오카 류

『고대인과 꿈(古代人と夢)』
西郷信綱, 平凡社ライブラリー, 1993

고대인들은 밤에 보는 꿈은 현실과는 다른 이질의 사실성을 갖고 있다고 느끼고 있었다. 그 정신세계를 훌륭하게 재현해 낸 것이 바로 이 책이다. 혼이 밖으로부터 신체로 들어온다는 지적도 사상사 연구의 많은 방면에 자극을 주는 주장일 것이다. 제재는 일본 신화와 문학에 한정하고 있지만 오리구치 시노부(折口信夫)와 하야시 다쓰오(林達夫)에 의한 고찰을 인용하면서 인류 전체의 정신사라고도 할 문제를 설파하고 있다.

가루베 다다시

『고전와카 해독: 와카 표현은 어떻게 심화되었는가(古典和歌解読: 和歌表現はどのように深化したか)』
小松英雄, 笠間書院, 2000

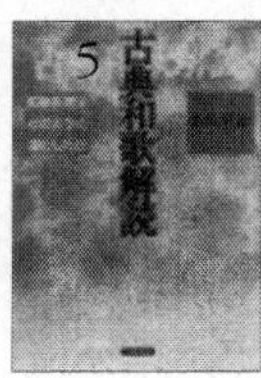

일본어사에 대한 연구에 기초하여『고금와카집(古今和歌集)』의 표현 기교의 본질을 명백히 하고 그 후『신고금와카집(新古今和歌集)』에서 렌가(戀歌), 하이카이(俳諧)에 이르는 변화의 길을 명쾌하게 논하고 있다. 시작(詩作)을 둘러싼 사상사의 서술로서는 후지와라노 데이카(藤原定家)와 모토오리 노리나가(本居宣長)에 의한 이해를 뛰어넘는 업적이다. 동시에 고전 텍스트와 마주할 때에는 하나하나의 말이 갖는 의미의 확인과 유연한 사고가 불가결하다는 것을 가르쳐 준다.

가루베 다다시

중세

『일기의 사고: 일본 중세사고사를 위한 서장(日記の思考: 日本中世思考史への序章)』
龍福義友, 平凡社選書, 1995

이 책은 헤이안시대부터 가마쿠라시대의 전환기인 12세기 후반의 사람들의 사고에 근본적인 변혁이 일어났던 것을 귀족의 일기를 통해 고찰한다. 그 변혁이란 선례, 고지쓰(故實) 등을 기준으로 하는 사고에서 리(理)와 도리(道理)를 기준으로 하는 사고로의 변혁이다. 이것을 저자는 개별적인 인간관계의 구체상을 벗겨내어 벌거숭이 인간의 발견이라고 정의한다. 철저한 사료에의 밀착과 철학적 고찰이 절묘하게 맞물린 좋은 논고다.

가루베 다다시

『겐지와 일본국왕(源氏と日本國王)』
岡野友彦, 講談社現代新書, 2003

무로마치시대와 도쿠가와시대의 구보(公方)가 전국적인 권력을 정당화하고 있었던 것은 '세이이타이쇼군(征夷大將軍)'의 관위에 의해서가 아니라 중화제국과의 관계에서의 '일본국왕'이라는 칭호와 궁정질서에서의 '겐지(源氏) 장자(長者)'라는 지위가 있었기 때문이다. 이 대담한 가설을 우지(ウジ)와 이에(家)·성(姓)과 묘지(苗子)의 차이라고 한 기초적 사실의 확인에서 시작하면서 설득력 있게 논증하고 있다. 같은 저자에 의한 작은 책, 『기타바타케 지카후사(北畠親房)』(皇學館大學出版部, 1995)도 시사성이 풍부하다.

가루베 다다시

『중세무사단(中世武士団)』 이시이 스스무의 세계2(石井進の世界2)
石井進, 山川出版社, 2005

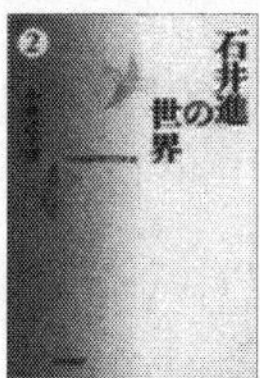

중세사의 대가였던 이시이 스스무(石井進)가 실은 소년시대 야나기타 구니오(柳田國男)의 민속학에 경도되었다는 사실이 그 사후에 알려지게 되었다. 일차사료에 더하여 고고학적 유물이나 설화본을 널리 이용한 이 책의 서술도 그러한 풍부한 기반 위에 성립하고 있다. 통독하면 들판을 내달리는 가마쿠라시대의 무사들의 모습이 목전에 떠오르는 것 같다. 근세의 무사와는 다른 자립적인 전투자의 세계가 거기에는 있었다. 1974년 초판 간행.

가루베 다다시

『중세 신화(中世神話)』
山本ひろ子, 岩波新書, 1998

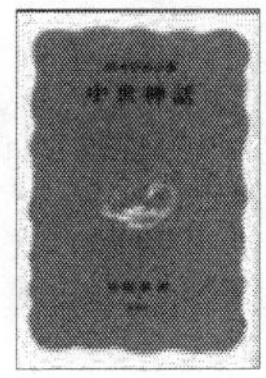

이 제목을 보고 당황하는 사람도 있을지 모르겠다. 하지만 료부(兩部)신도와 이세(伊勢)신도에 의한 신화 해석이 불교의 이론을 빌려 고대와는 다른 독자의 세계관을 창출하고 있었다는 점은 조금 앞서부터 학계의 공동인식이었다. 그 연구의 최전선을 매력 있는 문체로 소개한 책. 『이신(異神)』 상·하(筑摩學芸文庫, 2003)와 함께 읽으면 일본의 가미(神)들에 대한 인상이 완전히 새로워질 것임에 틀림없다.

가루베 다다시

『일본 중세의 사회와 종교(日本中世の社会と宗教)』
黒田俊雄, 岩波書店, 1990

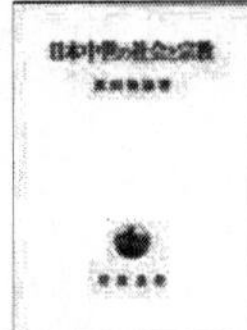

전후 중세 종교사 연구의 패러다임을 혁신한 '현밀체제'론을 창도한 저자가 중세 사회생활사의 입장에서 그것을 재조명하면서 근세·근대의 불교 등 중세에 국한시키지 않고 일본인의 종교 의식에 이르기까지 논한 책이다. '현밀체제'론의 성립 경위와 그 전망을 알기 쉽고 명쾌하게 정리한 편, 중세적 지식체계에 대해 논한 편, 히에이잔(比叡山) '기가(記家)'의 활동을 근거로 중세의 역사의식을 고찰한 편 등 전편이 주옥 같은 논문집이다.

가타오카 류

『탄이초 논석(歎異抄論釈)』
佐藤正英, 青土社, 2005

사상서의 원전이 아니라 연구서·개설서를 중심으로 거론하는 이 부분의 방침에서 보면 이 책은 이례적이다. 무엇보다 『탄이초(歎異抄)』의 본문 교정과 주석이 전체의 70%를 차지한다. 그렇지만 텍스트를 엄밀하게 읽는 작업이 사상가 연구의 기본이고, 또 동시에 해석자 자신의 사상적 영위이기도 한 점을 웅변적으로 보여주는 사례로서 일부러 거론했다. 『신란입문(親鸞入門)』(筑摩新書, 1998)과 함께 읽기를 권한다.

가루베 다다시

『일본송학사 연구(日本宋學史の研究)』
和島芳男, 增補版, 吉川弘文館, 1988

증보판은 만년의 『중세의 유학(中世の儒學)』을 출간한 후 근세의 송학사를 완성하기 위한 준비로서 발표된 논문을 증보한 것. 저자의 사후 중세 종교사 전문의 구로타 도시오(黒田俊雄)의 권유에 의해 재간행되었다. 송학의 전제로서 고대의 기전(紀傳)의 유행으로부터 논을 전개하여 그 수용으로서 중세의 선림(禪林), 궁정, 지방의 유력자들의 이해를 검토하고 근세 성당(聖堂)의 기능과 이학(異學)의 금지를 논하면서 끝을 맺는 이 책은 역사학의 입장에서 쓴 견실한 사상사 연구의 기초다.

가타오카 류

근세

『서구세계와 일본(西歐世界と日本)』 상 · 중 · 하
조지 B. 샌섬(今井圓 · 多田實 · 芳賀徹 · 平川祐弘 역), ちくま學芸文庫, 1995

히라카와 스케히로(平川祐弘)의 해설에 의하면 타이완 및 한국 유학생이 이 책을 필독서로 삼았다고 한다. 원저가 출판된 것이 1950년이기 때문에 개개의 사상의 이해 등에서 지금의 눈으로 보면 불충분한 부분이 눈에 띄지만, 근세와 근대를 통관한 개설서로서 통독할 만하다. 백미는 18세기 조닌(町人)문화의 성숙을 논한 장일 것이다. 에도의 멋쟁이를 마르셀 프루스트 소설의 등장인물에 비유하는 취향에는 미소가 절로 나온다. 문고판은 구역을 개정한 것이다.

가루베 다다시

『수용과 배제의 궤적(受容と排除の軌跡)』(『야마모토 시치헤이 라이브러리11』 수록)
山本七平, 文芸春秋, 1997

저자가 주장하는 문화수용의 원칙이란, 새로운 사상이 들어오면 그에 따라 종래의 단어의 의미가 변화하여 새로운 단어가 되고, 이 단어가 신구(新舊)의 두 가지 의미를 유지하면서 우선 과거의 사상을 부정하고 그와 함께 새로운 사상 자체를 배제한다는 것이다. 일본의 기독교 수용의 역사에서 이 원칙을 체현하는 상징적 존재로서 후칸사이(不干齋) 하비안, 그리고 아라이 하쿠세키, 히라타 아쓰타네, 홋타 마사요시(堀田正睦) 등을 예로 들면서 근대까지 이어지는 일본 문화의 체질을 탐구하고 있다. 1978년 초판.

가타오카 류

『선철의 학문(先哲の學問)』
內藤湖南, 筑摩叢書, 1987

야마자키 안사이, 아라이 하쿠세키, 도미나가 나카모토, 지운손자(慈雲尊者), 나카이 리켄(中井履軒), 야마가타 반토, 가모노 마부치 등 근세를 중심으로 한 학문의 매력에 대해 일반 독자를 대상으로 한 교토 지나학(支那學)의 창시자 나이토 고난의 강연집. 저널리스트로서 출발한 고난이 지닌 사물의 본질을 꿰뚫는 직관적 통찰력과 독자의 흥미를 불러일으키는 화술이 충분히 발휘되고 있다. 학문적으로도 여전히 시사적이다. 이하 『근세문학사론(近世文學史論)』('文學'은 學芸의 의미), 『일본 문화사 연구(日本文化史硏究)』도 필독. 1946년 초판.

가타오카 류

『에도는 꿈인가(江戶は夢か)』
水谷三公, ちくま學芸文庫, 2004

도쿠가와시대의 사상을 접할 때 중요한 것은 역사교과서 등을 통해 유포된 당시 사회에 대한 잘못된 견해로부터 자유로워지는 것이다. 그러한 '마귀털이'에 딱 어울리는 책. 농민은 기근과 무거운 세금에 괴로워하고 있었다는 암흑의 시대상이 걷혀진다. 실제는 대체로 차분하고 문화의 수준도 높았던 도쿠가와 사회의 실상이 명확해진다. 영국에 비해 지배계급과 서민 사이의 거리가 가까웠다는 지적도 시사적이다.

가루베 다다시

『사무라이 사상: 일본형 조직과 개인의 자립(士[サムライ]の思想: 日本型組織と個人の自立)』
笠谷和比古, 岩波同時代ライブラリ, 1997

미타니 미쓰히로(水谷三公)의 책이 주로 농민 및 조닌(町人) 세계에 관한 '마귀털이' 작업이라고 한다면, 이 책은 무사조직으로서의 다이묘가(大名家=藩)에 관한 연구로, 주군의 전제(專制)라는 편견을 불식시켜 준다. 상층으로부터 하층에 이르기까지 넓은 범위의 무사가 각각의 '지분(持分)'에 따라 전체의 결정에 관여해간다. 그러한 형태로 조직에 공헌하기 위해 개인의 능동성을 강조한 것이 근세의 '무사도(武士道)'였던 것이다. 1993년 첫 간행.

가루베 다다시

『동아시아의 왕권과 사상(東アジアの王權と思想)』
渡辺浩, 東京大學出版會, 1997

오히려 영어 표제인 "Confucianism and After"가 내용을 더 잘 전달하고 있을지 모르겠다. 도쿠가와 시대의 유학 사상은 어떻게 변용되고, 그것이 중국 및 조선의 경우와 어디가 다른가. '구보(公方, 에도의 쇼군)'에 의한 지배를 일반인들이 자명하다고 간주하게 한 기제는 어떠한 것인가. 서양의 진보사상은 어떻게 수용되었는가. 그러한 커다란 과제에 대해 해박한 지견을 통해 대답하려고 하는 지적 모험이 넘치는 책.

가루베 다다시

『근세문예사조론(近世文藝思潮論)』(나카무라 유키히코 저술집 제1권)
中村幸彦, 中央公論社, 1982

일본 사상의 전개를 문예에 대한 사조와 떼어놓고 생각할 수 없다. 이 책은 엄밀한 실증적 연구에 의해 근세 문학 연구에 커다란 공헌을 한 저자가 하야시 라잔, 야마자키 안사이, 이토 진사이, 지카마쓰 몬자에몬(近松門左衛門), 핫토리 난카쿠, 우에다 아키나리(上田秋成), 다키자와 바킨(瀧澤馬琴) 등 근세 유학자 및 문인을 논한 불후의 명저 『근세문예사조고(近世文藝思潮攷)』를 바탕으로 하여, 거기에 추가적으로 써 내려 간 「풍아론적 문학관」, 「청신론적(清新論的) 문학관」을 덧붙인 것이다. 근세 사상을 연구하려는 사람이라면 우선 정독해야 할 책.

가타오카 류

『근세 일본의 과학 사상(近世日本の科學思想)』
中山茂, 講談社學術文庫, 1993

'패러다임' 개념을 주창한 토머스 쿤의 초기 제자이기도 한 저자가 메이지라는 단층에 의해 잘려 나가 알 수 없게 된 근대 이전 일본의 패러다임을 명확히 하기 위해, 에도시대의 천문역학(天文曆學), 의학, 수학 등을 예로 들어, 서양과도 중국과도 다른 근세 일본의 법칙관, 자연관, 과학관을 탐구한다. 막말(幕末) 양학(洋學) 연구의 현상과 방향을 설명한 부분은 그 대국성(大局性)·종합성이란 면에서 과학사상사를 전문으로 하지 않는 사람에게도 꼭 일독을 권하고 싶은 책.

가타오카 류

『일본정치사상사: 근세를 중심으로(日本政治思想史: 近世を中心に)』
平石直昭, 改訂版, 放送大學教育振興會, 2001

메이지유신의 변혁을 가능하게 한 것은 무엇이었는가라는 관점에서 근세의 주요한 사상가, 학자의 작품을 대상으로 그 내재적 이해에 중점을 두는 방법으로 집필된 근세 정치사상사 입문서. 저자는 현대인에게도 배워야 할 만한 사상의 영위가 '전근대'에는 두텁게 축적되어 있었고, 그 층의 두터움이야말로 메이지의 변혁을 가능하게 하였다는 입장에서 이와 같은 사상사의 왕도적 수법을 채용하고 있다. 권말의 참고문헌 리스트도 필독서를 정선(精選)하고 있다. 1997년 첫 출간.

가타오카 류

『근세 일본사상사 연구(近世日本思想史硏究)』
平重道, 吉川弘文館, 1969

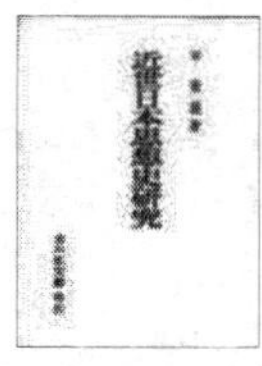

요시카와(吉川)신도, 안사이(闇齋)학, 아이즈(會津)번의 학문 등 근세 전반의 사상을 중심으로 논한다. 저자는 사상사 연구의 방법으로서 흥미 있는 사상가, 학자의 전 저술을 모아 전기(傳記)를 명확히 하여, 그 위에 그 사람의 중심적 사상을 내재적으로 구명한다는, 그의 스승인 무라오카 쓰네쓰구 이래의 방법을 견실하게 지키고 있다. 또한 지방사료, 서민사료에도 눈을 돌려 이러한 사상가들의 위대함을 배후에서 지탱하는 교화(敎化)의 유포, 사상의 기반에도 유의하고 있다. 본격적 연구에 참고가 되는 책.

가타오카 류

『교토 예원 네트워크(京都藝苑のネットワーク)』
高橋博巳, ぺりかん社, 1988

황벽승(黃檗僧)인 바이사오(賣茶翁)와 그 주변에 모여든 이케 다이가(池大雅), 이토 자쿠추(伊藤若冲) 등의 문인 서클, 요사 부손(與謝蕪村), 우에다 아키나리(上田秋成), 유학자인 미나가와 기엔(皆川淇園) 등의 작품 분석을 통해 18세기 후반의 교토 문화 사회를 다면적으로 논한다. 저자가 이 시대의 교토 문화에 초점을 맞추는 것은 거기서는 시인 및 화가도 당대의 정신 풍토를 학자나 사상가와 공유하고 있어서 에도시대 중에서도 가장 매력적인 시기, 지역이었기 때문이라고 한다. 매력적인 만큼 그에 따르는 곤란한 과제를 어떻게 처리해 가는가에 대한 모델이기도 하다.

가타오카 류

『차노유(茶の湯)』
熊倉功夫, 敎育社歷史新書, 1977

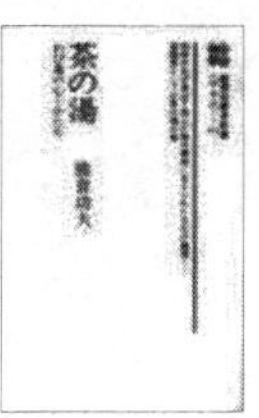

"다인(茶人)은 고독하다", "다도 그 자체가 일본 문화 속에서 고독하다"는 말머리로 시작하는 이 책은 약간 특이한 다도사(茶道史)임과 동시에 대단히 자극적인 사상사·정신사의 탐구이기도 하다. 저자의 주장은 와비차(詫び茶)의 마음과 모습은 하극상이 낳은 문화였지만, 그 정신은 근세적인 질서가 형성됨과 동시에 이단으로서 취급되어 변질되어 갔다는 것이다. 저자의 『간에이 문화의 연구(寬永文化の硏究)』도 같이 읽으면 더 좋다.

가타오카 류

『사다노부의 비전: 간세이 시각 개혁의 치세학(定信お見通し: 寛政視覚改革の治世學)』
데이먼 스크리치(高山宏 역), 青土社, 2003

일본 미술사를 전문으로 하는, 아니 그보다는 뉴 아트 히스토리의 기수이기도 한 저자가 이제까지의 정치와 경제의 각도에서만 다루어진 간세이개혁에 대해 파고들어, 도상(圖像)과 그림을 총동원한 쇼군 권위의 창출, 동시에 그것이 '일본'이라는 공간에 확고한 기반을 만들게 되었다는 점을 논한 자극적인 작품. 100장이 넘는 삽입 도판도 '간세이기의 회화'를 일본 유학의 테마로 했던 저자만의 것으로 흥미를 불러일으킨다.

가타오카 류

『라이 산요와 그 시대(賴山陽とその時代)』 상 · 중 · 하
中村真一郎, 中公文庫, 1976~1977

라이 산요(賴山陽)의 생애와 학예의 전모, 그 일족, 제자, 교우 관계를 면밀히 추적하여 에도 후기 지식인의 생태(生態)와 정신풍경을 생생하게 그려내고 있는 작품. 전전의 존황(尊皇)사상가로서의 산요의 이미지는 이 저술에 의해 뒤바뀌졌다. 특히 저자 자신의 신경증 경험으로부터 산요의 '우울증(鬱症)'에 초점을 맞춰 그 청춘 시대의 광태(狂態)를 그려내고 있는 부분은 전율마저 느끼게 한다. 같은 저자의 『기무라 겐카도 살롱(木村蒹葭堂のサロン)』, 『가키자키 하쿄의 생애(蠣崎波響の生涯)』도 에도 후기의 지적 세계의 분위기를 엿보게 한다. 첫 출간은 1971년.

가타오카 류

『지방 문인(地方文人)』
塚本學, 教育社歷史新書, 1977

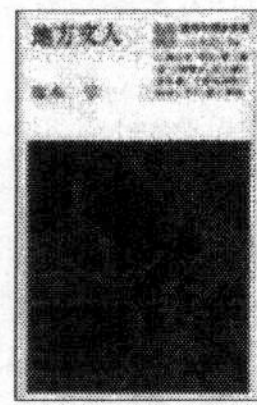

저자에 의하면 '지방 문인'이란 수도의 문인과 문자를 모르는 생활인과의 접점에 위치하는 존재. 중앙과 지방, 수도와 벽지 문화의 상호영향을 중시하는 저자는 이 책에서 히로세 단소(廣瀨淡窓), 교쿠소(旭莊), 스가에 마스미(菅江眞澄), 잇사(一茶) 등을 당시 무수히 많았던 무명의 지방 문인들의 대표로서 거론하면서, 그러한 사람들에 의해 일본인의 생활습관과 문자로 표현된 문화와의 결합이 가능해졌다고 한다. 부록의 연구문헌의 소개는 이 분야의 입문서로서 최적이다.

가타오카 류

『에도의 장서가들(江戸の藏書家たち)』
岡村敬二, 講談社選書メチエ, 1996

도서관정보학을 전문으로 하는 저자가 오야마다 도모키요(小山田與淸), 야시로 히로가타(屋代弘賢), 가리야 에키사이(狩谷棭齋), 하나와 호키노이치(塙保己一) 등 방대한 서적을 축적한 문인들의 서적 수장방법, 그 생활, 그들의 교류를 추적하여, 18세기 이후의 독서환경 및 지(知)의 양상을 밝히면서 그 기억 시스템이 근대에도 계승되고 있음을 논한다. 남겨진 목록, 해제, 색인을 실마리로 하여 이미 소실된 당시의 지적 세계의 이미지에 대한 풍부한 재현에 성공하고 있다.

가타오카 류

『근세 오사카와 지식인 사회(近世大坂と知識人社會)』
小掘一正, 清文堂, 1996

이 책은 근세사상사 분야의 중견으로서 장래 대성(大成)할 것으로 기대받고 있던 저자가 급성백혈병으로 급사하자, 주위에서 생전의 성과를 하나의 책으로 편집한 유고집. 오사카의 조닌(町人)학문소인 가이토쿠도(懷德堂)를 중심으로 원자료에 입각하여 조사·재검토를 통해 새로운 사실을 발굴한다는 성실한 연구 태도를 관철한 저자는 저술의 양은 적지만 내외의 높은 평가와 신뢰를 얻고 있었다. 버려진 아이에 대한 시선 등 섬세한 감성에 의거한 사회사적 시점도 신선하다.

가타오카 류

『여덟 갈림길(やちまた)』 상·하
足立卷一, 朝日文芸文庫, 1995

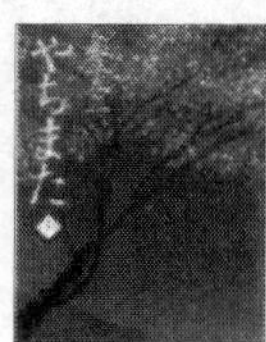

모토오리 노리나가의 장남으로 실명에 이르면서도 국학 연구를 지속한 모토오리 하루니와(本居春庭)의 생애를 엮은 평전문학의 걸작. 시인이기도 한 저자 자신의 전전의 기억과 얽힌 채 전개되는 서술은 치밀한 학문적 탐구를 통해 근세 후기의 학자들의 지적 풍경을 그려냄과 동시에, 1930년대 이후의 일본에서 문학·학문을 통해 삶의 의미를 찾으려고 한 청년들의 심상(心象)도 극명하게 부각시키는 점에 매력을 느끼게 한다. 한학자였던 조부의 외로운 삶을 추적한 『홍멸기(虹滅記)』도 추천하고 싶다. 1974년 첫 출간.

가타오카 류

『모토오리 노리나가는 누구인가(本居宣長とは誰か)』
子安宣邦, 平凡社新書, 2005

아다치 겐이치(足立卷一)의 『여덟 갈림길(야치마타)』을 읽은 후에 국학사상에 대해 더 알고 싶다고 생각하는 사람에게 권할 만한 책. 노리나가가 '노래 배우기(歌學び)'에서 『고사기』의 방대한 주석 작업을 통해 '황국(皇國)의 도(道)'의 사상체계에 이르게 된 궤적을 알기 쉽게 설명하고 있다. 노리나가의 자화상과 타인에 의한 초상의 차이를 지적하여 자서전이 지니는 위험성을 지적하는 시선도 얄미울 정도로 예리하다. 읽은 후에는 『히라타 야스타네의 세계(平田篤胤의 世界)』(ぺりかん社, 2001)로 더 나아가는 것도 좋을 것이다.

가루베 다다시

근현대

『메이지 유신을 생각한다(明治維新を考える)』
三谷博, 有志舍, 2006

메이지유신은 불가사의한 대사건이다. 그때까지의 지배자에게 반역하여 정권을 빼앗은 하급무사들이 수년 후에는 스스로의 특권을 해체하는 '신분적 말살'을 감행했을 정도이니까. 저자는 이 수수께끼에 정면에서 대면하여 유신사(維新史)의 연구가 세계사상의 다른 역사 변동을 이해하는 보편적인 모델을 이끌어 낼 가능성에 걸고 있다. 좁은 의미에서의 사상 연구로서는 '공의(公議)' 중시의 주장이 발휘한 역할을 강조하는 부분도 흥미를 끈다.

가루베 다다시

『가미들의 메이지유신: 신불 분리와 폐불훼석(神々の明治維新: 神佛分離と廢佛毀釋)』
安丸良夫, 岩波新書, 1979

신불 분리와 폐불훼석은 메이지유신의 역사 가운데 단순한 하나의 에피소드가 아니라 일본인의 정신사에 근본적인 대전환을 낳은 일대 사상적 사건이었다. 이 책에서는 이러한 시점에서 전근대 민중의 풍부한 종교생활이 어떻게 억압·개편되어 근대 일본 사회의 과잉동조적 체질로 바뀌어 갔는가를 명석한 논리 전개로 극명하게 추적한다. 에도로부터 메이지에 걸친 국가와 종교를 둘러싼 문제를 고찰하기 위한 고전적 명저.

가타오카 류

『살아 있는 가미의 사상사: 일본의 근대화와 민중종교 (生き神の思想史: 日本の近代化と民衆宗教)』
小澤浩, 岩波書店, 1988

저자는 민중종교 연구를 '토속회귀론'으로부터 해방시켜 일본의 근대화라는 문제 속에서 사상사적으로 재검토하고자 한다. 곤코교(金光教)를 중심으로 덴리교(天理教), 오모토(大本)교, 마루야마(丸山)교 등을 창시한 '살아 있는 가미(神)'인 교조들의 종교 의식이 민중의 자기해방·변혁과 어떻게 관련되고, 또한 그것이 국가권력과 어떻게 타협해 갔는가, 그리고 그러한 대세 속에서도 '살아 있는 가미'의 가르침의 수맥이 복류(伏流)하여, 때로는 개인의 삶을 통해 출현하는 모습을 그려내고 있다.

가타오카 류

『근대 일본의 형성과 서양 경험(近代日本の形成と西洋經驗)』
松澤弘陽, 岩波書店, 1993

일본인과 서양문명과의 만남은 샌섬의 책의 주제이기도 했지만, 이 책에서는 나카무라 게이우(中村敬宇) 및 후쿠자와 유키치가 서양 사상의 이해에 몰두하여 그것과 격투하는 속에 자기 자신의 사상을 만들어 간 과정을 면밀하게 분석하고 있다. 이문화(異文化) 및 타자의 이해라는 영위가 결코 쉬운 일이 아니라는 것을 생생하게 가르쳐 주는 책. 『문명론의 개략』이 문명의 다(多)계통적 발전을 주장하고 있다는 지적도 매우 중요하다.

가루베 다다시

『읽어버린 메이지의 풍경(幻景の明治)』
前田愛, 岩波現代文庫, 2006

일찍 타계한 뒤에 저작집이 품절되었지만 마에다 아이(前田愛)의 저작이 몇 번이나 재간되어 항상 입수할 수 있게 된 것은 기쁜 일이다. 연구자가 되기 위해 공부할 때, 메이지의 신문·잡지를 샅샅이 훑어보았던 인물이기에 파악 가능한 시대의 공기가 생생하게 전해져온다. 추천하고 싶은 책은 많이 있지만 메이지시대 전체로부터 여러 주제를 다룬 이 에세이집을 선택해 보았다. 1978년 첫 출간.

가루베 다다시

『개국 경험의 사상사: 조민과 시대정신(開國經驗の思想史: 兆民と時代精神)』
宮村治雄, 東京大學出版會, 1996

뛰어난 풍자가로서의 나카에 조민의 재능은 기인(奇人)으로서의 성격에 의한 것만이 아니라, 진리로서의 '자유'에 대한 추구가 그 근거에 있었다. 그러한 지적을 비롯하여 후쿠자와 유키치 및 바바 다쓰이(馬場辰猪) 등 메이지 사상가들이 서양의 사상전통과 대결하면서 새로운 전통을 만들어 내고자 했던 영위를 극명하게 파헤친 논문집. 사상사 연구자를 지향하는 사람에게는 연구방법의 모델로서도 읽히는 필독서.

가루베 다다시

『근대 일본정신사론(近代日本精神史論)』
坂本多加雄, 講談社學術文庫, 1996

메이지시대 후반 제국헌법이 발포되고 나서 러일전쟁 직후에 이르기까지의 사상사는 연구는 많지만 납득할 수 있는 시대상을 그려낸 작업은 그리 많지 않다고 생각된다. 그런 가운데에서 도쿠토미 소호 및 야마지 아이잔(山路愛山)에 입각하여, 또한 '영웅' 개념의 유행과 변화를 거론하면서 그 시대의 단면을 날카롭게 제시한 귀중한 작업. 앞부분의 개론 「근대 일본의 시간체험(近代日本の時間體驗)」에서는 전시기의 교토학파 및 전후 사상에까지 이르는 장기적 전망을 보여주기도 한다.

가루베 다다시

『메이지 · 사상의 실상(明治 · 思想の實像)』
坂野潤治, 創文社, 1977

후쿠자와 유키치가 '탈아입구(脫亞入歐)'를 주장하여 그 후의 일본제국에 의한 아시아 침략을 선구적으로 외쳤다고 하는 등의 오해가 교과서에조차 실려 있는 것을 볼 때마다 반노 준지(坂野潤治)의 이 책을 제대로 읽지 않았구나 하고 생각하게 된다. '탈아론'은 오히려 그때까지 지원하고 있었던 조선에 대한 내정간섭으로부터의 철퇴 선언이라는 것을 확증한 연구이기 때문이다. 오랫동안 품절상태라 문고판으로라도 재출간하기를 바라는 책이다.

가루베 다다시

『일본사상사의 뼈대(日本思想史骨)』

新保祐司, 構想社, 1994

일본사상사 전문 학계가 극단적으로 말하면 거의 잊고 있었던 무라오카 쓰네쓰구의 존재를 선명하게 되살린 서적. 근세의 신도·국학 사상의 계보 속에 '철학적·신학적 사색의 흐름'을 추적한 무라오카의 결의를 계승해 나가면서 저자는 국학으로부터 우치무라 간조 등의 기독교 사상에 이른다. 나카지마 아쓰시(中島敦)의 문학에 '한학(漢學)적 전통'을 발견하는 권말의 한 부분도 포함하여 일본의 '전통'에 관한 선입견이 일신된다.

가루베 다다시

『현대 일본의 사상: 그 다섯 가지의 소용돌이(現代日本の思想: その五つの渦)』

久野收·鶴見俊輔, 岩波新書, 1956

현대 일본의 사상을 일본의 관념론인 '시라카바(白樺)파', 유물론인 '일본공산당의 사상', 프래그머티즘인 '생활기록운동' 등의 사상유파로 대표시켜, 신생(新生) 일본의 발걸음을 명확히 하기 위해 이것들을 공동의 유산목록으로서 정확하게 계산, 평가하려고 하는 의도하에 정리된 고전적 명저. 이미 반 세기 전의 저서면서도 이만큼 면밀한 기획과 전망에 의해 높은 성과를 거둘 수 있었던 공동연구는 지금도 드물다.

가타오카 류

『위대한 어둠: 스승 이와모토 데이와 제자들(偉大なる暗闇: 師岩元禎と弟子たち)』

高橋英夫, 講談社學術文庫, 1993

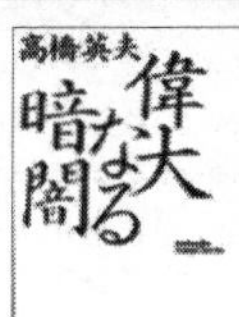

다이쇼기·쇼와 초기의 구제(舊制)고교에서 전개된 '교양주의'의 풍조는 지금의 젊은 세대에게는 이해가 어려울지 모른다. 하지만 이 책을 읽으면 지식청년들이 '교양'을 간절히 바라고 있었던 그 공기를 실감할 수 있을 것이다. 구제일고(舊制一高)를 무대로 독일어 교수 이와모토 데이(岩元禎)와 그의 주위에 모인 학생들을 주인공으로 한 작품으로 대상에 대한 절실한 공감이 뛰어난 사상사 서술을 낳은 좋은 사례이기도 하다. 1984년 첫 출간.

가루베 다다시

『The Book of the Dead: 사자의 서(死者の書)』

(DVD) 川本八郞 감독, 제네온 엔터테인먼트, 2007

소설 형식을 취한 '고대 연구'로 알려진 오리구치 시노부(折口信夫)의 『사자(死者)의 서(書)』를 인형극 "삼국지"의 미술 담당으로 세계적으로 명성이 높은 가와모토(川本)가 인형 애니메이션으로서 처음으로 영상화. 나라의 대로(大路) 및 도다이지(東大寺)의 대불전, 다이마데라사(當麻寺) 등 8세기의 문화공간을 리얼하게 재현한 미술 세트가 난해한 원작의 이해를 도와준다. 원작 성립에 관한 오리구치의 자기해설 「산 넘어 아미타상의 화인(畵因)」에 의하면 의식화된 문화 속에 잠재하는 고유의 종교적 심성의 문제가 본 작품의 테마.

가타오카 류

『일본적인 것, 유럽적인 것(日本的なもの, ヨーロッパ的なもの)』
大橋良介, 新潮選書, 1992

저자는 하이데거의 제자의 제자로 교토학파 철학의 새로운 탄생의 임무를 짊어지고 있다. 일본 근대의 전개를 서구화 이전의 '서(序)', 서구를 일본화하고 일본을 서구화하는 '파(破)', 포스트 서구화라고 할 수 있는 '급(急)'의 단계로 설정하는 구상으로부터, 일본적인 것의 대표로서 바쇼(芭蕉)와 리큐(利休), '필로소피'의 일본적 수용·변용의 문제로서 니시 아마네, 그리고 일본과 서구의 사이에 서 있는 나쓰메 소세키, 와쓰지 데쓰로, 교토학파의 철학 등에 관해 날카롭게 논하여 지적 자극을 계발하는 시점이 풍부하다.

가타오카 류

『'교토학파' 이야기(物語 '京都學派')』
竹田篤司, 中公叢書, 2001

"내가 교토학파라고 한다면 나는 이 갖가지 꽃이 어지럽게 핀 듯한 분열의 이 학파를 명예롭게 여길 것이다"라는 말은 나카이 마사카즈(中井正一)의 말이지만, 이 '분열'의 풍요함에 대하여 가장 잘 웅변적으로 전하고 있는 책. '교토학파'의 사상 세계는 니시다 기타로만이 만들어 낸 것이 아니며 교토대학의 정통 계열에 수렴되는 것도 아니다. 다케다 아쓰시(竹田篤司), 후루타 히카루(古田光) 등 그러한 사정을 기교 넘치게 그려낸 학자가 연이어 타계한 것은 아까운 일이다.

가루베 다다시

『기타 잇키(北一輝)』
渡辺京二, ちくま學藝文庫, 2007

"메이지 천황제 국가가 그 체제하에서 살아 있는 인간의 혼을 압살하는 것에 대한 분노에서" 혁명가가 되어 그리고 "민중의 혼이 거기서 날개칠 수 있다고 믿었기 때문에" 사회주의 사회를 추구한 기타 잇키(北一輝)의 사상적 생애를 『국체론 및 순정사회주의(國體論純正社會主義)』에 대한 이론 분석을 축으로 청년기 연애의 파국에서 2·26사건에 연좌되어 사형에 이르기까지 그 의의를 적확하게 지적한 명저. 긴장감을 던지는 문체로부터도 저자의 지적 고결함이 사무치게 전해진다.

가타오카 류

『천황폐하만세: 폭탄삼용사 서설(天皇陛下萬歲: 爆彈三勇士 序說)』
上野英信, 洋泉社, Modern Classic新書, 2007

상해사변에서 목숨을 잃은 세 사람의 병사가 일본 전국에서 숭배된 경위를 국가의 선전활동의 산물로서 비판하는 것은 오히려 쉬운 일이다. 중요한 것은 전몰한 병사 및 그것을 칭송하는 서민이 빈곤 속에서 품고 있던 심정에 다가가는 일이다. 스스로 탄광에서 생활하고 그 극명한 기록도 남긴 저자이기에 그러한 서술이 가능하였다. 재출간은 기쁘지만, 치쿠마문고판(1989)의 다무라 요시야(田村義也)에 의한 표지도 잊을 수 없다. 1971년 첫 출간.

가루베 다다시

『전중파 부전일기(戰中派不戰日記)』
山田風太郎, 新裝版, 講談社文庫, 2002

당시 23세, 도쿄의 한 의대생이었던 저자의 '쇼와(昭和) 20년'의 기록. 거기에는 당시의 세계, 민중의 진실된 모습—"내일 일도 모르는 서글픈 절망적인, 그런데도 곧바로 희망을 되찾아 살아가는 낙천적인 일본인의 모습"을 비춰내고 있다. 당시의 국민이 말없이 '사변(事變)'에 대처한 그 지혜에 관해서는 아직까지도 어떠한 사상가에 의해서도 정확히는 그려지지 않았다(고바야시 히데오[小林秀雄])고 말해진 바 있는데, 바로 그 침묵을 깰 수 있는 힌트가 될 귀중한 자료.

가타오카 류

『근대 일본의 사회과학: 마루야마 마사오와 우노 고조의 사정(近代日本の社會科學: 丸山眞男と宇野弘藏の射程)』
Andrew E. Barshay(山田鋭夫 역), NTT出版, 2007

일본의 전후란 미국의 반공전략에 의한 비호 속에 풍부한 사회로 성장해 가면서 언론계에서는 마르크스주의가 커다란 영향력을 떨치는 기묘한 시대였다. 이 책은 1920년대 이래 일본의 사회과학이 처한 환경과 그것이 안고 있던 실천상의 과제에 초점을 맞추면서 어째서 그렇게 되었는가를 해명하고 있다. 풍부한 내용에 비해 '마루야마 마사오와 우노 고조의 사정'이라는 일본어역 부제는 의미가 약간 협소할지 모른다.

가루베 다다시

『페르소나: 미시마 유키오전(ペルソナ: 三島由紀夫傳)』
(일본의 근대 이노세 나오키 저작집2[日本の近代 猪瀨直樹著作集2])
猪瀨樹直, 小學館, 2001

전후 미시마(三島)가 초조해하고 거부하려고 했던 것은 무엇이었을까. 이 책은 그 물음을 심정론에 그치지 않고, 관계(官界)와 인연이 깊은 부친 쪽 계보와 미시마 본인의 족적을 추적하면서, 관료제가 침투한 근대 일본의 국가와 사회에 대한 비판이라는 관점에서 조명한다. 하시카와 분조(橋川文三) 밑에서 정치사상사 연구의 훈련을 받은 저자이기에 쓸 수 있었던 평전이라고 할 수 있을 것이다. 저작집판에서 추가로 보충된 기시다 교코(岸田今日子)와의 대담도 중요한 회상을 전해 준다. 1995년 첫 출간.

가루베 다다시

『혁명적인, 너무나도 혁명적인: '1968년 혁명' 사론
(革命的な, あまりに革命的な: '一九六八年革命' 史論)』
絓秀実, 作品社, 2003

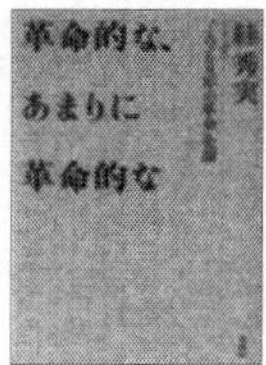

1968년을 중심으로 한 사상과 문화의 대변동을 다루기 위해, 이 책과 오타케 히데오(大嶽秀夫)의 『신좌익(新左翼)의 유산』(東京大學出版會, 2007) 중에 어느 쪽을 선택할까 망설였는데, 이 책을 소개하기로 정했다. 마르크스주의사상을 비롯하여 문학 · 미술 · 연극 · 영화 등 여러 가지 분야를 거론하고 있기 때문에 익숙하지 않은 독자는 당황할지 모른다. 하지만 그 혼돈스러운 서술이 시대가 내포하고 있었던 위험한 열기를 또렷이 체현하고 있다.

가루베 다다시

편자 후기

편자는 둘 다 1965년생이다. 집필자 중에는 우리들보다 조금 연배가 있는 사람도 있고, 또 조금 젊은 사람도 있지만, 책 전체로서는 역시 60년대 전후에 일본에서 태어나 성장해 온 사람들의 눈을 통해 완성되었다고 할 수 있을 것이다.

편자들의 초등학교 시기는 일본의 고도경제성장기의 끝부분에 해당한다. 해안의 고무공장에서는 강렬한 악취가 발생하고 있었지만, 시골 어촌에는 아직 아름다운 경치가 남아 있었고, 전후의 분위기를 남기고 있는 역 주변의 빌딩은 새롭게 만들어진 맨션들 사이에서 여전히 활기를 띠고 있었다. 밤은 아직 어두웠고, 길가의 채소가게의 조명은 진열된 청과물을 선명히 비추고 있었다. 그러한 풍경 속에 있던 사람들은 지금 어떻게 살고 있을까.

그 즈음 텔레비전에서는 "신일본기행"(NHK 1963~1982)이라는 프로그램이 방영 중이었는데, 변해 가는 일본의 풍경과 사람들의 생활을 취재하고 있었다(현재 NHK사이트에서는 모든 방송기록을 공개). 아직 드러나지 않은 일본이라는 것을 의식했던 것은 그때가 최초였다고 생각한다. 국철의 "디스커버 재팬DISCOVER JAPAN(아름다운 일본과 나)"의 캠페인이 시작된 것이 1970년, 그것과 연동한 텔레비전 프로 "멀리 떠나고 싶다"의 주제가와 야마구치 모모에山口百惠가 부른 "좋은 날의 여행"(1978)의 히트에 영향을 받아, 점차 부모나 근처의 어른들에 보호받거나 친구들과 함께 놀고 탐험하는 친근하고 익숙한 공간을 넘은 일본이라고 하는 넓이를 알게 되면서, 잘 알지 못하는 곳에 대한 동경심이 커져 갔다. 우리에게 일본이란 이러한 미지의 세계였다. 그 후 중학교에 들어가 외국어를 배우게 되었고 학교 밖 세계에서는 구보타 사키久保田早紀의 "이방인"(1979)이 유행하고 NHK특집 "실크로드"(1980)가 방영되어 일본의 밖에서 펼쳐지는 세계에도 상상을 펼치게 되었지만 근본적인 구도는 변하지 않았던 것 같다. 알 수 없는 세계의 입구로서 일본이 존재하고 그 입구로부터 우리는 다른 세계를 꿈꾸고 또 곤충의 세계를 관찰하기도 하며 별들을 바라보기도 했던 것이다.

이어 고도경제성장기가 끝이 나고 안정성장기를 거쳐 버블경기로 가는 도중에 우리는 어른이 되어 갔다. 그리고 버블의 붕괴와 그 후 만연하는 불황 속에서 '승자'도 '패자'도 인생의 큰 좌절감을 맛보았던 것이다. 그렇게 생각하지 않으면 지금의 일본의 황폐한 정신생활을 설명할 수가 없다.

확실히 하강의 시대라는 것은 존재한다. 가깝게 1차 세계대전 후의 서구와 간토대지진 후의 일본이 그랬다. 주지하는 것처럼 중세에는 '말세'라는 말이 유행했다. 역사의식이란 그러한 시대에 강하게 나타나는 것이다. 우리들은 어떻게 하여 여기까지 이르렀는가. 그리고 지금부터 앞으로 어떻게 살아가면 좋은 것인가. 사상사라는 학문에 관계하는 사람들에게 공통된 문제관심도 바로 여기에 있다.

이 책은 지금 현재 우리가 처해 있는 좌절감, 패배감 속에서 진지하게 재기하려고 생각하여 내력을 거슬러 올라가 찾아보려고 하는 사람들을 위한 안내서로 만들어졌다. 우리가 생각하고 있었던 것보다 과거의 일본은 훨씬 복잡한 경험을 하고 있었다. 그 경험으로부터 얻어진 지혜는 금후 우리의 인생에 지침이 될 수 있을 것이다. 역사는 승자를 위해서만 존재하는 것은 아닐 것이다.

또 이 책은 일본에 있는 외국인들에게도 읽히기를 바란다. 우리와 마찬가지로 그들에게도 일본은 미지의 세계고, 그 일본의 현재에 이르는 복잡 괴이한 사상적 경험은 세계적으로 보아도 드문 것이다. 그 매력을 우리들과 함께 생각하고 언젠가 꼭 자기 나라에 전할 수 있기를 바란다.

또 위와 똑같은 바람을 일본에 있는 외국인보다도 일본에 대해 더 잘 모르고 있는 일본의 젊은이들에게도 전하고 싶다. 일본사상사라는 학문은 별로 어려운 것은 아니다. 그것은 자신이 어린이였을 때 보고 느끼고, 그리고 영원히 지나가 버린 일본의 풍경과 사회, 그 기억이 가진 의미를 탐구하는 것으로부터 시작한다. 본서를 안내서로 삼아 아직 드러나지 않은 일본과 그 과거에 대한 상상력을 배우기 바란다.

마지막으로 각 항목의 집필을 기꺼이 수락해 주고 또 어쩔 수 없는 원고 수정의 부탁에 대해서도 잘 응해준 집필자 여러분, 또 초인적인 편집 작업으로 게으른 편자들을 고무해 준 신쇼칸新書館 편집부에 대해 편자를 대표해서 깊은 감사의 말씀을 전한다. 온천 여행에라도 초대하고 싶지만, 모두 바쁘실 테니 숨을 조금 돌리고 나서 각자 새로운 작업에 매달리도록 합시다. 우리에게 남겨진 과제는 아직도 산처럼 많이 남아 있으니까.

2008년 2월

가타오카 류

역자 후기

이 책은 가루베 다다시苅部直·가타오카 류片岡龍 선생님이 편집한 『일본사상사 핸드북日本思想史 ハンドブック』(新書館, 2008)을 세 명의 공역자가 우리말로 옮긴 것입니다.

목차를 일별해도 알 수 있듯이, 이 책에서 가장 먼저 눈에 띄는 점은 형식상의 특징입니다. '사상사'라는 제목에 익숙한 통사적 서술방식을 취하지 않고 있습니다. 오히려 선별된 50여 항목의 주제에 대해 가루베·가타오카 두 편저자를 포함하여 각 전공 분야의 제일선에서 활약하고 있는 총 36명의 연구자가 최신의 연구성과에 의거하면서 각각의 중심 내용을 정리하는 스타일입니다. 1장에서는 특정 시대의 범위를 뛰어넘어 통시적 접근이 필요한 사상적 과제를, 2장에서 5장까지는 일본 고대로부터 근현대에 이르기까지 각 시대별로 현재 가장 중시되는 화제를 선별하여 다루고 있는 점이 인상적입니다. 따라서 처음부터가 아니라 관심 주제부터 읽기 시작해도 그 나름의 맛을 느낄 수 있는 구성으로 되어 있습니다.

그 형식상의 특징이 내용적으로는 예를 들면 종래 사상사 연구에서 터부시되어 온 하야시 후사오林房雄의 『대동아전쟁 긍정론』과 같은 대담한 언설에 대한 논의 또한 가능하게 했을지도 모릅니다. 또한 일본사상사의 전통적 주제는 물론이고, 한일비교론적 항목 또한 궁금증을 더하게 합니다. 당대 일류지식인들의 저작이 어떻게 취급되었는가라는 관점에서 도쿠가와 일본

사회에 보이는 미디어의 발전과 그 발전상을 목격한 조선통신사 일원의 한탄을 묘사한 항목이나 일본의 주자학에 미친 이퇴계 유학의 절대성이라는 아베 요시오阿部吉雄의 주장에 대해 새로운 연구성과를 기반으로 수정을 가하면서 종래의 조선 유학과 일본 유학의 관계에 대한 재검토를 시도하는 항목 등은 호불호를 떠나 일독하지 않을 수 없게 만듭니다.

그 외에도 구성상 흥미를 끌기 위한 여러 장치들이 마련되어 있어 즐겁기까지 합니다. 이제는 우리에게도 알려진 마루야마 마사오丸山眞男, 이에나가 사부로家永三郎, 쓰다 소키치津田左右吉 등의 '사상사가'에 대한 소개 코너가 있는가 하면, 서양음악의 수용, 영화, 중세 예능, 격투기 등을 다루어 양념 역할을 하는 '칼럼'이 중간 중간에 배치되어 있습니다. 더욱이 두 편저자가 엄선하여 200자 정도의 서평과 함께 소개되는 일본사상사 관련 서적 안내인 '북가이드'는 심화학습을 원하는 사람들의 관심을 끌기에 충분합니다.

이처럼 일종의 '사전'과 '입문서'를 혼합시켜놓은 것과 같은 형식상의 모색은 비단 '핸드북'의 특성 때문만은 아닐 것입니다. 편저자 중의 한사람인 가루베 선생님이 서문에서 살짝 내비치는 일본사상사 연구자로서의 안타까움과 반성도 그 한 요인일 것입니다. 예를 들어 '무사도 정신'과 같이 너무나도 친숙하여 자명한 듯이 사용되고 있지만 여전히 오해를 불러일으킬 이미지로 통용되고 있는 개념이 결코 적지 않다는 점에 그는 개탄합니다. 거기에는 베스트셀러 작가라든지 TV 보도프로에 초빙된 학자와 같은 이른바 '지식인'에 의해 아무런 문제의식 없이 그와 같은 개념이 오용誤用되고 그 오용된 이미지가 공중매체를 통해 퍼져 나가고 있을 때에 배가되는 안타까움이 짙게 깔려 있습니다. 비교적 독서에 익숙한 지식인들조차 사상사적 개념이나 주제에 대해 무지하거나 관습적 이해의 틀에서 벗어나고 있지 못하다는 것입니다.

이런 상황이 일반 독자와 사상사 연구의 최전선에 다리를 놓아 학계의 연구성과와 대중적 인지 사이의 간극을 좁히는 효율적인 소통방식으로서 주제별 서술방식을 채택하게 하고 있는지도 모릅니다. 백화점식으로 뭐든지 끌어 모으는 바람에 자칫 잘못하면 오히려 초점이 애매해져 버릴 수도 있는 통사적 서술방식과는 달리, 어쩌면 이 방식이 자주 사람들의 입에 오르내리기는 하면서도 종종 오용되거나 오해를 불러일으키는 '제일 가려운 곳'을 찾아내어 선별적으로 긁어주는 데에는 보다 효과적이라고 생각했을 법합니다. 그런 의미에서 이 책 목차의 각 주제는 편저자들의 눈에 비친 일본사상사 이해의 '급소'임에 틀림없습니다.

그 한 가지 예를 들어보면 다음과 같습니다. 우선 일본 문화나 일본사상론의 소재로 종종 거론되는 '신불습합神佛習合'론에 대한 항목이 눈길을 끕니다. 종래 '신불습합'론은 신도나 불교 등 복수의 종교가 역할을 분담하면서 공존하는 모습에서 기독교나 이슬람교의 문명권과는 다른 일본적 정신 풍토의 독자성을 부각시키는 주제 중의 하나였습니다. 그러나 최근의 연구성과에 의하면 현대 일본인들에게 거의 상식이 되다시피 한 신도와 불교의 구분은 시대를 거슬러 올라가면 전혀 통용되지 않는다고 합니다. '신불습합'론에서는 초역사적인 실체로서 협의의 '가미(神)'와 '부처'를 상정하지만, 역사를 넘어 실재하는 보편적 존재로서의 가미도 부처도 존재하지 않는다는 것입니다. 그런 의미에서 '신불습합'이라는 관계론은 그 자체가 '허구'라는 것입니다.

그리고 이러한 결론의 도출은 일본사상사를 둘러싼 연구의 방법과 소재의 다양화에서 획득된 것이라는 주장 또한 귀 기울일 만합니다. 전통적 사상사 분야는 물론 주변 영역으로도 시선을 돌려 최근의 연구성과를 도입하려고 애쓴 흔적이 엿보이는 대목입니다. 눈에 띄게 늘어난 문학, 역사학, 민속학, 미술사 등 주변 영역에서의 사상사에 관한 발언을 적극적으로 참고하고 있을 뿐만 아니라, 소재면에서도 이전의 문헌중심주의를 극복하고 다채로운 자료, 이를테면 고문서, 금석문, 조각, 회화자료 등을 적극적으로 이용하려는 경향이 현저해졌다는 점이 언급되고 있는 것입니다. 전근대의 사상세계의 역동적 측면과 리얼한 전체상을 파악하기 위해서는 다양한 사상적 요소의 조립으로 완성품을 만드는 것과 같은 방식이 아니라 오히려 사상적 제 요소가 화학반응을 일으켜 전혀 다른 것으로 변질되고 있는 역사적 측면에 주의해야 한다는 '신불습합'론의 허구성에 대한 비판은 이와 같은 바탕에서 숙성되어 온 것이겠지요.

위의 사례에서도 드러나는 것처럼 이 책에는 최신의 연구성과가 반영된 일본사상사 이해의 '급소'를 비교적 효율적으로 파악하게 하고자 하는 궁리가 담겨져 있습니다. 적은 노력으로 스테레오 타입의 관습적 이해에서 벗어나 새로운 '교양'적 지식에 가까워질 수 있는 길이 열린 것입니다. 역서의 제목을 '교양으로 읽는' 일본사상사라고 붙인 것은 바로 이런 생각 때문입니다. 이 책을 계기로 가루베 선생님이 자매편으로 추천하는 『개설일본사상사概説日本思想史』(사토 히로오 외 지음, 한국어 역으로 『일본사상사』, 성해준 외 역, 논형, 2009)로 나아가 보다 심화된 이해를 얻을 수 있으면 더 좋겠습니다.

이러한 창조적 도전의 무대를 만든 두 편저자 가루베 도쿄대학 법학부 교수님과 가타오카 도호쿠대학 문학부 교수님과는 십여 년 전에 알게 되었습니다. 저의 도쿄대학 대학원 지도교수님의 주선으로 저는 일본과 중국 유학자들의 『논어論語』 주석을 매월 한 차례 한 장씩 비교 연구를 진행시키던 어느 한 연구회의 일원이 될 수 있었는데, 두 편저자는 그 모임에 거의 매월 거르지 않고 참가하던 중심 멤버였습니다. 거기서 그들로부터 국경을 뛰어넘는 우정과 더불어 매우 유익한 학문적 자극을 받을 수 있었던 것은 제게는 큰 행운이었습니다. 그들의 진지함과 적극성을 최근에는 학회나 연구회 차원에서의 한일 간 학술교류의 장에서도 접할 수 있게 되었습니다만, 공역자인 박홍규 선생님의 제안으로 그들의 문제의식과 정성이 담긴 이 책을 번역할 수 있게 되어 참으로 다행으로 생각합니다.

이 번역은 사상 전공자인 저 고희탁과 박홍규 선생님, 일본 역사 전공자인 송완범 선생님의 공동작업의 결실입니다. 제가 제1장, 3장, 4장을, 송완범 선생님이 제2장을, 박홍규 선생님이 제5장을, 그리고 사상사가 프로필과 심화학습안내, 북 가이드에 대해서는 송완범 선생님이 고대·중세부분을, 제가 그 외의 부분을 담당하였으며, 공역자 3인 각각이 자기 담당 이외의 부분을 검토해주는 대조 과정을 거치면서 표기나 편집상의 통일을 기하고자 하였습니다.

끝으로 이 역서가 나오기까지 여러모로 도와주신 논형출판사의 사장님을 비롯한 편집부에도 역자를 대표하여 심심한 감사드립니다.

2010년 2월

공역자를 대표하여

고희탁 근지

찾아보기

ㅈ

집필자 소개

가루베 다다시苅部直

1965년생. 도쿄대학 교수. 도쿄대학 대학원 법학정치학연구과 박사과정 수료. 전공은 일본정치사상사. 저서로는 『光の領國 和辻哲郎』(創文社), 『丸山眞男』(岩波新書), 『移り行く「教養」』(NTT出版) 등.

집필항목: 서문/ 내셔널리즘의 내력/ 마루야마 마사오/ 북가이드

가타오카 류片岡龍

1965년생. 도호쿠대학 문학연구과 준교수. 와세다대학 문학연구과 박사후기과정 단위취득 자퇴. 전공은 근세 유학, 동아시아 사상사. 논문으로는 「荻生徂徠の天命説」(『日本思想史學』), 「伊藤仁斎の異端批判」(『東洋の思想と宗教』) 등.

집필항목: 나카에 도주와 이토 진사이의 사상/ 분수령으로서의 오규 소라이/ 고바야시 히데오/ 북가이드/ 후기

이소마에 준이치磯前順一

1961년생. 국제일본 문화연구센터 준교수. 도쿄대학 대학원 인문과학연구과 박사과정 중퇴. 전공은 종교, 역사연구. 저서로는 『喪失とノスタルジア』(みすず書房), 『近代日本の宗教言説とその系譜』(岩波書店), 『記紀神話のメタヒストリー』(吉川弘文館) 등.

집필항목: '국가신도'란 무엇인가

이토 다카유키伊東貴之

1962년생. 무사시(武蔵)대학 인문학부 교수. 와세다대학 졸업, 도쿄대학 대학원 수료, 문학박사. 전공은 중국근세사상사, 비교문화. 저서로는 『思想としての中國近世』(東京大學出版會), 『中國という視座』(平凡社) 등.

집필항목: 주자학과 양명학/ 중국 취미와 중국학/ 시마다 겐지

이노우에 아쓰시井上厚史

1958년생. 시마네(島根)현립대학 총합정책학부교수. 오사카(大阪)대학 대학원 문학연구과 단위취득 자퇴. 전공은 한일사상사. 저서로는 『西周と日本の近代』(공저/ぺりかん社), 역서로는 하우봉(河宇鳳), 『朝鮮實學者の見た近世日本』(ぺりかん社) 등.

집필항목: 조선 유학/ 『핫켄덴』과 역사의식

이부키 아쓰시伊吹敦

1959년생. 도요(東洋)대학 교수. 와세다대학 대학원. 전공은 중국선종사. 저서로는 『禅の歴史』(法藏館), 역서로는 Joseph A. Adler의 『中國の宗教』(春秋社) 등.

집필항목: 선이 일본에 남긴 것

이마이 오사무今井修

1958년생. 와세다대학 비상근강사. 전공은 일본근대사상사, 사학사. 편저로는 『쓰다 소키치 역사론집津田左右吉歴史論集』(岩波文庫), 논문으로는 「다이쇼 말년의 쓰다 소키치大正末年の津田左右吉」(『文

學』), 「丸山眞男と津田左右吉」(『丸山眞男手帖』) 등.
집필항목: '세계사의 철학'과 '황국사관'/ 쓰다 소키치

우메모리 나오유키梅森直之

1962년생. 와세다대학 정치경제학술원 교수. 시카고대학 박사. 전공은 일본정치사상사. 편저로는 『ベネディクト・アンダソン グローバルゼーネションを語る』(光文社), 역서로는 H. Harootunian 『近代による越克』 上・下(岩波新書) 등.
집필항목: 근대 일본에서의 '식민지' 의 그림자/ 아나키즘과 마르크시즘

오카와 마코토大川真

1974년생. 도호쿠대학 대학원 문학연구과 조교. 도호쿠대학 문학부 대학원 수료. 전공은 일본근세정치사상사. 논문으로는 「伊兵衛殺人事件考: 新井白石の君臣観」(『日本史研究』), 「後期水戸學における思想的転回: 金沢正志斎の思想を中心に」(『日本思想史學』) 등.
집필항목: 이에나가 사부로/ 심화학습안내: 근세

오하라 가오루小原薫

1964년생. 고쿠가쿠인(國學院)대학 법학부 준교수. 전공은 일본정치사상사. 논문으로는 「サンフランシスコ湾岸地域における日本社会主義者と無政府者たち: 1900~1910年」(영문, 『國學院法學』) 등.
집필항목: 나카에 조민의 세계/ 자유민권운동에서 사회주의로

가나자와 히데유키金沢英之

1968년생. 삿포로(札幌)대학 준교수. 도쿄대학 대학원 초역문화과학전공 박사과정 중퇴. 학술박사. 전공은 일본고대문학, 신화사상사. 저서로는 『宣長と'三大考': 近世日本の神話的世界像』(笠間書院) 등.
집필항목: 일본사상사에서의 '신화'/ 『고사기』와 『일본서기』의 세계상

가와쿠보 쓰요시川久保剛

1974년생. 고마자와(駒沢) 외국부학부 조교. 조치(上智)대학 졸업. 전공은 일본사상사. 논문으로는 「昭和20年代前半の福田恆存: '新しい人間'の思想史から」(『駒沢大學ジャーナル』) 등.
집필항목: '전후 문학'의 사상/ '보수주의'는 존재하는가

가와다 미노루川田稔

1947년생. 나고야(名古屋)대학 대학원 환경학연구과 교수. 나고야대학 대학원 법학연구과 박사과정 수료. 법학박사. 전공은 일본정치사상사. 저서로는 『柳田國男の思想史的研究』, 『柳田國男: '固有信仰'の世界』, 『'意味'の地平へ』(未来社) 등.
집필항목: 야나기타 구니오가 묘사한 일본/ 사상사의 견지에서 본 '영화'

간노 사토미菅野聡美

1963년생. 류큐(琉球)대학 법학부 준교수. 게이오기주쿠(慶應義塾)대학 대학원 법학연구과 박사과정 단위취득 퇴학. 전공은 일본정치사상사. 저서로는 『消費された恋愛論: 大正知識人と性』(青弓社), 『変態の時代』(講談社現代新書) 등.
집필항목: 대중문화의 가능성/ 사상 문제로서의 '오키나와'

사토 세키코佐藤勢紀子

도호쿠대학 교수. 전공은 헤이안(平安)문학에서의 불교 사상. 저서로는『宿世の思想ー源氏物語の女性たち』(ぺりかん社), 논문으로는「王朝文學と経典: 天台五時判摂取の諸像」(『王朝文學と仏教・神道・陰陽道』, 竹林社) 등.

집필항목: 율령귀족의 사상

사토 히로오佐藤弘夫

1953년생. 도호쿠대학 대학원 문학연구과 교수. 전공은 중세사상사. 저서로는『アマテラスの変貌』(法藏館),『偽書の精神史』(講談社選書メチェ),『神國日本』(ちくま新書) 등.

집필항목: '신'과 '불'의 중층성?/ '신불교'와 '구불교'/ 심화학습안내: 고대

시미즈 노리오清水則夫

1975년생. 와세다대학 비상근 강사. 와세다대학 대학원 문학연구과 박사후기과정 단위취득 퇴학. 전공은 근세 일본사상사. 논문으로는「浅見絅斎の新道観と道について」(『日本思想史學』),「山崎闇斎の聖人観」(『東洋の思想と宗教』) 등.

집필항목: 야마자키 안사이 학파의 세계

신포 유지新保祐司

1953년생. 쓰루(都留)문과대학 교수. 도쿄대학 문학부 불문과 졸업. 전공은 근대 일본정신사. 저서로는『國のささやき』,『鈴二つ』(모두 講談社) 등.

집필항목: '대동아전쟁'은 일본 사상에서 무엇이었는가/ 무라오카 쓰네쓰구

스가와라 히카루菅原光

1975년생. 센슈(專修)대학 법학부 강사. 릿쿄(立教)대학 법학부 졸업, 도쿄대학 대학원 총합문화연구과 박사과정 수료, 학술 박사. 전공은 일본정치사상사. 논문으로는「宗教の再構成」(『日本思想史學』) 등.

집필항목: 메이로쿠샤의 사상가들/ 심화학습안내: 메이지

센자키 아키나카仙崎彰容

1975년생. 도호쿠대학 박사과정 수료, 박사학위. 전공은 근대 일본사상사. 논문으로는「高山樗牛における'道義'と'文學': 物質主義批判と外交問題」(『日本思想史學』),「大正期和辻哲郎における'偶像'と'信仰': 海外研究をふまえつつ」(『理想』) 등.

집필항목: 오카쿠라 덴신과 아시아주의/ 와쓰지 데쓰로

소네하라 사토시曾根原理

1961년생. 도호쿠대학 학술자원연구 공개센터 조교. 도호쿠대학 대학원 문학연구과 박사후기과정 수료, 문학박사. 전공은 일본근세사상사. 저서로는『徳川家康神格化への道』,『神君家康の誕生』(모두 吉川弘文館), 논문으로는「即伝と乗因」(『山岳信仰』) 등.

집필항목: '천도'에서 도쿠가와 권력의 장엄장치로/ 도쿠가와시대의 '긴리(禁裏)'와 '구보(公方)'

다카하시 아키노리高橋章則

1957년생. 도호쿠대학 대학원 강사. 도호쿠대학 대학원 박사후기과정 단위취득 퇴학. 전공은 일본근세

사상사. 저서로는 『江戸の転勤族: 代官所手代の世界』(平凡社), 논문으로는 「十九世紀日本の'狂歌': '連'が編成する'知'と地域」(『文學』) 등.
집필항목: '서물'이라는 이름의 미디어/ 도쿠가와시대의 역사 사상

다키이 가즈히로瀧井一博
1967년생. 국제일본 문화연구센터 준교수. 교토(京都)대학 인문과학연구소 조수, 고베(神戸)상과대학 조교수 역임. 전공은 헌법·국제사. 저서로는 『ドイツ國家學と明治國制』(ミネルヴァ書房), 『文明史のなかの明治憲法』(講談社選書メチエ) 등.
집필항목: 메이지국가의 '건국의 아버지'들/ 메이지헌법의 사상

나카다 요시카즈中田喜万
1972년생. 가쿠슈인(學習院)대학 법학부 교수. 도쿄대학 대학원 법학정치학연구과 박사과정 수료. 전공은 일본정치사상사. 논문으로는 「仁藤仁齋の'義'と'命'」(『政治思想硏究』) 등.
집필항목: 교육과 정치, 교육에 의한 정치/ 아라이 하쿠세키와 도쿠가와의 정치

나가노 미카長野美香
1966년생. 세이신(聖心)여자대학 전임강사. 오차노미즈(お茶の水)여자대학 대학원 인간문화연구과 박사과정 수료. 전공은 일본윤리사상사. 논문으로는 「独り待つ: 内村鑑三の伝道」(『日本思想史學』), 「西村茂樹の'信'」(『実存思想論集』) 등.
집필항목: 우치무라 간조와 근대 일본의 기독교

닛타 이치로新田一郎
1960년생. 도쿄대학 대학원 법학정치학연구과 교수. 도쿄대학 문학부 졸업. 전공은 일본법제사·중세사. 저서로는 『日本中世の社会と法』(東京大學出版會), 『相撲の歴史』(山川出版社), 『日本の歴史11 太平記の時代』(講談社) 등.
집필항목: 『신황정통기』의 사상 세계/ '구보'의 등장과 변전/ 일본의 격투기

하라 가쓰아키原克昭
1973년생. 와세다대학, 도쿄세이토쿠(東京成徳)중고교 비상근강사. 와세다대학 대학원 박사후기과정 수료, 문학박사. 전공은 일본중세사상사. 공편저로는 『習合神道(続神道体系)』(神道大系編纂會), 논문으로는 「'中世日本紀'硏究史」 등.
집필항목: '중세 신화'의 세계/ 심화학습안내: 중세

히가시지마 마코토東島誠
1967년생. 세이가쿠인(聖學院)대학 인문학부 준교수. 도쿄대학 대학원 인문사회계연구과 박사과정 수료, 문학박사. 전공은 역사학. 저서로는 『公共圏の歴史的創造: 江湖の思想へ』(東京大學出版會) 등.
집필항목: 중세에서의 '공공권'/ 서양 음악은 어떻게 수용되었는가

히라노 유키가즈平野敬和
1973년생. 고난(甲南)여자대학 비상근강사. 오사카대학 대학원 문학연구과 박사후기과정 수료. 전공은 일본사상사. 논문으로는 「戦後思想とアジア: 1950年代の丸山眞男を中心に」(『同志社法學』) 등.

집필항목: 요시노 사쿠조와 미노베 다쓰키치/ '일본낭만파'의 의미/ 전후의 '근대주의'와 '민주주의' / 심화학습안내: 다이쇼, 쇼와

호시야마 교코星山京子
1968년생. 효고(兵庫)현립대학 경제학부 준교수. 국제기독교(國際基督教)대학 대학원 박사과정 수료. 전공은 국학사상. 저서로는 『徳川後期の攘夷思想と'西洋'』(風間書房), 공역으로 노스코, 『江戸社会と國學』(ぺりかん社) 등.
집필항목: '국학'의 탄생/ 민중세계와 히라타 아쓰타네/ 미토학과 근대 일본

마키노 요코牧野陽子
1953년생. 세이조(成城)대학 교수. 도쿄대학 교양학부 영국과 졸업 후 동 대학원 인문과학연구과 비교문학·비교문화전공 박사과정 수료. 전공은 비교문학/비교문화. 저서로는 『ライカディオ·ハーン』(中公新書), 공저로는 『小泉八雲 回想と硏究』(講談社學術文庫) 등.
집필항목: 서양에서 본 '일본'

마쓰다 고이치로松田宏一郎
1961년생. 릿쿄대학 법학부 교수. 도쿄토리쓰(東京都立)대학 대학원 중퇴, 법학박사. 전공은 일본정치사상사. 저서로는 『江戸の知識から明治の思想へ』(ぺりかん社) 등.
집필항목: 후쿠자와 유키치의 파문/ 민유샤와 세이쿄샤

미야가와 야스코宮川康子
1953년생. 교토산교(京都産業)대학 문화학부 교수. 오사카대학 문학연구과 박사과정 수료. 전공은 일본사상사. 저서로는 『富永仲基と懐徳堂』(ぺりかん社), 『自由學問都市大阪』(講談社選書メチエ) 등.
집필항목: 도미나가 나카모토와 야마가타 반토

야자키 히로유키矢崎浩之
1960년생. 와세다대학 비상근강사. 전공은 에도사상. 논문으로는 「宮城春意の新道思想」(『國際関係硏究』), 「真野時網小論: 神代図顕彰に注目して」(『東洋の思想と宗教』) 등.
집필항목: 유학과 신도의 관계

요시하라 유이치吉原祐一
1971년생. 고쿠시칸(國士館)대학 문학부 강사. 도쿄대학 대학원 인문사회계연구과 박사과정 수료. 전공은 윤리학, 일본윤리사상사. 공저로는 『高等學校新倫理 指導と硏究』(清水書院), 논문으로는 「近世武士道における生命観」 등.
집필항목: 센고쿠 다이묘와 센고쿠과 무사의 사상/ 근세 무사의 사상

요시무라 히토시吉村均
1961년생. 재단법인 동방연구회 연구원. 도쿄대학 대학원 인문과학연구과 박사과정 수료. 전공은 일본윤리사상사, 불교학. 공저로는 『人間の文化と神秘主義』(北樹出版), 논문으로는 「老いの苦と仏教」(『倫理學年報』) 등.
집필항목: 일본인에게 불교는 무엇이었는가/ 중세의 예능